经济应用文写作

王桂清　卢翠莲　王冬艳　编著
王鸿雁　陶　萍　慕开云

科学出版社

北　京

内 容 简 介

　　本书为黑龙江省级精品课"经济应用文写作"的配套教材。全书共九章,包括经济应用文写作概述、经济应用文的写作理论、公文、行政事务文书、调研决策文书、信息宣传文书、契据诉讼文书、涉外经济文书、科研学术论文。

　　本书可作为经济类院校"经济应用文写作"课程的教材,也可作为高校教师、文秘人员、公务员学习参考。

图书在版编目(CIP)数据

经济应用文写作/王桂清等编著.—北京:科学出版社,2011

ISBN 978-7-03-031591-5

Ⅰ.①经…　Ⅱ.①王…　　Ⅲ.①经济-应用文-写作-高等学校-教材
Ⅳ.①H152.3

中国版本图书馆 CIP 数据核字(2011)第 115067 号

责任编辑:石　悦 / 责任校对:宋玲玲
责任印制:霍　兵 / 封面设计:华路天然设计工作室

科 学 出 版 社 出版

北京东黄城根北街 16 号
邮政编码:100717
http://www.sciencep.com

三河市骏杰印刷有限公司印刷
科学出版社发行　各地新华书店经销

*

2011 年 6 月第　一　版　　开本:787×1092 1/16
2019 年 1 月第十六次印刷　　印张:22 1/4
字数:542 000

定价:49.00 元
(如有印装质量问题,我社负责调换)

前　　言

随着我国社会主义市场经济的不断发展，经济体制改革的不断深入，作为储存、加工、传播经济信息的主要工具之一的经济应用文，同社会的经济发展和人们的经济活动之间的关系越来越密切，使用范围越来越广，应用频率越来越高。为适应新经济形势发展的需要，满足教学、文秘人员及经济类院校对经济应用文写作理论知识的需求，我们编写了这本《经济应用文写作》。本教材主要有以下特色。

一、编写体例合理，编写方法科学

本书用两章的篇幅阐述"经济应用文写作"的基本理论，然后按照经济活动的规律及各种经济应用文体在经济活动中的功用，把目前在经济领域中常用的经济应用文分为8类，计60多个文种。这种分类方法一方面参照目前学术界对应用文写作体例通行的看法，另一方面也是在博采众家之长的基础上提出的，既不失之于偏颇，又合乎经济应用文写作的实际情况。文种介绍之后，佐以不同类型的例文及评析。这种宏观与微观相结合，理论阐述与写作实践相统一的特点，体现了本教材在整体框架上设计的合理性。

本书的编写方法非常科学。无论从整体上对写作理论的介绍还是对具体文种写作理论的说明，力求从思维模式、思维规律上探寻写作规律，这一点抓住了写作学上的根本问题。

二、内容新颖，有一定的学术价值

编写者本着求实、创新原则，吸收了近几年来经济应用文写作领域的最新研究成果，注意总结新经验，研究新问题。同时与经济应用文写作领域新文种的调整、修订保持同步，对"公文"与"合同"两节内容，完全按照新修订的《国家行政机关公文处理办法》和新《中华人民共和国合同法》来编排。对近年来学术界争论较多的问题，如"结构"理论的表述和"简报"的内涵及写作等，都做了一些有益的探索，并力求表述科学、准确，有一定的学术参考价值。为了解公务员考试中的"申论"，提高申论的写作能力，本书把此内容也编入其中。

三、例文种类齐全、典范、新颖

本书所选例文，力求找到同一文种的不同类型，既可使读者从不同角度透彻地把握各种类型的写法，同时也为读者阅读、模仿提供便利。本书例文主要来源于报刊、政府文件，部分转引自公开出版的各类经济文书教材或专著。这些例文比较典型，在同一类型文章中写法很有代表性，能收到以少胜多、以点带面的效果。本书例文新颖。经济工作是我们时代的主旋律，因此作为表述经济现象的经济应用文也必须具有强烈的时代气息。为此我们在选择例文时，力求内容新、观点新、材料新、写法新、语言新。本书例文大都是近两年来公开发表的，不仅可供写作参考之需，供教学之用，还可了解我们国家近几年来的政治、经济形势。除此之外，编者还在每篇例文后面加一简短评析，这对读者阅读例文起到了提示和导引作用。

本书的编写者都是多年从事经济应用文写作教学和研究工作的教师，均具有相当丰富的教学经验，并为编写本书积累了充足的资料，这是本书得以高质量完成的重要保障。

本书的编写体例、原则、章目安排由王桂清同志提出，由全体编写人员共同探讨确定。全书由王桂清同志统稿，由王桂清、卢翠莲、王冬艳、王鸿雁四位同志修改定稿。

本书各章节编写人员的分工。王桂清：第一章；第二章；第四章三、四、五、六、八节。王鸿雁：第三章；第四章第七节。卢翠莲：第六章；第七章。陶萍：第五章。王冬艳：第四章第一节；第八章；第九章。綦开云：第四章一、二节。

在编写本书时，我们参考了不少同类的著作和文献，吸收了与本书内容相关的成果，限于篇幅，不能一一注明，仅借本书出版之机，向编著者致以诚挚的谢意！

由于编写者水平有限，书中错误疏漏之处在所难免，恳请广大读者予以批评、指正。

编　者

2011 年 3 月

目　　录

第一章　经济应用文写作概述

第一节　经济应用文的含义和分类

一、经济应用文的含义

在写作学领域，经济应用文写作属于应用文写作范畴。

应用文写作是写作学的一个重要分支。它以交流实用信息为目的，与以交流情感为目的的文学作品有着鲜明的区别。应用文写作发展历史悠久，可以追溯到殷商时代的甲骨卜辞，历经数千年的发展演变，其自身已日趋完善，逐渐形成了比较固定的文章体式。这类文体总称为应用文。概括起来，应用文就是国家党政机关、企事业单位、社会团体和个人在工作、生产、学习和生活中经常使用的，用以处理公私事务的、具有惯用格式的文体。

经济应用文，指在经济领域里，用来处理经济事务、传播经济信息、协调经济活动的具有惯用格式的各种文体的总称。经济应用文写作，就是研究各种经济应用文体的写作理论和实践的一门学科。

经济应用文有狭义、广义之分。狭义的经济应用文是指人们在经济工作中，为处理、解决某些具体问题而使用的文体。广义的经济应用文包括经济部门所使用的一切文体。本书所选的文种属于广义的经济应用文范畴。

二、经济应用文的分类

目前，关于经济应用文的分类还没有统一的标准，各种教材、专著及研究文章因分类方法不同，其分类也是五花八门。我们认为给经济应用文分类是必要的。首先，便于掌握各种文体的功用，以便恰当地选用它。其次，把写作特点大致相同或相近的文种归在一类，便于找出它们之间的相同或不同之处，有利于学习和写作。

根据经济活动的规律及各种经济应用文体在经济活动中的功用，可将其分为以下八类。

（一）公文

公文是指在经济活动中广泛使用的、用以处理行政工作的文书。根据国务院 2000 年 8 月 24 日《国务院关于发布〈国家行政机关公文处理办法〉的通知》中的规定，现行公文共有 13 种，它们是：命令（令）、决定、公告、通告、通知、通报、议案、报告、请示、批复、意见、函、会议纪要。

这类文书既是国家管理也是经济管理的重要工具，具有一定的法律效力，行文有统一的规定。

（二）事务文书

事务文书是与国家行政机关公文相对而言的，其作用是处理各种经济事务。这类文书种类很多，包括书信、启事、会议讲话稿、演讲稿、计划、总结、调查报告、简报等。

这类经济应用文用途广泛，常用于沟通信息、交流经验、制订计划等。行文灵活，富有针对性，反映信息迅速及时。

（三）法规和规章

法规和规章是机关、团体、企事业单位根据法律及有关政策，在自己权限范围内制定的具有法律强制力和行政约束力的规范性文书的总称。主要包括条例、规定、办法、章程、制度、准则、守则等。这类文书具有法规性和约束力。

（四）调研决策文书

调研决策文书，是指通过各种途径的调查研究，揭示经济规律，总结经验和教训，找出经济工作中存在的问题，为制定决策提供依据的文书。它包括市场调查报告、市场预测报告、经济活动分析报告、审计报告、可行性研究（分析）报告、资产评估报告等。

这类文书讲事实、重分析，从事实中揭示本质、找出规律，写法上以叙事为主，就事论理，语言简洁，概括力强。

（五）信息宣传文书

信息宣传文书是指在经济活动中起着宣传、推广作用的各种文书。它包括经济消息、商品说明、经济广告、招标书、投标书等。

这类文书内容真实，讲究时效，语言灵活，具有宣传性和鼓动性。

（六）契据诉讼文书

契据诉讼文书是指在经济活动中，用来订立契约、规范人们的经济行为、解决经济活动中的各种纠纷、协调人们之间的行为和关系的文书。它包括条据、合同、起诉状、上诉状、申诉状、答辩状等。

这类文书，文本形式较固定，以党和国家的有关法规、政策为依据，具有协商性、约束性等特点。

（七）涉外经济文书

涉外经济文书是指经济部门与世界各国及地区在经济、技术贸易交往中传递经济信息、开展经贸活动、规范经济行为、处理经济事务所使用的一类专用文书的总称。它主要包括外贸商情调研报告、立项文书、外贸谈判文书等。

这类文书必须以党和国家的外交、外贸方针政策为指导，翔实、准确地占有材料，并作出切合实际的分析。

（八）科研学术类文书

这类文书是指对经济现象、经济规律和经济理论进行研究的文章的总称，它们是展示经济领域科技学术成果的载体。它包括开题报告书、实验报告、经济论文等。

这类文书内容真实、新颖，具有一定的实用价值和学术价值。论点正确，论据充实，论证严密，有较强的指导性。

第二节　经济应用文的特点和作用

一、经济应用文的特点

经济应用文写作是以经济现象、经济活动为写作对象的一种专业实用写作，它具有自身的写作特点。了解经济应用文的这些特点，对我们认识其性质和规律，掌握其内容和写作方法，具有十分重要的意义。经济应用文主要有以下特点：

（一）鲜明的政策性

政策性是指经济应用文写作必须以党和国家颁布的法律法规、路线、方针、政策、任务，作为行文的准则和依据。经济应用文写作是为适应经济活动实践的需要而产生的，又直接受到经济活动的制约，而党和国家的法律法规、方针政策又是一切经济活动的依据，它贯穿于经济活动的始终，同时也贯穿于以经济活动为写作对象的经济应用文写作之中。所以经济应用文写作是传达、贯彻党和国家经济方针、政策、法规的工具。有时，经济应用文的本身，就是党和国家经济政策的体现。实践证明，经济应用文写作如果背离党和国家的方针、政策、法规，背离了市场经济运作的规律，就会犯方向性的错误，必将给国家的经济生活和经济建设带来难以弥补的损失。

（二）功能的实用性

实用，是一切应用文的共性，更是经济应用文的价值取向。实用性是指所有的经济应用文写作都是以"实用"为目的，它直接服务于经济领域里各个环节的工作，旨在改善经济管理，提高经济效益。实用性是经济应用文区别于其他欣赏性的文艺类文体的一个鲜明的特点，也是衡量经济应用文优劣的一条重要标准。王充的"为世用者，百篇无害；不为用者，一章无补"；王安石的"以适用为本"，都是对应用性文章实用功能的阐述。实用性是由经济应用文直接服务于经济活动这一写作目的决定的。

（三）明确的目的性

目的性是指每篇经济应用文写作必须明确"为什么"而写。这是由经济应用文的实用性决定的。一篇文章或是为解决经济生活中的各种问题，或是回答人们关心的话题，或是为总结经验，吸取教训，或是为了交流信息，互相协作。总之，不管什么内容的经济应用文，都必须有明确的写作目的，只有这样才能做到有的放矢，体现出经济应用文的实用价值。

（四）材料的真实性

真实，是一切应用文的共同特点。真实性是指经济应用文所反映的内容必须从实际出发，实事求是地反映客观事物的真实面貌，准确无误地传递经济信息。也就是说，所用的事实要真实可靠，不能虚构编造；所得出的结论是在广泛收集材料、深入调查中分析得出的，不能主观臆测，弄虚作假；所使用的数字必须反复核实，确凿无误。总之，不能以想象、传闻、估计、推测的材料进行经济应用文的写作。真实，是经济应用文的生命。

（五）成文的时效性

时效性是指经济应用文的写作必须不失时机地搜集、编制、传递、应用各种经济信息，以便改善经济工作和经营管理，最大限度地提高经济效益。因此，在写作时必须争分夺秒，快速成文。尤其在瞬息万变的经济领域里，许多情况常常是稍纵即逝，如果我们跟不上时代发展的步伐，没能快速捕捉有价值的信息，对各种经济现象没能作出科学的预测和正确的决策，没能提出切实可行的措施方案，就会延误工作，造成损失。

（六）内容的专业性

经济应用文是为经济领域的各项活动服务的，是经济领域里的一种专业写作，专业性非常强。这主要表现在以下几方面：一是从思想内容上看，经济应用文写作所反映的是经济领域里的各种现象、各种活动，写作的内容贯穿于经济管理活动的全过程，所阐述的问题是经济领域各个环节所要迫切解决的问题，专业范围十分明确而具体。二是从语言的使用上看，经常使用大量的专业知识，使用经济领域里的专业术语，尤其重视数据的使用。从事经济应用文写作，只有明确专业性的特点，才能不说外行话。

（七）明显的规范性

所谓规范性是指经济应用文的文体格式、结构方式呈现一种模式化的特征，语言规范。文体格式的形成有两个方面的原因：一是约定俗成，如书信，是在长期的使用过程中，由社会大众自然约定形成的。二是政府统一规定的，如公文、司法文书的格式，是由国家或地区最高法律机关、权威部门以法律、条例、办法、规定等形式制定的，任何人无权更改，必须按此形式写作。结构方式是指作者在组织材料时形成的一种布局方式。因为经济应用文是一种务实的思维方式，所以其结构方式就具有模式化的特征。例如，总结的结构方式一般是"总分总"的形式；问题式调查报告表现为"提出问题—分析问题—解决问题"的三段思维模式。语言规范是指表达时要严格使用合乎汉语语法规律的书面语言，语言精准、朴实、简洁，同时要正确使用惯用词语。经济应用文的这一特点，既可以节省拟稿和阅读的时间，加快办理速度，提高工作效率，又有利于人们对文体的学习掌握，为计算机处理文件带来极大的便利。

二、经济应用文的作用

经济应用文的每一种文体都有其自身的具体作用，就经济应用文的总体来说，其作用大致可概括为以下四个方面：

（一）经济应用文是做好经济工作、提高经济管理水平的重要手段和工具

党的十四大确立我国的经济体制为社会主义市场经济体制，在市场经济体制的建立和完善过程中，都离不开经济应用文写作这个工具。从宏观经济控制方面讲，政府为了健全宏观调控经济体系，运用政策、法律和必要的行政手段管理国民经济，要编制国民经济长期、中期和短期计划，要制定各种实施方案，发布各种经济方针、政策和法规。从微观经济方面看，每个企业要搞好各种管理，调动各种因素，提高经济管理水平和经济效益等，也要以经济应用文为工具。对经营项目，在决策前要写调查报告、行政性请示；立项后要写决策方案或计划；实施决策，对内要写通知、通报，对外要订立经济合同，制作宣传广告，对上要写情况汇报；决策实施结束，要写总结。内部科室也要围绕企业的经济工作做文章，如做统计报表、进行成本分析，技术部门要写工艺管理规程或产品说明书等。由此可见，经济应用文是进行经济管理、提高经济管理水平的重要手段和工具。

（二）经济应用文是培养经济管理人才、提高经济管理者素质和技能的重要途径

著名经济学家于光远同志说："经济工作是复杂细致的工作，需要用严密准确的文字传送信息、联系业务、总结经验，经济工作者学习写作是十分必要的。"（《应用写作概论》一书出版题词）我国市场经济体制的建立和完善，国民经济的发展，迫切需要一批具有较高的理论水平和政策水平、具有现代化的经济管理知识和较高管理水平的新型经济管理人才。而经济应用文写作能力恰恰是新型经济管理人才知识和能力结构的重要因素。因此，作为一名经济管理人员，既可以通过经济应用文写作学习经济管理专业的各种知识，又可以将丰富的经济管理专业

知识应用于写作的实践中去。因此，经济应用文写作是培养新型经济管理人才，提高他们的素质和技能的重要途径。目前，各高校将"应用文写作"作为一门基础课来开设，正是适应市场经济发展的需求，为社会输送更多的既懂专业知识，又能写一手好文章的经济管理人才的迫切需要。

（三）经济应用文是联络公务、交流经验、传播信息的桥梁和纽带

在一切经济活动中，任何一个经济部门和单位，要实现一定的经济目的，完成一定的生产、建设、经营、销售、盈利、纳税等任务，都要利用各种经济应用文体负载经济信息来实现。经济应用文可以突破时间和空间的限制，把上下级之间和各地区、各部门、各单位之间，甚至世界各国的有关单位联系起来，编织成庞大的网络，犹如在人们之间驾起一座桥梁，使人们互相配合、商洽工作、交流经验、传播信息、加强协作，共同完成各种经济工作。

（四）经济应用文是解决经济纠纷、录存查询的重要凭证和依据

随着经济改革的不断深入，一些新的经济现象、经济问题不断出现，如合同中的违法行为、企业之间的债务纠纷、经营合作中权利与义务的冲突、各种侵权现象的出现。这些问题的解决，主要是依据法律和事实。而这些事实就是经济来往中的合同、催款书、借款书、招标文书、广告文稿、说明书等原始文字凭证。经济应用文记载了国家、地区、各单位的种种经济活动，大到国民经济的宏观计划，小到经济消息、招聘启事等。说到底，经济应用文是经济发展脚步的记录，是市场前进轨迹的体现，这些文体完成了当时的特定任务之后，往往被作为文献资料或历史档案资料加以保存，而为后人借鉴、查询、参考、复用，为总结经济规律和指导今后的工作提供依据。

第三节　提高经济应用文写作能力的途径

要学好经济应用文写作，提高经济应用文的写作水平，应从理论水平、政策水平、生活阅历、知识积累、辞章修养、写作技巧等方面下功夫，切实加强写作训练，将所学到的写作理论知识转化为写作实践能力，才能收到成效。具体说来，要学好并写好经济应用文，需做好以下几方面的工作：

一、明确目的，端正态度

明确的学习目的和端正的学习态度，是学会并写好经济应用文的必要前提。

学习经济应用文写作，首先要在思想上重视，充分认识到它的重要性和必要性。学习它，是为了适应我国社会主义市场经济建设的需要，是深入进行经济体制改革的需要，是做好经济工作的需要，是各经济单位、部门提高工作效率的需要，也是提高经济工作者自身素质的需要。有了明确的学习目的，才能改变仅从兴趣出发的学习态度，才能学得主动、积极、有成效。其次要注意避免或纠正两种片面认识，一种是认为经济应用文"简单枯燥，没啥可学"，是不能登大雅之堂的"下里巴人"，不过是"公式加例文"而已；另一种是认为经济应用文"文体繁多，难以掌握"。这两种态度都不利于学好本门课程。"没啥可学"是"门外"之言，通过几次写作实践，就会改变这种片面的认识。经济应用文虽文体繁多，格式各异，但也是有规律可循的，只要有信心，肯下功夫学，其规律也是不难掌握的。

二、学习政策，熟悉业务

掌握有关经济政策、法规和熟悉具体业务，是从事经济应用文写作的首要条件。

经济应用文的内容，普遍具有很强的政策性和专业性，因此经济应用文的撰写者，必须具备一定的理论水平和政策水平。为此，必须认真学习马列主义、毛泽东思想，学习邓小平理论；懂得、熟悉党和国家现行经济方针、政策、法令，只有这样，才能写出观点正确、指导性强、有利于社会主义市场经济建设的经济应用文。经济应用文的各种文体，都是直接为经济工作服务的，所反映的内容无不与经济工作有关，因此，只有掌握经济工作的专业理论知识和具体业务，写出的文章才能材料精确，内容充实，切合经济工作的实际。

三、掌握写作理论，加强语文基本功的训练

掌握各种文体的写作理论和具备扎实的语文功底是写好经济应用文的两大关键。

俗话说：没有规矩，难成方圆。写作的规矩就是写作理论。写作理论是前人写作经验的科学总结，它揭示了写作的一般规律，引导人们掌握写作方法、技巧。经济应用文的写作理论除了包括一切文章构成的基本要素——主旨、材料、结构、语言等，还包括每种经济实用文体的性质、特点、作用、格式、要求、写作方法和技巧等。掌握了这些写作理论和基础知识，就能高屋建瓴，纵览全局，掌握各种写作技巧，驾驭一切文体的写作。尤其经济应用文还具有规范性的特点，掌握每种文体的规范性的格式，能有效帮助我们快速构思，理清思路，迅速成文。因此，在学习过程中，一要抓住各种文体共性的特点，掌握一般的写作规律；二要注意进行文体异同的比较，以期收到触类旁通、举一反三的效果；三要结合实际工作进行反复的实践，方能运用自如。

扎实的语文基本功，能使经济应用文的写作取得事半功倍的成效。因此，要掌握语法、修辞、逻辑等方面的知识，使语句通顺、明白。同时注意积累词汇，以便选择恰当的词语，准确地表达思想。另外，也要注意文字书写和标点符号的正确使用。

四、多读多写多改，反复实践

要提高经济应用文的写作能力，还要多读。读有关应用写作的理论书籍，有意识地选读一些范文，以资借鉴。多写，是提高写作能力的必由途径。人们常说："写作不怕底子浅，勤学苦练能过关。""写作能力是'写'出来的。"所以，在学习的过程中，必须在一定的写作理论、写作知识的指导下，进行反复的实践，将写作理论、写作知识转化为写作能力。反复修改，加工润色，是写文章的最后完善阶段，也是提高写作能力的一个重要环节。修改，可从内容和形式两方面入手，反复推敲、提炼，使文章的内容更正确、准确，结构更严谨，语言更精炼，使读者易于接受，乐于接受。修改，既有助于文章质量的提高，也有助于自己写作能力的提高。

第二章 经济应用文的写作理论

第一节 主 旨

一、主旨的含义

经济应用文的主旨是指撰写者在传达政策、发布指令、周知事项、汇报工作、总结经验、交流情况时，通过全文表现出来的基本精神或基本观点。

主旨也即文章的中心，在不同文体中冠之以不同的名称：文学作品称之为主题，议论文称之为论点，经济应用文写作中称之为主旨。

文学作品的主题来源于社会生活、社会实践，它是通过对作品中的人物、事件、环境的刻画描写，生动地、艺术地体现出来。

论点是作者对议论的问题所持的见解、主张和表示的态度，它是通过逻辑推理、论证过程，综合归纳出来。

主旨是撰写者通过对问题、情况、事实等的分析与综合，归纳与概括直接形成的。

主题、论点、主旨三者的内涵基本一致，但由于文体及功用的不同，它们的表现形态、特征及确立的方式仍有很大区别。在写作中须仔细体会，准确把握，掌握不同文体中文章中心的各自特征及写作要求。

二、主旨的特征

（一）直露性

文章主旨的表现有隐晦和显豁之分。文艺作品一般来说是比较隐晦的。正如恩格斯所说："作者的观点愈隐蔽，对于艺术作品就愈加好些。"（《恩格斯给哈克奈斯的信》）文学作品的主题之所以具有这样的特征，主要有两方面的原因：从作者的角度看，作者在进行文学创作时，不直接说明自己的思想、感情倾向，而是把它们寓于对人物的刻画、情节的描写中；从读者的角度说，欣赏文学作品的过程也是一个艺术再创造的过程，这里为读者提供了一个想象的空间，所以读者头脑中的那个艺术形象已经变了形，与作者头脑本意的那个艺术形象有了一定的差异。我们常说有一千个读者就有一千个哈姆雷特，就是这个道理。而拟写经济应用文，却无需用曲笔。因为经济应用文直接为经济工作服务，所以它的主旨必须十分显豁。作者赞成什么、拥护什么、否定什么，都要旗帜鲜明地表现出来，切忌产生读者理解与文章表意上的差异，杜绝产生主旨的模糊不清和因人解意。主旨要直露，要让读者不折不扣地把握文章的意思。

（二）针对性

经济应用文的实用性特征，决定其主旨必须有针对性。从提炼主旨的角度看，经济应用文主旨提炼的视点只能放在现实生活中某一时间、某一地方的某一方面的现实生活，它受时间、空间的严格限制，而不能把视点放在没有约束的时空里，在丰富多彩的社会生活中提炼主旨。从这个方面说，经济应用文主旨的提炼不是自由的，而是有针对性的。从阅读对象来看，每篇经济应用文都有明确的受文对象，因此就要针对受文对象的实际情况提出明确的意见、要求、办法、措施和主张，做到有的放矢，不允许抛开受文对象的实际情况旁征博引，泛泛而谈。

三、主旨的作用

主旨是经济应用文写作的出发点和核心，具有举足轻重的作用。

从思想内容上说，主旨是一篇文章的灵魂。首先它是衡量一篇经济应用文高下优劣的主要依据，是决定一篇文章价值的首要因素。任何一篇文章，我们总是通过对客观经济生活的反映来表达作者的意图和主张。而其质量高低、影响好坏、社会价值大小，首先决定于主旨。主旨是写作目的和基本精神在文章中的反映。主旨正确，就有利于指导、推动工作；主旨不正确，就会使党和国家的方针政策得不到贯彻实施。其次主旨又是一条总的思想线索，对文章内容起着内在的联系作用。文中的依据、目的、意见、内容、办法、见解等，关系如何，内在的逻辑怎样，要受主旨这条总的思想线索支配。

从主旨和文章其他诸要素的关系上看，主旨是一篇文章的统帅。无论是材料的取舍、结构的安排、语言的运用、表达方式的选择，以至标题的制定等，都要根据主旨的需要来确定。主旨把材料、语言、结构等要素组成有机整体。离开了主旨，文章各要素就会失去依托，成为一堆无所依附的无用之才。

四、主旨的确立原则和写作要求

(一) 主旨的确立原则

主旨是文章的灵魂和统帅，主旨的准确与否，决定着文章写作的成与败，为此我们必须坚持以下原则来确立主旨：

1. 客观性原则

经济应用文是为处理经济领域中发生的经济现象和经济管理事务的需要而产生的。所以主旨的确立，必须依据经济活动的实际，反映经济活动的客观规律。因此，首先要完全尊重客观事实，正确全面地反映事物的本质，实事求是地对事物的客观性、联系性、变化性进行系统和完整的分析，从中找到对客观事物的正确判断和处理问题的观点、意见、办法。其次主旨必须符合客观实际的需要。从经济活动的实际出发，接受客观实践的检验，使主观符合客观，思想符合实际，只有这样，才有助于指导或推动经济活动顺利进行。

2. 政策性原则

党和政府颁布的法规，制定的方针、路线、政策，既是从经济建设实践中总结出来的，又是经济建设发展的指导和保证，同时它也集中体现了人民的根本利益。因此，主旨的确立，应该以体现、反映法律、法规、方针、政策为原则，绝不能有悖于法律、法规、方针、政策。因此，经济应用文的作者必须增强法律意识，努力学习各种方针、政策，摸准吃透，以便确立一个正确的主旨。

3. 针对性原则

针对性原则即文章所确立的观点必须是针对所提出的问题的。或是针对经济生活的实际需要，或是针对群众普遍关心的、迫切需要解决的问题。总之，经济应用文的主旨必须做到有的放矢。为此，我们必须明确写作目的，有针对性地提炼文章的中心，只有这样，经济应用文的实用价值才能实现。

4．群体性原则

经济应用文往往代表着一个部门组织的意图，因此其主旨常常是领导集团在了解社会生活之后形成的一种思想。这种思想要向下传达，所以，经济应用文的主旨常常体现领导者的意图、见解、观点和各项领导决策，受领导集团统一思想、统一意志和种种会议决议、重大决定的制约。除此之外，经济应用文的主旨还要受约稿单位、约稿人及受文对象的制约。因此，确立主旨时，必须综合考虑这些因素。

当然，撰写者并不是领导集团意志的传声筒，应在领会各方面意图的基础上，变被动为主动。掌握政策，熟悉业务，洞悉方方面面的情况，这样确立的主旨才能最大限度地符合经济工作实际的需要。

（二）主旨的写作要求

1．正确

经济应用文写作的本质属性决定了其主旨必须正确。一个正确的主旨，是正确思想的集中反映，有利于指导经济工作，推动经济工作发展，提高经济效益。反之就会使党和国家的方针政策得不到正确地贯彻、执行，给经济工作带来严重的损失。一个正确的主旨表现在三个方面：①必须切实可行，符合实际情况。这是由经济应用文的实用性所决定的。②符合党和国家的法规、方针、政策。③符合本地区、本单位、本部门的领导意图。第三方面与第二方面并不矛盾。从宏观上讲，领导意图是与党和国家的法规、方针、政策是一致的；从微观上讲，领导意图是党和国家的法规、方针、政策的具体化，这种具体化，是大原则与本单位具体情况的结合。

2．鲜明

鲜明是指文章要直接表达作者的写作意图。作者赞成什么、反对什么、宣扬什么、谋求什么、追求什么，必须明白确切地表达出来，不能模棱两可，含糊其辞。主旨不鲜明，就会削弱文章的效力，影响工作，甚至产生误解。主旨不鲜明，往往是由于对实际工作不了解，认识模糊，思路不清，逻辑混乱以及对应用文写作特点缺乏了解等原因造成的。

为使主旨表现鲜明，在主旨的表现形式上，我们常常采用撮要这种形式。撮要，即概括、摘取全篇或全段的主旨、要点或结论放在开头一段或每段头一句。撮要这种形式，是经济应用文写作的套路之一，也是在长期的写作实践中形成的一个优良传统。运用撮要这种形式，一定要学会拟写段旨撮要句，具体要求是：①准确概括本段内容；②句式要尽量一致；③语言精练，少用定语、状语等修饰语；④多用省略句，且以动宾形式居多。

3．单一

单一，就是要求一文一事，要求无论篇幅长短只有一个中心统摄全文。"一文一事"，是唐宋以来公文写作的传统制度，一直沿袭至今。主旨单一，一文一事，可使重点突出，题旨醒豁，防止行文关系混乱，加速文件运转，提高工作效率，有利于信息的传播和问题的解决。要做到主旨单一，在动笔之前，首先应确立好主旨；其次围绕主旨安排材料；最后表述时详略得当，重点突出。在经济应用文写作中，最忌讳多主题、多中心，什么问题都想解决，结果什么问题都解决不了。因此，经济应用文写作目标要始终如一，紧扣主旨，不枝不蔓，重点突出。

4．深刻

深刻指文章的主旨要有思想深度，要反映和揭示蕴藏在事物内部的本质意义。无论写什么文章，都不能停留在对事物表面现象的罗列上，而要反映事物的本质。这就要求作者必须有很强的观察事物的能力，善于发现材料，并根据写作目的和受文对象的要求，提出现实生活中的重要问题，表达出自己的真知灼见，言人所未言的道理。如文章没有令人精警之处，其思想价值就大大减弱了。为使主旨深刻，首先要多思多想，去芜杂，出智慧，出精语。其次要运用创造性思维，拓展思维空间，向纵深挖掘。当然，并不是所有的应用文主旨都要求深刻，在以信息宣传为主的应用文写作中，只需把内容讲清楚即可。

5. 周密

经济应用文主旨的表达要周密、严谨。一方面指在反映经济活动的客观规律的过程中，主旨不能有漏洞，不能以偏概全，前后矛盾。另一方面指表现主旨的词语要准确、周密、严谨，避免语意不明。但有时要视情况用些模糊语言，把主旨表达得周密而不至陷于被动。

第二节　材　料

一、材料的含义

材料是构建文章的基石。写任何文章，都离不开材料。所谓材料，一种是指为了某一写作目的的需要而搜集、积累的一系列事实、现象或理论根据。这些材料称为原始材料或依凭材料。这类材料，是作为形成条例、办法、规定、措施、意见或提炼主旨、观点等的基础，并不直接写入文章之中。另一种是指作者为表达主旨、说明观点而写进文章的一系列情况、背景、依据、措施、事例、数据、理论等，这些材料称为"摄入材料"。所以总括起来，经济应用文的材料，是指撰写者为了某一写作目的而搜集、摄取的有关情况、事实、根据、引语、数据、理论等。

二、材料的特征

（一）真实性

经济应用文内容的真实，是缘于材料的真实准确。因此，在经济应用文写作中，所采集的人和事应确有其人其事，是客观存在的，不允许丝毫杜撰或拼凑，即便是细枝末节，也不许合理想象。对理论政策、情报资料等间接材料也要反复核对，以免误抄、误传。

（二）定向性

搜集材料时我们要尽可能多地搜集，但这种搜集不是漫无边际的，而是呈现一种定向性。这是由经济应用文写作的针对性所决定的。任何一篇经济应用文，都有其明确的写作目的。受写作目的的制约，在搜集材料时就会被限定在一定的范围之内，所以经济应用文的材料行业性、专业性强，而相通性弱。作者平时积累的一般材料，只能作为文化储备来影响写作活动，而一旦进入到文章写作时，就须围绕写作目的作定向调查，不像文学作品是杂合种种人，合成一个人。

（三）完整性

文学写作者只需把握瞬息万变的生活流的本质，以便选择引发作者"神思"的"触动点"。因此，它虽然需要大量的感性材料，但不一定要攫取完整的事实全貌。而经济应用文的写作材料要求全面地反映事实，要求作者了解事实的全部真相，点面结合，既见整体又见局部，既有现实材料也要有历史材料的关照。否则，材料不完整，写起文章来势必空泛或观点偏颇。

三、材料的类型

从文章写作的角度，给材料进行综合分类，划定其归属，反映出材料的不同性质、特点，以便于记录、储存、整理和选用。根据不同的标准，经济应用文的材料大致可分为以下六种类型：

（一）从材料的作用分，有依凭材料和摄入材料

材料在一篇文章中起到提炼主旨和表现主旨的作用。而那些供提炼主旨的材料就是依凭材料。在文章写作中用来表现主旨的材料就是摄入材料。前者数量大，是文章写作中的基础材料。后者少而精，是为支撑观点服务的。二者之间的关系恰好反映了文章写作的两个环节。

（二）从材料的特点分，有事实材料和理论材料

事实材料是指客观存在的具体事物、情况或是书籍报刊中记载的具体事实，如经济活动、经济事件、情况、统计数字等。理论材料指来源于实践，或在实践中验证了的观念，包括理论、政策、法规、原理、定理、定义、格言、谚语等。

（三）从材料的来源分，有直接材料和间接材料

直接材料又叫第一手材料，指撰写者通过直接观察、实验、实地调查等途径获得的材料。这类材料最切实、最具体、最生动、最可信，也最有说服力。间接材料是指作者通过阅读文件、书籍、报刊以及听取别人谈话获得的各种材料，即所谓"第二手材料"。这些材料能增长见识，扩大视野，弥补第一手材料的不足。

（四）从时间的角度分，有历史材料和现实材料

距离写文章时间较远、反映事物过去情况发生、变化的材料，就是历史材料。距离写作时间较近、反映事物现状和结果的材料就是现实材料。为了深刻认识一个事物，就必须把现实材料和历史材料结合起来，以便了解事物的全过程，通过对比分析找到解决问题的办法。

（五）从材料的性质分，有正面材料和反面材料

依照辩证唯物主义对事物一分为二的原则，任何事物都有正反两个方面。要想对一个事物有全面的了解，就必须了解、分析它的正面和反面的材料。正面材料指具有积极性、先进性、经验性，以及可供表扬、褒奖特点的材料，如总结中用来反映成绩、经验的材料。反面材料指那些具有消极性、落后性，用来吸取教训的材料。当然正面和反面不是一成不变的，有时由于情况的变化或个人看法的不同，正面可以变成反面，反面也可以变成正面。

（六）从材料的范围分，有综合材料和个别材料

综合材料也叫面的材料，是把一些同类的个别材料加以集中、归纳，从而反映事物整体概况的材料。个别材料又叫点的材料或典型的材料。它是反映具体事实的单个材料。但它不是孤立地只反映个别情况，而是能代表一般的、能反映事物本质的材料。综合材料反映事物的广度，个别材料反映事物的深度。两种材料结合在一起，能增强问题解决的力度。

以上对材料的分类，只是一般的或传统的分类。实际上，材料的分类是一项比较复杂、困难的工作，依据不同的标准，从不同的角度，可以对材料进行各种不同的分类。

四、材料工作的环节

材料工作大致可分为四个环节。

（一）搜集材料

搜集材料是全部写作工作的起点。依据写作目的，搜集材料要尽可能多。

1．搜集材料的类型和途径

经济应用文的材料虽然专门性强，相通性少，不同文种对材料有不同要求，但一般情况下，主要包含三类材料：一是事实材料；二是理论政策材料，包括政策、法令、规章、制度等以及关于某一问题的学术观点；三是情报资料，包括各种报表、记录、简报、文摘、索引、兄弟单位的往来信函等。以上三种材料常通过以下途径来获取：

（1）进行有目的、有计划的实地调查，掌握第一手资料。调查是获得第一手材料的最好方法，对经济应用文写作来说尤为重要。在调查时，一定要做好重点调查，获取丰富生动的典型材料，切忌贪多滥问。当然对于面上的、全局情况也需要了解，但不必花费太多的时间和精力，因为只有典型才能说明问题的本质，反映问题的深度。在调查中，主要搜取最近点，以便更新鲜、更生动地反映现实。对于历史材料，一般只是作背景材料来使用，只作一般了解即可。在调查过程中，恰当使用一些调查方法，如实地调查、蹲点调查、开调查会、问卷调查等，可收到事半功倍的效果。

（2）在经济工作实践中观察体验，逐步积累。经济活动是纷繁复杂的，对经济活动中的种种现象的认识，必须通过观察体验来获取。所谓观察，是借助人的感受，全面、深入地认识客观事物的知觉过程。如经济消息、市场调查、市场预测等都以现场观察作为搜集材料的重要手段。所谓体验，就是通过亲自实践直接感受并进而认识客观事物及其环境的过程。体验比观察更带有感情色彩，它是观察的进一步深化，即由表层印象向心灵感知的内化，把见闻转化为内在情思和理念。实际上，体验不只是作家的事情，经济应用文的作者也需要它。像经济论文、调查报告、广告等，也常常以自身的生活体验来丰富、补充和印证已经掌握的大量文字材料和新得出的结论。

（3）阅读文件资料和报刊书籍，掌握第二手材料。文件资料包括政府和上级主管部门下达的指令、批文等有关文件，单位的档案、记录、信息、简报、原始凭证、会计材料、统计材料、统计报表、计划、总结以及其他公文文件和兄弟单位的往来信函等。除此之外，也可通过阅读各种报刊、书籍，阅读研究机关和高等院校的科研成果、实验报告和学术论文等搜集材料。间接材料在经济应用文的写作上占的比重很大，须靠长期积累。

2．积累材料的方法

（1）摘录式。即把所见到的某一观点、某一实例、某项数据的材料摘录在卡片上，并注明出处。摘录时应该务求与原文保持一致，以便使用时不至于曲解原文。

（2）索引式。将所需资料的名称、作者、出处、期号，分类编成索引，需要时可按索引查找资料原件。

（3）心得式。在读书看报时若有所得，包括所感、所疑应随手记下，连同当时自己的积极思考，一并制成心得卡片。写作时的一些观点和看法，往往是从这些日常积累中得来的。

（4）提纲式。对篇幅较长的材料，可采取高度概括的办法，集录其主要观点、看法，制成提要式卡片。不抄录全文，但不遗漏要点。

（5）剪辑式。在阅读时，把所见到的同一专题的材料剪贴在一起。

（6）日记式。把在经济工作实践中所见、所思、所做如日记一般一一记录下来，或者把调研中所见的情况，所发现的问题记录下来，这些材料将为日后写作奠定基础。

（二）整理材料

整理材料是材料工作的第二个环节，主要是对材料的验证和梳理，为研究材料、提炼中心服务。整理材料主要做以下几方面工作：

1．辨真伪

我们在调查活动中，虽已尽量用冷静客观的态度去把握客体，但它毕竟是主体的行为活动。调查对象的选择，调查方法的运用，都或多或少地受调查者个性因素的影响。何况有时调查者和作者不是一个人。因此，作者在撰写前必须辨别材料的真伪，反复核对，既不轻信别人，也不轻信自己。对写作时引用的经典著作、科学论著、教科书等书籍的理论材料也要反复检查，多方参验，以辨其真伪，对失实的地方要做考证，不以讹传讹。

2．核查缺漏

经济应用文所需材料不仅要求真实，而且要求完整。在处理材料的方式上，不同于文学写作。它不能"杂取种种人，合成一个人"，也不能把主体的经验、意象、感受串在一起，形成一个复合的"形象"。经济应用文写作，只能尊重事实本身的过程，并从事实的全貌中，把握它的本质。因此，必须通过对材料验证发现缺漏，并及时补充材料，以免材料不完整。

3．梳理材料

对材料进行辨真伪、查缺漏之后，还需对材料进一步梳理。梳理材料，实际上是对材料进行分类整理，建立材料的联系。一般来说，对材料所做的整理，既要依据材料的性质，又要考虑到文体模式，主要方法有以下几种：

（1）阶段法。任何事物，尤其是动态事物，都是由若干阶段组成，因而阶段性强的，有一定时间跨度的材料，一般以阶段来梳理，如工作计划、工作总结都可以用这种方法来梳理材料。阶段梳理，简便易行，整理后的材料清晰有序，有利于材料的组织。

（2）方面法。即把材料按照一个问题的几个方面，或者按一个中心的几个问题来分类。这种方法一般用于分析型、论证型的实用文章。例如，分析型的调查报告、经济活动分析报告、市场调查报告、科技学术论文以及事务性强的知照类文体。

（3）内质法。这是以材料的内在属性来梳理材料的方法。内质分类，能体现材料的本质属性，为归纳出文章的观点作准备。例如，总结写作，把同是说明经验或教训的材料归为一类，以便在研究材料时总结出经验和教训。对材料的整理，实际上是对材料的初步研究，也是构思前的一次把关。

（三）分析研究材料

对材料的搜集和整理，只是材料工作的初始阶段，我们还必须对材料做进一步的分析研究，以便形成文章的主旨。常用的分析研究材料的方法有以下几种：

1．分析与综合

分析是把事物的整体分解为各个属性、部分、方面，从而分别加以研究和认识，并揭示其在整体中的性质和作用的一种方法。综合是把整体事物的各个属性、部分、方面联系起来加以研究，以形成对事物的整体认识的一种方法。

分析的目的是为了认识事物的各个部分，而综合的目的是为了认识事物的整体，所以二者之间是部分和整体的关系，二者交互使用。没有分析，对事物的认识会是朦胧的、模糊不清的；没有综合我们的认识就会是孤立和零碎的。我们先从材料的分析中形成理性认识，再通过对材料的综合，发现材料的联系，由此产生材料的总观点。例如，写一个单位的年度总结，可先对本单位各个方面的工作情况逐一进行分析，然后再综合起来确定整体的工作成绩和不足，以及经验和教训。

值得注意的是，采用分析的方法，切不可停留在表面现象上，而是要从表象上找出一般规律性的认识。综合也不是简单的整合、汇拢，而是以分析的终点为出发点，向着更高层次进发，形成一个新的理论概括，实现事物的总体性特点和本质，对事物的规律性做深刻的整体性揭示。因此，综合不是前一过程的简单重复，它是一种创造性的思维活动。

2. 归纳和演绎

归纳和演绎属于推理范畴，也是研究材料常用的两种方法。归纳是指从对个别事物的认识中推出对同类事物的一般性结论的方法。演绎是从一般性的结论中推出个别结论的方法。

在经济应用文写作中运用最多的是归纳法。它不仅使人们的认识由个别扩展到一般，而且使人们从"知其然"深入到"知其所以然"。我们在调查研究中得到的是大量感性材料，要从中找出事物的本质和规律，就离不开归纳，这是从许多个别事物中抽出共同属性的过程。很多反映情况和问题的汇报性、调查总结性公文，都采用归纳法提炼主旨。

许多公文主旨就是由演绎的方法来确立的。"一般的原理、原则、定理"就是行文的目的、依据，如上级的文件精神、政策规定、领导的指示等，一些指挥性公文和知照性公文往往用演绎法来确立主旨。

归纳和演绎是辩证统一的思维方法，它们既相区别，又相联系，并且互为补充。一般来说，演绎以归纳为基础，没有归纳，就不能产生一般性认识，演绎便无从进行；归纳以演绎为前导，没有演绎，就不能深刻、全面地认识和掌握个别和特殊，归纳便失去目的和意义。因此，二者必须交互为用，才能克服各自的缺陷，确保文章主旨的正确。

从认识论观点看，归纳和演绎反映了人们认识的两个不同阶段的特点。人们认识事物总是从个别开始的，由个别到一般，再由一般到个别，如此反复，推动着认识的发展。

3. 抽象和具体

抽象，一指从许多事物中，舍弃个别的、非本质的东西，抽取共同的、本质的属性的思维方法；二指运用抽象方法所获得的对事物的理性认识。具体，一指事物本身能被人感知的形态，即感性具体；二指具体化的思维方法，即把通过抽象获得的理性认识应用到具体事物，形成理性具体。

由具体到抽象，再由抽象到具体，是人们认识的两个阶段。一般来说，应用文主旨的提炼主要在由抽象到具体的阶段中完成。因为在由具体到抽象的阶段中，撰写者已由事物的现象深入到本质，获得了理性认识，但更为重要的是要用这种理性认识去指导实践活动，这就必须用具体化的方法，把这种理性认识应用到具体事物。这时的具体，就不再是人的感官能够直接感知的，而是建立在理性基础上的各方面的统一体，是高级的理性的具体认识。例如，写份工作总结，首先要从调查得来的大量的感性材料中抽象出各部分的成绩、问题、经验教训（即理性认识），但撰写者的认识如果停留在这一阶段，还不能形成一份完整的总结，还必须进一步研究成绩、问题、经验教训之间的关系，找出规律，形成一个总体认识，这个总体认识才是该总结的主旨，也即理性的具体。

以上几种研究材料的方法是提炼主旨不可缺少的思维方法，它们往往是综合运用的。

（四）材料的选择

经过对材料的分析研究，确立了文章的主旨，那么要选择哪些材料用来表现文章的主旨呢？一般来说，我们遵循以下原则选材：

1. 围绕主旨选材

朱光潜先生在《选择与安排》这篇文章里，就选材的问题有过这样精辟的论述。他说："每篇文章必有一个主旨，你须把着重点完全摆在这主旨上，在这上面鞭辟入里，烘染尽致，使你所写的事理情态成一个世界，突出于其他一切世界之上，像浮雕突出于石面一样。"主旨能有这种气象，关键在于围绕主旨选材。也就是说，凡是与主旨有关的，能说明主旨的材料就选而留用；和主旨无关的，不能说明主旨、突出主旨的，即使材料再生动，再富表现力，也要坚决舍弃。

2. 要选择典型材料

典型材料，就是那些能深刻揭示事物的本质，具有广泛代表性和强大说服力的材料。一个数据、一个情况、一个班组的先进事迹都可作为典型材料。它能通过个别代表一般，通过个性表现共性。经济应用文大量使用典型材料，是为了揭示事物的本质，反映经济发展的客观规律，同时做到"言约事丰"。

3. 要选择新颖的材料

新颖的材料是指那些贴近生活，具有时代感并足以反映当代现实的新思想、新事物、新情况。随着改革开放的不断深入，市场经济的迅速发展，经济活动情况的不断变化，在经济领域里不断出现新事物、新问题、新情况，撰写者就应富有时代感，把握时代的脉搏，从经济活动中选择那些最近发生的、反映时代特色的、具有新鲜感的材料总结新经验，提出新见解，得出新结论。经济应用文的生命力在于能够反映和回答当前现实生活中急需解决的现实问题。材料新颖也包括从历史文献中，选取富有生命力的、具有新价值的材料。当我们一旦从新的角度把它们展现出来的时候，也会给人以新奇振奋之感。

4. 要选择能反映事物全貌的材料

材料的选择要注意反映事物的全貌。经济应用文要求全面地反映现实生活，因此材料的选择就应当具体、完整。所以在选择材料时就要注意点面结合、正反结合、历史和现实的关照等，只有这样才能反映事物的全貌。

第三节　结　构

一、结构的含义

结构是指文章内容的组织方式和文章的内部构造。它的具体作用就是根据主旨的需求，合理地安排材料，使主旨和材料有机地结合在一起，使之成为完整严密的有机体。文章的结构就如同建筑的图纸一样，它是施工的蓝图，工程质量的好坏首先取决于蓝图的好坏。因此，在动笔之前，一定要安排好文章的结构。

二、结构的特点

凡是文章都涉及结构的问题，但经济应用文的结构却有别于文学作品的结构。文学作品的结构讲究变化多端，诸如"欲擒故纵"、"故布疑阵"、"误会巧合"等，崇尚"文无定法"。但是经济应用文的结构却讲究模式化，不提倡"文无定法"或标新立异。经济应用文结构的模式化表现在两个方面：一是篇章结构的定型化，二是结构方式的规范化。经济应用文结构的这一特征首先与它直接服务于现实、解决现实中的问题是分不开的。经济应用文是直接传递信息的载体，信息传递要快，要准确无误，就必须有相应的形式。其次，结构是思维的表现形式，结构和思维方式密不可分。经济应用文要直接解决问题，因此，经济应用文写作的思维方式，可以说是务实的思维方式，即从社会实际中来，又到社会实际中去的一种认识世界和改造世界的思维方式，是解决问题的思维方式，所以当作者按照客观事物的本来面目把其思维外化时，文章的结构就呈现一种模式化的特征。这一特征是由经济应用文的实用性所决定的。

随着网络时代的来临，计算机写作的蓬勃发展，对经济应用文结构模式化的要求会越来越高，越来越迫切。结构的模式化是实现应用文全过程计算机写作的重要前提。

明确经济应用文结构和文学创作结构的差别，对于经济应用文写作者来说至关重要。经济应用文的撰写者如果不承认这种差别，凭着自己的奇思妙想去结构文章，其结果只能是事倍功半，费力不讨好。

三、结构方式

文章的结构是由两个方面组成的：一是表现为语言形式的篇章结构，它包括开头、结尾、层次、段落、过渡、照应。二是表现为思维形式的逻辑结构，也叫结构方式。在写作中，人们总是把篇章结构当做结构的全部内容，这是一种误解。刘勰在《文心雕龙·附会》中说："总文理，统首尾，定与夺，合涯际，弥纶一篇，使杂而不越也。"由这段话看来，谋篇布局之大端，是"总文理"。总，有总括之意，就是对文章的内在情由、内在因果，要有一个本质的、规律性的认识，只有文理清楚了，才能顺利地进行"统首尾，定与夺，合涯际"等环节的工作。如果文理没有搞清楚，篇章段落是决然搞不清楚的。因此，结构的过程是一个思维的过程，是由总体构思逐渐向具体结构演进，始终在反复研磨主旨与材料、材料与材料的关系上确立结构方式，然后在结构方式的统领和制约下，确立结构的具体内容。因此，结构方式在先，篇章结构在后。因在后面讲各种经济应用文体写作时要涉及篇章结构，故在此不再赘述，只讲结构方式。

结构方式是指如何将经济现象、问题和做法，通过文字的表述，解读给读者的一种整体布局的方式。客观事物是千差万别的，所以其结构方式也就不同。经济应用文文种繁多，其结构方式也各具特色。但从认识论的角度来说，无论多复杂的事物都有其本身存在和发展的规律。经济应用文虽文种繁多，内容丰富，但其思维的模式及表达手段仍然是有限的。经济应用文结构也显示出这种无限性与有限性相统一的特点，繁多的文种最终可用几种典型模式去描述它们结构内部包含的思维规律。所以归纳起来，经济应用文的结构方式主要有以下几种：

（一）时序式

时序式是把材料按照事件发生、发展的时间顺序排列起来，以时间为序安排材料的方法，要求时间线索清晰。无论标明时间或未标明时间，时间的概念必须清楚。常用于内容单纯、叙事性强的文种。如报告、调查报告、消息、通报等。

（二）递进式

这是以逻辑关系为主线的安排材料的方式，一层进一层，步步深入。一般是先进行叙事，然后再进行说理，最后得出结论。其思路是提出问题、分析问题、解决问题的三段思维模式。这种形式在调查报告、公文中，尤其是公文的下行文用得较多。

（三）因果式

这是前因后果或前果后因的结构，遵循因果思路展开。这种结构方式是国家行政机关公文中使用率居于首位的结构方式。

（四）总分式

总分式结构是演绎法和归纳法两种推理方法的综合运用。所谓"总"，是指文章开头或结尾两部分，或总其内容，或总其观点；所谓"分"，是指文章的主体部分，或分述其内容，并列几个层次；或分论其观点，并列几个小观点。总分式有以下几种情况：按归纳法处理的，即先分→后总；按演绎法处理结构的，即先总→后分；把演绎法与归纳法融为一体，即先总→再分→后总。无论以总统分，还是以分归总，都是文章整体布局的方式。

（五）并列式

这种结构方式只有分述，没有总述。依据经济现象的方方面面，把全篇内容分层列举，横向展开，并列铺排，不分主次，各自从不同的角度、方面，共同来阐述文章的主旨。法规、规章类文种以及合同等条文式应用文常采用这种结构方式。使用这种结构方式，必须注意各部分之间不是毫无关联，必须在主旨的统帅下发生内在的联系，否则就会罗列现象，搞形式主义。

（六）对比式

对比式，即文章结构的安排方式是对比之间的关系，或正反，或今昔，在对比中说明问题。对比的结构方式可以是一个事物不同时期的前后对比，也可以是两个事物在同一时期、同一空间的对比。像调查报告、经济活动分析报告、广告等常采用这种结构形式。

上述几种结构方式的区别不是绝对的，在实际使用中，常常互相交叉、互相结合。所以，结构方式必须根据写作目的和内容的需要来确立，使形式很好地为内容服务。

四、确立结构的原则和过程

结构归根结底是思维的问题，其作用就是把主旨和材料统一起来，使文章成为一个严密的有机体。因此，结构的好坏，决定着文章写作的成与败，所以安排好文章的结构就显得十分重要了。

（一）确立结构的原则

1. 要正确反映客观事物的发展规律、内在联系

文章是客观事物的反映，经济应用文则是经济活动客观实际的反映。尽管经济活动是极其复杂的、变化多端的，但实际上仍有其自身的内在联系和固有规律。因此，文章的结构就要反映事物变化的轨迹，表现事物的内在联系。例如，写一份工作总结，就要回过头来看一看，在过去的一段时间做了哪些工作，哪些工作做得好，原因是什么；哪些工作做得不好，教训在哪里；今后还需做哪些工作。对客观事物是这样认识的，所以在安排总结的结构时，也是沿着这一认识轨迹，有悖于这一顺序而另立新序，就不能很好地反映客观事物和表达思想。所以，好的文章结构，既能反映客观事物发生、发展、变化和结果，又能反映人们对客观事物认识的思维路线。

2. 要服从于表达主旨的需要

文章结构的根本目的在于更好地表现主旨。主旨是文章的灵魂和统帅，以主旨为纲来组织材料、安排结构，才能使结构合情合理，使文章中心明确。如果离开了表现主旨的需要，那么材料安排的轻重、大小、远近、详略就失去了依据和准绳，全篇内容也就无法统一起来。只有根据主旨的需要来安排结构，主旨才能得到圆满地表达。因此，不管文章的内在格局多么复杂，都应围绕主旨来安排结构，服从并服务于主旨的需要。

3. 结构的安排要适应不同文体的特点和要求

经济应用文的文体多种多样，因其反映现实的角度、容量、功能、作用及表现形式各有其特点，所以每种文体都有自己的结构方式，以便更好地传递信息，表达文章的主旨。所以结构的安排要因文而异，量体裁衣，适应不同文体表达特点的需要。只有这样，才能收到好的效果。就是同一文体，由于内容的侧重点不同，其结构也不尽相同，如全面工作总结和专项的经验总结其结构方式就有区别。所以安排结构时，要选择恰当的结构方式以适应不同文体的特点和要求。

(二) 确立结构的过程

确立结构，一般要经过三个环节：理清思路，精选材料，拟写提纲。

1. 理清思路

思路是写作思维活动的线索和轨迹，体现了写作思维主体对客观事物的认识与表达过程。思路是结构和表达的基础。所谓"理清"，就是能够驾驭材料正确地反映事物的内在联系和揭示发展规律，能够服从于表现文章主旨的需要。思路和文章的结构密切相关，作者用文字把自己的思路表现出来，就是结构。由此可见，思路是结构的先导，是文章结构的前提，结构是思路的结果和外在形式，是思路在文章中的客观表现。所以文章结构是否严谨、完整，有赖于主体思路的清晰和通畅。因此，理清思路便成为文章布局的最重要环节。

如何理清思路呢？

(1) 思维要有序。经济应用文的布局谋篇，安排结构，是一个逻辑思维问题，反映到结构上，就要"有物有序"。这个"序"就是要符合对客观事物的一般认识规律。客观事物是复杂的，决定了写作思维主体的思路也必然是曲折复杂的，但这并不是说客观事物的"序"难以把握，恰恰相反，我们的认识符合客观事物的"序"，思路就清晰，结构就严密。前面我们讲到的结构方式，就是思维有序化在结构上的反映。因此，要求撰写者在构思时首先要把思维调整到与客观事物内在规律一致的思维轨道上。例如，处理一个问题，有一个摆情况、谈问题、提出解决办法和意见的思维过程，这个过程实际上就是把客观事物实际存在的部分、阶段性、矛盾侧面、思维步骤，按照一定的标准分成若干个既有相对独立性又相互联系的部分，那么这篇文章就大体做到了条理清楚，层次分明。

(2) 思路要连贯。著名美学家朱光潜先生在《选择与安排》中讲到文章要层次清楚时说："文章起头最难，因为起头是选定出发点，以后层出不穷的意思都由这出发点顺次生发出来，如幼芽生发出根干枝叶。文章有生发，才能成为完整的有机体。所谓'生发'，就是上文意思生发下文意思。上文有所生发，下文才有所承接。"这里所讲的"生发"，实际上就是思路连贯性的问题。思路连贯，即思维时不要出现空白和断档，也不能有悬念和跳跃。以开头为出发点，顺次生发出下文的意思。在结构方式的表现上，要给读者留下明显的阶梯感，如因为什么原因出现什么问题，将导致什么样的后果，该采取什么样的解决办法等。思路必须是一环套一环，或纵向推进，或横向铺排，或纵横交叉，每一环都不能打破，如其中哪个环节出现了问题，文章的结构就会松散，不严密。

（3）思路要周密。周密就是使思维符合辩证法，就是在构成和表达的时候要从各方面考虑思路各步骤之间的关系，考虑思路所反映的思想有无偏差、漏洞，是否顾此失彼，自相矛盾，是否会引起什么疑问和误解。

（4）思路要符合不同文体模式的要求。结构的特征是它的模式化。模式来自于长期的写作实践，是客观需要和写作经验的结晶。每一文体的模式之所以能形成和稳定下来，在于它符合作者的思维规律，在于它适应这一文体的需要和特点。因此，理清思路时，依照这种模式进行思维，既能使思路连贯、有序，也能使思路精密，不会发生遗漏、残缺的问题，也不会不合约定俗成的文种结构规范。

2．精心选材

思路清晰了，文章的结构就可以确立下来。结构犹如人的骨骼，需要丰满的血肉——材料来填充，这就涉及选材的问题。此内容在材料一节已阐述，故此不再赘述。

3．编写提纲

编写提纲，就是用文字把思路固定下来，以此作为写作时遵循的依据。提纲有"粗"和"细"之分，可根据个人习惯和文章的性质、篇幅而定。常见的编写提纲的方法有以下两种。

（1）条述法。这种方法需六个步骤：①拟标题。一般情况下，标题要提前拟好，但有时标题也可以等文稿完后再定。②以判断句式概括出全文中心。标题可以不拟，但文章主旨必须明确概括出来。文章标题可以变化，而主旨一旦确立下来，就不能更改。③考虑全文从几个方面、按什么顺序来阐述基本观点。把大的层次确定下来，构筑全文的框架。④逐个考虑基本的段落，写出段旨。⑤把准备好的材料按照构思的顺序标上序码，排好队。⑥全面检查提纲，做必需的增、删、调、补。

（2）卡片法。卡片法又称"KJ法"，是由日本专家川喜田二郎首先提出的，KJ是川喜田二郎名字的缩写。同条述法不同，它是用卡片编写提纲。第一步，作者把收集的各种材料写在卡片上，每张卡片只写一项内容。第二步，把这些卡片像扑克牌那样摆在桌子上，边读边思考，把内容相关的卡片集中在一起，进行分析比较，这时也要进行发散思考。如果产生了有价值的想法，马上再写成卡片归入到某类卡片中。经过一番思考，可分成若干卡片群。第三步，逐个阅读研究卡片群，用简要的话概括出每群卡片的中心思想，然后将各卡片群的中心思想进行比较，将相同或相近的再合并成大的卡片群并逐一仔细阅读分析，归纳和记录下每个大卡片群的中心思想。还可把大的卡片群归纳为更大的卡片群。这样由小到大，一直到不能再合并时为止。第四步，把每类卡片群归纳的中心思想，由大到小列成提纲。

第四节　语　言

当文章写作进入行文阶段，把成熟的构思外化为文章的时候，关键就在于语言的表达能力。列宁说："语言是人类最重要的交际工具。"语言是人类进行思维活动，进而表达、交流思维成果的工具，是直接反映思想的物质形式。因此，文章写得好与坏，能否把思想准确地表达出来，就要看作者驾驭语言的能力。如果语言运用得不好，即使有再好的见解、主张和办法，别人也无法了解，问题也无法解决。所以学好经济应用文写作，就必须努力学好语言，研究语言的运用，努力提高语言的表达能力。尤其经济应用文是独具规律的一种文字载体，其语言有自己的风格特色，更应该认真学习、研究，掌握其语言运用的规律和要求。一篇经济应用文写得好与坏，在一定程度上就看语言工具运用得怎样。那种片面地认为经济应用文只要掌握格式，而无须加强语言的修养是不正确的。

一、经济应用文对语言的基本要求

（一）明确

明确，就是明白确切。选择最贴切、准确的词语如实地反映客观事物的本来面目，贴切表达作者的思想感情，做到"意能称物"，"文能逮意"。为使语言明确，须从以下几方面入手：

（1）用词要准确。汉语词汇丰富，每个词都有它独特的个性、丰富的含义。因此在使用某个词时，一定要弄清它的内涵和外延，以便恰当地选用。对词义不完全了解，就会出现滥用、误用的情况，从而导致语言不准确，表意不清楚。

（2）认真辨析词意。汉语中，有许多意义相同或相近的同义词、近义词，尽管它们的意义很相近，但在经济应用文的语言环境中，却是不能互相替代的，只有一个词语能准确表达某种思想或事物。因此，必须对它们仔细辨析，认真挑选，选择最恰当的词语表达情意。

（3）对事物的判断要合乎逻辑，遣词造句合乎语法规范。

（4）正确使用模糊语言。模糊语言是指那些外延不确定，内涵无定指，在表义上具有弹性的词语。模糊语言大都用来表述事物的轻重、程度、大小、范围等，恰当地使用，既能使语言明确又符合客观实际情况。

（5）不用那些冷僻难懂和模棱两可、易生歧义的词语。在句式的选择上，多用基本成分齐备的完整句，一般不用省略句和倒装句。

（6）注意避免写错别字并正确使用标点符号。

（二）质朴

质朴，就是平易朴实，明白如话，通俗易懂。经济应用文的写作目的在知照、说服而不在感染，因而在表述方法上以叙述、议论、说明为主，这就决定了经济应用文语言的平实性。为使语言质朴、平实，须做好以下工作：

（1）要有诚实的写作态度，不说大话、空话、套话，做到"有实事求是之意，无哗众取宠之心"。

（2）用确切的词语直陈其意，不绕弯子，不兜圈子，不层层修饰，更不追求形式的奇巧和华丽的辞藻。

（3）从表达方式上说，一般不用描写和抒情，也不用夸张、拟人等文学趣味浓厚的修辞手法。

（4）句子的选择上，一般不用省略句和倒装句，而使用能使语意表述明确、平实的陈述句和祈使句。忌用半文半白的语言和欧化句式。

当然，经济应用文的语言要求质朴，但并不反对语言的生动与活泼。而应在平实的前提下力求生动活泼。为此，可有选择地使用一些比喻，增加形象性。例如，"软着陆"、"市场疲软"、"拳头产品"、"婆婆多"等都是通过比喻，使抽象变得形象，使读者易于理解、接受。除此之外，像在调查报告、总结等文体中，还可使用人民群众喜闻乐见的口头语，增强语言的生动与活泼，使语言在平易朴实中显露出新颖别致的特色。

（三）简洁

所谓简洁，就是用简要精炼、干净利落的语言表达最大容量的内容，以少胜多，"文约事丰"。经济应用文语言的简洁，是为了更迅速、更有效地传递信息，处理业务，解决问题。

做到语言简洁，需注意以下几方面：

（1）语言简洁，首先对客观事物要有清晰的认识，抓住关键，把话说到点子上。"通道则简"。语言的简明，归根结底，是思维的缜密和明晰。唐代史学家刘知几说："盖作者言虽简略，理皆要害，故能疏而不遗，俭而无阙。"也就是说，只有抓住事物、事理的要害，对事物有清楚深刻的认识，抓住关键，说理恰当，措辞精确，语言才会简明有力。

（2）围绕中心选词造句。经济应用文的主旨单一、集中，所以一篇文章只能表达一个主旨，一段文字只能表达一个段旨，一句话只能表达一个完整的意思。段旨要紧扣主旨，句意要紧扣段旨，环环相扣，不塞进任何与主旨、段旨无关的内容，力戒浮文，杜绝套话、空话，不搞穿靴戴帽。

（3）尽量使用单句，少用复句。单句中多用短单句，少用长单句。复句中短复句多，长复句少。

（4）掌握并学会运用经济应用文的惯用词语。惯用词语多属文言词语，能流传到今天且还活在人们的口头上，可谓是古汉语中的精华。恰当地使用这些词语，可使经济应用文的语言精练，又能增强文章的表现力。

（5）恰当使用简缩词和数字语言。现代汉语中的许多词语的简缩已约定俗成，众所共认，适当使用简缩词，可使行文简洁精炼。但简缩词不可滥用，使用时要注意两点：一是使用规范化的、为社会所公认的。二是简缩词有多种含义时，应在第一次出现时注明。

数字语言在经济应用文写作中，使用频率特别高，具有文字不可替代的作用。恰当使用数字语言，可使行文简洁明快，鲜明集中。

（四）庄重

庄重，就是端庄、郑重。这是处理经济事务应有的严肃持重的态度在经济应用文语言中的体现。为使语言庄重，应做到：

（1）使用典雅规范的书面语。在经济应用文写作中，一般不用或少用方言词语和土俗词语，而使用典雅规范的书面语。尤其在公文和经济事务文书类的各种文体中，非常重视使用"雅语"和"敬语"，如"颁布"、"届时"、"歉难"、"承蒙"、"谢意"等。这些词语典雅庄重，又能体现新式的同志式关系和礼貌风尚。

（2）恰当选用惯用词语。这些惯用词语，不仅使经济应用文言简意明，而且能使语言庄重得体。

二、经济应用文的习惯用语、模糊语言和数字语言

大量使用习惯用语、模糊语言和数字语言，是经济应用文语言运用的鲜明特征。为准确把握这三种语言形式的内涵，现分述如下：

（一）习惯用语

习惯用语，是经济应用文写作中特有的语言现象，是在长期的写作实践中形成的并在相对固定的语境中使用的词语。习惯用语包含三类：程式性词语、专业词语和介词结构。

1. 程式性词语

在长期的写作实践中，应用文逐渐形成了适应工作、学习、生活需要的规范格式，作为表述这种规范格式的语言自然便形成了一些专门的词语，即程式性词语。程式性词语反映经济活动中的行文关系和工作程序，它们各有不同的功用，主要有：

（1）称谓用语。我、本、你、该。它包括三种人称，如"我公司"、"本厂"、"你店"、"该校"等，这四个称谓用语，使用上不含等级色彩，上下级均可使用。

（2）引叙用语。引叙来文时的用语，包括前接、顷接、近接、悉、收悉、电阅、阅悉等。

（3）经办用语。说明工作处理过程的已然时态，表明处理时间和经过情况，包括经、业经、兹经、均经、并经、后经、未经等。

（4）期请用语。希望对方给予回答或请求办理、执行等，包括希、请、拟请、请查收、请审核、即请查照、希即遵照等。

（5）征询用语。用于征求、询问意见时的用语，包括当否、可否、能否、是否可行、是否同意等。

（6）期复用语。请求对方予以答复时使用的，包括请批示、请指示、请核示、请复等。期复用语常和征询用语结合使用。

（7）表态用语。用于表示对经办事情的态度，包括同意、照办、可行、不可、不同意等。

（8）结尾用语。结尾用语一般包括特此通知（通报、函复、函达、函告、证明……）、为要、为盼、为感、为荷、是荷等。"为要"之后的词语，使用上含有等级、感情色彩，应注意区别。

2. 专业词语

经济应用文写作是一种专业写作，根据实际表达的需要常使用一定数量的专业词语，用以说明经济工作的情况和问题，以强化实现文章实用功能所需的语体感。在使用的过程中，需注意两个方面的问题：一是根据内容的需要，恰当合理地使用，不说外行话，真正体现出专业特色。二是专业词语使用要适度，应照顾更多非专业的读者对象，凡可用可不用的专业词语，尽量不用。

3. 介词结构

为使内容表述得周密、严谨，在经济应用文写作中，大量使用介词结构。这是经济应用文特有的一种语言现象。经济应用文尤其是公文写作，在阐释方针、政策，提出问题、分析问题、解决问题、发表意见时，常常要说明依据、状态、方式、目的、原因、时间、范围等，因此要大量使用介词结构。常用的有以下几种：

（1）表示目的、原因的，如为、为了、由于、鉴于等。

（2）表示对象、范围的，如对、对于、关于、将、除了等。

（3）表示根据、方式的，如据、根据、依据、遵照、通过、在、随着等。

（二）模糊语言

经济应用文的语言要准确，但并不排除使用模糊语言。大千世界万事万物既相互联系又相互区别，它们之间的界限是相对的，而模糊却是绝对的。客观世界的模糊性决定了记载和表现它的物质外壳——模糊语言的产生和存在。在经济应用文写作中，经常使用模糊语言，这是由经济工作的多变性和复杂性所决定的。经济应用文都有一定的传播范围，由于各地区、各部门的情况不同，在表述上就须留有一定余地，在用语和措辞上要有弹性，以便使各地区各部门能按文件的精神和原则，结合本地区和本部门的实际情况，灵活地处理各种实际问题。所以经济应用文的语言是准确性与模糊性的高度统一。经济应用文的模糊语言常见的有以下几种：

1．模糊时间词语

模糊时间词语，如"近年来"、"最近一个时期"、"在一个不太长的时期内"、"过去的几十年"等。在无需或无法或不宜指明具体确切的时间时，适当运用这些词语，恰恰是准确表达的需要。

2．模糊数量词语

模糊数量词语，如"一些地区"、"某些单位"、"部分干部职工"、"少数单位和部门"、"诸多因素"、"存在不少问题"等。这些表示不确定数量的模糊语言，同样可以表示对事物的定性定量分析，另外，还有委婉的色彩，这又牵涉到工作方法和策略的问题。

3．模糊形容词

模糊形容词，如"基本上是成功的"、"质量是比较好的"、"取得了一定成绩"、"情节严重"、"损失惨重"等。在经济工作中，对不少具体情况的判断不可能像统计数字那样精确，所以有时在表达某些事物的程度、性质、状态时，必须使用上述的模糊形容词，这样反倒切合实际，因而也是准确的表达。

值得注意的是，模糊语言也不能随意滥用，否则就可能造成模糊认识，给学习和工作带来损失。处理好语言的准确性与模糊性的关系，才能更准确地表达作者的写作意图。

（三）数字语言

在经济应用文写作中，是无数不成文的。它可以用来传递商品供需、市场价格等商业信息，可以用来反映经济现象、成本和发展趋势，可以作为经济学术论文、调查报告的论据和事实，可用以标示数量界限、建立经济模型，或对经济现象进行对比、评价等。因此，在经济应用文写作中，数字语言的使用是十分广泛的。

作为经济写作的一种特殊语言和表达工具，数字具有直观、精巧、概括的特点。用数字通报情况、分析问题或阐明观点，其作用往往胜于文字语言。但经济应用文写作又不是数字的堆砌，所以在使用上要注意以下几点：

1．数字要真实、准确

经济应用文使用数字要实事求是，不得任意夸大或缩小数字，只有真实、准确，才具备可信性、可行性和操作性。哪怕是一个数据的不真实，也会给经济工作带来严重的损失。

2．数字要科学、规范

一是表述要科学、规范。恰当使用量词和模态词来表达数量的增减变化情况。首先注意"基数"、"增加数"、"和数"、"减少数"、"差数"的准确表述。凡是增加或减少等词语后面跟有"到"、"至"、"为"字的，是说明"基数"加上"增加数"的"和数"或"基数"减去"减少数"的"差数"；凡是增加或减少等词后面跟有"了"的，则不包括"基数"。其次要注意数字的可比性和比较结果的实际意义，注意相对数、绝对数、平均数的综合应用。二是书写要科学、规范。1995 年 12 月 13 日，国家技术监督局颁布的《出版物上数字用法的规定》（附录 C）对数字的用法作了明确的规定，因此，要严格按照此规定来正确使用。

3．数字要适量、得体

数字的使用要与文字结合起来，不要堆砌数字。既要发挥数字在经济应用文写作中的作用，又要防止陷入滥用数字的深渊而不能自拔。

第五节　经济应用文的表达与修改

一、经济应用文的表达

表达，或称表达方式、表现手法，是指作者在确立主旨，选好材料，考虑好结构后，把思想内容用一定的方式方法告诉给读者。表达是写作实践中形成的具有规律性的方法和技巧，是文章写作中必须运用的手段。

文章的表达方式，具体有叙述、描写、抒情、议论和说明等五种。在文章中，这五种表达方式经常是互相联系、互相补充的，但在不同的文体中，运用时又各有侧重。一般来说，记叙、抒情性文章以叙述、描写、抒情为主；议论、说明性文章以议论、说明为主；应用性文章以议论、说明、叙述为主。但应用文中的议论、说明、叙述又与一般文章中的议论、说明、叙述不完全相同，而有着其自身的特点，现分述如下。

（一）经济应用文中的议论

议论就是讲道理，是作者通过事实材料和逻辑推理来阐明自己的观点，表明自己的立场和态度。经济应用文写作运用议论这一表达方式是有别于议论文的。它没有过多的抽象议论和逻辑推理，它通常是简括性的，即在记述某人某事的基础上，画龙点睛地予以评价；或是在摆出某一经济现象后，精当地阐明其内在实质或意义；或是在叙述工作中存在的问题之后，简要地予以分析，并提出办法和意见。议论的笔调多是论断式、评判式和总结式的，强调说理性、逻辑性和通俗性。经济应用文中的这种议论方式，可称为"立论说明式"。

1．经济应用文议论的特点

（1）就事论事，不空泛说理。经济应用文中一般不做空泛的议论，而是就事论事，往往针对特定的事实、事件、情形，自然地阐明作者对事物的看法，论说的观点都能在事实部分找到可靠而确凿的证据。

（2）客观评说，观点直露。议论在经济应用文中是一种科学的论说，它客观冷静，尽可能不带个人主观色彩，结论是在充分而客观的材料上引出的。对需阐明的观点或进行评论的事情往往直接加以议论，一语道破。

（3）议论一般不单独使用。在经济应用文写作中，很少有单一使用议论这一表达方式的，它和说明、叙述结合在一起使用，更多的是和叙述结合在一起。这一特点是由经济应用文的实用功能所决定的。经济应用文要做到言之有据，持之有理，令人信服，从而产生强大的说服力和感召力。空泛的说理是达不到写作目的的。

2．经济应用文常用的议论方式

（1）引据论说。引用政策条文、法律条文和科学理论来议论的一种方法。常用"根据……我们认为……"的句式进行。

（2）事实论说。即在列举事实的基础上归纳出观点的议论方式。常用"从上述材料中可见……"、"以上事实表明……"等句式。

（3）推理论说。用逻辑的方法陈述见解，即用已知的事实、事理，推出结论或预测前景。

这种议论方式常在法律文书写作中使用。

（二）经济应用文的说明

说明，就是用言简意明的文字解说事物、阐明事理。说明在经济写作中运用十分广泛。有时，我们需要说明某个观点和主张，有时又需要说明某个事物或现象，有时要说明的是一份材料和一件商品，有时要说明的是某种方法和过程。

说明和叙述是有区别的。说明侧重于记写客观事物的静态，叙述则侧重于记写客观事物的动态。

1. 经济应用文说明的特点

（1）要正确把握说明对象。对说明对象把握得不准，就不可能对它解说得科学、准确、客观。为此，一要明确说明什么问题；二要对说明的问题仔细观察、分析和研究，对它真正认识、了解，才能解说得正确恰当。

（2）要科学、客观地解说事物，阐明事理。在经济应用文写作中，我们常常要用说明方法来说明事物的性质、范围和特点。无论说明什么问题，都必须科学、合理、准确。除此之外，还要客观、公正地说明事物，不掺进作者个人主观的情感和倾向。这是经济应用文实用性的特征在表达方式上的反映。

（3）除在法规性的文件中完全采用说明方式，一般来讲，说明要和叙述、议论综合起来使用。在使用过程中，要注意三者的区别。

（4）正确使用各种说明方法。

2. 经济应用文常用的说明方法

（1）定义说明。即用下定义来说明事物的一种科学而严谨的说明方法。它用简明扼要的语言揭示事物的本质特点（内涵），又为被说明的事物划定一个范围和界限（外延）。定义说明的关键是定义下得准，概括定义的内涵和外延须恰如其分。

（2）举例说明。即用个别的或典型的事例来说明特定对象。所举事例要与说明对象有这样或那样的联系，如相似性、相异性、相关性等。

（3）分类说明。在说明一些较复杂的对象时，可采用分类方法加以说明。分类说明实际上是逻辑方法，在运用时要注意合乎逻辑。

（4）比较说明。既可类比，也可对比；既可将某一对象与另一对象进行比较，也可将同一对象的不同发展阶段进行比较。运用这种方法要注意的是，用来比较的对象相互间必须有可比性。

（5）比喻说明。用比喻的方式说明某些较抽象或读者较生疏的对象。运用比喻说明有个前提，即比喻的对象与被比喻对象之间必须具有某种相似性，可以是功能的相似、环境条件的相似等。

（6）资料说明。这种方法主要是指引用与对象有关的文献资料来说明对象。引用文献资料，特别是引用资料原文，一般应注明资料来源，以备读者查阅。

（7）数字说明。这是经济应用文写作中运用最多的说明方法。它是运用数字对事物的属性和特点进行解说的说明方法，其目的是为了增强说明的精确性和可信度。在运用数据时要准确无误。

（8）图表说明。用表格、图形来说明经济活动中的现象、情况和作者的观点、理论。它比其他说明方法更直观、形象。

(三) 经济应用文中的叙述

叙述，就是把人物经历或事物的发展变化过程表述出来。

经济应用文的许多文体都少不了叙述。有的文体本身就以叙述事实、反映情况为宗旨，如经济信息、简报；有的以所叙述事实作为立论依据，如经济评论、经济论文等；有的依据所叙述的事实作出决策或预测，如计划，调查报告，公文中的决定、批复等；有的以所叙述的事实作为签订协议的依据，或以所叙述的事实作为凭证，如经济合同、法律文书等。这些叙述尽管作用不同，但它们有着一些共同的特点和要求。

1. 清晰的叙述线索

叙述的方式包括顺叙、倒叙、插叙、平叙等，但经济应用文写作，最常用的方式是顺叙，即严格按照时间的顺序和事物发生、发展、结局的自然序列以及解剖问题的逻辑来进行，形成井井有条的叙述程序。除了文学性较强的新闻类中部分文种外，一般不采用倒叙和插叙。顺序这种方式既符合事物本身发展的内在逻辑，也符合人们认识问题的思维规律；既便于组织材料，顺理成章地揭示事物的性质和规律，又能使人一目了然。

2. 直接的笔法

经济应用文中的叙述与文学的叙述不同。文学的叙述可融情、理于一体，有时与描写合用，分不清是描写还是叙述，给读者创造一种可感、具体的欣赏情境。经济应用文的叙述却不求曲折、生动、富于感染力。它要求用平实的笔法，尽量客观、直接地叙述事实，以求能把人和事交代清楚。

3. 叙述要概括

经济应用文中的叙述有别于记叙文中的叙述。记叙文中的叙述要求详尽、具体，精雕细刻。而经济应用文的叙述是为说明问题，探索事物或问题的因果关系、内在联系，因此需要对事物作综合概括，用简明概括的叙述，把事物、问题的实质或总体特征，准确全面地交代清楚，从而使人得到全面、完整的深刻印象。但是概括也并不是件易事，既要对事物了如指掌，又要有高度的概括力。

4. 叙述和议论要结合

在经济应用文写作中，对人和事的叙述不是目的，目的在于揭示事物的本质或意图。因此，叙述往往要和议论相结合。叙述为议论提供依据，议论则必须以客观事实为前提，二者自然相辅相成。可以先叙述后议论，也可先议论后叙述。

二、经济应用文的修改

文章的修改，一般是指初稿完成后的修改，属写作过程的最后一个阶段。文章之所以要修改，是因为客观事物是复杂的，人们对客观事物的认识不是一蹴而就的，而是一个不断深化的过程，反映到文章上，就会出现思想有失偏颇或思虑不周之处。除此之外，构思的内容借助语言表达出来，从理论上讲可以是同一的，但实际操作起来，由于作者认识水平和语言驾驭能力的限制，两者之间总是有很大差距。尤其是初稿，出现不尽如人意之处是在所难免的。因此，就需要推敲和修改。俗话说："好文章是改出来的。"无数作家修改文章的事例已足以证明这一点。因此，我们要重视文章修改这一环节。

（一）修改的范围

一篇文章，我们主要从以下几方面对其进行修改：观点的订正、材料的增删、结构的调整、语言的锤炼、标点符号的检查等。

1．观点的订正

主旨是文章的灵魂和统帅，修改文章首先要修改主旨。首先要看主旨是否正确。前面讲过，一个正确的主旨表现在三个方面（见主旨的写作要求一节），我们就要从这三个方面去检查主旨是否符合要求。其次看主旨是否鲜明。坚决避免那些牵强附会、节外生枝、含糊不清、模棱两可、自相矛盾的说法。最后检查篇旨与段旨是否协调统一，段旨是否能以"众星捧月"之势支撑主旨。如果我们把这些内容修改好了，其他方面的修改也就有了依据。

2．材料的增删

使用材料的原则是适当适量、充分必要。修改时就要坚持这一原则，力求做到观点和材料的统一。如果材料单薄就要适当增加，材料繁杂就要适当删减，如果材料不典型或不能说明观点，就要删除或更改。

3．结构的调整

结构是全文的骨架，主要解决材料的安排问题。调整结构，从写作目的出发，由整体到局部渐次展开。先看整体布局是否合理，然后调整结构的具体内容，如层次是否清楚，段落是否完整，层次和层次之间、段落和段落之间衔接是否紧密，文章的内容是否前后关照呼应等。如果结构有零乱、残缺、松散、失衡等问题，可通过拆开、合并、换位、增减等方法调整和改组，以优化结构。结构的重大调整往往会引起思路的改变、材料的增减甚至功能的变化，因此，必须始终服从和服务于特定的写作目的。

4．语言的锤炼

语言的修改主要从语体、语法、词汇、文字、修辞等几方面入手。语体风格同特定文体有关，也同读者阅读特定文体所养成的心理习惯有关，应尽量适应之。语法和字词方面的修改主要是将重复累赘、可有可无的字词句尽量删去，使表达更简洁通顺，并且将词不达意、晦涩拗口的词句改得准确明白、通俗流畅。修辞方面主要是将枯燥乏味的陈词滥调改得清新鲜活，富于表现力。

5．标点符号的检查

对于文章来讲，标点符号不是可有可无的，不同的标点符号表达不同的意思。因此，我们在使用标点符号时一定要慎重，标点符号的错用会改变文章的内容。1995年经国家技术监督局批准，《标点符号用法》（附录D）已成为国家标准，并于1996年6月1日起实施。我们必须遵循《标点符号用法》的规定，正确使用标点符号。

文章修改还包括文面、核对引文、图表、数字、调整更换表达方式等。总之，作者要善于发现并修改文章中的各种毛病。

（二）修改的方式

修改文章的方式，因人而异，常见的有以下几种：

1．边读边改

修改文章时，一边读一边改，而且放声读有助于发现问题。这是凭借语感来修改文章。它对检查语病、缺字很有效果，甚至语句啰唆、语句不通畅都能及时发现。

2. 边抄边改

有时草稿的文面涂抹得很乱，难以在上面修改，这时可以一边抄写誊清一边修改。看一段，改一段，抄一段，直至全文改完抄完。

3. 冷却处理

初稿写完之后，放置一段时间再拿出来修改，这样可以避免大脑的思维一时还难以跳出原来的框子，而很难发现初稿中的问题。过段时间，拿出原稿来看，就比较容易发现当初不容易发现的问题。

4. 求教他人

文章初稿完成后，可请写作上的名家或经验丰富的人给以指教；或请同行或懂行者一起讨论，集思广益，作为修改的意见。

（三）正确使用修改符号

文章的修改需要用一定的符号来表示。中华人民共和国专业标准《校对符号及其用法》明确规定了校对符号的种类和用法，对于文章的修改，应严格按照此标准来执行，不能自行创造一种无人能懂的符号。关于校对符号的使用，可参看本书附录 E，此处不再详述。

第三章 公 文

第一节 公文概述

一、公文的特点及作用

（一）公文

"公文"这一概念在本书中指中国共产党机关和国家行政机关公文，即中共中央办公厅和国务院办公厅在 2012 年 4 月 12 日发布的，自 2012 年 7 月 1 日起施行的《2012 年党政机关公文处理工作条例》（以下简称《条例》）中所规定的 15 种文种。

《条例》明确指出："党政机关公文是党政机关实施领导、履行职能、处理公务的具有特定效力和规范体式的文书，是传达贯彻党和国家方针政策，公布法规和规章，指导、布置和商洽工作，请示和答复问题，报告、通报和交流情况等的重要工具。"

这一定义对公文的内涵、性质、适用范围和功用都做了简明、规范、科学的界定。准确理解这一定义，对学习公文有十分重要的指导作用。

（二）公文的特点

公文的特点是其区别于其他文体的本质属性，揭示和概括公文的特点，可以更准确地把握公文，更有效地运用这一工具。公文有以下几个方面的特点。

1. 法定的权威性

公文的法定权威性是由其制文机关的法定权威性所决定的。公文的制文机关是各级党政机关，它们是依法成立的并具有法定的管理权限。这些机关在自己职权范围内所进行的行政管理，本身就是一种法定的管理活动。公文正是这种法定管理活动的重要工具，是将法定管理者的思想、意志传递出去，从而变成具体的施政行为，直接服务于国家政务活动。国家的法律法规、方针政策，各项管理措施，都是由公文参与完成的，并由公文传递出去，代表行政机关行使职权，实施行政领导和指挥。国家领导机关发布的公文，代表人民政府的职权和意图，上级单位制发的公文，代表上级机关意志和意见。下级机关必须严格遵照执行，不得违反，否则就要负法律和行政责任。

2. 法定的作者、读者

公文的作者并不是普通意义上的文章作者，而是指公文的制发机关或代表制发机关的领导人。公文的作者是法定的，因为其具有法定的管理职权和范围。除此之外，其他的机构和个人是无权制发公文的。以领导人名义发布的公文，其作者也是指发文机关而不是个人，因为领导人的职务也是按照一定法规选举或任命的，他是代表法定机关行使法定的职权。

除了法定的作者外，公文的读者也是法定的，除需要周知的公文外，多数公文的阅读也是由法定读者来承担的。一般说来，法定的公文作者都是法定的读者，只有他们才有权阅读公文。但并不是法定的作者都可以阅读所有的公文，公文的阅读是有限定范围的，规定哪一级阅读的公文，哪一级的法定读者才有权阅读，而其他的法定读者则无权阅读。公文格式中设定的

"密级"及"附注"中有时关于阅读的说明，就是在一定程度上对法定读者阅读权限的规定。

3．特定的程式化

作为行政管理的工具，公文具有不同于一般文章的特定的程式化特点。程是指程序，式是指格式。

公文在长期使用过程中，逐渐形成了比较固定的程式，《条例》又对这一程式加以明确规范，从公文的发文、收文归档、管理到行文规则、文种类别、格式都作了具体规定。这些规定是公文适用范围内的一切单位和个人都必须严格遵守，不得违反的。

公文的特定程式化是公文长期写作经验的结晶，同时也是公文权威性在形式上的体现。掌握和遵循这些规范性的程式，不仅便于写作和阅读，更有利于使用公文这一工具，有效处理和解决实际工作中的问题。

4．严格的时效性

公文是针对具体情况、实际问题而制发的，公文的制发、传递、执行都具有严格的时间限定。因此各级行政机关在行政管理过程中发现情况和问题，在确有必要行文的前提下应及时做出决策，迅速制发公文上达或下发，以保证各项工作有序地进行。同时对受文机关来说，也应及时办理所收公文，切实履行职责，以免延误问题的解决，贻误时机，使公文无法发挥其应有的作用。

（三）公文的作用

1．领导指导作用

具有领导和指导作用的公文，多指下行文。公文的领导作用主要体现在上级机关向下级机关制发的，带有法规性、指示性的一类文件中，要求下级机关必须执行，但更多的公文则是布置工作任务，安排事项，对某项工作提出具体要求。这类公文也要求下级机关执行，但执行时可根据本地区、本系统的实际情况办理。有的上级机关在发布公文时，就明确指出"可以参照执行"，这样的公文具有指导作用。

2．法规准绳作用

国家领导机关及各级权力机关制发的公文，不少是带有法规效力的，对下级有着法规的制约作用，如命令、决定等。同时，多数公文，特别是下行文，对从事公务活动的部门、个人也有一定的限定作用，要求其必须据此作为公务活动的准绳，做出行动抉择，而不得超越这一范围。

3．联系知照作用

公文可以沟通上下级的联系，使上情下达，下情上达。上级机关一般利用公文把法律、法规、方针、政策传达下去；下级机关用公文把工作中的问题、情况反映上来。上传下达，及时解决问题，推动工作。同时，公文还在不相隶属机关之间起着沟通协调、商洽交流、联系传递的知照作用。

4．宣传教育作用

公文的制发，其目的是使党和国家的法规、方针、政策顺利地贯彻执行。为了保证这一目的的实现，就要宣传教育群众，统一认识，统一行动，公文正体现了这一作用。一些下行文，在对重要工作做出安排的同时，也阐明政策或理论的依据，对目前的形势作出分析，提供开展工作的具体指导思想。这样有力地起到宣传教育作用。而这种宣传教育作用又有一定的行政约束力，影响更大，作用更明显。

5. 依据凭证作用

上级机关在制发公文时，要以下级机关所反映的情况做依据；而下级机关在处理具体事宜、安排工作时又要遵循上级机关的指示精神；不相隶属机关之间，也要依据往来的公文洽谈工作、沟通情况和解决问题，公文起着重要的依据作用。同时，作为反映各级行政部门在各个时期公务活动情况的文件记录，公文又有积累史料的凭证作用，在现实效用完成后，对今后的工作仍然有凭证作用。

二、公文的种类和分类

（一）公文的种类

《条例》第8条规定，我国党政机关公文种类为15种：决议、决定、命令（令）、公报、公告、通告、意见、通知、通报、报告、请示、批复、议案、函、纪要。详细说明见书后所附《条例》。

（二）公文的分类

公文种类的划分，其主要目的是为了正确使用文种。为保证这一目的实现，不仅要考虑文种的性质、作用，还要注意行文的方向。《条例》已从性质、作用入手，将公文分为15种。因此，这里只从行文方向对公文进行分类，将其分为上行文、平行文和下行文。

行文方向是由行文关系所决定的。行文关系是机关之间的工作关系，而机关各自的组织归属和职权范围又决定着机关之间的工作关系。这种关系有四种类型：一是同一组织系统中上、下级之间，属领导与被领导的隶属关系；二是同一组织系统中上级主管业务部门与下级主管业务部门之间，属业务指导与被指导关系；三是同一组织系统中同级机关之间，属平行关系；四是非同一系统的任何机关之间，属不相隶属关系。

在这种关系中，居领导、指导地位的上级机关可以向被领导、指导的下级机关发送下行文；被领导、指导的下级机关向上级领导、指导机关报送上行文；具有平行关系或不相隶属关系的机关之间可以传递平行文。

下行文的主要作用是传达领导机关意图，部署安排公务活动，要求下属机关遵照执行，如命令、决定、通知、通报等。

上行文的主要作用是汇报工作，反映问题，为上级机关决策和更有针对性地指导下级机关的工作提供依据，如请示、报告等。

平行文的主要作用是沟通情况，配合工作，联系相关公务，如函等。

三、公文的格式

《条例》规定，公文格式一般由份号、密级和保密期限、紧急程度、发文机关标志、发文字号、签发人、标题、主送机关、正文、附件说明、发文机关署名、成文日期、印章、附注、附件、抄送机关、印发机关和印发日期、页码等组成。

公文有文件式公文格式（包括上行文和下行文）和特定公文格式（包括信函式公文格式、命令式格式和纪要格式）。从格式组成部分看，文件式与特定式公文是相同的，但表现形式有所不同（可参阅公文概述后图例及"函"一节后的图例）。这里只以文件式公文为说明对象，将公文格式各组成部分分述如下：

（一）份号

份号就是份数序号，是一份文件在该种公文总印数中的顺序编号，用阿拉伯数码表示。设立份号的目的是为了更好地管理密级较高的公文，因此涉密公文应当标注份号。

份号一般用 6 位阿拉伯数字，顶格编排在版心左上角第一行。

（二）密级和保密期限

密级是对公文保密程度的要求。按国家有关规定，需保密的公文分绝密、机密、秘密三个等级。

密级顶格编排在版心左上角第二行，如需同时标注保密期限，在密级后加一实心五星，后标保密期限。

（三）紧急程度

紧急程度是对公文送达和办理时限的要求。紧急程度分为特急、加急。电报分为特提、特急、加急和平急。紧急程度顶格编排在版心左上角；如需同时标注份号、密级和保密期限、紧急程度，按照份号、密级和保密期限、紧急程度的顺序自上而下分行排列。

（四）发文机关标志

由发文机关全称或者规范化简称加"文件"二字组成，也可以使用发文机关全称或者规范化简称。发文机关标志居中排布，颜色为红色，以醒目、美观、庄重为原则。

联合行文时，如需同时标注联署发文机关名称，一般应当将主办机关名称排列在前；如有"文件"二字，应当置于发文机关名称右侧，以联署发文机关名称为准上下居中排布。

（五）发文字号

由发文机关代字、年份、发文顺序号组成。例如，"国办发〔2012〕11 号"，其中"国办"为国务院办公厅的代字，"〔2012〕"是公文发布的年份，"11 号"为该份文件在 2012 年国务院办公厅发布公文总数中的顺序。联合行文时，使用主办机关的发文字号。发文字号中的机关代字，应使用规范化简称，如黑龙江省政府，其机关代字为"黑政"。代字一般不能自行设定，应由上级机关统一编定，并保持相对稳定。机关代字后，常用"发"字，如命令、决定、通知、通报等，有时也用"函"等字样。"函"字主要用于批复、函等公文，如《国务院关于同意将浙江省嘉兴市列为国家历史文化名城的批复》的发文字号为"国函〔2011〕50 号"，《国务院办公厅关于调整危险化学品安全生产监管部际联系会议成员单位和成员的函》的发文字号为"国办函〔2009〕53 号"。发文字号中年份一律采用全称，用阿拉伯数码标注，并用六角括号括起。序号前不加"第"字，也不编虚位，如"2"不编作"002"。发文字号编排在发文机关标志下空二行位置，居中排布。上行文的发文字号居左空一字编排（请参阅文件式公文图例）。

（六）签发人

签发人是指公文发出机关领导人的签名。《条例》第 9 条第 6 款规定"上行文应当标注签发人姓名"。可见，上行文是必须有此项标识的，如请示、报告等，而下行文、平行文则不用。

（七）标题

公文标题是对公文内容的概括与提炼，直接反映公文内容的概要，读者通过阅读标题，可以初步了解公文内容。

公文标题由发文机关名称、事由和文种组成。例如《国务院关于进一步做好消防工作坚决遏制重特大火灾事故的通知》、《国务院办公厅关于福建省人民政府违反规定征收基础设施附加费的通报》。

公文标题一般位于红色分隔线下空二行位置，分一行或多行居中排布。回行时，要做到词意完整，排列对称，长短适宜，间距恰当，标题排列应当使用梯形或菱形。

（八） 主送机关

主送机关是指公文的主要受理机关，即负责办理公文或执行公文内容的机关。主送机关应当使用机关全称、规范化简称或者同类型机关统称。

主送机关编排于标题下空一行位置，居左顶格，回行时仍顶格，最后一个机关名称后标全角冒号。如主送机关名称过多导致公文首页不能显示正文时，应当将主送机关名称移至版记。

（九） 正文

正文是公文的核心部分，具体叙述要表达的思想内容。由于内容不同，文种不同，正文在写法上也不尽相同，但是在长期的写作实践中，公文正文形成了相对固定的结构形式，用以负载不同的内容，最为常见的结构形式为三段式，即由开头、主体、结尾三部分组成。

开头简明扼要地说明制发公文的依据。依据是确立内容的前提，依据可以是理论的，也可以是实际的工作需求，也可以是法令、来文等。

主体把要传达贯彻的法规规章、施行的行政措施、请示和答复的问题、指导布置和商洽的工作、报告的情况、交流的经验做明确的阐述。可以根据公文具体需要指出政策规定或者提出新的政策；提出针对某种情况或某种问题的具体做法要求，对工作的质量、数量、时限、规模作出规定并就保证预定任务完成、目标实现从多方面提出有效的解决办法等。

结尾部分，有以下几种形式：

1. 提出号召或希望

在部署重要工作，安排重大行动或是嘉奖、表彰等性质的公文中常用这种结尾。

2. 提出执行要求

上级机关向下级机关布置工作，一般用向执行机关提出实施要求这种结尾形式。

3. 使用公文结尾惯用语

公文在长期的使用中已形成了能表示各种意义的、形式比较固定的结尾用语。使用这些结尾惯用语，可以收到简洁、准确的效果。具体用法一般需根据行文方向、文种来确定。如请示的结尾惯用语是"以上请示，请批复"；报告的结尾惯用语是"以上报告，请审阅"；函用"特此函达"；批复用"此复"等。

有的公文主体只有开头和主体两部分，这种情况一是在主体部分已将结尾中关于执行要求、希望说清楚了，不需再另设结尾；二是有的根本就不需要有结尾，如一些知照性的公文公告、任免决定、批复等。有的公文的正文只有一部分，这种公文多数正文内容单一、集中，全文篇幅短小，有的甚至只有一段话或一句话，因此不需要分开头、主体、结尾。

公文正文的写作，直接影响着其所承担各项工作的质量和效果。因此应做到一文一事，主旨单一，内容准确，逻辑严密，结构清晰，层次分明。

（十） 附件说明

公文附件的顺序号和名称。在正文下空一行左空二字编排"附件"二字，后标全角冒号和附件名称。如有多个附件，使用阿拉伯数字标注附件顺序号（如"附件：1. ×××××"）；附件名称后不加标点符号。

（十一） 发文机关署名

署发文机关全称或者规范化简称。

（十二）成文日期

成文日期即公文生效的标识。成文日期直接关系到公文的时效。署会议通过或者发文机关负责人签发的日期。联合行文时，署最后签发机关负责人签发的日期。用阿拉伯数字将年、月、日标全，年份应标全称，月、日不编虚位（即1不编为01）。

（十三）印章

印章是发文机关对公文生效负责的凭证。公文中有发文机关署名的，应当加盖发文机关印章，并与署名机关相符。有特定发文机关标志的普发性公文和电报可以不加盖印章。

当公文排版后所剩空白处不能容下印章或签发人签名章、成文日期时，可以采取调整行距、字距的措施解决。

（十四）附注

公文印发传达范围等需要说明的事项。公文如有附注，居左空二字加圆括号编排在成文日期下一行。

（十五）附件

公文正文的说明、补充或者参考资料。附件应当另面编排，并在版记之前，与公文正文一起装订。"附件"二字及附件顺序号顶格编排在版心左上角第一行。如附件与正文不能一起装订，应当在附件左上角第一行顶格编排公文的发文字号并在其后标注"附件"二字及附件顺序号。

（十六）抄送机关

抄送机关指除主送机关外需要执行或者知晓公文内容的其他机关，应当使用机关全称、规范化简称或者同类型机关统称。

抄送机关在印发机关和印发日期之上一行、左右各空一字编排。标注抄送机关时，应防止漏抄漏送，以免造成工作的被动，无法得到相关机关的协调配合；又要避免滥抄滥送，给不相关机关增加负担，影响工作效率。

（十七）印发机关和印发日期

指公文的送印机关和送印日期。

四、公文撰写应遵循的几点要求

（一）依法行文

依法行文是指公文的制发应在法律法规的规范内。法律是社会的普遍原则，具有至高无上的绝对权威，其不仅针对一般社会成员，也包括对党政机关管理行为的制约和规范。依法行政是依法治国的重要基础。为此就要在公文制发中做到依法行文，把好公文内容关，使公文内容同国家的法律、法规步调一致。同时，也要使公文的制作程序符合国家的法律、法规。

这就要求公文的写作者要熟悉国家有关的法律、法规，准确理解作为法律、法规具体化的政策，把握公文的制作程序，从而保证公文依法行文功用的有效实施，推进我国依法治国的进程。

（二）受命写作

受命写作是指公文的写作者要根据领导机关或代表领导机关的领导人的意图进行写作。这种写作有"代言"的色彩，写作者虽然是个人，但不表达个人见解，是集体汇集成文，也不表现每个人的个性特征。写作者必须在思维的流向、思想的深度、认识的广度、理解的高度等方面，努力与被代言者靠近，体现被代言者的思想、观点、意图。

这种受命写作的特殊性，对写作者的综合素质提出极高的要求。公文的写作者必须努力提高自己的思想认识水平，法律法规理解水平，专业知识水平，增强领悟力、语言表达能力。只有这样，才能准确传达出领导机关的意图。

（三）制作规范

公文不仅有法定的规范格式，而且在长期写作实践中还形成了每一文种规范的写作体式。这种体式一经形成，就具有相对的稳定性，这就要求公文的写作者，必须遵守《条例》中的规定，遵循文种规范的写作体式，培养自己根据特定情况、行文具体意图恰当选择文种及规范地表达公文内容的能力。

（四）语言庄重

公文"是传达贯彻党和国家方针政策，公布法规和规章，指导、布置和商洽工作，请示和答复问题，报告、通报和交流情况等的重要工具"，这一点决定公文的语言必须庄重。它是党政机关应有的严正立场和严肃持重的态度在公文中的体现，体现着公务活动的严肃性。

公文语言的庄重，要求写作者必须以实用为目的，以客观、准确为原则，使语言表意准确，恰如其分。如下行文的严肃、郑重；上行文的谦和恭敬；平行文的以礼相待，友好协商。公文语言应郑重其事，符合公务活动的特定需要，成为指导工作，统一思想，交流情况，规范行为的重要手段。

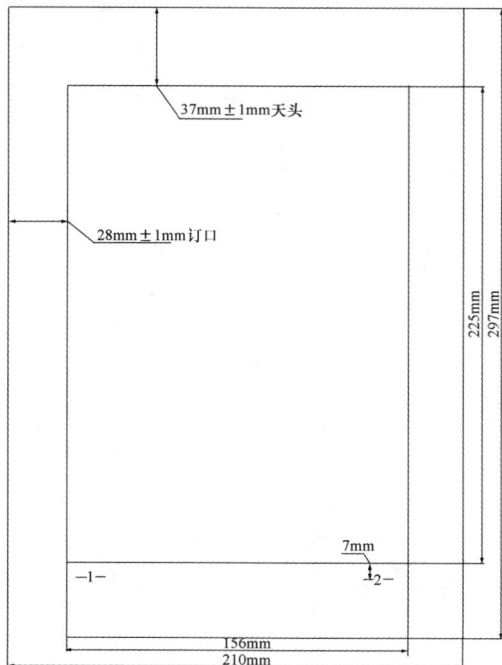

图1 A4型公文用纸页边及版心尺寸

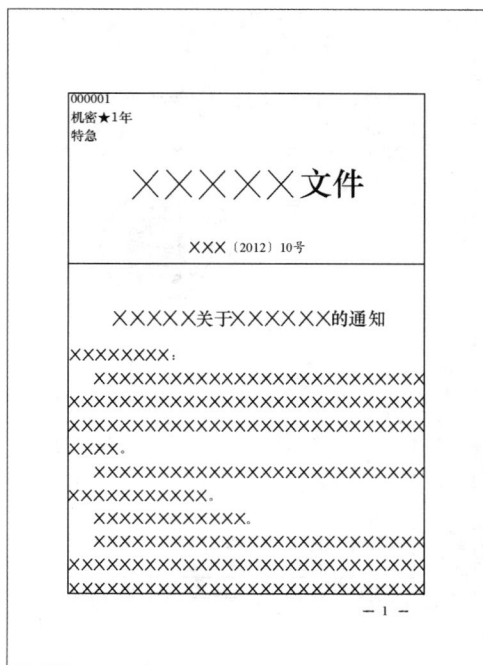

图2 公文首页版式

注：版心实线框仅为示意，在印制公文时并不印出。

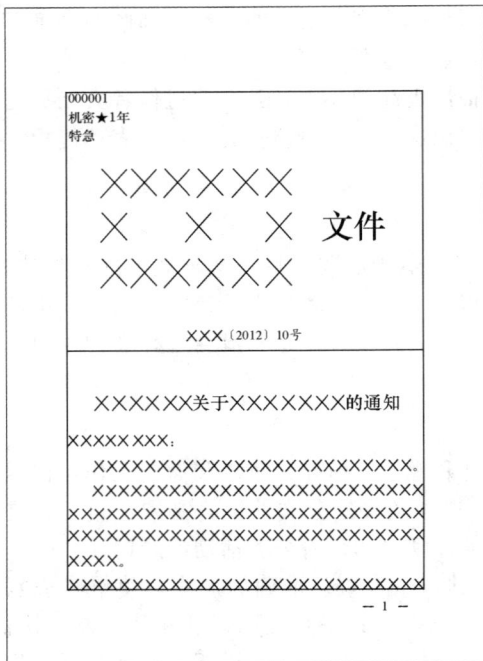

图 3　联合行文公文首页版式 1

注：版心实线框仅为示意，在印制公文时并不印出。

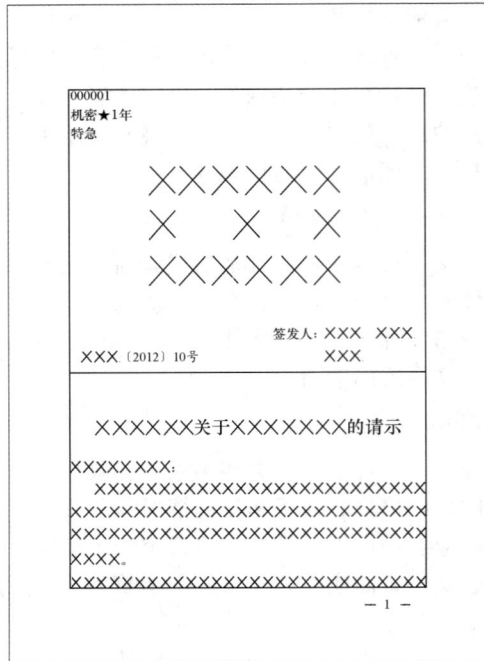

图 4　联合行文公文首页版式 2

注：版心实线框仅为示意，在印制公文时并不印出。

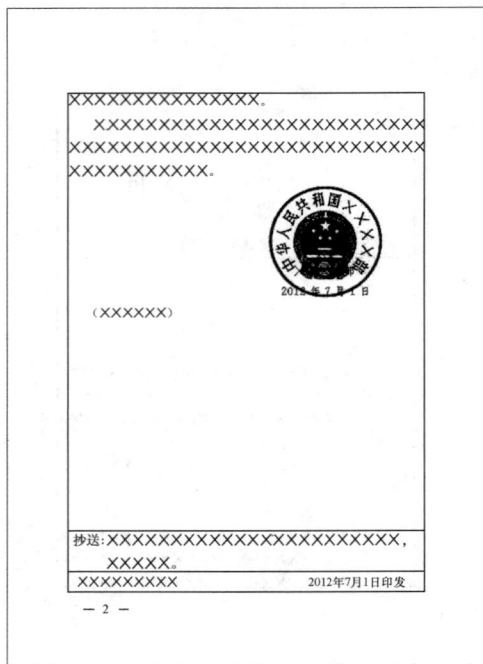

图 5　公文末页版式 1

注：版心实线框仅为示意，在印制公文时并不印出。

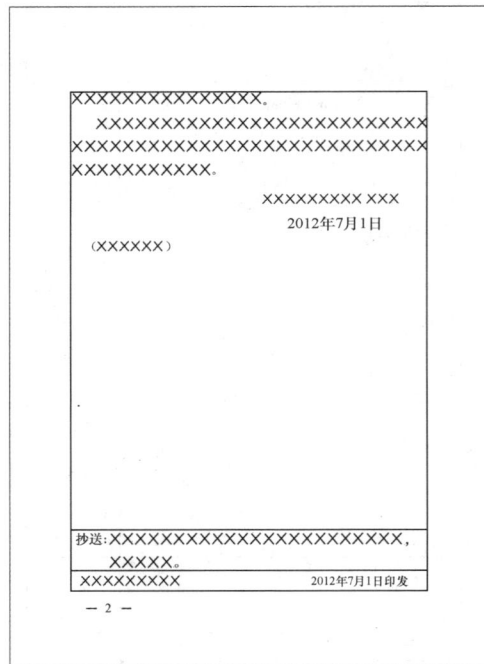

图 6　公文末页版式 2

注：版心实线框仅为示意，在印制公文时并不印出。

图 7　联合行文公文末页版式 1

注：版心实线框仅为示意，在印制公文时并不印出。

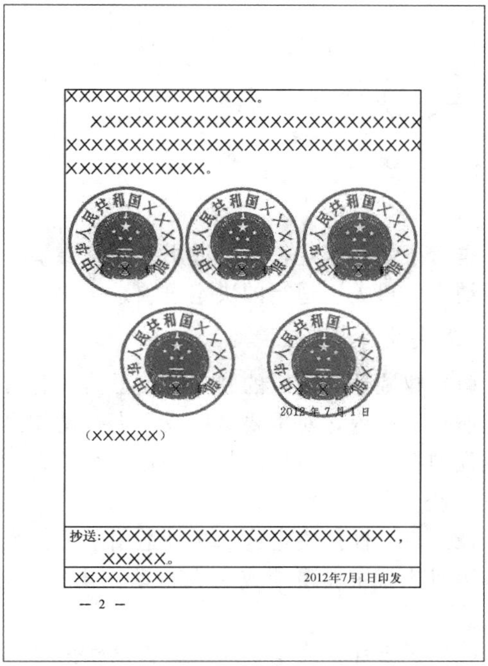

图 8　联合行文公文末页版式 2

注：版心实线框仅为示意，在印制公文时并不印出。

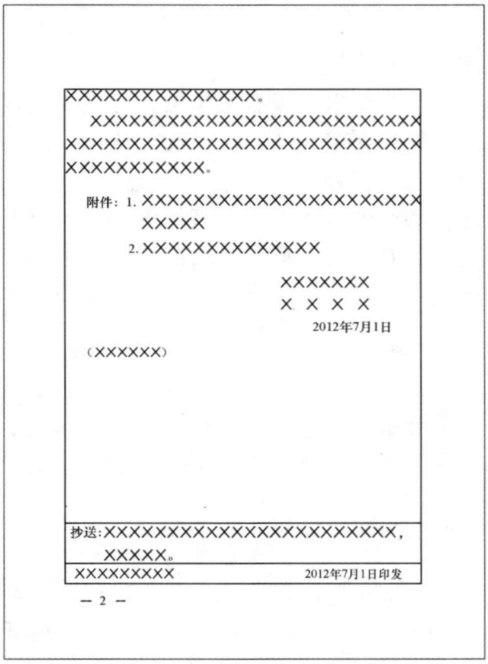

图 9　附件说明页版式

注：版心实线框仅为示意，在印制公文时并不印出。

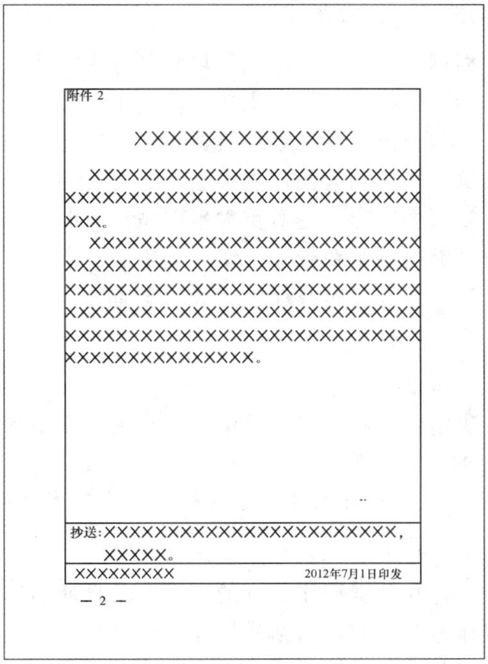

图 10　带附件公文末页版式

注：版心实线框仅为示意，在印制公文时并不印出。

第二节　决定　意见

一、决定

（一）决定

1. 决定

据《条例》规定，决定适用于对重要事项作出决策和部署、奖惩有关单位和人员、变更或者撤销下级机关不适当的决定事项。

2. 决定的特点

（1）权威性。决定的制文机关虽然没有命令（令）那么严格的限制，但它是制文机关在自己的职权范围内，对重要事项或重大行动作出安排时使用的文种，对相关的下级机关，决定具有很强的权威性，体现的是一种行政约束力。作为下行文，决定对下级机关有要求其必须执行的权威性。

（2）广泛性。决定这一文种适用于任何行政机关，而不受级别限定。任何行政机关对其所属下级机构就重要事项或重大行动作出安排，均可使用决定，是一种适用范围比较广泛的下行文。

（3）严肃性。决定是对重大行动作出安排，对重要的事项作出处理，其内容所涉及的是带有较大影响的全局性问题，而布置日常工作，处理一般事项则不用决定。决定的级别规格低于命令，但高于通知和通报。

（二）决定的分类

根据决定的适用范围，可将其分为指示性决定和知照性决定。

指示性决定，是对重要工作、重大事项进行部署安排，要求下级有关单位、有关人员遵照执行。这类决定是就某项具体工作，阐述有关方针及上级的要求意图，从而统一认识，统一行动，例如《全国人民代表大会常务委员会关于加强经济工作监督的决定》。

知照性决定，是对重大事项做出决断并予以发布，如奖惩有关人员、机构设置、人员安排等。这类决定重在告知，使有关单位、有关人员知晓上级对重大事项所做出的安排、处理。例如《××省人民财政厅关于表彰全省先进会计工作者的决定》。

（三）决定的写作

1. 标题

决定的标题一般要求由发文机关、事由和文种三部分组成，例如《中共中央国务院关于反腐败斗争近期抓好几项工作的决定》、《中共中央国务院关于加强技术创新发展高技术实现产业化的决定》，极少数决定的标题可以省略发文机关名称。

2. 日期

以行政公文程序下发的决定，其日期的标注与一般公文相同，但公开发布的决定，日期可以放在标题下面，用括号括起，会议通过的决定，还要注明会议名称、通过的时间，会议通过的日期与发布日期不一致，也需要在括号内注明。

3. 决定的正文

由于决定的分类不同，正文的写法也不同，下面分别介绍各类决定正文的写作。

（1）指示性决定的正文。指示性决定的正文一般由开头、主体和结尾三部分组成。

开头。阐明制发决定的依据、目的。这部分应简要明确，既让受文机关、受文对象明确决定制发的必要性，又不空洞说教。

主体。这是对某一重要工作或重大事项做出的安排、提出的要求、制定的措施，是下级机关需遵守执行的具体事项。这部分内容要明确具体地阐述方针、政策、措施、办法，以便于下级机关理解执行。对一些重要的事项，在阐明要求、规定的同时，也可对决定的事项做简要的分析，以提高相关对象对决定的认识。

结尾。提出贯彻执行决定的要求或对决定内容作补充说明，有的决定无此项内容，在主体后即是全文终了。这部分可根据需要灵活安排。

（2）知照性决定的正文。知照性决定包括奖惩决定、人事安排、公布重要事项等决定。这里将知照性决定分两类加以介绍。

第一类，奖惩决定的正文。

奖惩决定用于对先进典型进行表彰，对违法违纪人员进行处分。这类决定的正文一般由三部分组成：开头、主体和结尾。

开头。对奖励、处分对象的先进事迹或错误事实做概述式介绍，并加以分析、评价。对奖励对象的事迹可挖掘其意义、作用；对处分对象的错误事实要指出其性质、危害。这部分内容一般应简明概括，评价准确，定性适当，既不人为拔高奖励对象取得的成绩，也不夸大处分对象的错误事实。

主体。说明对奖励对象的表彰决定或对处分对象的处分决定。这部分惯用的写法是"为……××××（作出决定的机关）决定，授予（给予）……奖励（处分）"。

结尾。提出希望和号召。这部分内容一般只有表彰决定，处分决定通常没有这部分内容。

第二类，机构设置、人事安排、重大事项公布决定的正文。

这些知照性决定的正文一般内容单一，篇幅短小，往往不分条目，而是篇段合一。

如依法定程序任免人员，只需开门见山，直陈决定事项。

发布重大事项和机构设置的决定，其正文也可采用三项或两项式，即开头概述制发决定的缘由；主体说明决定事项；结尾，可根据实际需要，或提出执行要求，或省略。

二、意见

（一）意见及特点

1. 意见

据《条例》规定，意见适用于对重要问题提出见解和处理办法。

2. 意见的特点

（1）行文灵活。从意见的适用范围看，意见既可以作为上行文，向上级领导机关提出对有关问题的见解或建议；也可以作为下行文，向下级机关提出工作要求、阐明工作的原则、方法；还可以作为平行文，提出意见供对方参考。从行文方式看，意见既可以独立行文，又可以与别的文种搭配行文，十分灵活。

（2）内容多样。意见作为下行文时，上级机关可对有关工作进行指导，其内容就是下级机关工作的依据；意见作为上行文时，下级机关对工作中的问题提出看法、建议，其内容又是上级机关进行决策的依据和参考。因此，意见的内容既有指导性，又有建议性。

由于意见的上述特点，使其成为制作灵活，运用范围广，使用频率高的公文之一。

（二）意见的分类

根据《办法》对意见的界定，将其分为建议性意见和指示性意见。

1. 建议性意见

建议性意见是向上级机关提出对有关工作的看法和建议。

2. 指示性意见

指示性意见是上级机关对下级机关的工作提出要求，作出指导、安排。

这类意见对下级机关的工作有一定的规范作用和行政约束力。在内容表达上比较注重原则性与灵活性的结合，规定性与变通性的结合，以便更好地指导下级机关的工作。

（三）意见的写作

1. 标题

建议性意见的标题一般由事由和文种组成，如《关于继续做好公路养路费等交通费征收工作的意见》、《关于培育中小企业社会化服务体系若干问题的意见》。

指示性意见的标题一般由发文机关、事由和文种组成，如《黑龙江省人民政府办公厅关于进一步加强督办检查工作促进工作落实的意见》、《国务院关于进一步促进中小企业发展的若干意见》。

2. 主送机关

建议性意见，主送机关一般为一个，应将主送机关明确注明。执行范围比较明确，针对性较强的指示性意见，也应写明主送机关。而涉及范围大，影响面广的指示性意见则可省略主送机关。

3. 意见的正文

意见的正文一般由前言、主体和结尾用语三部分组成。

（1）前言。一般简要说明制发意见的目的，阐明依据，介绍背景，交待原因，扼要说明意见的中心或指导思想。这部分内容的侧重点及表述的详略程度，应根据意见内容的实际需要而定。

（2）主体。这是意见的核心部分，要针对不同情况，或阐明工作的基本原则，或提出具体明确要求等。

建议性意见应侧重内容的具体可行，切合实际工作的需要，便于实施，从而有利于得到上级的认同和采纳。

指示性意见应侧重表述的原则性，并可根据意见的内容适度做理论阐述，使下级机关不仅知其然，而且知其所以然，从而保证其指导作用的充分发挥。

有的意见是对一定时期内某项工作的安排与打算。意见中不仅有目标，还有措施办法及步骤要求。这种意见的写作与计划基本一致，可参阅计划一节。当然这类意见毕竟是粗线条的，内容相对概括，因此写作时应注意表述的原则性和政策性。

（3）结尾用语。指示性意见常用"以上意见，请结合实际情况贯彻执行"，建议性意见常用"以上意见供领导决策参考"、"以上意见供参考"等，也可省略。

（四）写作注意事项

1. 注重质量

上行的意见，应注重所提建议对上级机关实际工作的参考价值，下行的意见，应注重意见对实际工作的指导作用，使意见无论是上行，还是下发，都切实发挥其应有的效用。

2. 语言得体

意见作为既可上行，又可下行，还可平行的公文文种，行文方向灵活，因此在语言表达上要适度得体。指示性意见的语言宜严肃、平和，建议性意见的语言宜谦恭、明确。

第三节　公告　通告

一、公告、通告及其异同比较

（一）公告、通告

据《条例》规定，公告适用于向国内外宣布重要事项或者法定事项；通告适用于在一定范围内公布应当遵守或者周知的事项。

（二）公告、通告的异同

公告、通告这两个文种，有许多相似之处，具体表现在：

1. 无主送机关

公告、通告的行文对象，既有国内的，又有国外的，十分广泛，二者均是行文机关向社会公开发布的公文。因此，公告、通告均无主送机关。

2. 表达方式以说明为主

公告、通告旨在告知，将其所涉及的事项告诉公众。因此，在表达上，二者均以说明这种表达方式为主。

3. 可借助媒体发布

公告、通告均可在报上刊登，在广播中播出，在电视中出现，利用多种媒体将公告、通告的事项发布给公众。

但作为两种不同的行政公文，公告和通告又有许多不同之处，具体表现如下：

1. 制文机关级别不同

公告的制文机关为高级别的权力机关和行政机关。例如，全国人民代表大会及其常委会；国务院及各部门根据授权也可使用公告；各省、自治区人民代表大会及其常务委员等。一般基层行政机关不能制作这种行政公文。

通告的制文机关则不受级别限制，一般行政机关都可以根据自己职权范围，向有关对象发布"通告"的相关事宜，使用范围十分广泛。

2. 行文对象范围不同

公告除向国内发布外，还可由国家领导机关授权给国家通讯社——新华社向全世界发布，行文对象非常广泛。

通告只在国内使用，行文对象是与通告内容有关的国内人士，行文对象有一定的区域性。

3．涉及的内容性质不同

公告所涉及的内容为重要的事项或法定的事项。所谓"重要事项"是指对国内甚至国外都有重大影响的事情，如中央政府领导人的变更，国家重大活动等。所谓"法定事项"是指按照法律程序批准的，需国内外有关单位或人员遵守的事项，如公布全国人民代表大会审议通过的法规等。

通告发布的内容是"应当遵守或周知事项"，是社会各有关方面的事务性、业务性问题。有不少通告就是由职能部门或业务单位发布的，如供电局关于某个时段在某个区域停电的通告等。了解公告、通告的异同，有助于把握这两种文种的各自特点，恰当选用文种，避免造成公告、通告的混用。

二、公告

（一）公告的分类

按《条例》对公告的界定，可将公告分为规定性公告、告知性公告。

1．规定性公告

即以"公告"来宣布法定事项。我国的各级人民代表大会和人大常委会是立法机构，许多法律法规须经人大或人大常委会审议通过后才能生效。有些重要的法律法规就是人大或人大常委会用公告的形式予以公布的。这类公告具有很强的约束力，所公布的事项需国内外有关单位和人员遵守执行。

2．告知性公告

即发布需国内外周知的事项或在国内外有重大影响的事项，其重点在于告知，对告知对象没有执行遵守等要求。

（二）公告的写作

1．标题

公告的标题主要有两种形式：一是由发文机关和文种组成，如《中华人民共和国全国人民代表大会公告》、《黑龙江省第×届人民代表大会常务委员会公告》等；一是由发文机关、事由和文种三部分组成，如《中国人民银行关于进一步改革外汇管理体制的公告》。

2．发文字号

公告的发文字号使用的是顺序号，即该公告在制文机关所发公告中的顺序编号，如"第4号"、"第14号"等。有的公告则将此项内容省略。

3．正文

公告的正文一般由开头、主体、结尾三部分组成。

（1）开头。简明扼要地说明发布公告的目的、依据或原因。

（2）主体。说明公告的具体内容，即事项。如做出的具体规定，提出的明确要求等。这部分内容表达应明确，文字简洁，条理清晰，语气庄重，以利于相关单位及个人知晓与执行。内容较多的公告，可将事项逐条列出，一一说明。

（3）结尾。公告一般多用惯用语作结尾，如"现予公布施行"、"特此公告"等。需要与否可视公告具体需要而定。

有的公告内容单一，篇幅短小，正文即可篇段合一，将有关事项直接、简明地予以公布。

（三）公告写作注意事项

1. 严格区分公告、通告，防止文种滥用

公告的制文机关有严格限定，基层机关不能制作行政公文公告。但目前在各种媒体上，经常可以见到各种各样的公告，内容涉及拆迁、公司公布报表等诸多方面，制文机关从企业到机关遍及社会各行业部门。目前，这种向特定对象发布相关事项的"公告"被很多人误认作行政公文公告，造成行政公文公告的庄重性和严肃性降低。因此，必须准确把握行政公文公告制文机关的级别限制这一要求，同时对公告的内容加以严格审核，确保行政机关公告的内容为法定的和重要的事项。

2. 注重语言表达，使之符合文种需求

公告是以公开发布的形式，向国内外公布重要或法定事项，涉及对象广泛，影响范围大。因此，公告在语言上应注重表意清晰、准确，易于受文对象理解。同时，符合文种宣布重要事项或法定事项这一需求，表达上严肃而庄重。

三、通告

（一）通告的分类

根据《条例》对通告的界定，可将其分为规定性通告、知照性通告。

1. 规定性通告

规定性通告是向社会有关方面公布应当遵守的事项时使用的。这种通告有一定的制约性，是具有相应职权的机关依法向相关对象公布的规定。例如《关于严厉打击卷烟走私整顿卷烟市场的通告》、《黑龙江省人民政府关于在全省范围启用新的行政执法证件和行政执法监督检查证件的通告》。

2. 知照性通告

知照性通告是指向社会有关方面公布需周知事项的通告。同知照性公告一样，其作用主要是让相关方面知道、了解，并不提出具有约束性的执行要求，例如《××局迁址通告》。

（二）通告的写作

1. 标题

通告的标题可以由发文机关名称、事由和文种组成，如《××市税务局关于个体工商户必须依法纳税的通告》、《××××市政府关于整顿露天市场的通告》。

在此基础上，通告的标题可有省略形式：

（1）省略发文机关，标题由事由、文种组成，如《关于严厉打击卷烟走私整顿卷烟市场的通告》。

（2）省略事由，标题由发文机关和文种构成，如《哈尔滨市电信局通告》。

（3）省略发文机关、事由，标题只有文种，即以"通告"二字为题。

一般级别比较高的机关制发的通告，标题多采用完整式，或至少由发文机关和事由中一项加文种组成的标题形式，而一般基层单位则多采用以文种为题发布通告这一形式。

2. 正文

通告的正文一般由开头、主体、结尾组成。

（1）开头。首先要阐明制发通告的原因、目的、依据。如果所通告的事项十分简单，可省略此部分内容，直陈所需通告的事项。确需说明此项内容也应力求简明扼要，只需让通告对象明白为什么发布通告，通告发布要达到怎样的目的，制发通告的法律法规、政策依据即可。然后常用"特通告如下"过渡到主体。

（2）主体。这部分要写明需要社会有关方面遵守或周知的事项是什么，它是通告的具体内容。可针对所要通告的事项，提出要求，做出规定，制定措施，提供办法，也可只说明告知事项，这需根据通告的具体内容而定。

主体部分一般多采用分条列项的方式来写，内容应明确具体，可操作性强，便于下级机关理解及执行。语言表达上，规定性的通告宜严肃、果断；告知性的通告则应平和、稳重。

（3）结尾。可对通告的内容加以强调，也可以针对通告事项提出希望与要求。既可以把这部分作为事项的一部分，也可以单独成段进行表述，还可以省略此项内容，主体结束即是全文终了。

通告在结尾处，也常用惯用的结尾用语作结，如"特此通告"等，也可不用。

（三）通告写作注意事项

（1）要紧紧围绕通告的中心来表达，观点鲜明，事项具体，使阅读者容易理解，以便达到遵照执行的目的。

（2）语言要通俗明确，既庄重严肃，又浅显易懂，这也是通告行文对象大众化的特点对其语言表述上的要求。

第四节　通知　通报

一、通知

（一）通知及特点

1. 通知

据《条例》规定，通知适用于发布、传达要求下级机关执行和有关单位周知或者执行的事项，批转、转发公文。

2. 通知的特点

（1）适用范围广泛。通知这一文种对制文机关没有任何限定，上至国家权力机关，下至基层单位均可使用，适用范围十分广泛，是公文中使用频率极高的文种。

（2）具有双重作用。上级机关可以用"通知"对某项工作加以指导，阐明工作的原则，提出具体的要求，这种通知具有明确的指令性。同时，通知还可以用来传达具体的事宜，使相关单位及对象了解有关情况，这又使其具有知照性。一个文种，作用双重，十分灵活。

（二）通知的分类

根据《条例》对通知的界定，将其分为指示性通知、批转（转发）性通知、知照性通知和发布性通知。

1. 指示性通知

指示性通知是对下级机关某项工作作出安排，并要求下级机关执行时所使用的。

2. 批转、转发性通知

批转性通知是对下级机关公文进行发布；转发性通知是对上级机关和不相隶属机关公文予以发布。

3. 知照性通知

知照性通知主要用于告知事项、传递信息。例如，有关机构的设置与变更、人事任免事宜、印章启用与废除、召开会议等。

4. 发布性通知

向下级机关印发有关的文件材料，如领导人的讲话、本机关的工作计划、工作总结等。

（三）通知的写作

1. 标题

通知常见的标题为三项式，即由发文机关、事由和文种组成。例如，《国务院关于支持文化事业若干经济政策的通知》、《黑龙江省政府关于加强行政事业单位国有资产管理工作的通知》等。

通知标题在文种前可加"紧急"、"临时"、"补充"等字样，以示对所发通知内容的强调或说明，如《黑龙江省政府关于确保春节期间市场供应和物价稳定的紧急通知》。批转、转发性通知的标题由发文机关、批转（转发）的文件名称和文种组成，如《国务院批转财政部国家计委关于进一步加强外国政府贷款管理若干意见的通知》、《国务院办公厅转发证监会等部门关于依法打击和防控资本市场内幕交易意见的通知》。这种标题的拟写应避免出现批转、转发机关后"关于"与批转、转发文件中"关于"的重复，如《×××省办公厅关于转发×××关于加强镇办企业管理意见的通知》。这种情况即可将前一个"关于"省略。同时，去掉被批转、转发文件标题文种前的"的"。

有时一份文件会被多个机关转发，这样就会使通知的标题冗长、拗口，如《××市政府转发××省政府关于国务院批转国家土地管理局关于加强农村宅基地工作报告的通知的通知》。这种情况，可省略中间转发环节而直接转发最上级机关的原件，这样，上例标题即可简化为《××市政府转发国务院批转国家土地管理局关于加强农村宅基地工作报告的通知》。

2. 正文

通知的种类不同，涉及的内容不同，正文的写作也不尽相同。

（1）指示性通知的正文。这类通知的正文一般包括三部分：开头、主体和结尾。

开头。可按照实际需要说明发布通知的目的、依据，或阐述工作的作用、意义，或指出存在的问题。这部分内容一般不宜过长，但要表述得清楚明白，以期引起下级机关的重视，增强贯彻执行通知的责任感。

在前言与主体之间，指示性通知常用"现就有关问题通知如下"、"现就有关事项通知如下"等过渡。

主体。具体说明要求下级机关贯彻执行的事项。政策性较强的指示性通知，可侧重阐明有关的指导原则、方针；安排性较强的指示性通知，则应偏重于说明具体的工作任务、措施、办法、要求。总之，应使下级机关明确解决什么问题，为什么要解决，按什么要求去做，以便依照通知真正解决问题。

结尾。对下级机关执行本通知进一步提出要求。提出的要求要紧扣通知核心内容，或从加强领导方面要求，或提醒注意事项，或指出违反规定的处理原则等方面，强化下级机关贯彻执行该通知的意识，以保证通知得到有效贯彻与执行。

这部分内容既可以与主体一同表述，也可以在主体结束后另起一段说明，具体表述方式可视通知的内容需要而定。

（2）批转、转发性通知的正文。批转、转发性通知的正文一般由批转、转发的内容和批转、转发的要求两部分组成。

批转、转发的内容。批转性通知在这部分要写明批转机关名称和态度，如"同意"、"原则同意"；被批转公文的发文机关名称和标题，标题用书名号括起；提出简明的执行要求。其惯用写法是："×××（批转机关名称）同意（原则同意）××××（被批转文件所属机关名称）《……》（批转的文件名称），现转发给你们，请认真贯彻执行。"

转发性通知则不写转发机关名称和态度，只写被转发公文的机关名称和标题，标题用书名号括起；提出转发机关简明的执行要求。其惯用写法是"现将××××（转发文件所属机关名称）《……》（转发文件标题）转发给你们，请遵照（参照）执行"。

批转、转发的要求。有一些批转、转发性通知针对内容和实际工作的需要，提出贯彻执行批转、转发文件的具体措施、要求，或提出一些补充意见，强化批转、转发文件的意义。这部分内容，应抓住要点，简明扼要。

（3）知照性通知的正文。这类通知的正文一般比较简单，其中以会议通知最为常用。

会议通知的正文一般包括：会议召开的依据、目的、会议名称、会议议题、起止时间、与会人员、报到时间和地点、参加会议的准备工作和注意事项、接站方式等。这些内容并不是每份会议通知都具备的，顺序也不是绝对固定的，但其中的与会人员、会议名称、会议议题、时限、地点、主办单位及要求等几方面内容是必需具备的。同时，作为行政公文的通知，还必须遵守行政公文的规范性要求。

任免通知是用于各机关任免和聘用干部时使用的。任免通知的正文只需写明任免依据和任免事项。任免依据是做出任免决定的法定机关，或做出任免的会议名称，或批准任免事宜的文件名称及任免的时间（有的任免通知中省略）；任免事项中，任免人员为多人时，任免人员按职务高低依次说明。有任有免，任在前，免在后。

其他知照性通知，如机构增设、启用新印章等，只需在开头简要说明制发通知的目的，然后把需要受文机关知道的事项简明交待即可。

（四）通知写作注意事项

1．内容表达明确

制发通知的目的在于让有关部门执行或知晓。因此，无论是提出贯彻要求，还是告知相关事项，都应将内容表达得明确、具体，这样才有助于通知作用的有效发挥。

2．语言表达得当

通知具有指示、知照双重作用，在语言表达上应注意与这种特点相适应。指示性、批转性通知应突出其指令性和权威性；知照性通知应注重协调性与尊重性，使语言表达得当，符合通知内容的实际需要。

二、通报

(一) 通报及特点

1. 通报

《条例》规定，通报适用于表彰先进、批评错误、传达重要精神和告知重要情况。

2. 通报的特点

(1) 教育性。通报虽然不直接指示下级机关应如何开展工作，但是却有着提醒和启示作用，让下级机关从中获得重要信息，从而了解和把握工作的过程、工作的重要性和必要性，须予以关注的问题，从而树立全局和整体思想，与上级机关保持步调一致。

(2) 典型性。通报的内容有很强的典型性，它只选择能对下级机关产生明显告戒作用、能引起较大反响的典型事例作为通报内容。树立典型，弘扬正气；吸取教训，引以为戒。通报正是通过这种教育性，发挥着其对基层群众的引导作用。

(二) 通报的分类

根据《条例》对通报的界定，将其分为表扬性通报、批评性通报和情况通报。

(1) 表扬性通报。适用于表彰先进单位的先进经验和典型人物的先进事迹。

(2) 批评性通报。适用于批评犯有错误的典型单位或典型的人。

(3) 情况通报。适用于传达重要精神或重要情况。

(三) 通报的写作

1. 通报标题的写作

通报标题常见的形式是由发文机关、事由和文种组成的，有时可省略发文机关。有的表扬性通报可在标题中标明"表彰"字样。

2. 通报正文的写作

(1) 表扬性、批评性通报正文的写作。表扬性通报和批评性通报虽然内容迥异，但其正文结构基本相同，因此，将二者一并介绍。

表扬性、批评性通报的正文一般由概述通报事实、评价与分析、奖惩决定、号召与要求等部分组成。

概述通报事实。通报事实是构成表扬性、批评性通报的基础。通报事实的叙述应选用最典型、最具有代表性的材料，重点突出，高度概括，简明扼要。使阅读者读后，能把握事件的概貌，为下文对事实进行分析，做出处理决定奠定基础。

评价与分析。这是在概述事实的基础上，对事实进行分析，揭示其意义及经验教训，使读者透过现象，把握本质。表扬性通报，不要因宣传的需要而夸大其词，人为拔高。批评性通报，特别是一些比较重大或复杂的事件，可对其性质、产生的原因、造成的严重后果等方面进行分析。深刻、准确地揭示出其实质，引导读者充分认识事件的严重性、处理的必要性。从而警戒相关部门和人员，避免再犯此类错误。这部分内容应实事求是，评价应准确，分析要中肯。

奖惩决定。这是制发表扬性、批评性通报的落脚点。发文机关要对所通报的事件做出肯定或否定的决定；表扬性通报，要写出表彰、奖励的具体方式；批评性通报，要拿出惩处的具体办法。奖惩决定应明确具体。

号召与要求。在作出奖惩决定后，可根据通报内容的实际需要提出号召与要求。表扬性通报可向有关单位和个人发出向表彰对象学习的号召；批评性通报可向有关单位和个人提出引以为戒的要求。

（2）情况通报正文的写作。这类通报通常承担如下三方面的功用。

工作情况通报：通报正在进行的某项工作，使下级机关了解全局范围内目前工作的总体情况和基本状态，以便结合自身情况对本部门工作做出及时调整，与上级精神要求保持步调一致。

问题事故通报：通报工作中突发的事件或意外事故，提醒相关单位，及时对症检查，查找疏漏，有则改之无则加勉。

传达精神通报：通报上级的指示精神，指导下级机关学习、领会、贯彻、执行相关要求，保证上级机关的意图得到有效施行。

①工作情况通报的写作。这类通报的正文通常包括：

概述所通报的工作及总体完成情况。

取得的成绩。汇总通报的该项工作取得的成绩做法，突出重点，分条列项加以表述。

存在的问题。找出工作中的不足和亟待解决的问题，分析原因。

提出要求。针对存在的问题，对下级机关提出解决问题的要求、改进工作的意见，使下级机关明确如何去做，从而保证该项工作更有序地进行。

②问题事故通报的写作。这类通报通常由三部分组成：

概述问题或事故。通报问题的可将问题归纳，逐条表述；如果通报的是突发事故或重要事件，还应将事故、事件发生的时间、地点、过程以及结果等交待清楚。通报的特点是必须用事实来体现其教育性，因此，事例的叙述是必不可少的，但应注意详略得当，取舍适度。

分析原因。在概述的基础上，还应对所通报的情况进行分析。由事入理，以事明理，就事说理，明确表明作者的观点、态度、主张，使下级机关通过这些问题或事故产生的原因，明确应注意的问题、吸取的教训及应采取的工作态度等，给人以启迪或警醒。

意见或要求。针对通报情况，提出相关的意见或要求。意见或要求多时，可分条开列。

③传达精神通报。通常包括：

精神来源。即所传达的文件的出处，可说明签发文件的单位名称、下发文件的会议名称、文件的下发日期等。

贯彻的精神内容。即所传达文件的核心内容。内容多的可分条列项表述。

意见要求。针对所传达的文件的主旨，结合本单位、本部门的实际情况提出贯彻执行的具体意见、要求，以保证文件精神得到有效地贯彻与执行。

以上介绍的是常见的通报正文写作。在实际工作中，有的制文机关将通报中的事实概述部分以"附件"形式处理。在通报正文中只说明通报缘由、事件分析、处理决定、意见或要求等。这种形式一般对通报事实的说明都比较详细。

（四）通报写作注意事项

1. 注意文种区别

在公文中，除命令外，决定也可用于"奖惩"，并且决定与通报均可以在各级行政机关中使用，因此应注意区分二者的"奖惩"性质。决定中所涉及的事项比通报重要，表彰性决定一般用于授予某种奖励或荣誉称号，表扬性通报一般用于表扬有典型意义的好人好事。处分决定一般用于撤职或留党察看等惩处事宜，批评性通报一般用于警告、记过或就以通报方式进行批评的处罚。二者奖惩性质是不同的。

2. 材料典型，事实准确，通报及时

通报的内容要典型，要选取具有普遍意义的典型材料予以通报，才能起到推动工作的作用；通报的材料必须准确真实，对材料的分析也要实事求是，不能超越材料做人为的加工处理；发现情况要及时通报，充分发挥通报的教育引导作用。

【例文评析】

例文 1

国务院办公厅关于继续做好房地产市场调控工作的通知

国办发〔2013〕17 号

各省、自治区、直辖市人民政府，国务院各部委、各直属机构：

2011 年以来，各地区、各部门认真贯彻落实中央关于加强房地产市场调控的决策和部署，取得了积极成效。当前房地产市场调控仍处在关键时期，房价上涨预期增强，不同地区房地产市场出现分化。为继续做好今年房地产市场调控工作，促进房地产市场平稳健康发展，经国务院同意，现就有关问题通知如下：

一、完善稳定房价工作责任制

认真落实省级人民政府负总责、城市人民政府抓落实的稳定房价工作责任制。各直辖市、计划单列市和省会城市（除拉萨外），要按照保持房价基本稳定的原则，制定本地区年度新建商品住房（不含保障性住房，下同）价格控制目标，并于一季度向社会公布。各省级人民政府要更加注重区域差异，加强分类指导。对行政区域内住房供不应求、房价上涨过快的热点城市，应指导其增加住房及住房用地的有效供应，制定并公布年度新建商品住房价格控制目标；对存在住房供过于求等情况的城市，也应指导其采取有效措施保持市场稳定。要建立健全稳定房价工作的考核问责制度，加强对所辖城市的督查、考核和问责工作。国务院有关部门要加强对省级人民政府稳定房价工作的监督和检查。对执行住房限购和差别化住房信贷、税收等政策措施不到位、房价上涨过快的，要进行约谈和问责。

二、坚决抑制投机投资性购房

继续严格执行商品住房限购措施。已实施限购措施的直辖市、计划单列市和省会城市，要在严格执行《国务院办公厅关于进一步做好房地产市场调控工作有关问题的通知》（国办发〔2011〕1 号）基础上，进一步完善现行住房限购措施。限购区域应覆盖城市全部行政区域；限购住房类型应包括所有新建商品住房和二手住房；购房资格审查环节应前移至签订购房合同（认购）前；对拥有 1 套及以上住房的非当地户籍居民家庭、无法连续提供一定年限当地纳税证明或社会保险缴纳证明的非当地户籍居民家庭，要暂停在本行政区域内向其售房。住房供需矛盾突出、房价上涨压力较大的城市，要在上述要求的基础上进一步从严调整限购措施；其他城市出现房价过快上涨情况的，省级人民政府应要求其及时采取限购等措施。各地区住房城乡建设、公安、民政、税务、人力资源社会保障等部门要建立分工明确、协调有序的审核工作机制。要严肃查处限购措施执行中的违法违规行为，对存在规避住房限购措施行为的项目，要责令房地产开发企业整改；购房人不具备购房资格的，企业要与购房人解除合同；对教唆、协助购房人伪造证明材料、骗取购房资格的中介机构，要责令其停业整顿，并严肃处理相关责任人；情节严重的，要追究当事人的法律责任。

继续严格实施差别化住房信贷政策。银行业金融机构要进一步落实好对首套房贷款的首付款比例和贷款利率政策，严格执行第二套（及以上）住房信贷政策。要强化借款人资格审查，严格按规定调查家庭住房登记记录和借款人征信记录，不得向不符合信贷政策的借款人违规发放贷款。银行业监管部门要加强对银行业金融机构执行差别化住房信贷政策的日常管理和专项检查，对违反政策规定的，要及时制止、纠正。对房价上涨过快的城市，人民银行当地分支机构可根据城市人民政府新建商品住房价格控制目标和政策要求，进一步提高第二套住房贷款的首付款比例和贷款利率。

充分发挥税收政策的调节作用。税务、住房城乡建设部门要密切配合，对出售自有住房按规定应征收的个人所得税，通过税收征管、房屋登记等历史信息能核实房屋原值的，应依法严格按转让所得的 20％计征。总结个人住房房产税改革试点城市经验，加快推进扩大试点工作，引导住房合理消费。税务部门要继续推进应用房地产价格评估方法加强存量房交易税收征管工作。

三、增加普通商品住房及用地供应

各地区要根据供需情况科学编制年度住房用地供应计划，保持合理、稳定的住房用地供应规模。原则上 2013 年住房用地供应总量应不低于过去 5 年平均实际供应量。住房供需矛盾突出、房价上涨压力较大的部分热点城市和区域中心城市，以及前两年住房用地供应计划完成率偏低的城市，要进一步增加年度住房用地供应总量，提高其占年度土地供应计划的比例。加大土地市场信息公开力度，市、县人民政府应于一季度公布年度住房用地供应计划，稳定土地市场预期。各地区要继续采取有效措施，完善土地出让方式，严防高价地扰乱市场预期。各地区住房城乡建设部门要提出商品住房项目的住宅建设套数、套型建筑面积、设施条件、开竣工时间等要求，作为土地出让的依据，并纳入出让合同。

各地区发展改革、国土资源、住房城乡建设部门要建立中小套型普通商品住房建设项目行政审批快速通道，提高办事效率，严格落实开竣工申报制度，督促房地产开发企业严格按照合同约定建设施工，加快中小套型普通商品住房项目的供地、建设和上市，尽快形成有效供应。对中小套型住房套数达到项目开发建设总套数 70％以上的普通商品住房建设项目，银行业金融机构要在符合信贷条件的前提下优先支持其开发贷款需求。

四、加快保障性安居工程规划建设

全面落实 2013 年城镇保障性安居工程基本建成 470 万套、新开工 630 万套的任务。各地区要抓紧把建设任务落实到项目和地块，确保资金尽快到位，尽早开工建设。继续抓好城市和国有工矿（含煤矿）、国有林区、垦区棚户区改造，重点抓好资源型城市及独立工矿区棚户区改造；积极推进非成片棚户区和危旧房改造，逐步开展城镇旧住宅区综合整治，稳步实施城中村改造。

强化规划统筹，从城镇化发展和改善居民住房条件等实际需要出发，把保障性安居工程建设和城市发展充分结合起来，在城市总体规划和土地利用、住房建设等规划中统筹安排保障性安居工程项目。要把好规划设计关、施工质量关、建筑材料关和竣工验收关，落实工程质量责任，确保工程质量安全。要合理安排布局，改进户型设计，方便保障对象的工作和生活。要加大配套基础设施投入力度，做到配套设施与保障性安居工程项目同步规划、同期建设、同时交付使用，确保竣工项目及早投入使用。

加强分配管理。要继续探索创新保障性住房建设和管理机制，完善保障性住房申请家庭经济状况审核机制，严格准入退出，确保公平分配。加大保障性安居工程建设、分配和退出的信息公开力度。严肃查处擅自改变保障性安居工程用途、套型面积等违法违规行为。2013年底前，地级以上城市要把符合条件的、有稳定就业的外来务工人员纳入当地住房保障范围。要加强小区运营管理，完善社区公共服务，优化居住环境。

五、加强市场监管和预期管理

2013年起，各地区要提高商品房预售门槛，从工程投资和形象进度、交付时限等方面强化商品房预售许可管理，引导房地产开发企业理性定价，稳步推进商品房预售制度改革。继续严格执行商品房销售明码标价、一房一价规定，严格按照申报价格对外销售。各地区要切实强化预售资金管理，完善监管制度；尚未实行预售资金监管的地区，要加快制定本地区商品房预售资金监管办法。对预售方案报价过高且不接受城市住房城乡建设部门指导，或没有实行预售资金监管的商品房项目，可暂不核发预售许可证书。各地区要大力推进城镇个人住房信息系统建设，完善管理制度，到"十二五"期末，所有地级以上城市原则上要实现联网。

加强房地产企业信用管理，研究建立住房城乡建设、发展改革、国土资源、金融、税务、工商、统计等部门联动共享的信用管理系统，及时记录、公布房地产企业的违法违规行为。对存在闲置土地和炒地、捂盘惜售、哄抬房价等违法违规行为的房地产开发企业，有关部门要建立联动机制，加大查处力度。国土资源部门要禁止其参加土地竞买，银行业金融机构不得发放新开发项目贷款，证券监管部门暂停批准其上市、再融资或重大资产重组，银行业监管部门要禁止其通过信托计划融资。税务部门要强化土地增值税的征收管理工作，严格按照有关规定进行清算审核和稽查。住房城乡建设、工商等部门要联合开展对房屋中介市场的专项治理工作，整顿和规范市场秩序，严肃查处中介机构和经纪人员的违法违规行为。有关部门要加强房地产开发企业资本金管理，加大对资产负债情况的监测力度，有效防范风险。

各地区、各有关部门要加强市场监测和研究分析，及时主动发布商品住房建设、交易及房价、房租等方面的权威信息，正确解读市场走势和有关调控政策措施，引导社会舆论，稳定市场预期。要加强舆情监测，对涉及房地产市场的不实信息，要及时、主动澄清。对诱导购房者违反限购、限贷等政策措施，造谣、传谣以及炒作不实信息误导消费者的企业、机构、媒体和个人，要进行严肃处理。

六、加快建立和完善引导房地产市场健康发展的长效机制

各有关部门要加强基础性工作，加快研究提出完善住房供应体系、健全房地产市场运行和监管机制的工作思路和政策框架，推进房地产税制改革，完善住房金融体系和住房用地供应机制，推进住宅产业化，促进房地产市场持续平稳健康发展。

国务院办公厅
2013年2月26日

【评析】

这是一份指示性通知。

标题采用发文机关名称、事项和文种俱全的完全式标题，庄重严肃，符合指示性下行文标题拟写要求。标题中不仅指出该项工作的内容"做好房地产市场调控工作"，也表明了对该项工作持之以恒的鲜明态度和决心"继续做好"，表述清晰准确。

前言先高度概括近两年来房地产市场调控工作总体情况，给予一定的肯定。接着指出当前

市场调控面临的严峻形势和问题，表明做好此项工作的目的，进一步强调促进房地产市场平稳发展的重要性，为下文提出具体的要求奠定基础。

主体就该项工作目标的实现从六个方面入手，从思想认识到目标措施都一一做出规定。首先提出"完善稳定房价工作责任制"，狠抓落实，要求各省级人民政府注重区域差异，加强分类指导，并建立考核问责制度，体现了指示性通知安排部署工作并要求下级机关执行的权威性与严肃性。

第二个问题则侧重从做法上指导下级机关，"坚决抑制投机投资性购房"，"坚决抑制"态度明确而具体，使下级机关行有所据，做有所依。

第三、四个问题，针对如何做好房地产市场调控这一问题，从措施做法上提出对普通商品住房及用地、保障性安居工程等加快建设，与前面对投机投资性购房的抑制政策形成鲜明对比，针对不同的机关部门提出相应的措施要求，具体而可操作性强，便于下级机关施行。

第五个问题从保障和监管的角度出发，责任明确，要求具体，有力地保证了该项工作的贯彻落实。

第六个问题着眼于房地产市场的未来发展，提出建立和完善长效机制，促进这项工作的平稳健康发展。该通知内容完整，结构清晰，语言准确，行文规范。

例文 2

上海市人民政府批转关于进一步加强本市房地产市场调控加快推进住房保障工作若干意见的通知

沪府发〔2010〕34 号

各区、县人民政府，市政府各委、办、局：

市政府同意市住房保障房屋管理局、市建设交通委、市规划国土资源局、市财政局、市地税局《关于进一步加强本市房地产市场调控加快推进住房保障工作的若干意见》，现转发给你们，请认真按照执行。

住房是重要的民生，关系到人民群众的切身利益与社会和谐稳定。保持房地产价格的合理和稳定，满足居民合理的住房消费需求，让经济发展成果更广泛地惠及全体人民，是政府的一项重要职责。近年来，中央不断完善财税、金融、土地等宏观调控政策，对增加住房有效供给，抑制不合理的住房需求，遏制地价和房价过快上涨，促进房地产市场平稳健康发展，起到了十分积极的作用。最近，国家有关部门又出台了一系列政策措施，要求巩固房地产市场调控成果，促进房地产市场平稳健康发展。市委、市政府高度重视住房问题，采取积极有效措施抑制投资投机性购房，坚决遏制地价、房价上涨势头，并加快建立和完善以廉租住房、经济适用住房、公共租赁住房和推进旧区改造为重点的住房保障体系，努力改善居民居住条件。

各区县政府、各部门和单位要继续按照中央和市委、市政府的统一部署，进一步提高认识，加强组织领导，切实将加强房地产市场宏观调控的各项政策措施落到实处。有关部门要各司其职、分工协作，加强指导和督查。要严格实行问责制，对政策落实不到位、工作不得力的，要进行约谈，直至追究责任。各区县政府和有关部门要认真做好房地产市场调控政策的解读工作。新闻媒体要加强正面引导，大力宣传国家房地产市场调控政策和保障性住房建设成果，引导居民住房理性消费，形成有利于房地产市场平稳健康发展的舆论氛围。

上海市人民政府（印章）

二〇一〇年十月七日

（摘自上海市人民政府网）

【评析】

这是一份批转性通知。

同其他批转性通知一样，该通知的标题文字较多，因此采取回行处理，在回行时既保持了词义的完整，又兼顾形式上的匀称，清晰醒目、庄重和谐。

批转内容准确规范，首先说明批转机关名称并表明态度"同意"，交待被批转文件所属机关名称和文件名称"市住房保障房屋管理局、市建设交通委、市规划国土资源局、市财政局、市地税局"（这是几家单位联合上报给上海市政府的文件），提出简明的执行要求。

因所批转的文件内容关系到千家万户，影响面广，涉及范围大，因此批转机关针对被批转的文件，进一步强调加强本市房地产市场调控，加快推进住房保障工作的重要性和紧迫性，表明发文机关的决心，这就更加凸显被批转文件的意义，提示了被批转文件的价值。最后就贯彻落实提出进一步的执行要求，以期引起下级机关的重视，增强贯彻落实该通知精神的责任感。

例文 3

黑龙江省人民政府转发国务院关于加强
法治政府建设意见的通知

黑政发〔2010〕103 号

各市（地）、县（市）人民政府（行署），省政府各直属单位：

现将《国务院关于加强法治政府建设的意见》（国发〔2010〕33 号），以下简称《意见》转发给你们，并结合我省实际提出如下意见，请一并认真贯彻执行。

一、切实加强对依法行政工作的组织领导。各地、各部门要把贯彻落实《意见》作为当前和今后一个时期推动依法行政、建设法治政府的一项重要工作，切实加强组织领导，提上重要日程，积极推进。要根据本地、本部门的实际，在 2010 年年底前制定实施方案并认真组织实施。

二、建立健全依法行政考核评价制度。各市（地）、县（市、区）政府（行署）要结合实际，在 2011 年年底前制定依法行政考核评价办法，科学设定法治政府建设的考核指标。要将依法行政考核评价结果纳入本级政府目标考核、绩效考核评价体系，作为对政府领导班子和领导干部综合考核评价的重要内容。依法行政考核评价结果要与组织人事部门的干部考核挂钩，作为干部奖惩、任免的重要依据之一。

三、认真开展宣传学习培训。各地、各部门要结合全国依法行政工作会议精神，认真组织开展对《意见》的宣传学习培训工作，进一步提高广大行政机关工作人员特别是领导干部依法行政的意识和能力。各市（地）、县（市、区）政府（行署）和省政府各直属单位要在 2011 年 5 月底前完成以《意见》为主要内容的依法行政培训工作。

四、加强指导和监督。各地、各部门要加强对贯彻落实《意见》工作的督促指导，及时总结交流和推广先进经验，充分发挥典型的示范带动作用。各地要在 2011 年 6 月底前组织一次自查，对存在的问题认真进行整改。省政府将在 2011 年下半年组织开展一次全省贯彻落实《意见》情况的监督检查。

黑龙江省人民政府（印章）

二〇一〇年十二月十六日

（摘自黑龙江省人民政府网）

【评析】

这是一份转发性通知。这份通知是黑龙江省人民政府对国务院的文件进行发布，因此用转发这一形式。

该通知写作规范，转发内容中先说明被转发文件名称，提出简明的执行要求。同时被转发的文件中所涉及的内容对该省的法制政府建设有着极其重要的意义，因此转发机关从四个方面提出进一步的要求，强调了贯彻执行转发文件的重要性，提出了本省开展此项工作的具体要求，从而体现了转发机关对被转发文件的重视，对文件精神的理解，更有助于提高下级机关对转发文件的认识，增强贯彻执行力度。

例文 4

关于召开高等学校实验室信息统计工作会议的通知

教高司〔2007〕5 号

各省、自治区、直辖市教育厅（教委）：

2006 年 11 月 2 日，我部印发了《教育部办公厅关于报送高等学校实验室信息统计数据的通知》（教高厅函〔2006〕45 号），为做好 2006—2007 学年高等学校实验室信息统计工作，经研究，定于 2007 年 1 月 23 日在北京召开高等学校实验室信息统计工作会议。会议委托北京化工大学承办，现将会议有关事项通知如下：

一、会议内容

（一）总结近年来高等学校实验室信息统计工作情况，研究有关问题，部署 2006—2007 学年高等学校实验室信息统计工作。

（二）对 2006 年起正式启用的"高等学校实验室信息统计"指标体系进行解释、答疑和软件培训。

（三）研讨各地区高等学校实验室信息统计培训工作的有关事宜。

二、与会人员

各省、自治区、直辖市教育行政部门负责高等学校实验室信息统计工作的人员 1 人，负责统计汇总工作的技术人员 1 人。

三、会议时间及地点

报到时间：1 月 22 日，会议时间 1 月 23 日～24 日。

会议地点：贵州大厦（北京市朝阳区和平西桥樱花西街 18 号，路线图附后）。

四、联系人

高等教育司联系人：于海涛，高东锋

联系电话：010—6609××××

北京化工大学联系人：李晓林

   联系电话：010—6443××××，1369103××××

贵州大厦联系电话：010—6444××××

五、其它

（一）会议交通往返和食宿费用自理，会议不安排接站，请各位代表自行前往。

（二）请于1月18日前将"会议回执"传真至010—6443××××。

附件：会议回执

              高等教育司（印章）

              二〇〇七年一月八日

                （摘自教育部网）

【评析】

这是一份会议通知。

正文部分首先简要说明召开会议的缘由和目的，主办单位及时间，用"现将有关事项通知如下"开启下文内容，简洁清晰。

主体部分分条列项，就会议的议题、与会人员、时间、地点、联系人及其他相关事项一一做了说明，安排得条清理晰，表达得明确具体。

例文5

山东省人民政府关于表彰全省农业先进单位的通报

鲁政〔2011〕8号

各市人民政府，各县（市、区）人民政府，省政府各部门，各直属机构，各大企业，各高等院校：

近年来，全省农业系统认真贯彻落实党的十七大和十七届四中、五中全会精神，以科学发展观为指导，加快转变农业发展方式，努力克服干旱、洪涝、低温等诸多自然灾害的影响，全省农业农村经济保持了健康稳定发展的良好态势。2010年，粮食生产实现连续8年增产，总产创历史最高水平；蔬菜、果品等高效特色农业稳定发展，竞争能力进一步增强；农业标准化生产水平不断提高，农产品质量安全监管成效显著；基层农技推广体系改革与建设扎实推进，为增加农民收入、促进经济社会平稳较快发展提供了有力支撑。为鼓励先进，充分发挥典型示范带动作用，省政府决定，对在农业生产和农村经济发展中作出突出贡献的46个先进单位进行表彰。授予潍坊市等6个市、汶上县等10个县（市、区）"全省粮食生产先进单位"称号，奖励汶上县等10个县（市、区）农技推广车各1辆；授予济南市历城区等10个县（市、区）"全省农产品质量安全先进单位"称号；授予章丘市等10个县（市、区）"全省高效特色农业先进单位"称号；授予商河县等10个县（市、区）"全省基层农技推广体系建设先进单位"称号。

希望受表彰的先进单位珍惜荣誉，再接再厉，开拓进取，再创佳绩。全省各级、各部门要认真学习先进单位的经验，进一步重视农业和农村经济发展，推动各项工作再上新台阶，为建设经济文化强省、实现富民强省新跨越作出更大贡献。

　　附件：全省农业先进单位名单

山东省人民政府（印章）

二〇一一年一月十五日

（摘自山东省人民政府网）

【评析】

　　这是一份表扬性通报。

　　通报表彰的对象全省农业系统优秀的单位和先进个人，是一个群体。通报首先开门见山，用高度概括的语言对这个群体做出的成绩进行说明，充分肯定他们在全省农业建设与发展方面发挥的重要作用，做出的突出贡献。这部分叙议结合，边叙边议。既有表彰对象事迹的交待，又有发文机关对表彰对象的评价。在此基础上做出通报表彰的具体决定，表彰的内容既有精神方面的"授予××称号"，也有物质的"奖励农业推广车一辆"。精神奖励在先，物质奖励在后，行文十分规范。最后向被表彰对象提出希望，向全省发出学习表彰对象的号召。

　　　例文6

国务院办公厅关于对国家林业局违反规定越位进行湖南平江虎鉴定工作的通报

国院各部委、各直属机构、办事机构及各事业单位：

　　2008年3月20日，湖南省林业厅向国家林业局报告称：平江县电视台记者吴华3月19日在该县石牛寨一风景区内，用松下180专业手提式摄像机拍摄到20秒的疑似华南虎录像视频。国家林业局经初步核实后，本应按照该录像资料所属的管辖权限，要求湖南省林业厅委托国家权威鉴定机构对疑似华南虎录像等原始资料进行独立、客观、公正地鉴定，并如实向社会公布结果。但国家林业局却未按规定严格履行自己的职责，擅自于3月21日组织相关专家对湖南平江疑似华南虎录像资料进行鉴定，并草率地得出"录像本身没有问题"的结论。此后，国家林业局的这种严重违规越位进行鉴定的行为引起了媒体和公众的质疑，导致政府公信力再次成为社会舆论的热门话题。

　　事情发生之初，国务院办公厅就对国家林业局提出了严肃批评，责成其认真查找工作中的失误和不足，向国务院办公厅作出深刻检查。国务院办公厅认为，媒体和公众对华南虎问题的关注，对国家林业局擅自进行越位鉴定的质疑及责问，既反映了公众对野生动物保护事业的高度重视，也体现出对国家林业局工作的关心和监督。国务院办公厅告诫国家林业局要高度重视、正确理解、积极对待社会舆论，并要求国家林业局严格履行自己的职责，不要擅自进行违规越位的鉴定工作，同时要求国家林业局在第一时间向社会公众公布录像资料。国家林业局如何履行自己的职责是一项极其严肃的事情，有着严格的程序和要求。国家林业局此次鉴定工作，既未按管辖权限的规定要求湖南省林业厅依法独立、客观、公正地开展鉴定工作，也未在第一时间及时向公众公布录像资料，在缺乏充分证据的情况下，就草率得出"录像本身没有问题"的结论。当引起媒体和公众质疑后，有关人员又一再违反规定，继续越位进行鉴定工作，并擅自发表意见、参与争论，加剧了舆论的关注程度，造成了不良的社会影响，在一定程度上损害了国家机关的形象。国家林业局的做法，很不严肃，极其轻率，违反了《国家林业局党组关于加强直属机关领导干部作风建设的决定（林发〔2007〕11号）》及《中国共产党纪律处分条例》的有关规定；有关人员的行为，反映出该局存在着工作作风漂浮、工作纪律涣散等问题。

为了严肃纪律，国务院办公厅决定，除对国家林业局有关负责同志追究纪律责任外，对国家林业局未按规定履行自己的职责、擅自违规越位进行湖南平江虎鉴定工作的行为予以通报批评。国家林业局要汲取教训，深刻反思和查找工作中存在的问题，进一步完善工作制度，严格工作程序，严肃工作纪律，整顿工作作风，切实抓好各项工作。

国家林业局的做法尽管是个别的，但反映出的作风漂浮、纪律涣散等问题，在其他机构、其他单位也不同程度存在。各机构、各单位都要以此为戒，在处理各类重大问题、敏感问题时，一定要以对党和人民事业高度负责的态度，认真调研，审慎决策。要坚持政务公开，不断完善各类公开办事制度，努力提高国家机关部门工作的透明度和公信力。要进一步加强作风建设，严肃纪律，提高效率，狠抓落实，诚心诚意接受人民监督，严于律己、廉洁奉公、兢兢业业、干干净净为国家和人民工作。

国务院办公厅（印章）

二〇〇八年四月一日

（摘自中国政府网）

【评析】

这是一份批评性通报。

这份通报标题很有特色，语言准确，富有表现力。通过标题阅读可以使阅读者基本了解被通报对象所犯错误的性质。

该通报所涉及问题是为众多人所熟知的"华南虎事件"，该事件在当时以持续时间长、产生影响大、参加民众之多而倍受关注，成为当时舆论的热门话题。如何将这一事件在有限的篇幅内说得清楚明了，就十分考验作者的概括力和表达水平。该文开门见山，从事件起端入手，把事件的来龙去脉交待得条清理晰，使读者能清晰地把握事件的全过程。概述的事实紧扣国家林业总局"违反规定"、"越位进行鉴定"这一核心，表达不枝不蔓，十分有序。做到既叙事完整，又简洁概括。由此可见，对通报事实的叙述，必须抓住重点，把握最主要的事实，才能做到既抓住问题的关键所在，又不以偏概全，为下文做出的处理决定提供有力的事实依据。

紧承事件概述，由于该事件造成的不良影响大，引起的社会反映强，因此准确定性这一事件十分必要。因此，通报用较大篇幅分析造成这一严重影响政府公信力事件的原因，造成的结果，并指出了被批评对象所犯错误的性质，所违反的规定条款。分析入情入理，定性有依有据。这种表达方式是由事件本身性质决定的。

在责任认定的基础上，通报顺理成章提出处理意见。处理意见规定了对相关责任人的处罚原则，说明了对主要通报对象"国家林业总局"的处理方式"通报批评"，既明确又具体。

最后，发文机关向所有的受文机关提出要求，每一项要求都针对通报事件中暴露出的问题落笔，有针对性地提示相关机关，强化该通报的警示作用，做到举一反三，避免类似事件的发生。

例文7

黑河市人民政府消防安全委员会关于2010年度
落实消防安全责任制考评情况的通报

各县、(市)区人民政府、风景区、合作区管委会、市直各有关单位:

为推动消防安全责任制的深入落实,促进全市消防工作健康、快速、协调、可持续发展,预防火灾和减少火灾危害,按照《黑河市消防安全责任制考评办法》和市政府有关工作要求,12月6日至12月28日,市政府组织有关部门对全市贯彻落实消防安全责任制的情况进行了考评验收。考评共检查8个县(市)区政府和管委会,14个中省直单位,全部达标。现将有关情况通报如下:

一、主要工作成绩

2010年全市各级政府大力加强消防安全责任制建设,加大消防资金投入,积极开展火灾隐患排查整治,广泛开展消防宣传,保持了火灾形势的持续稳定。

(一)加强领导,消防责任工作机制更加合理有效。各县市及有关单位认真贯彻《黑龙江省消防安全责任制实施办法》,逐级落实消防安全责任制,建立消防工作联席会议制度,定期研究解决消防工作中的重大问题。党政领导高度重视,共组织召开常务会议、联席会议50余次,并带头深入一线检查消防工作,有效推动了消防工作的开展。各地将消防目标责任书逐级签订到了乡、村、系统行业、重点单位,形成了"横向到边、纵向到底"的责任网络,重点把握"签状、考评、奖惩"三个环节,发布消防安全责任制考评办法和考评细则,将消防安全责任纳入政府、行业部门的综合目标责任管理考评体系,实行"一票否决"制,一大批先进单位和个人得到了奖励。

(二)加强了消防规划建设和公共消防设施的建设和维护。各项消防任务均按照城市消防专业规划、城市消防建设规划如期实施。全市已新增加消防站1个,新建消防上水鹤7处、消防通讯专线2条,新增消防车22辆。

(三)全面加大消防资金投入,城市公共消防设施建设取得了长足进步,公共消防基础设施建设和装备建设有新改善。全市各级政府加大消防设施建设投入力度,着力夯实基层基础,消防经费投入按照当地经济发展的实际逐年增加。

(四)加强应急救援队伍建设,多层面筑牢安全体系。按照国务院59号文件"一队多用、一专多能、多灾种综合救援"的要求,组建了水上救援队和森林扑火队,并率先在全省成立首支依托公安消防部队组建的地市级应急救援队伍,北安、五大连池、逊克、嫩江也相继组建了应急救援大队,标志着黑河市应急救援工作迈出了开拓性步伐。应急救援队成立以来,先后处置了9起突发公共事件,抢救疏散群众285人,打捞救助落水群众5人。特别在处置2009年"12.11"黑河铁路局汽油罐蒸汽挥发事故和2010年"8.10"三道弯子金矿冶炼废水泄漏事故中,市政府迅速启动应急预案,消防部队充分发挥职能作用,与交警、石油、医疗、环保局等部门协同配合,圆满完成了救援任务。同时注重整合社会资源,发展多种形式消防队伍,全市乡镇、村屯实现了"一乡一车一站,一村一泵一队",形成了群防群灭网络。

(五)全力抓好火灾隐患排查整治工作,社会消防安全环境明显改善。各地政府及有关部门按照上级的部署,先后组织开展了消防产品、商场市场、易燃易爆场所、消防违法工程、建筑消防设施、粮食储存场所等重点行业和重点区域的消防安全专项治理以及19类场所消防安全标准化管理,始终保持了对火灾隐患整治的高压态势。继续实行重大火灾隐患政府领导包保责任制。

（六）广泛深入开展社会消防宣传教育，广大群众消防安全意识不断增强。强化主题宣传，结合五进活动，举办大型宣传活动 18 场，设置宣传板、图片展板 500 余张，横幅 800 余条，播发消防宣传片、公益广告 30 条次，发送消防宣传短信 20 万条，出动消防志愿者 3 万余人次，接待群众超过 10 万人。强化媒体宣传，与《新周末报》合作，开辟了《构筑社会单位"防火墙"专栏》，每半月出版一期；协调黑河电台，开通《平安之声—走进直播间》栏目，为群众解答有关消防问题。强化教育培训，培训各类人员 5102 人。加强消防志愿者队伍建设，发展志愿者服务队 865 支、人数 25646 人，并将消防志愿者队伍纳入全市志愿者体系。消防宣传和教育培训的社会覆盖面和影响力不断扩大，进一步推进了消防工作社会化进程。

（七）强力推进构筑社会消防安全"防火墙"工程，筑牢社会安全屏障。2010 年 11 月 2 日，市政府消防安全委员会成立了验收工作组，对各县（市）区的工作开展情况进行了专项验收检查，并在市政府网站进行了排名通报。目前，黑河市及各县市区已经圆满完成 2010 年的构筑社会消防安全"防火墙"工作任务。各乡镇政府、街道办事处普遍成立了消防安全委员会并履行职能，开展工作。黑河市消防安全重点单位"四个能力"达标率 100%。所有消防监督人员都能熟练应用消防监督管理系统信息系统。

二、存在问题

（一）市政公共消防设施建设工作虽然取得了一定成绩，各县市区消防规划都已完成，但贯彻执行规划仍有不同阻力，历史欠账没有得到根本治理。部分县市区公共消防设施的建设速度与城市建设速度不同步，城市的消防安全仍无法得到应有的保障。

（二）一些行业和系统主管部门不能很好地履行公安部 61 号令有关规定，部分社会单位消防安全责任主体意识不强，管理制度不健全，没有形成系统的消防管理模式，仍然停留在人盯人的简单管理局面，不能很好地利用现在的消防设施、器材和先进管理经验，相当数量的单位对火灾危害的认识和处置初起火灾的能力还停留在较低的水平上。

（三）消防宣传工作创新的思路和工作策略仍滞后于社会和经济的发展，沿袭传统的宣传方式多，创新改革的方式少，尤其是消防公益广告每年需要一定投入，部分单位未能完成任务指标。

三、下步工作要求

（一）进一步完善政府消防安全工作责任制。一是继续把消防工作纳入国民经济和社会发展计划，纳入政府任期目标，列入重要议事日程，切实加强组织领导和督促检查。二是进一步明确各级各有关部门的消防安全工作职责，确保责任落实到位。三是加强机关、团体、企业、事业单位的消防安全管理，建立和完善消防安全责任人制度，严格落实消防安全责任制和岗位防火安全责任制。

（二）切实抓好公共消防设施建设。要继续加大消防安全投入，将公共消防设施建设、维护资金列入地方财政预算，并确保资金落实到位。对于遗留的公共消防设施"欠帐"，制定具体的建设计划逐项解决。

（三）深入开展消防宣传教育培训。各社会媒体要以宣贯《中华人民共和国消防法》、《黑龙江省消防条例》为主线，充分利用和发挥大众传媒覆盖面广、收看（视）、收听率高的特点，在电视台安排专门的时间、固定的专题栏目，搞好消防安全宣传教育。特别是抓住社会和群众关注的消防热点问题，对具有典型教育意义的重特大火灾案例、违法违章行为及时曝光，达到教育和警示的作用。

（四）深入开展消防安全检查和治理。一是定期组织开展消防安全大检查，及时发现和消除火灾隐患，防止和减少火灾的发生。二是深入开展以宾馆、饭店、影剧院、歌舞厅等公众聚集场所和高层建筑、易燃易爆场所等为重点的消防安全专项治理活动，特别是对容易发生群死群伤恶性火灾事故的公众聚集场所，盯住不放，一查到底。三是加大对火灾隐患整改难度大的单位的督促整改力度，对于确实不符合消防安全要求的，坚决责令其停产停业进行整改。

（五）深入推进构筑社会消防安全防火墙工程和"五大活动"工作。各地要充分认识构筑消防安全防火墙的重要意义，努力完成 2011 年"防火墙"的各项工作目标。与此同时，深入开展"大排查、大整治、大宣传、大培训、大练兵"活动开展按照推进表的要求，努力完成各阶段任务。

黑河市人民政府消防安全委员会（印章）
二○一○年十二月二十九日

（摘自黑河市人民政府网）

【评析】

这是一份工作情况通报。

黑河市人民政府消防委员会在消防安全责任制工作进行到一定阶段（年底），对该项工作进行检查汇总，并将情况下发给相关的下级机关，从而使下级机关对全市消防安全责任制落实情况有一个全面了解，以便在今后更好地做好该项工作。

通报开头说明工作的目的、依据，简要交待该项工作的总体情况，然后用过渡句过渡到下文。

这部分内容主要就该项工作取得的成绩做法、存在的问题及原因、下一步工作的目标和主要措施三方面落笔。这项工作涉及全市各个部门，方方面面，如何使材料表述有序，该通报围绕文章的主旨选材，紧紧扣住"落实消防安全责任制"这一中心汇总材料，把成绩做法、问题原因及今后工作安排表达得十分清晰富有条理，使下级机关既看到该项工作已取得的成绩，增强工作信心；又明了工作中的不足，知晓继续做好该项工作的要求。使下级机关通过通报了解把握工作的总体动态，与上级机关保持步调的协调一致，让通报发挥其应有的作用。

例文 8

国务院安委会办公室关于近期火灾事故情况的通报

安委办明电〔2011〕5 号

各省、自治区、直辖市及新疆生产建设兵团安全生产委员会：

2011 年 1 月 17 日 23 时 19 分，湖北省武汉市武胜路康宏实业公司服装厂发生火灾，造成 14 人死亡、4 人受伤，过火面积约 900 平方米。根据现场勘察，起火建筑共三层，一层为商铺，二至三层储存服装，其中二层局部作为员工住宿场所，经营、储存和住宿区域未有效分隔，属于"三合一"场所，火灾原因正在调查中。

1 月 13 日 0 时 55 分，位于湖南省长沙市岳麓区西湖街道枫林一路 303 号的西娜湾宾馆发生火灾，造成 10 人死亡、4 人受伤，过火面积约 150 平方米。根据现场勘察，宾馆设置的室外疏散楼梯仅有一个出入口，影响了人员逃生，火灾原因正在调查中。

1月3日15时40分，重庆市秀山县一个木材加工作坊发生火灾，造成4人死亡。

1月6日23时40分，四川省广安市一个建材商店发生火灾，造成5人死亡。

1月13日23时31分，广东省东莞市一个临街五金店铺发生火灾，造成8人死亡、1人受伤。

1月17日22时40分，内蒙古自治区鄂尔多斯市一个小型宾馆发生火灾事故，造成4人死亡。

上述事故的发生，暴露出部分地区消防安全工作依然存在薄弱环节，部分生产经营单位安全生产主体责任不落实，火灾隐患排查不彻底、整改不到位等突出问题。为深刻吸取事故教训，举一反三，进一步加强消防安全工作，严防类似事故再次发生，现提出以下要求：

一、严格落实消防安全责任。冬春季节火灾易发、高发，各地区、各有关部门要继续认真贯彻落实1月18日国务院第五次全体会议、1月12日全国安全生产电视电话会议精神，按照中央办公厅、国务院办公厅《关于做好2011年元旦、春节有关工作的通知》、《国务院办公厅关于进一步做好消防工作坚决遏制重特大火灾事故的通知》（国办发明电〔2010〕35号）和《国务院安委会办公室关于认真抓好今冬明春安全生产工作的通知》（安委办〔2010〕26号）要求，切实履行消防安全监管职责。要进一步明确和落实乡镇、街道办、居委会、社区的消防工作职责，督促生产经营单位做好火灾隐患排查治理和消防安全专项整治的各项工作，有效遏制火灾事故特别是群死群伤重特大火灾事故发生。

二、加强重点场所、重点时段和重点环节的监督管理。各地要根据春节即将来临，公众场所人员流量增加的特点，重点加强公共娱乐、餐饮酒店、商业购物等人员密集场所的消防安全检查。同时，针对近期火灾事故暴露出的薄弱环节，要加大对小型公共住宿场所、小型公共餐饮场所、小型公共休闲场所、小型公共娱乐场所等小型人员密集场所和"三合一"场所火灾隐患排查整治力度。对于严重超员、封堵疏散通道和安全出口、私拉乱接电气线路、违章燃放烟花、关闭火灾自动报警系统等违法违规行为，要依法严厉处罚。

三、继续深入开展消防安全宣传教育培训。各地区、各有关部门要督促生产经营单位特别是人员密集场所的经营管理单位加强对从业人员的消防安全教育培训，加强应急疏散预案的演练。要充分利用广播、电视、报纸、互联网等媒体，宣传普及安全用火、用电和逃生自救常识，不断提高社会公众消防安全意识和技能。

四、严肃查处事故，用事故教训推动事故预防工作。国务院安委会办公室依据有关规定，已将今年以来发生的两起重大火灾事故的查处列入国务院安委会重大事故挂牌督办的事项，查处结果将及时向社会公布。各地要按照"四不放过"和"依法依规、实事求是、注重实效"的原则，严格事故查处，依法依规严肃追究相关单位和人员的责任，及时向社会公布调查处理结果，并跟踪督促事故责任的落实。同时，要认真分析典型事故案例，针对暴露出的突出问题，采取切实有效的防范措施，坚决遏制重特大火灾事故发生。

国务院安全生产委员会办公室（印章）
二〇一一年一月二十日

（摘自国家安全生产监督管理局网）

【评析】

这是一份通报事故的通报。

这类通报虽有事实概述，但通常这部分常常把几个单位的几起相关事故并列排序，逐一概述。其目的并不是对这些发生事故的单位进行通报批评，而是要通过这些相类似事故的汇总，提示下级机关对照检查，有则改之，无则加勉，真正做到防患于未然，因此这类通报所叙事实是为下文向下级机关提出要求服务的。

这份通报即是如此，开头列举数起火灾伤亡事故，交待得清晰明了，然后分析造成这些事故的原因。出现事故的单位不止一个，造成火灾事故直接原因也会各有不同，有的甚至尚在调查中。因此，通报侧重从分析间接原因入手，透过现象，揭示酿成事故的本质原因，寥寥几笔，切中要害。在此基础上针对现实工作仍旧可能存在的消防安全问题，提出具体的要求。这是通报事故这一类通报的落脚点。只有这样行文，才能充分体现出事故通报的功用，即重在通过典型事例强化通报的教育引导作用，起到"用事故教训推动事故预防工作"这一特殊作用。文中所提要求，紧扣要重视消防安全这一主旨，从具体的要求到做法讲得十分到位。便于下级机关对症检查，增强责任意识，切实做好本单位的安全防火工作，避免类似事故的发生。

第五节　报告　请示

一、报告　请示及异同

（一）报告　请示

《条例》规定，报告适用于向上级机关汇报工作、反映情况，回复上级机关的询问；请示适用于向上级机关请求指示、批准。

（二）报告与请示的异同

报告与请示既有相同之处，又有明显区别，了解二者的异同，有助于更好地把握报告与请示各自的特点，正确使用报告、请示。

1. 报告与请示的相同之处

（1）行文方向一致。报告和请示同属于公文中为数不多的上行文。

（2）标识要求一致。报告和请示都有标注签发人、会签人的要求。

（3）报送要求一致。报告和请示都要求只主送一个机关，如需要同时报送另一个机关或几个机关时，一律用"抄送"形式。

（4）表达方式一致。由于报告和请示的主送机关均是上级机关，因此在内容表达上多为陈述性的。一般要求以摆事实为主，介绍情况、说明问题、提出请求。表达方式以叙述为主。

虽然报告和请示有上述共同点，但作为两种公文，其区别也是很明显的。

2. 报告与请示的不同之处

（1）行文目的不同。报告是为了向上级汇报工作，反映情况，答复上级机关的询问而行文。其目的主要是让主管机关了解情况，及时处理工作中的有关问题；请示是为解决单位自身的某一具体事项，请求上级机关的指示、批准。

（2）性质要求不同。报告主要是为上级机关提供决策信息和依据，不要求上级机关答复；

请示明确要求上级机关答复，上级机关也一定给予答复。

（3）行文时限不同。报告可以在工作进行中，工作完成后行文；请示必须在事前行文，待上级机关批复后，请示的事项才可以施行，未经批复的则不能施行。

（4）内容含量不同。报告的内容含量大，在一文一旨的前提下，可以就工作的诸多方面进行陈述；请示则内容单一。

二、报告的写作

（一）报告的分类

根据《条例》对报告的界定，将其分为工作报告、情况报告和答复报告。

（1）工作报告。工作报告是下级机关向上级机关汇报工作情况的报告。

（2）情况报告。情况报告是下级机关向上级机关反映重要情况、重大事故的报告。

（3）答复报告。答复报告是下级机关答复上级机关询问的报告。

（二）报告正文的写作

1．工作报告的正文

工作报告是下级机关在某项工作进行到一定阶段，或工作已经完成时向上级机关所进行的汇报。它的正文包括三部分：

（1）前言。工作报告的前言是对报告基本情况的总述，一般简要说明工作依据、时间、内容、完成情况、取得的主要成绩等，或概括报告的中心，给读者一个总的印象。

（2）主体。取得的成绩：主要内容包括工作进展或完成情况、进一步说明取得的成绩，简要说明经验。这部分内容主要是汇总前期工作的，进行梳理、归纳，对做得好和有成效的工作予以说明，使上级机关知晓下级机关前期所完成的主要工作及状态。

存在的问题：对工作中的不足和存在的问题加以说明，使上级机关既了解下级机关已取得的成绩，又知晓存在的问题，以便及时指导、推进工作。

今后工作打算：这部分常常是对下一阶段或今后的工作所做的粗线条的计划，重在说明目标，目的是使上级机关知晓下级机关对下一步工作的安排及打算。

（3）结尾惯用语。可根据需要使用报告专用结尾用语"特此报告"等。

2．情况报告的正文

情况报告多为下级机关针对工作中出现的严重问题，发生的意外事件或事故向上级机关所做的汇报，以便得到上级机关的及时指导与帮助。因此，这类报告通常是三段式的结构，即提出问题，分析成因，提供作为下级机关解决此问题的意见建议及办法。

（1）开头。简要说明报告的缘由或高度概括报告的内容，为阅读报告者提供阅读线索。有的报告也可省略此部分内容。

（2）主体。主体包括情况概述、原因分析、意见和建议三方面内容。

情况概述。如果是汇报工作中出现的严重问题，就应紧扣报告主旨，对所反映的问题进行归纳，逐条逐项予以表述，使叙述条理清晰，做到点面结合，详略得当。如果是反映突发事故的，就要用概述的方式对事故发生的时间、地点、人物、结果（损失及伤亡情况、及相关部门对事故的救援及现场的处置情况）进行说明。

原因分析。应针对所综合的情况、概述的事实进行客观的分析，实事求是、切中要害。对反映重大事故的报告，除了要说明造成事故的直接原因，还要分析造成事故的间接原因，做到透过现象看本质，真正反映出下级机关对事故所产生恶劣影响有较深刻的认识，从而举一反三，避免类似事故的重演，体现出作为事故的责任者应有的理性态度。

提出意见建议。应针对问题、事故出现的原因，提出切实可行的解决问题，处理事故的意见、建议和办法。问题重大，无权或无力解决的，可提出解决问题的初步建议；已经解决的，说明解决的具体办法或处理结果；未来得及处理的，应交待打算；反映重大事故的报告还要说明对相关责任人的处理意见。总之，应使上级机关知晓下级机关所持态度，所采取的相应措施，这是情况报告必不可少的内容。

情况报告的写作要力求内容集中、主旨突出，无论概述情况，还是说明分析或提出意见、建议，都应围绕所报告的情况来写，不枝不蔓。

（3）结尾惯用语。可根据需要使用结尾惯用语"特此报告"等。

3. 答复报告的正文

答复报告是被动行文，有问则答，不问则不报，有很强的针对性。这类报告的正文一般由前言和主体两部分组成。前言说明报告的缘由，即为什么报告，从而导入主体。主体答复上级机关所询问的事项，可将所答复的问题分条列项表述，答完即止。

结尾也可根据需要使用惯用结尾用语"特此报告"等。

三、请示的写作

（一）分类

根据《条例》对请示的界定，可将请示分为请求指示的请示和请求批准的请示。

1. 请求指示的请示

这类请示是指下级机关对国家的法律法规、方针政策及上级的指示等有不明确或不同的理解，或者在工作中遇到无章可循的新情况、新问题，以及由于本单位情况特殊需要对上级的普遍性要求加以变通时所写的请示。

2. 请求批准的请示

这类请示是下级机关准备办理按规定需要上级机关批准的事项，或者既需要上级机关批准又需要上级机关帮助的事项时所写的请示。

（二）请示的正文

请示的正文一般由请示缘由、请示事项、结尾惯用语三部分组成。

1. 请示缘由

请示缘由就是提出请示的理由和依据，主要交代请示的原因、背景、基本情况。这部分内容的写作既要有理有据，实事求是，又要开门见山，简明扼要。

2. 请示事项

请示事项是请求上级指示、批准的具体内容。这部分应写得明确具体。对涉及资金、财务、人员的请示，表述上不能用模糊词语"大概、左右、或许"等；请求拨付的物资，则应将物品的品名、规格、型号、数量等要素交代清楚；请求给予指示的问题，则应清晰表述本单位对所请示问题的认识、理解，对请示事项的处理意见、建议，以供上级机关参考。这既是对上级机关应有的尊重，又有助于上级机关及时批复。

请示内容简单的，可采用篇段合一形式；内容复杂的，可分条表述。

3. 请示结尾惯用语

请示结尾惯用语是请示正文的组成部分，应正确使用。常用惯用语有"以上请示，请批复"、"以上请示当否，请批复"、"以上请示妥否，请批复"等。

（三）请示写作注意事项

1. 严格遵守请示规则

《条例》规定，下级机关一般不得越级请示；请示应一文一事；主送机关一般只写一个；不得抄送下级机关；一般不得以发文机关名义向上级机关负责人报送等。这些规定，是请示写作和行文时必须严格遵守的。

2. 正确把握请示适用范围

请示只适用于向上级机关请求指示、批准。这个上级机关是请示的主管上级，只有它才有权对请示作出批复。有的单位向没有行政管理权的、行政级别高于本单位的业务主管机关请求审批事项时，也用请示，这就将请示适用范围任意扩大化了。《条例》中明确界定"不相隶属机关""请求批准"用"函"这一文种。

3. 行文目的明确，内容具体

拟写请示，一定要明确请示目的。如果是本单位职权范围内可以解决的问题，则不必请示。在写作时，还应把请示事项写得明确、具体，便于上级机关把握，及时作出批复。

【例文评析】

例文1

政府工作报告（2011年）

各位代表：

现在，我代表国务院，向大会作政府工作报告，请各位代表审议，并请全国政协委员提出意见。

一、"十一五"时期国民经济和社会发展的回顾

"十一五"时期是我国发展进程中极不平凡的五年。面对国内外复杂形势和一系列重大风险挑战，中国共产党团结带领全国各族人民，全面推进改革开放和现代化建设，国家面貌发生了历史性变化。

——这五年，我国社会生产力、综合国力显著提高。我们有效应对国际金融危机冲击，保持经济平稳较快发展，胜利完成"十一五"规划的主要目标和任务，国民经济迈上新的台阶。国内生产总值达到 39.8 万亿元，年均增长 11.2%，财政收入从 3.16 万亿元增加到 8.31 万亿元。载人航天、探月工程、超级计算机等前沿科技实现重大突破。国防和军队现代化建设取得重大成就。

——这五年，各项社会事业加快发展、人民生活明显改善。教育、科技、文化、卫生、体育事业全面进步。城镇新增就业 5771 万人，转移农业劳动力 4500 万人；城镇居民人均可支配收入和农村居民人均纯收入年均分别实际增长 9.7% 和 8.9%；覆盖城乡的社会保障体系逐步健全。

——这五年，改革开放取得重大进展。重点领域和关键环节改革实现新突破，社会主义市场经济体制更加完善。去年对外贸易总额达到 2.97 万亿美元，开放型经济水平快速提升。

——这五年，我国国际地位和影响力显著提高。我们在国际事务中发挥重要的建设性作用，有力维护国家主权、安全和发展利益，全方位外交取得重大进展。我们成功举办北京奥运会、上海世博会，实现了中华民族的百年梦想。

这些辉煌成就，充分显示了中国特色社会主义的优越性，展现了改革开放的伟大力量，极大增强了全国各族人民的自信心和自豪感，增强了中华民族的凝聚力和向心力，必将激励我们在新的历史征程上奋勇前进。

五年来，我们主要做了以下工作：

（一）加强和改善宏观调控，促进经济平稳较快发展。我们注重把握宏观调控的方向、重点和力度，牢牢掌握经济工作的主动权。"十一五"前期，针对投资增长过快、贸易顺差过大、流动性过剩，以及结构性、输入性物价上涨等问题，采取正确的政策措施，有效防止了苗头性问题演变成趋势性问题、局部性问题演变成全局性问题。近两年，面对百年罕见的国际金融危机冲击，我们沉着应对，科学决策，果断实行积极的财政政策和适度宽松的货币政策。坚持实施一揽子计划，大规模增加政府支出和实行结构性减税，大范围实施重点产业调整振兴规划，大力推进自主创新和加强科技支撑，大幅度提高社会保障水平。坚持扩大内需的战略方针，采取鼓励消费的一系列政策措施，增加城乡居民特别是低收入群众收入，消费规模持续扩大，结构不断升级。实施两年新增 4 万亿元的投资计划，其中，新增中央投资 1.18 万亿元。保障性安居工程、农村民生工程和社会事业投资占 43.7%，自主创新、结构调整、节能减排和生态建设占 15.3%，重大基础设施建设占 23.6%，灾后恢复重建占 14.8%。政府投资引导带动社会投资，国内需求大幅增加，有效弥补外需缺口，较短时间内扭转经济增速下滑趋势，在世界率先实现回升向好，既战胜了特殊困难、有力地保障和改善了民生，又为长远发展奠定了坚实基础。

（二）毫不放松地做好"三农"工作，巩固和加强农业基础。中央财政"三农"投入累计近 3 万亿元，年均增幅超过 23%。彻底取消农业税和各种收费，结束了农民种田交税的历史，每年减轻农民负担超过 1335 亿元。建立种粮农民补贴制度和主产区利益补偿机制，农民的生产补贴资金去年达到 1226 亿元。对重点粮食品种实行最低收购价和临时收储政策，小麦、稻谷最低收购价提高了 25% 到 40%。严格保护耕地。着力推进农业科技进步。粮食产量屡创历史新高，去年达到 54641 万吨，连续 7 年增产；农民人均纯收入达到 5919 元，实现持续较快增长。农村综合改革稳步推进，集体林权制度改革、国有农场管理体制改革全面推开。农业农村基础设施加快建设，完成 7356 座大中型和重点小型水库除险加固，解决 2.15 亿农村人口饮水安全问题，农民的日子越过越好，农村发展进入一个新时代。

（三）大力推进经济结构调整，提高经济增长质量和效益。

（四）坚定不移深化改革开放，增强经济社会发展内在活力。

（五）加快发展社会事业，切实保障和改善民生。

回顾"十一五"时期的政府工作，我们进一步加深了以下几个方面的认识和体会。

一是必须坚持科学发展。我们战胜各种严峻挑战，靠的是发展；各领域取得的一切成就和进步，靠的是发展；解决前进道路上的困难和问题，仍然要靠发展。我国仍处于并将长期处于社会主义初级阶段，必须坚持以经济建设为中心，坚持科学发展。要以人为本，把保障和改善民生作为一切工作的出发点和落脚点，坚定不移走共同富裕道路，使发展成果惠及全体人民；坚持统筹兼顾，促进城乡、区域、经济社会协调发展；加快转变经济发展方式，大力推进自主创新，节约资源和保护环境，使经济社会发展与人口资源环境相协调，提高发展的全面性、协调性和可持续性。

二是必须坚持政府调控与市场机制有机统一。健全的市场机制，有效的宏观调控，都是社会主义市场经济体制不可或缺的重要组成部分。市场作用多一些还是政府作用多一些，必须相机抉择。在应对国际金融危机冲击中，我们加强和改善宏观调控，及时纠正市场扭曲，弥补市场失灵，防止经济出现大的起落，实践证明是完全正确的。我们必须不断完善社会主义市场经济体制，充分发挥市场在资源配置中的基础性作用，激发经济的内在活力，同时，科学运用宏观调控手段，促进经济长期平稳较快发展。

三是必须坚持统筹国内国际两个大局。（略）

四是必须坚持把改革开放作为经济社会发展的根本动力。（略）

二、"十二五"时期的主要目标和任务

根据《中共中央关于制定国民经济和社会发展第十二个五年规划的建议》，我们编制了《国民经济和社会发展第十二个五年规划纲要（草案）》，提交大会审议。

"十二五"是全面建设小康社会的关键时期，是深化改革开放、加快转变经济发展方式的攻坚时期。从国际看，世界多极化、经济全球化深入发展，和平、发展、合作仍是时代潮流。国际金融危机影响深远，世界经济结构加快调整，全球经济治理机制深刻变革，科技创新和产业转型孕育突破，发展中国家特别是新兴市场国家整体实力步入上升期。从国内看，我国发展的有利条件和长期向好的趋势没有改变，工业化、信息化、城镇化、市场化、国际化深入发展，市场需求潜力巨大，资金供给充裕，科技和教育水平整体提升，劳动力素质提高，基础设施日益完善，政府宏观调控和应对重大挑战的能力明显增强，社会大局保持稳定。综合判断国际国内形势，我国发展仍处于可以大有作为的重要战略机遇期。

我们要高举中国特色社会主义伟大旗帜，以邓小平理论和"三个代表"重要思想为指导，深入贯彻落实科学发展观，适应国内外形势新变化，顺应各族人民过上更好生活新期待，以科学发展为主题，以加快转变经济发展方式为主线，深化改革开放，保障和改善民生，巩固和扩大应对国际金融危机冲击成果，促进经济长期平稳较快发展和社会和谐稳定，为全面建成小康社会打下具有决定性意义的基础。

——我们要推动经济发展再上新台阶。今后五年，我国经济增长预期目标是在明显提高质量和效益的基础上年均增长7%。按2010年价格计算，2015年国内生产总值将超过55万亿元。要继续加强和改善宏观调控，保持价格总水平基本稳定，把短期调控政策和长期发展政策结合起来，坚持实施扩大内需战略，充分挖掘我国内需的巨大潜力，加快形成消费、投资、出口协调拉动经济增长的新局面。

我们要加快转变经济发展方式和调整经济结构。（略）

我们要大力发展社会事业。坚持优先发展教育，稳步提升全民受教育程度。坚持自主创新、重点跨越、支撑发展、引领未来的方针，完善科技创新体系和支持政策，着力推进重大科学技术突破。（略）

我们要扎实推进资源节约和环境保护。（略）

我们要全面改善人民生活。（略）

我们要全面深化改革开放。（略）

我们要不断加强政府自身改革建设。（略）

（略）

总之，经过未来五年努力，实现"十二五"规划的各项目标，我国的综合国力就会有更大的提升，人民生活就会有更大的改善，国家面貌就会发生更大的变化。

三、2011 年的工作

2011 年，是"十二五"开局之年，做好今年的工作对于完成"十二五"各项目标任务至关重要。过去一年，我们的各项工作取得了很大成绩。国内生产总值增长 10.3%，居民消费价格涨幅控制在 3.3%，城镇新增就业 1168 万人，国际收支状况有所改善。这为做好今年的工作打下了良好基础。

今年，我国发展面临的形势仍然极其复杂。世界经济将继续缓慢复苏，但复苏的基础不牢。发达经济体经济增长乏力，失业率居高难下，一些国家主权债务危机隐患仍未消除，主要发达经济体进一步推行宽松货币政策，全球流动性大量增加，国际大宗商品价格和主要货币汇率加剧波动，新兴市场资产泡沫和通胀压力加大，保护主义继续升温，国际市场竞争更加激烈，不稳定不确定因素仍然较多。我国经济运行中一些长期问题和短期问题相互交织，体制性矛盾和结构性问题叠加在一起，加大了宏观调控难度。我们要准确判断形势，保持清醒头脑，增强忧患意识，做好应对风险的准备。

今年国民经济和社会发展的主要预期目标是：国内生产总值增长 8% 左右；经济结构进一步优化；居民消费价格总水平涨幅控制在 4% 左右；城镇新增就业 900 万人以上，城镇登记失业率控制在 4.6% 以内；国际收支状况继续改善。总的考虑是，为转变经济发展方式创造良好环境，引导各方面把工作着力点放在加快经济结构调整、提高发展质量和效益上，放在增加就业、改善民生、促进社会和谐上。

实现上述目标，要保持宏观经济政策的连续性、稳定性，提高针对性、灵活性、有效性，处理好保持经济平稳较快发展、调整经济结构、管理通胀预期的关系，更加注重稳定物价总水平，防止经济出现大的波动。

继续实施积极的财政政策。保持适当的财政赤字和国债规模。今年拟安排财政赤字9000 亿元，其中中央财政赤字 7000 亿元，继续代地方发债 2000 亿元并纳入地方预算，赤字规模比上年预算减少 1500 亿元，赤字率下降到 2% 左右。要着力优化财政支出结构，增加"三农"、欠发达地区、民生、社会事业、结构调整、科技创新等重点支出；压缩一般性支出，严格控制党政机关办公楼等楼堂馆所建设，出国（境）经费、车辆购置及运行费、公务接待费等支出原则上零增长，切实降低行政成本。继续实行结构性减税。依法加强税收征管。对地方政府性债务进行全面审计，实施全口径监管，研究建立规范的地方政府举债融资机制。

实施稳健的货币政策。保持合理的社会融资规模，广义货币增长目标为 16%。健全宏观审慎政策框架，综合运用价格和数量工具，提高货币政策有效性。提高直接融资比重，发挥好股票、债券、产业基金等融资工具的作用，更好地满足多样化投融资需求。着力优化信贷结构，引导商业银行加大对重点领域和薄弱环节的信贷支持，严格控制对"两高"行业和产能过剩行业贷款。进一步完善人民币汇率形成机制。密切监控跨境资本流动，防范"热钱"流入。加强储备资产的投资和风险管理，提高投资收益。

今年，重点要做好以下几方面工作。

（一）保持物价总水平基本稳定

当前，物价上涨较快，通胀预期增强，这个问题涉及民生、关系全局、影响稳定。要把稳定物价总水平作为宏观调控的首要任务，充分发挥我国主要工业品总体供大于求、粮食库存充裕、外汇储备较多等有利条件，努力消除输入性、结构性通胀因素的不利影响，消化要素成本上涨压力，正确引导市场预期，坚决抑制价格上涨势头。要以经济和法律手段为主，辅之以必要的行政手段，全面加强价格调控和监管。一是有效管理市场流动性，控制物价过快上涨的货币条件。把握好政府管理商品和服务价格的调整时机、节奏和力度。二是大力发展生产，保障主要农产品、基本生活必需品、重要生产资料的生产和供应。落实"米袋子"省长负责制和"菜篮子"市长负责制。三是加强农产品流通体系建设，积极开展"农超对接"，畅通鲜活农产品运输"绿色通道"。完善重要商品储备制度和主要农产品临时收储制度，把握好国家储备吞吐调控时机，搞好进出口调节，增强市场调控能力。四是加强价格监管，维护市场秩序。特别要强化价格执法，严肃查处恶意炒作、串通涨价、哄抬价格等不法行为。五是完善补贴制度，建立健全社会救助和保障标准与物价上涨挂钩的联动机制，绝不能让物价上涨影响低收入群众的正常生活。

　　（二）进一步扩大内需特别是居民消费需求。（略）

　　（三）巩固和加强农业基础地位。（略）

　　（四）加快推进经济结构战略性调整。（略）

　　（五）大力实施科教兴国战略和人才强国战略。（略）

　　（六）加强社会建设和保障改善民生。（略）

　　（七）大力加强文化建设。（略）

　　（八）深入推进重点领域改革。（略）

　　（九）进一步提高对外开放水平。（略）

　　（十）加强廉政建设和反腐败工作（略）

　　（略）

　　各位代表！

　　回顾过去，我们创造了不平凡的光辉业绩；展望未来，我们对国家的锦绣前程充满信心！让我们在以胡锦涛同志为总书记的党中央领导下，紧紧抓住历史机遇，勇敢面对各种挑战，开拓进取，团结奋斗，扎实工作，努力实现"十二五"时期良好开局，把中国特色社会主义伟大事业继续推向前进！

政府工作报告

——2011 年 3 月 5 日在第十一届全国人民代表大会第四次会议上

国务院总理　温家宝

（摘自中国政府网）

【评析】

　　这是一份工作报告。这一届的政府工作报告恰逢"十一五"的完成年，经过"十一五"的发展，我国在各个方面、各个领域都发生了很大变化，因此任期内的温家宝总理在这一年就把对"十一五"的总结、"十二五"的规划写入报告。

　　报告主要由三部分内容构成：第一部分"十一五时期国民经济和社会发展回顾"；第二部分"十二五时期的主要目标和任务"；第三部分 2011 年的工作。

　　第一部分是"十一五期间"所做的工作、取得的成绩及获得的经验。报告首先汇总五年来在各方面、各领域取得的显著成绩，并用量化的数字及突出的事例彰显成绩的可观。然后梳理出五年来在各个领域所采取的措施，取得的成效，在此基础上谈体会，说经验。这部分主要着眼于对过去五年工作的总结。

　　第二部分，是对即将到来的未来五年所要做的工作、实现的目标的说明，是从社会发展的诸多方面为我们勾勒出未来五年发展远景。这部分主要着眼于对未来五年工作的规划与安排。

第三部分，是对今年工作目标、将要采取的措施的说明。2011 年是"十二五"的开局年，做好今年的工作对于完成"十二五"的目标任务至关重要。总结过去的五年，就是为了更好地规划未来的五年，但毕竟五年不短，一切还需从当下开始，因此这部分着重说明了 2011 年将要做的工作，采取的措施。这是对即将开始的一年的安排。

例文 2

关于农村中小学教育收费专项检查情况的报告
国家发展计划委员会

（2000 年 11 月 27 日）

根据国务院领导同志的指示，国家计委经商教育部，组织各地开展了农村中十学教育收费的专项检查，并于 11 月 8～9 日召开座谈会，听取了部分省（区、市）的汇报。据不完全统计，各地共检查农村中小学近 2 万所，查出违纪违规收费金额 2.6 亿元，已纠正处理 6836 万元，其中退还学生 5800 万元，收缴财政 850 万元，罚款 186 万元，现将有关情况报告如下：

一、农村中小学教育收费存在的主要问题

从检查情况看，农村中小学乱收费主要来自学校、教育行政主管部门和地方政府三个方面。

（一）学校乱收费。

1. 擅自设立收费项目、制定收费标准。检查发现，一些学校违反审批程序和权限规定，自立项目、自定标准收取水电费、实验费、图书配置费、护校费、毕业生考务费、新生报月费、保安费、建校费、维修费、考卷费、建档费、资料费等。检查中，仅湖北省价格主管部门就查出学校自立项目收费达 59 种。

2. 提高收费标准、扩大收费范围。如江西省萍乡市部分县、乡小学向每个学生每学期收取 5～20 元，用于解决民办教师的工资福利问题；贵阳市开阳县部分乡镇学校不论学生是否住校，一律收取洗澡、伙食、住宿等费用；甘肃省平凉地区泾川县太平乡中学、飞云乡初级中学向部分未住宿学生收取住宿费，每个学生每年收取 30 元；武威市武南中心小学自行扩大计算机上机费范围，全校每个学生每学期收取 40 元。

3. 继续收取国家明令取消的收费。一些学校违反规定继续收取国家已明令取消的补习费、补课费、刊物费、学生建档费、设备购置维护费、留级费、转学费、学籍费、考务费、勤工俭学费、延时费、桌椅磨损费、晚自习费等。

4. 课本、作业本乱加价，价格较高。如安徽省肥东县小学四年级课本有 15 种，价格总计 45 元；初中三年级课本 21 种，价格总计 126 元；另外还有配套的基础训练、作业等，小学作业每套 56 元以上，初中作业每套 132 元以上。有的学校通过统一向学生发售作业本从中加价获利，如甘肃省价格主管部门检查发现，一些乡镇中小学将进价为每本 0.73 元的作业本提高到 0.97 元售给学生，价格提高了 32％。

5. 强制学生接受有偿服务。主要表现为：一是强制学生参加学校指定的服务项目并收取费用。如湖北省有的地方收取豆奶费、纯净水费，收费标准每月少则几元，多则十几元，并按学期一次收齐；湖北省武穴市第二实验小学一年级三班，除每月交 5 元纯净水费外，还要收 200 元早餐费。二是强制学生购买保险，，如甘肃省皋兰县西岔二中和石洞乡中心代办两种险种，向每个学生收保险费 35 元；广西自治区对武鸣、宾阳、宜州、杜平、鹿寨 5 个县进行检查，共查出强制保险金额 233 万元，并查明中保人寿保险公司鹿寨县支公司按投保金额 12％、3％和 1％的比例分别返回当地学校、乡镇教办和县教育局。鹿寨县各中小学仅强制向学生收取保险费一项，学校、乡镇教办、县教育局 3 个学期共获得保险公司的返还款 37 万元。三是强制推销辅导资料、学习用品用具、防疫药品等。

6. 代收费名目繁多，问题突出。目前学校的代收费或临时性收费名目繁多，如收取课本费、作业本费、资料费、电教费、实验费、收费手册费、文体活动费、电影费、课外读物费等几十种费用。代收费普遍乱支、乱摊、乱占。江西省高安市灰埠中学将学校订阅的 8 种报刊、43 种杂志的费用计 5676 元全部从学生代收费中列支；该市田南乡中学将订阅 112 种报刊、杂志的费用计 3772 元，从代收学生课本费中列支。

7. 其他乱收费行为。一是以"捐资助学"、"赞助"的名义乱收费。一些办学条件好、教育质量高的学校，凭借自己的优势，利用学生家长望子成龙的心理，索要"捐资助学款"或"赞助费"，金额一般为每个学生 200～10000 元，高的甚至几万元不等，且均要求学生家长交款前填写所谓的"自愿资助协议书"等。二是重复收费。一些学校已收取借读费，同时又收取学杂。江西省丰城市白土镇中心小学在已向学生收取保险费的基础上，又以每人 19 元的标准，向 73 名学生收取保险费 1387 元。三是跨学年收费。如个别学校 6 年的借读费一次性收取，有的还预收了学生全学年的杂费、书簿费和电教教材代办费等。四是有的学校未申领《收费许可证》收费，不使用学生交费明白卡或多收少记，不使用财政部门印制的统一票据，甚至只收费不给票据。

（二）教育行政主管部门乱收费。

1. 违反规定乱收费。一是向中小学下达课外读物征订任务。如甘肃省皋兰县西岔乡中心小学、石洞乡中堡中学按教育行政主管部门下达的任务向学生摊派《学生天地》杂志，要求三年级以上学生人手一册，全年 18 元。二是一些基层教育行政主管部门违反规定擅自设立项目收费，如湖北省孝感市三汊镇教育组在课本费上搭车收取公务费，小学课本费按规定每个学生应收 20～90 元，实收 207～245 元，初中每个学生应收 75～125 元，实收 275～280 加元，学校按每个学生 55 元的标准向教育组上交公务费。仅此一项，1999 年秋季和 2000 年春季三汊镇教育组共收取公务费 50.5 万元。类似的还有考务费、勤工俭学费、校园建设配套费等。

2. 违反规定强制办理保险。如违反规定与保险公司签订协议，强制学校向学生推销保险，教育行政主管部门从中获取较高代办手续费。如陕西省渭南市一些县，教育行政主管部门和乡镇教育组要求所辖各中小学学生按照县教育局指定的保险公司投保，否则，不让学校给学生办理入学手续，保险公司结算时给予学校和教育行政主管部门 10％～30％的手续费。

3. 出台政策，变相为学校乱收费开口子。如对"公办民助"学校的审批把关不严。国家有关文件明确规定，"公办民助"、"民办公助"这类试验学校必须是独立法人，有独立校园、校舍，独立核算，独立办学。而据河北省调查，80％以上的"公办民助"学校条件不符合国家规定，但由于有所谓的合法手续，收费标准则比规定高几十倍。一些地方在中小学招生方面实行"双轨制"，有的教育行政主管部门故意压缩计划内学生规模，将本应属于计划内的学生名额空出来，以招收想上学而未被录取的学生，收取高额费用。有的教育行政主管部门在下达招生计划时就规定学校可按一定比例招收计划外高价生，而学校在招生时则尽可能少招计划内学生，多招计划外学生，从而达到高收费、多收费目的。

4. 垄断经营文教用品。如重庆市一些区县教委统一为学生购买美术用品，统一强制学生购买驱虫药；该市涪陵区一些学校只准学校和学生购买教育行政主管部门经销的商品，或强行给每个学生规定消费数量，如墨水墨汁、铅笔粉笔、作业本、字典等，垄断经营、强买强卖，质次价高。

5. 未认真贯彻执行国家规定的教育收费政策。一些地方教育行政主管部门对国家教育收费政策，能够为己所用的就执行，否则就不执行或拖延。从本次检查的情况看，教育部、国家计委于 9 月 1 日联合下发的《关于进一步加强农村中小学收费管理制止乱收费的通知》（教电字〔2000〕285 号）基本上未得到贯彻执行，其中一个重要原因就是有的教育行政主管部门未及时转发，有的一直压在省级教育行政主管部门；有的到 10 月才向下转发，但秋季开学收费的时间早已过去；有的基层教育行政主管部门违反规定将学校收取的学杂费或乡镇收取的农村教育附加费按一定比例统筹到县教育局使用。

（三）地方政府乱收费。

1. 违反规定擅自收取集资、建校费等，偿还因"普九"达标欠下的债务。如湖南省桃江县政府 1998 年 2 月和 1999 年 2 月先后下达两个文件，要求各学校每学期都要向每个学生征收 20～30 元的教育集资；湖北省枣阳市政府规定对全市小学、初中、高中每个学生按 70 元、80 元、90 元的标准收取教育集资费。

2. 教育附加费、提留统筹费等收费随读代征屡禁不止。如湖南省衡阳县关石乡今年秋季向每个学生收取教育附加费 70 元；还有一些地方乡镇政府强令学校将本该属于政府或村级组织所收的乡统筹、村提留、民办教师工资、代课教师工资等按任务、指标强行分摊到中小学学生身上，加重了学生及家长的负担。

3. 将学校收取的学杂费、代收费等纳入预算外管理，并收取 10%～30% 不等的预算外资金调控费。如湖北省鄂州市华容区将学校收取的全部费用由财政统一管理，按中学每生收费额的 10%、小学每生收费额的 30% 的比例收取调控费，用于平衡乡镇财政支出，向全区学校共收取调控费 99.9 万元。不少学校因此收不抵支，只好又向学生重复征收这部分费用。

检查中还发现向学校摊派的问题也比较突出。一是保险公司通过学校强行要求学生保险。二是摊派报刊图书。如《澳门回归》、《国家安全与礼仪手册》、《庆祝建国五十周年》等图书。有的图书、报刊阅读价值不大，对提高学生的学习成绩并没有多大作用，学校又不敢不订，只得把经费转嫁到学生头上。三是少数地方修路、建自来水厂、改造电线、改换变压器也向学校摊派和向学生收钱。

二、农村中小学乱收费产生的原因

（一）政策和法制观念淡薄。近几年农民收入增长缓慢。在这种情况下，一些地方、部门和学校没有把治理农村中小学教育乱收费提高到减轻农民负担、维护农村社会稳定的高度来加以认识。有的教育行政主管部门和学校认为，向学生收费只要是取之于学生、用之于学生就是合理的，只要不装自己的腰包就不算违法。有的认为教育资源应进行产业化、市场化配置。这些认识不仅不符合国家有关中小学教育收费政策的规定，也违背了《价格法》、《教育法》和《义务教育法》的有关规定。

（二）教育经费投入不足。大多数学校由于当地政府财政困难，所得经费仅能维持教职工工资且不能及时到位，尤其是一些农村中小学，乡镇财政根本无法保证学校正常的教学经费和基础经费，学校为维持正常教学活动和教师基本的福利待遇以及解决学校的课桌、校舍维修等经费问题，不得已将一些费用通过收费转嫁到学生身上。据甘肃省平凉地区调查，近年来教育经费构成中教职工工资部分增长较多，财政拨款中用于教职工工资部分占去了 93％，导致全区各类学校生均公用教育经费逐年下降，其中初中仅为 16 元，小学仅为 12 元，所余部分不足交水电费。

（三）教育系统内部管理不到位。一是教育系统内部主要是基层教育行政部门本身抓有关政策落实不够，一些政策到基层就流于形式，不仅监督不力，而且带头违反政策规定乱收费。二是一些地方学校教师严重超编，代课教师多，使财政不堪重负，学校布局不合理，无法发挥学校的规模效益。三是部分学校经费支出混乱。如有的学校发放教师的优秀班级奖、考勤费、菜篮子补贴、卫生工作奖、班级工作奖、期末监考补助费等靠向学生收费解决。

（四）价格执法部门监督检查难以落到实处。近年来对教育收费检查年年进行，但由于多方面的原因，对查出的乱收费问题难以处理到位。这是乱收费屡禁不止的一个重要原因。在现行体制下，价格主管部门是本级政府的职能部门，价格执法受当地政府的干预和制约。一些地方政府对学校乱收费行为加以保护，当价格主管部门检查和实施经济制裁时，政府就出面干预，或让财政部门开一张处罚单，把乱收费收入划到财政额算外账户上，再拨付给学校。查出的乱收费金额多、处罚额度很少，违法单位在经济上有利可图，这在很大程度上助长了中小学乱收费的歪风，达不到检查和处罚的教育效果；另一方面，各地检查力量不足，县一级价格监督检查机构一般只有 5～8 人，加之乡村交通条件差，每年不可能对所有的农村中小学进行全面检查，因此，少数学校存在侥幸心理，教育乱收费屡查屡犯、屡禁不止。

（五）脱离实际的"达标升级"活动难以禁绝。"普及九年义务制教育"评估验收要求过高、过急，脱离实际，致使一些学校超越了自身承受能力，借款或贷款兴建标准宿舍楼、教学楼、实验楼等，为此欠下巨额债务。如西安市长安县，自 1997 年"小学楼房化"以来，建校总造价达到 11245 万元，目前仅支付工程款 6505 万元，尚欠 4740 万元，涉及全县 43 个乡镇 280 多所学校，欠款百万元以上的乡镇就有 14 个，有的学校在开学时就搭车收费还工程款。

三、治理农村中小学乱收费的对策

（一）统一思想、提高认识，把治理中小学乱收费作为一项重要的政治任务来抓。农民增收困难和负担过重问题已成为直接影响农村经济发展和农村社会稳定的重大问题，农村中小学教育乱收费是加重农民负担的重要原因之一。在不到一年的时间内，中央两次召开减轻农民负担电视电话会议，这充分体现了党中央、国务院对减轻农民负担工作的重视。温家宝副总理在全国减轻农民负担工作电视电话会议上要求下半年集中抓好三个方面的重点治理，第一项就是治理中小学乱收费问题。各级政府、教育行政主管部门和学校要按照江泽民总书记"三个代表"

重要思想的要求，牢记党的宗旨，增强大局意识、全局意识、群众意识，强化组织观念，坚决做到令行禁止，确保党中央、国务院减轻农民负担的各项政策落到实处。

（二）加大对基础教育的投入。一是要采取坚决措施削减农村中小学因"普九"达标所欠巨额债务。如果农村中小学特别是中西部地区农村中小学的债务问题不能得到妥善解决，乱收费就很难禁止。国家应加大对基础教育，特别是中西部贫困地区基础教育的投入，在保证教师基本工资发放的基础上，保障义务教育阶段学校正常公用经费的支出。在农村要坚决杜绝靠向学生收取学杂费发放教师工资、改善教师福利的现象。建立健全监督约束机制，加强农村中小学财务管理。

（三）教育行政主管部门应进一步加强内部管理。（略）

（四）充分发挥价格主管部门的职能作用。（略）

（五）综合治理，加大对政府和部门违规收费行为的处罚力度。（略）

（摘自 2001 年 6 月《黑龙江政报》）

【评析】

这是一份情况报告。

报告开头简明扼要地交待对农村中小学教育收费进行专项检查的依据及检查总体情况。检查总体情况用统计数字反映，既简明，又有说服力。模糊语言的使用，使统计数字更真实、客观。

主体分三部分对农村中小学教育收费存在的主要问题进行说明；对乱收费产生的原因进行分析；提出治理乱收费问题的对策。在说明农村中小学教育收费存在的主要问题时，报告将名目繁多，五花八门的乱收费现象按性质进行归类，从学校、教育行政管理部门及地方政府乱收费三个主要方面来反映情况。每一方面情况都分列若干小问题，一一开列，逐项展开。说明时，先概括普遍存在的问题，再用典型事例印证，既反映出普遍性，又有具体表现，点面结合，深刻地反映出农村中小学教育收费存在的问题。在分析乱收费产生的原因时，报告从两个方面进行归纳，并用段旨撮要形式，高度概括，明确清晰。分析时，以事说理，客观具体，有说服力。在情况说明、问题分析的基础上，报告就乱收费问题的解决，提出了五方面对策。对策针对乱收费产生的原因进行阐释，在内容安排上与原因分析部分层序一致，前呼后应，逻辑严密，对策考虑周全，切合实际。

该报告内容集中，主旨突出。不论对问题的说明，还是对产生问题的原因进行分析，或提出初步的意见，都围绕所报告的情况来写，条清理晰，不枝不蔓。

这份报告是国务院办公厅用转发性通知下发的，因此其制文机关和成文日期均做了特殊处理。

例文 3
关于 193 次旅客快车发生重大颠覆事故的报告

×××：

5 月 28 日 16 时 05 分，由济南开往佳木斯的 193 次旅客快车，行驶至沈山线锦州铁路局管内的兴隆车站（距沈阳 43 公里）时，发生重大颠覆事故，造成 3 名旅客死亡，143 名旅客和 4 名列车乘务人员受伤，报废机车 1 台、客车 4 台、货车 1 辆，损坏机车 1 台、客车 5 辆、货车 1 辆和部分线路、道岔等设备，沈山下行正线中断运输近 20 小时，直接经济损失达 170 余万元。

事故发生后，东北铁路办事处和锦州、沈阳铁路局负责同志立即随救援列车赶赴事故现场，组织抢救、抢修工作。当地驻军、地方党政领导同志和部分社员、学生也投入抢救工作。辽宁、沈阳市领导同志及沈阳军区、辽宁省军区有关负责同志先后赶到现场，组织抢救伤员，疏运旅客。我部李克非副部长率安监室和运输、机务、车辆、工务、电务、公安各局负责同志也于当日连夜赶赴现场，指挥抢修工作，调查分析事故原因，慰问伤员，并对省市党政领导和部队表示感谢。在省市领导和驻军的大力支持下，伤员的抢救和治疗工作安排得比较周密，受伤的旅客和列车乘务人员，除少数送入就近的新民县医院抢救外，其余的均由沈阳市和军队、铁路医疗部门派车接到沈阳，及时得到了抢救和治疗。

经调查分析，造成这次事故的直接原因，是锦州铁路局大虎山工务段兴隆店养路工区工人在该处做无缝线路补修作业时，违反劳动规律和操作规程，将起道机立放在钢轨内侧，擅离岗位，到附近的道口看守房去吃冰棍，第193次快车通过时，撞上起道机，引起列车脱轨颠覆事故。

这次事故是发生在旅客列车上的一次严重事故，又恰是发生在全国开展的"安全月"活动中，使国家和人民生命财产蒙受了巨大的损失，在政治上造成了极坏的影响，性质是非常严重的，我们心情十分沉痛。这次事故的发生和最近一个时期安全不稳定的状况，从根本原因上看，是我们铁路基础工作薄弱，管理不善，思想政治工作不落实，反映了我们作风不扎实，对安全工作抓得不力，在安全生产中管理不严，职工纪律松懈的问题长期没有得到解决。

为了使全路职工从这起严重事故中吸取教训，我们于5月31日召开了各铁路局、铁路分局、铁路各工务段负责同志参加的紧急电话会议，通报了这次事故，提出了搞好安全生产的紧急措施。要求铁路各部门、各单位必须把安全工作放在第一位，各级领导干部要树立安全第一的思想，并向全体职工进行安全教育，使每个职工都牢固地树立起对国家、对人民极端负责的概念，认真落实岗位责任制，严格遵守劳动纪律，一丝不苟地执行规章制度和操作规程。要求各单位要针对近年来新工人比例不断增加的情况，加强对新工人的教育和考核工作，各行车和涉及安全生产的主要工种不经考试合格不得单独作业，对各种行车设备要进行一次认真检查，发现问题立即解决；同时，各单位要切实解决职工生活中，应该而且可以解决的具体问题，解除职工的"后顾之忧"；动员广大职工干部迅速行动起来，以这次事故为教训，采取措施，堵塞漏洞，保证行车安全。

我们在6月份开展的"人民铁路为人民"活动中，要求把搞好安全生产作为重点，并在今后当作长期的根本任务来抓。要求党、政、工、团各部门要从不同角度抓好安全工作，迅速改变目前安全生产不好的被动局面。

锦州铁路局对这次事故的主要责任者，已按照法律程序提出起诉，追究刑事责任；对与事故有关的分局、工务段领导也作了严肃的、正确的处理。铁道部决定对锦州铁路局局长董庭恒同志和党委书记李克基同志给予行政记过处分。这次事故虽然发生在下边，但我们负有重要的领导责任，为接受教训，教育全铁路职工，恳请国务院给我们以处分。

铁道部（印章）

××××年六月十日

（摘自《经济金融写作例话》）

【评析】

这是一份事故报告。

下级机关在工作中遇到意外的、突发的事故，要报告给上级机关，使下情上达，以便得到上级机关的及时帮助与指导。

这份报告开篇即概述事故，交待事故发生的时间、地点、经过及结果。虽用笔简省，但做到了该详处不落只字，该略处不多着一词，详略十分得当。事故造成的损失一概用数字说明，情况一目了然。作为重大事故的报告，该文还对事故的救援及现场的处置情况进行了说明，使事故报告的叙事更完整。

事故原因分析，不仅分析了造成事故的直接原因，也揭示出间接原因。能做到透过现象看本质，分析客观，认识深刻。

在原因分析的基础上，报告提出改进工作的意见及对事故责任的认定、对责任人的处置。这部分表达十分有序，先陈述作为对事故负有责任的报告机关，在事故发生后采取的及时补救及整改措施，措施既针对事故本身，又不拘于事故。统观全局，综合考量，由点而面，使采取的措施能做到及时而有效。最后交待对责任者的处理方式。毕竟事故已然发生，当务之急是如何补救，避免类似事故再度发生。补救改进措施在先，处罚方式在后，这种表达富有逻辑性。处罚方式也十分明确具体，表现出报告机关对该负的责任不推脱，对该处分的人不手软的一种认真改过的态度。

例文4

××市工商行政管理局关于工商行政管理机关
如何依据现行法规对个体客运行业进行监督管理的请示

国家工商行政管理局：

去年以来，在对个体客运出租车行业管理的问题上，我局与客运管理部门产生了认识上的分歧。其主要原因在于我局依照《城乡个体工商户管理暂行条例》的规定，对个体客运行业履行了经营资格审查、核准登记发照、收缴管理费、监督其客运经营活动、查处违法违章行为等方面的监督管理职责。而我市客管部门却以建设部、公安部、国家旅游局（建城字〔××××〕35号）文件《城市出租汽车管理暂行办法》第三条"对城市客运出租汽车应贯彻'多家经营、统一管理'的原则"为依据，提出客运行业要独家管理，对个体客运出租汽车的欺行霸市、强拉顾客、哄抬运价、欺骗群众等违法违章行为，必须由客管部门查处，工商行政管理机关无权过问。这不仅干扰了我们的正常管理工作，而且影响了工商行政管理职能作用的充分发挥，特别是我市即将颁布地方性法规《××市客运出租汽车管理办法》，迫切需要明确工商行政管理机关管理客运行业的职权。

为此，特请示国家局给予答复：工商行政管理机关依据《城乡个体工商户管理暂行条例》的规定管理个体客货运输业，依法履行哪些职责？如何理解"多家经营、统一管理"的原则？《城乡个体工商户管理暂行条例》及其实施细则的规定可否作为处罚个体客货运输行业经营者的依据？

以上请示，妥否，请批示。

××市工商行政管理局（印章）

××××年二月二十日

（摘自中华财经网）

【评析】

这是一份政策性请示。

政策性请示是下级机关在工作中遇到对某一政策不明确、不理解，或对新问题、新情况不知如何处理时，请求上级机关给予明确解答或指导时所使用的。

该请示开头直陈××市工商行政管理局在依法行使监督管理权限时，与客运管理部门产生分歧的具体内容，对己方和他方各自执法依据的法规条款进行说明，讲清分歧产生的具体原因，为上级机关批复提供较详尽的依据。然后提出请示事项，三个问句依次列出，问题概括得十分到位，严密而富有逻辑性，使请示事项的表述既清晰明了，又明确具体。

结尾用语准确规范。

例文5

关于追加我省自然灾害救济款的请示

国务院：

今年我省自然灾害频繁，损失严重。上半年我省十多个市遭受寒潮、霜冻、龙卷风、冰雹和洪涝灾害；下半年第二、九、十五、十六、十八、二十三号强台风先后在我省五个县（市）登陆，台风伴随暴雨，造成洪涝灾害，损失严重。据统计，全省受灾人口××××人，死亡×××人，伤×××人，倒塌房屋×××间，损坏房屋×××间，受灾粮食作物××公顷，其中成灾×××公顷，绝收×××，交通、通信设施和工商业等损失也很严重，因灾直接经济损失×××亿元。夏粮减产××××吨，初步估算秋粮减产××××吨。

国务院对我省灾情非常重视，今年已经拨给我省救灾救济款××××万元；十一月五日我省赴京汇报后，国务院初步确定再增拨给×××万元救灾款。我省各级部门正按照国务院领导的指示精神，安排好国家补助的经费，继续部署救灾救济工作。广泛发动群众生产自救。但是由于受灾面积广，人口多，需要救灾救济款数额大，无法全部解决灾区群众的困难。鉴此，除继续发动灾民生产自救和依靠各级地方政府财政支持外，恳请国务院再拨给我省冬令救济款×××××万元。

以上请示，请批复。

××省人民政府
××××年×月×日

（摘自《新应用文写作》）

【评析】

这是一份请求批准的请示。

请求批准的请示是下级机关在工作中，遇到需要办理，但根据职权范围的规定，又无权或无法办理的事项时，请求上级机关给予支持、帮助时所使用的。

这份请示是请求上级机关追加救灾款。既然是"追加"，那么为什么要"追加"的理由充分与否，就是能否获得批复的关键。因此，该请示就将理由分两步逐层推进予以陈述。首先总括"今年我省自然灾害频繁，损失严重"这一情况，然后用事实和数据对这一情况做具体简要的说明。概括与具体的结合，准确客观地反映出受灾的严重性，为请示事项的提出确立了大前提。然后在客观说明灾后已得到救灾款项及开展了自救工作的基础上，进一步强调现实困难"受灾面积广，人口多"照应前面叙述的情况，为提出"追加"再蓄势，使请示事项的提出客观真实，合情合理，有说服力。

请示事项是请求批准的具体内容，明确具体是其写作要求；该份请示不仅说清楚了恳请国务院拨给"救济款××××万元"这一内容，而且说明了这笔救济款是"再拨"，是"冬令救济款"，这样既再次照应了前面叙述的情况，又把请示事项明确化、具体化，便于上级机关及时批复。

第六节　批复　函　纪要

一、批复

(一) 批复及其特点

1. 批复

据《条例》规定,批复适用于答复下级机关的请示事项。

2. 批复的特点

(1) 行文被动。一般情况下,上级机关为保证国家法律法规、方针政策的贯彻执行,保证各项工作的有序开展,往往通过制发命令、决定、公告、通知等来实现其意图,这些公文的制发是主动的。批复虽然与上述文种一样同属于下行文,但是批复的行文目的是为了答复下级机关的请示,上级机关只有在收到下级的请示后才制发批复,是被动行文。

(2) 意见的权威性。批复的内容是针对请示提出的问题给予的切实、具体的答复。对下级机关来说,请示一经批复,上级同意或不同意的批复内容都具有行政约束力,必须严格按批复的意见执行。

(3) 答复的针对性。批复是针对请示内容行文,请示没有涉及的问题,批复就不涉及。请示什么就批复什么,谁请示就向谁批复。批复的内容具有明显的针对性。

(二) 批复的写作

1. 标题

批复标题常见的形式有:

(1) 三项式。标题由发文机关、事由和文种组成,如《国务院关于长江上游水污染整治规划的批复》、《国务院关于编纂中华大词典问题的批复》。

(2) 省略、附加式。省略式是指省略发文机关,标题由事由和文种组成,如《关于同意成立韶关市人民对外友好协会的批复》、《关于××市地下基岩裂隙水资源收费标准的批复》。

附加式是指增加行文对象,标题由发文机关、事由、行文对象和文种组成,如《国务院关于同意安徽省设立滁州市巢湖市给安徽省人民政府的批复》。这种形式因构成项目多、文字多而较少使用。

有的批复可在标题中表明批复机关的肯定态度,用"关于同意……的批复"形式,但只限于肯定性答复。

2. 批复的正文

批复正文一般由批复引语、批复意见和批复结尾用语三部分组成。

(1) 批复引语。这是批复的开头部分,是批复行文的必要用语,用以说明发文机关制发批复的原因或依据。

批复引语常见引用方式为先引请示标题,后引请示发文字号,发文字号用括号括起。如"你市《关于撤销南汇县设立南汇区的请示》(沪府〔2000〕37 号)收悉"。有时批复引语也可以只引请示的标题或发文字号。

(2) 批复意见。这是批复的核心内容,是批复机关对请示事项所做的具体答复。在这部分内容中,制文机关应明确表明态度、意见、要求。"同意"下级机关的请示,即给予肯定答复;

"基本同意"或"原则同意"则应对请示内容提出修正、补充意见；不予批准，应在作出否定性答复后，说明理由，阐明政策依据或事实依据，做必要的解释。

内容简单的批复，可采用篇段合一的形式，在批复引语后表明意见、态度即可。内容复杂的批复，可将批复意见分条列项进行说明。

（3）结尾用语。批复在结尾处，经常使用惯用语，如"特此批复"、"此复"等。有的批复也可省略。

（三）批复写作注意事项

1. 观点明确，态度明朗

批复机关对所批复的问题要有明确的态度、具体的意见，不能含糊其辞、模棱两可，使请示机关无所依从，延误工作。

2. 答复及时，批复集中

对下级机关的请示要及时答复，久拖不复势必影响下级机关工作的开展。同时，坚持一请示一批复的原则，不涉及请示以外的内容，也应注意不漏批请示中的事项。

二、函

（一）函及特点

《条例》规定，函适用于不相隶属机关之间商洽工作、询问和答复问题、请求批准和答复审批事项。

函的适用范围是在"不相隶属机关"之间使用，其功用可以是"商洽工作"、"询问和答复问题"，还可以是"请求批准和答复审批事项"。

从我国的行政关系看，"不相隶属机关"有两种情况：一是隶属于共同上级机关的平级机关之间的关系。这种关系主要表现在隶属于同一级人民政府的各下级政府之间及同一级机关的各部门之间。例如，隶属中央人民政府的各省、自治区及直辖市之间；省政府下属的公安厅、财政厅、科技厅、民政厅之间的关系，就是这种平级关系。这是在同一行政系统内的平级关系，在这一系统中函是向平级机关行文。二是没有行政隶属关系的机关与机关之间。在这种关系中机关与机关之间各自有自己的行政隶属关系，不在同一行政系统内，行政级别也有差别，彼此之间不存在领导与被领导的关系。在这一种情况中，函既可以向行政级别高于自己一方的机关行文，也可以向行政级别相同或低于自己一方的机关行文。如国务院办公厅可以用函向各省级办公厅行文。

综上所述，函的"不相隶属机关之间"是指在行政方面没有法定的领导与被领导关系的机关之间。在这种关系中行文，为什么还有"请求审批和答复审批事项"这一功用呢？

这是因为制函的机关虽然只服从于各自的上级领导机关或按照各自的专管职能办事。但是在实际工作中，在有关的业务工作方面，有时仍需要得到虽没有行政管理权，但却有业务管理权的机关的批准，也就是在业务工作方面，函的行文机关之间存在着一种"领导"与"被领导"的关系。例如，某市中级人民法院经市政府同意重建机关办公大楼，但办公大楼的土地划拨权却归市规划局。因此，某市中级人民法院就需以《关于重建机关办公大楼需划拨土地的函》向某市规划局行文，得到批准后，才可以进行下一步工作。某市规划局对某市中级人民法院《关于重建机关办公大楼需划拨土地的函》进行答复，也应用"函"这一文种。

以上这种情况，在实际工作中，许多机关多用"请示"行文。究其原因，主要是担心所请求审批的事项，如果没有有关的业务主管机关批准，事情无法办成。于是不管行政上有无法定隶属关系，为表示尊重，就用请示。虽然请示有请求批准这一功用，但那是向直接上级机关，即有法定行政管理权的机关发出的。因此，在写作中应充分重视《条例》对"函"的适用范围的界定，避免文种不恰当使用。

函的内容单一，一事一函，开门见山，落笔入题，言简意明；行文灵活便捷，结构简单，随事而立，不拘一格。这就使"函"成为一种使用频率高，运用范围广的文种。

在公文中，函采用的是"信函式公文格式"，发文机关标识需用全称，但不加"文件"二字，如"黑龙江省政府"、"国务院办公厅"（请参阅文后信函式公文格式图例）。

函的发文字号与一般公文相同，但也可以在发文机关代字后加"函"字，去掉"发"字，如"黑府函〔2011〕24号"，但发文字号需标注在红色间隔线下右侧，顶格标识。秘密等级和紧急程度则标注在红线下左侧，顶格标识。其他各格式组成部分的标识方法均与"文件式"公文格式标识相同，可参阅公文概述部分。

（二）函的写作

1. 函的分类

按发文的方向，可分为发函和复函。发函是一方为商洽工作、询问事项，提出要求等，主动给其他的不相隶属机关去的函；复函是被动答复相应事项的函。

按内容和发文目的可分为商洽函、询问函、请批函、告知函和答复函。商洽函：多用于商调人员，联系参观，邀请讲学等；询问函：多用于询问问题或征询意见；请批函：一般是在某一业务方面向没有行政隶属关系的主管单位所行之文，内容仅限于业务问题；告知函：将需要对方知晓的情况予以说明，一般不需要回复；答复函：答复相关的商洽、询问和请批的事项。

2. 标题

函的标题由发文事由和文种组成，表现形式为"关于××××函"，如《关于请求解释×建筑使用×路面是否符合城建规定的函》、《关于申请向运动队队歌征集大奖赛获奖者颁发奖金免税的函》等。

如果是复函，可在文种前加"复"字，形成"复函"字样，如《关于青海西宁经济技术开发区的复函》、《关于纸厂小学场地与校舍等归属问题的复函》等。

3. 函的正文

函的正文写法比较灵活，大多随事而立，不同内容的函，写法也有一定的差别，但一般来说，可以从三部分来把握函正文的写作。

（1）开头。开头主要说明制函的原因、目的或依据。

如果是主动与对方商洽工作的函，就应在函的开头说明发函的原因或目的。这种理由的说明不用过多，简明扼要交待清楚即可。

如果是向有关主管部门请求答复、审核批准的函应将函的理由讲得充分些，以便引起受函单位的重视。但也应以合情合理、清楚明白为原则，切忌长篇大论。

如果是复函，首先要引用对方来函的标题、发文字号（用括号括起），或者概括来函提出的主要问题，作为复函的依据。复函常用的开头形式："你单位《关于××××函》（×府函〔2011〕16号）收悉"或"你单位关于××××问题的函收悉"等，并用"现复函如下"之类的过渡句开启主体内容。

（2）主体。主体部分对有关事项进行陈述说明，主要交待所商洽、询问、请批的事项或答复商洽、询问及请批的事项。

如果是主动去函，就要陈述清楚自己的要求，说得具体、实在。让对方明确你方所需对方协办的事项或知晓的信息，以便得到对方积极的配合或答复。

如果是答复对方的来函，就要针对来函中提出的问题，表明自己的态度、意见、要求等。不同意对方意见，或无法满足对方要求，还应写清理由，做必要的解释。

（3）结尾惯用语。函的结尾一般使用惯用的结尾用语，如主动发函，可用“特此函达”、“特此函达，即希函复”，如是复函，可用“特此函复”、“专此函复”等。

（三）函写作注意事项

1. 目的明确，表述专一

函要把商洽的工作，询问的情况，请批的事项，答复的问题写得具体清楚。一事一函，不旁及其他。

2. 态度谦和，用语得当，措词得体

函在行文时应注意以礼待人，谦和真诚，切忌居高临下，盛气凌人。语言庄重，措词得当，切忌使用私人信件中的寒暄客套话，使表达符合公务活动严肃性的要求。

特定格式公文（信函式）图例

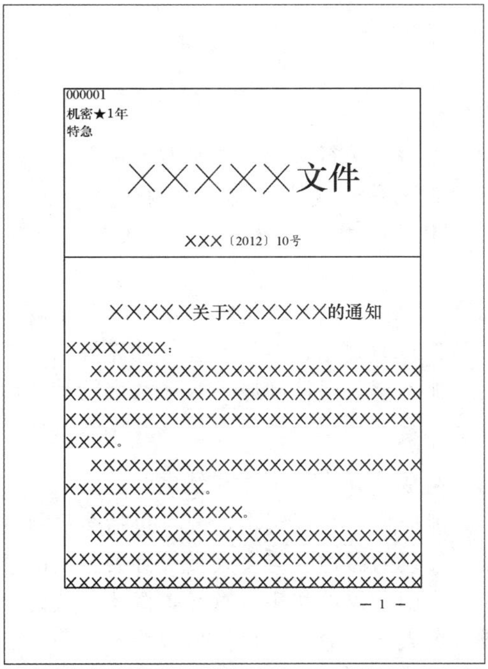
000001
机密★1年
特急

××××××文件

×××〔2012〕10号

×××××关于××××××的通知

××××××××：

××。

××××××××××××××××××××××××××××××××××××。

××××××××××××。

××

— 1 —

图 11　信函格式首页版式

注：版心实线框仅为示意，在印制公文时并不印出。

三、纪要

（一）纪要及特点

1. 纪要

据《条例》规定，纪要适用于记载会议主要情况和议定事项。

2．纪要的特点

（1）一定的约束力。纪要作为会议文件，一经上级领导机关或主管部门批准，即可成为一定范围内指导工作、解决问题、检查贯彻执行会议精神的重要依据，对相关单位有一定的约束力。

（2）摘要性。纪要，顾名思义，就是反映会议的主要之点，"纪"不同于"记"，它有理出头绪和纲要的意思，所谓"理之为纪"（《左传》）。纪要就是围绕会议主旨来整理、提炼、概括会议内容，有很强的摘要性。

（3）纪实性。纪要是在会议记录等有关会议材料整理基础上形成的，必须与会议的实际情况保持一致，而不能有所阐发或者发挥。

（二）纪要的分类

根据《条例》对纪要的界定，将其分为知照性和决议性纪要。

（1）知照性纪要。知照性纪要是把会议讨论的情况、主要精神提供给相关单位，供相关对象参阅、备考。这种纪要主要是传递信息，一般没有贯彻执行要求。

（2）决议性纪要。决议性纪要是将领导机关召开的，研究某方面或某项工作的会议所形成的研究成果、处理意见传达给下级机关。这种纪要要求相关单位贯彻执行，有一定的行政约束力。

（三）纪要的写作

1．标题

纪要的标题常见的有两种，一是单行标题，二是双行标题。

（1）单行标题。一般由会议名称，或议题加文种两部分组成。如《××市经济工作会议纪要》、《×××市政府召开创建卫生城市会议纪要》、《关于××集团收购××公司问题的会议纪要》。

（2）双行标题。这种标题由一正一副两行组成。第一行为正题，概括会议主旨，体现出会议主要精神或议定的事项。第二行为副题，对正题进行补充说明。如《反腐才能倡明——××市反腐工作座谈会纪要》、《长抓不懈，坚持到底——××市精神文明工作会议纪要》。

2．纪要的正文

纪要的正文一般由三部分组成：开头、主体和结尾。

（1）开头。纪要的开头一般应概述会议基本情况，包括会议召开的依据、目的、会议的主办单位、召开的时间、地点、会议的名称、与会人员等有关会议的背景材料。大型或比较重要的会议在这一部分，还要简要说明会议的作用、意义，概述会议的中心议题、会议解决的主要事项等。如果有重要领导或著名人士与会，也可简单说明。

概述会议基本情况常见的方式有：

①条目式。将会议的基本情况分条列出，用"会议名称"、"会议召开的时间"、"会议召开的地点"、"会议主持单位（人）"、"会议的中心议题"等一一按序标出。有的小型会议采用这种方式。

②总述式。将会议的基本情况用几句话或一两段文字加以归纳，综合表述。这种方式广泛应用在各类纪要的写作中。

概述会议基本情况时应简明扼要，不宜过长。有的纪要为突出会议精神和议定事项，可略写概述部分，甚至省略。

前言和主体之间常用"现将主要问题纪要如下"、"会议讨论研究了以下几个问题"等过渡。

（2）主体。这是纪要的核心部分，要围绕会议的中心议题，充分地展示会议情况，反映会议的成果或会议的要求等。

主体部分写法有三种：

①条项式。这种写法是把会议讨论的主要问题和议定的事项，分条列项地写出来，有的还将议题作为小标题分项表述。

这种写法简明扼要，一目了然。小型或内容单一的会议，如办公会议、例会等，会议议题少，讨论意见相对统一集中，一般多采用这种写法。

②综合式。这种写法是根据会议的中心议题，把会议材料按性质分类，综合成若干部分，然后按一定的逻辑顺序，把各个部分连接起来，构成会议纪要的主体。有时一个部分又可分几个层次加以表述。这种写法侧重于横向分析阐述，内容相对全面，问题分析细致，常常包括对目标、任务、政策、措施等的阐述，这种会议纪要一般需要下级机关全面领会，深入贯彻。

这种写法条理清楚，层次分明，重点突出。大型或议题重要的会议，一般多采用这种写法。

③摘录式。这种写法是将会上具有典型性、代表性的发言加以整理，按中心议题的要求提炼出内容要点和精神实质。然后按发言顺序或按性质归类写出。

这种写法能使读者更客观、具体地了解发言者的意见和观点，一般座谈会纪要多采用这种写法。

（3）结尾。这部分可对与会单位和有关方面，提出要求与希望。多数纪要正文随主体部分的完成而结束。

（四）纪要写作注意事项

1. 做好纪要写作的基础工作

纪要是在会议记录、文件、材料整理基础上形成的。因此，在会议召开过程中，要认真、细致地做好会议记录工作；在会议结束后，做好对会议文件及材料的阅读、整理工作；在全面了解、掌握会议情况的基础上，形成纪要。

2. 适度使用纪要的习惯用语

纪要在形式上均以"会议"为第三人称口吻转述会议内容。其主体部分的写作，常用"会议认为"、"会议提出"、"与会者一致认为"、"会议决定"、"会议要求"、"会议希望"、"会议号召"等作为层次段落的开头语。适度使用，有助于更好地进行表述。

例文1

国务院关于同意四川省自贡市人民政府驻地迁移的批复

国函〔2000〕82号

四川省人民政府：

你省《关于自贡市人民政府迁移驻地的请示》（川府〔1999〕5号）收悉。同意自贡市人民政府驻地由自流井区解放路迁至大安区凡桂大街，所需搬迁经费由你省自行解决。

国务院

二〇〇〇年六月二十五日

（摘自 2000 年 6 月 25 日《国务院政报》）

【评析】

这份批复的标题明确表明了发文机关的批复意见。全文篇段合一。首先引述请示的标题，后引发文字号，规范明确。紧承批复引语，答复请示事项，意见明确，态度明朗。

例文 2

国家工商行政管理局关于工商行政管理机关
如何依据现行法规对个体客运行业进行监督管理的批复

长春市工商行政管理局：

你局《关于工商行政管理机关如何依据现行法规对个体客运行业进行监督管理的请示》（长工商〔××××〕17 号）收悉。经研究，答复如下：

一、根据《城乡个体工商户管理暂行条例》（以下简称《条例》）第三条的规定，对从事交通运输业的个体工商户的管理适用于《条例》。依照《条例》及其实施细则，工商行政管理机关对个体运输户履行以下职责：

（一）对申请从事运输业的个体工商户，进行审核，登记，颁发营业执照。

（二）对个体运输户的经营活动进行管理和监督，保护合法经营，查处违法经营活动。个体运输户违反《条例》第十九条规定的，工商行政管理机关可依据《条例》及其实施细则的规定给予查处。

二、根据《国务院关于农民个人或联户购置机动车船和拖拉机经营运输业的若干规定》（国发〔××〕号）的有关规定，从事客运的大中型客车和小型机动船的客运线路，须经县、市以上交通部门会同工商行政管理机关批准。

国家工商行政管理局（印章）

××××年×月×日

（摘自中华财经网）

【评析】

这份批复是国家工商行政管理局对长春市工商行政管理局报送的《关于工商行政管理机关如何依据现行法规对个体客运行业进行监督管理的请示》答复。引语部分非常规范，先引标题后引发文字号。然后用过渡语"经研究，答复如下"过渡到答复意见部分。因答复问题相对较多，答复意见另分层表述。答复意见中对请示中所询的每一条、每一款都做了明确具体答复，十分便于下级机关据此而行。

例文 3

关于商请关闭虚假中医医疗机构网站的函

工业和信息化部、电信管理局：

　　当前，互联网上未经审批擅自以"中国"、"中华"、"国家"等名义或假冒我局名义建立的涉及中医药的虚假中医医疗机构网站，肆意发布虚假违法中医医疗广告，欺骗群众，严重伤害广大群众切身利益，破坏社会和谐稳定，严重损害中医药良好声誉。为此，经我司监测并认真核查，现提供第二批 59 家虚假中医医疗机构网站名单（附件 1），商请你局根据有关法规规定予以关闭。

　　同时提供第一批仍未关闭的 43 家虚假中医医疗机构网站名单（附件 2），商请你局根据有关法规规定予以关闭。

　　感谢你局对中医药事业的大力支持！

　　附件：1. 第二批虚假中医医疗机构网站名单
　　　　　2. 第一批仍未关闭的虚假中医医疗机构网站名单

国家中医药管理局（印章）
二〇〇八年八月十八日

（摘自中医药管理局网）

【评析】

　　这是份请批函。

　　该函是国家中医药管理局，针对出现的虚假中医医疗机构网站这一问题向网站管理机构——工业和信息化部、电信管理局递送的公文。对国家中医药管理局来说，它与工业和信息化部、电信管理局没有行政隶属关系，只受其业务权限的管辖，因此国家中医药管理局用"函"行文，十分准确。

　　函开门见山，直陈虚假中医医疗机构网站的恶劣行为及造成的不良社会影响，表明来函目的，并明确提出"请求关闭虚假中医医疗机构"这一商请事项，并将所需关闭的虚假中医医疗机构的名单以附件附上。全文表述明确具体，行文规范。

例文 4

关于经营性道路客货运输驾驶员从业资格考试收费标准的复函

京发改〔2010〕2167 号

市交通委：

　　你委《关于申请调整经营性客货运驾驶员从业资格考试收费标准的函》（京交函〔2010〕722 号）收悉。根据国家发展改革委、财政部《关于经营性道路客货运输驾驶员从业资格考试收费标准及有关问题的通知》（发改价格〔2010〕1615 号），现将你委北京市交通运输考试中心向参加经营性道路客运驾驶员从业资格考试人员，北京交通运输职业学院向参加经营性道路货运驾驶员和危险货物驾驶员、装卸人员、押运人员从业资格考试收费标准函复如下：

一、经营性道路客运驾驶员从业资格考试收费标准（编码152011001）为：理论考试每人53元（含上缴交通运输部交通专业人员资格评价中心8元）、实际操作考试每人70元（含上缴交通运输部交通专业人员资格评价中心10元）。

经营性道路货运驾驶员从业资格考试收费标准（编码152011002）为：理论考试每人53元（含上缴交通运输部交通专业人员资格评价中心8元）、实际操作考试每人70元（含上缴交通运输部交通专业人员资格评价中心10元）。

经营性道路危险货物驾驶员从业资格考试收费标准（编码152011003）为：理论考试每人53元（含上缴交通运输部交通专业人员资格评价中心8元）。

经营性道路危险货物装卸人员、押运人员从业资格考试收费标准（编码152011004）为：理论考试每人53元（含上缴交通运输部交通专业人员资格评价中心8元）。

二、你委北京市交通运输考试中心、北京交通运输职业学院持本函到市发展改革委办理《收费许可证》，并按规定实行收费公示，向社会公布收费项目、收费标准及收费依据文件等，接受发展改革、财政、审计等部门和社会监督。

三、上述收费收入管理按照财政部门有关规定执行。

四、本函自2010年12月20日起执行，有效期3年。

专此函复。

北京市发展和改革委员会（印章）
二〇一〇年十二月六日

（摘自北京市人民政府网站）

【评析】

这是一份答复请批事项的函。

这份函是北京市发展和改革委员会答复北京市交通委员会，关于申请调整经营性客货运驾驶员从业资格考试收费标准一事的复函。因是复函，开头引叙对方来函标题与发文字号，引叙方式十分规范。然后说明答复依据，使函的答复更有说服力。

答复内容较多，因此函将事项部分另段行文，逐条逐项予以说明，从批准收费的标准到办理收费许可的程序、管理收费的要求到该答复函的生效和失效期都给予明确回答。表述清晰而富有条理，十分便于请批机关理解执行。

结尾使用专用的结尾用语，规范准确。

例文5

Y港关于了解新型装卸机械的函

××重型机械集团：

为完成我港某项工程的工艺设计，拟购置贵集团两台新型装卸机械。现向贵集团了解有关该机械设备的相关内容：

一、设备的性能、规格、型号。

二、设备的价格、保修年限、维护年限。

三、设备的运输方式、交货日期。

四、设备的安装和调试。

五、设备的售后服务。

希望贵集团能尽快给予回函。

特此函询。

×市 Y 港（印章）

二○○九年八月十九日

（摘自百度文库）

【评析】

这是一份询问函。

该函开门见山表明发函目的，并将所需问询的事项一一列出，十分清晰明了，言简而意明。结尾用语规范准确。

例文 6

关于请求代为培训人员的函

A 市 B 港：

我港已向××集团购买了两台新型装卸机械，使用该新型设备的技术问题我港还未掌握。得知贵港已使用过该设备，我港欲组织 20 名工人到贵港进行为期一个月的培训，希望贵港能给予支持和帮助。

可否，请函复。

×市 A 港（印章）

二○○九年十一月七日

（摘自百度文库）

【评析】

这是一份商洽函。

开篇在表明发函缘由的同时，即直陈商洽事项，一句话就将请求代为培训的人员人数和培训时间表述清楚，用语准确精简。结尾用语规范。

例文 7

全国江河堤防建设现场会会议纪要

经国务院批准，水利部于 1998 年 12 月 19 日至 20 日在湖北省荆州召开了"全国江河堤防建设现场会"。长江、嫩江和松花江等流域 15 个省、自治区、直辖市水利部门和长江、黄河等 7 个流域机构的负责同志参加了会议。国家计委等 8 个部委和湖北等 7 个堤防建设任务重的省的负责同志应邀出席会议。国务院副总理温家宝出席会议并作了重要讲话。

会议代表实地查看了今年汛期抗洪形势最严峻、堤防险情最集中的洪湖、监利长江干堤建设情况，考查了垂直铺塑、土工布防渗、高喷防渗墙等堤基堤身处理工程和吹填加固工程，会议听取了湖北、江苏、安徽、黑龙江4省代表介绍本省加快堤防建设、狠抓质量管理的做法和经验，分析了当前我国江河堤防建设的进展情况和存在的主要问题，提出了今后一个时期堤防建设的主要目标和总体要求，着重研究了堤防建设工程质量问题以及要突出抓好的几个关键环节。会议纪要如下：

一、充分认识搞好堤防建设的重要性和紧迫性

会议认为，水利建设是个系统工程。必须坚持中央确定的全面规划，统筹兼顾，标本兼治，综合治理的原则。就防洪建设而言，要贯彻"蓄泄兼筹，以泄为主"的方针，通过堤防建设、分洪拦蓄、水库调节、河道整治等措施提高综合防洪能力。堤防是整个防洪工程体系的基础，是防洪的重要屏障，在抵御洪涝灾害中发挥了极其重要的作用，但是，今年特大洪水的冲击暴露出来的我国水利建设，特别是堤防工程中的一些问题，严重威胁着国民经济的发展和人民生命财产的安全。从历史上看，我国大江大河连续两年，甚至连续几年发生大洪水的情况并不少见，因此，不能排除长江还有发生大洪水的可能。黄河、海河多年没有来大洪水，发生的几率也在增大，特别是黄河在连续几年出现枯水、断流的情况下，会不会来一次大洪水，也难以预料。对淮河等其他江河，也不能掉以轻心。在这个问题上，来不得半点麻痹和侥幸，丝毫不能疏忽，必须立足于来大水，防大汛。

会议强调，1999年是建国50周年，我国政府将恢复对澳门行使主权。确保大江大河安全渡汛具有特殊重要意义。现在离明年汛期只半年时间，各级领导要有紧迫感，务必抓住今冬明春这个水利建设的有利时机，千方百计把大江大河重要堤防建设好。

二、堤防建设的主要目标和总体要求

会议提出，今后一个时期堤防建设的主要目标是：经过二三年努力，使长江、黄河等大江大河的一类堤防工程，配合使用其他防洪设施，达到能防御建国以来发生的最大洪水的标准；其他重要支流和湖泊的二类堤防建设，要根据轻重缓急，力争两年内完成。

堤防建设总的要求是：在现有的堤防工程设施基础上，统一规划，科学设计，突出重点，分步实施，加强科研和新技术推广应用，建设高标准、高质量的江河堤防。要把长江、黄河等7大江河干流堤防，以及保护重点城市、铁路干线、重要工矿企业的支流堤防，作为重中之重，加快建设进度。对今年大水后堤防断面严重不足的堤段，基础渗漏严重的堤段，要优先安排整修加固。

会议指出，今冬到明年汛前要突出抓好以下几项工作：第一，优先保证水毁工程修复，保证堤身堤基的重大险情处理、险工险段加固；第二，加快堤基防渗处理，重点搞好管涌易发段的堤脚内、外压渗平台的处理，力争汛期不发生重大管涌险情；第三，对重要河段已发生的崩岸，要采取有效措施进行防护，对可能发生崩岸的堤段要有预防措施；第四，对今年汛期依靠子堤挡水的薄弱堤段，要按已批准的规划设计加高增厚。

三、采取有效措施，建设高标准、高质量堤防

会议指出，从各地情况看，目前堤防存在一些值得注意的问题，需要及时研究解决。一是部分项目前期工作较差，缺乏科学的规划设计，建设标准不明确，存在堤顶高度盲目攀高的倾向，甚至存在边勘察、边设计、边施工的"三边"现象，有的擅自修改已经批准的设计；二是有的项目施工技术不能满足工程建设需要，特别是堤防基础防渗处理仍是薄

弱环节；三是有的项目组织管理不力，没有实行公开招标投标制度和工程监理制度，施工过程中监督检查不够，有些项目尤其足以农民投工投劳为主的项目，质量隐患较多；四是少数地区项目配套资金不落实，投资有缺口，或建设施工超概算，甚至有挪用项目资金的情况，容易造成偷工减料，给工程质量留下隐患。

　　会议强调，党中央、国务院非常关心和重视基础设施建设的工程质量问题，特别是对水利工程建设质量，尤为关注。今年面对亚洲金融危机的影响，中央果断采取扩大内需的措施，实行积极的财政政策，通过发行国债来大搞水利等基础设施建设，这对水利建设来说是个难得的机遇。现在关键是要以对国家和人民高度负责的精神，用好这笔资金，确保工程质量。

　　会议提出以下要求：

　　第一，加强项目的前期工作，抓紧做好堤防建设的规划、设计。

　　第二，大力推行工程建设招标投标制。

　　第三，落实各项责任制，严格工程建设监理。

　　第四，切实搞好堤防防渗及基础处理。

　　第五，积极推广使用新技术、新材料、新工艺。

　　第六，认真做好稽察审计和验收工作。

　　四、明确分工，落实责任，切实加强对堤防建设的领导，各司其职，各尽其责，分工合作，密切合作，把这项工作作为认真贯彻党的十五届三中全会和中央经济工作会议精神的一项重要内容，认真抓紧抓好。

　　水利部及各流域机构要……

　　计划部门要……

　　科技、国土资源、建设及有关工业部门要……

　　各级地方政策要……

（摘自《新应用写作》）

【评析】

　　这份纪要采用单行式标题，由会议名称和文种组成。

　　正文包括前言和主体两部分。前言概述会议基本情况，包括会议召开的依据、会议的主办单位、会议召开的时间、会议名称、与会单位、参加会议的领导人等，并简述会议中心议题，给读者一个总的印象。然后用"会议纪要如下"引出主体。主体围绕"全国江河堤防建设的进展情况，存在的主要问题和要采取的措施"这一议题展开。按内在联系概括归纳为"充分认识搞好堤防建设的重要性和迫切性"等四个问题。每方面问题都有序号标注，并用段旨撮要句形式概括出其中心。每一方面问题又以这个撮要句为核心分两个或几个层次，共同完成这一问题的表述。最终由四个方面问题的分述共同完成"全国堤防建设现场会会议纪要"主旨的表达。

　　整篇文章结构清晰，有条不紊。在内容表达上，无论是提出思想认识方面的要求，还是说明具体措施和办法，都十分明确具体，有很强的针对性和充分的可行性。

第四章 行政事务文书

第一节 书 信

书信源于传递简单的信息，发展至今已成为人们沟通思想情感、维系社会关系、交流信息、商讨和处理事务的一种手段，因此在生活和工作中，书信一直发挥着不可替代的作用。

书信按用途可分为一般书信、公务书信、商业信函（也称业务书信）和专用书信几类。本节讲专用书信。

一、专用书信

（一）专用书信的种类

随着社会事务的日益繁杂和交往的扩大，专用书信的种类也在逐渐增加，并在长期的使用中形成了比较固定的名称。常用的有：介绍信、举报信、公开信、决心书、申请书、倡议书、检讨书、保证书、志愿书、聘请书（聘书）、邀请书、请柬、求职信、报捷书（喜报）、感谢信、慰问信、贺信、贺电等。

（二）专用书信的格式

同普通的书信一样，专用书信也有几个必要的组成部分：标题、称谓、正文、结束语、署名、日期，有的还需加盖公章。这些部分书写位置固定，形成约定俗成的样式。

（三）几种常用专用书信的写作

由于专用书信种类多，目的各异，因此写法也迥然有别。下面介绍几种常用书信的写法。

1. 介绍信

介绍信是机关、单位、团体派人到外单位联系、商洽工作时使用的一种书信，它有介绍、证明的双重作用。

介绍信大体有印刷式和手写式两种。两种介绍信的格式基本相同，只不过印刷式的介绍信一般都有存根部分。

标题。第一行正中印"介绍信"三个大字，第二行印有"×××字××号"（发出介绍信单位的代字和介绍信的编号）。

称谓。受文单位或联系单位的名称。

正文。空两格印有"兹介绍××同志等×人前往你处联系××事宜"（介绍信人的姓名、人数、前往何处、联系何事）。

结束语。多用"请接洽"、"望协助办理"等。

署名和日期。在与正文空一至二行处，写清介绍信的单位名称，年、月、日，然后加盖公章。有时在年、月、日下方还有介绍信的有效期限。

以上是印刷式介绍信的正文部分。此外，印刷式介绍信通常还有存根部分，存根部分和正文部分内容完全一致，只不过更简单一些。两部分中间通常用一条竖虚线（或横虚线）隔开，在此处要用汉字大写写上"××字××号"并加盖公章。

手写式介绍信内容与其大体相同，没有存根部分。

注意事项：

(1) 不能将盖好公章的空白介绍信交与持信人自己填写。

(2) 持信人须持有效工作证、身份证配合使用。

(3) 经领导批准的重要介绍信必须由领导签字后才能使用。

(4) 介绍信不能随意转让或冒名顶替。

(5) 介绍信不能多头使用，如果需要同时与几个单位联系，必须分别开具。

(6) 底稿和存根内容要与介绍信完全一致，底稿与存根都要保留，以备查考。

(7) 必须用规范字书写，字迹要工整。如有涂改，则须在涂改处加盖公章。

例文

介　绍　信

（××字××号）

省人事厅负责同志：

　　兹介绍我校王林同志等贰人前往你处联系领取李玉、刘海二位同志的职称批复材料。敬请接洽，并予以协助。

　　此致

敬礼

××学校（公章）

二〇一〇年十一月一日

（有效期截至二〇一〇年十一月十一日）

2. 证明信

证明信是以机关、团体或个人的名义凭借确凿的证据，证明某人的身份、经历或有关事件真实情况的专用书信。通常有证明历史问题的证明信和证实情况的证明信及作为证件的证明信。无论哪种类型的证明信，都必须绝对真实可靠。具体格式如下：

标题。第一行居中写"证明信"三个大字。

称谓。写接受证明信单位的名称。

正文。要针对对方所要求证明的事项撰写。如证明历史问题的，要写清被证明人主要经历的时间、地点、事件和所担当的职务；如证实情况的证明信，要写清姓名、年龄、政治面貌、受过何种奖励、什么学历等基本情况；如作为证件的证明信，应写明被证明人的工作单位、姓名、性别、年龄、职务、任务、历程等。

结束语。一般多用"特此证明"、"此材料属实，供参考"等作结束语。

署名和日期。写上开具单位名称，写清年、月、日，并加盖公章。

注意事项：

(1) 出具和写作证明信要严肃认真，实事求是。

(2) 语言要简洁、准确，不能用模棱两可的模糊语言。

(3) 证明信不能答非所问，要就对方所要求的内容，出具证明。

（4）字迹要工整规范，不能随意涂改，如有涂改，须在涂改处加盖公章，以示有效。

例文

证　明　信

××公司：

你公司××同志，原来是我院 2007 级会计电算化专业学生。在校期间，学习认真刻苦，积极进取，乐观向上，多次被评为校级"三好学生"和"优秀班干部"，2009 年被授予省级"优秀三好学生"。

特此证明

××学院（公章）
××××年×月×日

（选自《现代应用文写作》第 2 版）

3. 申请书

申请书是个人或单位为解决某个问题或实现某种愿望向组织提出请求的书信。常用的申请书有入党申请书、入团申请书、入学申请书、出国留学申请书、开业申请书、住房申请书、困难补助申请等。具体格式如下：

标题。第一行居中写"申请书"三个字，亦可在申请书前加申请事由，如"入党申请书"、"开业申请书"等。

称谓。一般申请书应写给接受申请书的组织机关、团体，所以称谓一般不写领导人姓名，如××团支部、××国领事馆。

正文。一般包括三部分内容。首先开门见山写明个人或单位的意愿，即申请事项；其次写明申请的理由、申请的具体事项及要求；最后表明实现意愿后自己的保证，即决心和希望。

结束语。常用"此致"、"敬礼"、"盼请批准"等。

署名和日期。申请人：××，下一行写年、月、日。

注意事项：

申请书虽是为达到某一目的而写，但要本着实事求是的原则，理由要确凿有说服力，语言要朴实无华，避免抒情。

例文

开业申请书

××市工商局：

我今年毕业于××信息工程技术学院电子技术系，在校期间我学的是移动通信设备原理与维修专业。毕业前获得劳动和社会保障部颁发的电子仪器仪表装配工（中级技能）职业资格证书。在校期间，我就注意培养自己的动手能力，在假期到移动通信设备维修部打工，毕业前选择到移动通信设备公司参加实习，掌握了民用移动通信设备的原理与维修知识，我的实践技能也得以培养和提高，我已具备了独立开业的能力。我现已筹备了×万元开业资金，租××路程××号40m²店面一处，并已置备了相应的设备及工具。

　　为此，本人申请开办移动通信设备维修部，请考核我的技术，批准我的请求，发给营业执照。

　　此致
敬礼

申请人：××

2010年12月2日

（转引自《应用文写作》）

　　4．聘书

　　聘书也称聘请书、聘任书，是用来聘请本单位或外单位人员担任本单位某项职务或承担某项工作时使用的专用文书。具体格式如下：

　　标题。在聘书封面正中或内页首行正中写上"聘书"或"聘请书"字样，有的还加署单位名称，如"××（单位）聘书"。

　　称谓。在正文前一行顶格写明受聘者姓名，姓名后冠以称呼，如"同志"、"先生"、"女士"等。也有的把此项内容放在正文中写，如"兹聘请××同志为……"，不另起行。

　　正文。聘书的正文基本上一段到底。其内容包括：聘请的原因（也可不交代）；受聘者担任的职务或承担的工作；聘用单位对受聘者的要求、希望；聘期起止年、月、日；受聘者的待遇、酬金（不做详细交代）。

　　结束语。正文之后写上表示敬意、祝愿、致谢的文字，有时这部分也可省略，只写"此聘"、"敬希应聘"即可。

　　署名和日期。结尾下方写上聘请单位的全称，年、月、日，并加盖公章。

　　注意事项：

　　（1）聘书一定要写清受聘者需干什么，否则受聘者无法应聘或盲目应聘。

　　（2）语言要简洁。聘书较其他专用书信简单，只要写清聘请的理由和聘请职位即可。

　　（3）因聘书以单位名义发出的，且具有法律效应，故加盖公章后才有效。

例文

聘　　书

王朋先生：

　　兹聘请您担任永嘉金属公司法律顾问，协助本公司处理有关法律方面事宜。年薪壹拾万元整。期限一年（2010年10月1日～2011年10月1日）。

　　敬希应聘

永嘉金属公司（公章）

二○一○年十月一日

5. 请柬

请柬是一种通知性的应用文书，是邀请他人参加较大规模的宴会、酒会、茶会、纪念会、大型交易会等会的公关礼仪书信。

请柬从形式上看有手写体和印刷体，目前以印刷体居多。

请柬作为书信的一种，有其特殊格式。具体格式如下：

标题。现在多为对折式请柬，标题"请柬"或"请帖"二字写在封面。一般要做一些艺术加工。

称谓。与其他书信一样，开头顶格写被邀请者（个人或单位）名称。

正文。交代活动内容，如开座谈会、联欢会、过生日等，交待举行活动的时间和地点，如果是请看戏或其他表演还要将入场券附上。

结束语。在正文后或另起行用"敬请光临"、"恭候光临"、"请光临指导"等作结束语。有的后面还写上"此致"、"敬礼"或"顺致"、"崇高的敬意"等。

署名和日期。写明邀请单位或个人名称或姓名，年、月、日。

例文

请　　柬

北京××大学李校长：

兹定于12月31日下午3时，在北京××宾馆三楼会议室举行"庆祝元旦"茶话会。敬请光临指导。

此致

敬礼

北京市××局
二○一○年十二月三十日

（选自《应用写作教程》）

6. 邀请书

邀请书与请柬一样，也属通知性文种，是邀请亲朋好友会面或参加自己主办的某项活动的信件。二者都是为请客而发出的礼节性书信。但邀请书的内容比请柬要复杂，它除了有请帖的作用外，还要向被邀请者交代需要做的有关事情。

邀请书与请柬的区别：

请柬的内容十分简练，只需在正文部分说明请客的原因、时间、地点，再加上敬语即可；而邀请书就较为复杂。请柬由于内容简练，经长期应用形成了固定的语言习惯。所以，通常使用的是印好的帖子，填上具体活动的内容、时间、地点，被邀请者的职务和姓名即可；而邀请书的内容较复杂，可以使用印好的帖子，也可以手写在信纸上。请柬一般是以机构、社团组织的名义发出的，参加人数较多、规模较大的社交活动，一般是派专人递送而不需对方确认是否应邀；而邀请书则多以个人名义发出，参加人数不多，既可派专人递送，也可以邮寄，并需对方确认是否应邀。

邀请书的写作：

标题。可直接写在正文上方。

称谓。与其他书信一样，开头顶格写邀请者名称。

正文。由四个方面内容组成：①向被邀请者表示问候；②说明邀请对方参加活动的内容和邀请的原因；③说明活动的时间及地点；④提出邀请。

署名和日期。邀请者的名称，年、月、日。

例文

关于召开××××学术研讨会的邀请信

××同志：

您好！

××学科自 20 世纪 80 年代初期在我国兴起以来，在社会生活中已显示出日益重要的作用。为对本学科的发展进行研究与探讨，我们决定于 5 月 25 日在×××召开××学术研讨会。本会将邀请知名专家学者及从事本学科研究、教学的同志欢聚一堂，各抒己见，共商大计。

现将与会有关事项敬告如下：

（略）

海内存知己，天涯若比邻。大家虽然相隔千山万水，但是心是连在一起的，天南海北，难得一聚，欢迎您的光临！

此致

敬礼

×××编辑部

2010 年 5 月 1 日

7. 倡议书

倡议书是国家行政机关、企事业单位、社会团体或会议及个人就人们共同关心的事情，向社会或有关方面首先提出号召性建议的书面文体。倡议书的作用是倡导某项建议，如倡导某种先进风气，倡议开展某些有意义的活动。具体格式如下：

标题。可以用"倡议书"做标题，也可以由倡议内容和文种名称共同组成，如"弘扬中华传统美德倡议书"，还可以写"致全省大学生的倡议书"。

称谓。倡议对象较为广泛的，可省略不写，若是单一的倡议对象，必须写明。

正文。内容包括：先说明倡议的背景、理由或条件，指出完成倡议内容的意义等，然后分条分项写明倡议的具体内容。两部分之间，常用"为此我们倡议如下"、"我们提出以下倡议"等做承启用语。

结束语。结尾要表示倡议者的决心和希望或者写出某种建议。倡议书一般不在结尾写表示敬意或祝愿的话。

署名和日期。正文右下方注明倡议者或倡议单位和日期。若倡议者较多，可依次排列。

注意事项：

（1）倡议要有说服力。

（2）倡议的内容要切实可行。

（3）倡议书措辞要确切，情感要真挚，富有鼓动性。

例文

文明办网倡议书

当前，我国互联网事业蓬勃发展。北京聚集了 13 万家网站，拥有 428 万网民，成为全国乃至国际互联网发展的中心之一，北京的网络文化建设影响巨大。

互联网事业快速发展，适应了广大群众日益丰富的文化生活需求，已成为人们获取信息、生活娱乐、互动交流的新兴媒体。然而，在互联网快速发展的同时，个别网站也存在着传播不健康信息、刊载格调低下的图片、提供不文明声讯服务，甚至传播色情内容等严重危害社会的问题。营造健康文明的网络文化环境，清除不健康信息已成为社会的共同呼唤、家长的强烈要求、保障未成年人健康成长的迫切需要。为推动互联网界文明办网，把互联网建设成为传播先进文化阵地，虚拟社区和谐家园，千龙网、新浪网、搜狐网、网易网、TOM 网、中华网、百度网、北青网、中国搜索网、西陆网、西祠胡同网、雅虎网、和讯网、大旗网等 14 家网站，联合向全国互联网界发出如下倡议：

一、在互联网工作者中大力宣传、贯彻、落实胡锦涛总书记提出的以"八荣八耻"为主要内容的社会主义荣辱观，以传播弘扬热爱祖国、服务人民、崇尚科学、辛勤劳动、团结互助、诚实守信、遵纪守法、艰苦奋斗的内容为荣，坚持文明办网，把互联网办成宣传科学理论、传播先进文化、塑造美好心灵、弘扬社会正气的阵地。我们要坚持唱响"主旋律"，坚持传播有益于提高民族素质、推动经济社会发展的信息，努力营造积极向上，和谐文明的网上舆论氛围。

二、坚决抵制与社会公德和中华民族优秀传统美德相背离的不良信息，自觉抵制网络低俗之风，净化网络环境。不刊载不健康文字和图片，不链接不健康网站，不提供不健康内容搜索，不发送不健康短（彩）信，不开设不健康声讯服务，不运行带有凶杀、色情内容的游戏，不登载不健康广告；不在网站社区、论坛、新闻跟帖、聊天室、博客等中发表、转载违法、庸俗、格调低下的言论、图片、音视频信息，积极营造网络文明新风。

三、坚持自我约束，实施行业自律。建立健全网站内部管理制度，规范信息制作、发布流程，强化监管、惩处机制；加强对网站从业人员的职业道德、网上公德教育，增强社会责任感，推动互联网行业健康发展。

四、自觉接受管理，欢迎社会监督。开设举报电话、举报邮箱，建立全天候举报制度，对网民反映的问题认真整改，不断提高网络媒体的社会公信力，让社会信任，让家长放心，让广大网民文明上网。

倡议网站：千龙网、新浪网、搜狐网、网易网、TOM 网、中华网、百度网、北青网、中国搜索网、西陆网、西祠胡同网、雅虎网、和讯网、大旗网。

2010 年 10 月 7 日

（转引自《应用文写作指导》）

8. 贺信、贺电

贺信是表示庆贺的书信，是机关、团体、单位或个人向有关方面表示庆贺、赞颂的信件。贺电则是用电文或电报文摘形式来表示祝贺的信函类文书。贺电与贺信写法大体相同，只是贺电内容要求更精练。具体格式如下：

标题。第一行正中写"贺信"或"贺电"二字，也可以把谁向谁祝贺及祝贺的事由写上，如"团中央致北京第十次团代会的贺信"。

称谓。第二行顶格写被祝贺的单位名称，或被祝贺者个人的名字，后面加冒号。

正文。内容包括：概括写明祝贺的事由，热烈地赞颂对方所取得的成就及其重要意义；分析对方取得成绩的原因，并作出肯定性的评价；表示热烈地祝贺和赞扬；给予热情地鼓励和殷切地希望。

结束语。结尾要写上祝愿的话，如"此致敬礼"、"祝争取更大的胜利"等。

署名和日期。写明发文单位或个人的姓名、名称，年、月、日。

注意事项：

(1) 内容要实事求是。

(2) 语言要精练，明快，通俗流畅。

(3) 评价要恰如其分。

(4) 感情要真挚、亲切、热情。

例文1

贺　信

石家庄北国人百集团有限责任公司：

欣闻贵公司截至11月18日完成销售额100.09亿元，提前实现年销售额超100亿元目标，成为我省首家商贸流通业百亿企业，石家庄市人民政府特向你们表示热烈的祝贺。

北国人百集团是全国商贸流通行业的领军企业，自2000年挂牌成立以来，坚持区域集中发展，多业态组合、低成本扩张，企业发展呈现勃勃生机，年年均销售额以35%的增幅高速增长，规模实力持续增强，社会影响不断扩大，为提升省会居民消费水平，繁荣我市城乡市场，推进石家庄"华北重要商埠"建设作出了积极贡献。

希望贵公司继续发扬"勇争第一"的企业精神，发挥商贸龙头企业作用，再接再厉，锐意创新，继续保持营业收入稳定快速增长的良好态势，为推进省会现代服务业又好又快发展，把我市建设成为繁华舒适、现代一流的省会城市作出新的更大贡献！

石家庄人民政府（公章）
二〇一〇年十一月十八日

（选自《现代应用文写作》第二版）

例文 2

贺　　电

沈阳市外商投资企业协会：

　　值沈阳市举行"首届沈阳外商投资企业员工田径运动会"之际，中国外商投资企业协会谨对大会致以热烈的祝贺。

　　促进企业文化建设，弘扬企业精神，加强中外企业人士和员工之间的友谊，这对于进一步宣传我国改革开放政策及良好的投资环境，为办好现有外商投资企业，无疑将产生积极的推动作用，对你们的工作我们表示衷心的感谢。

　　预祝大会取得圆满成功。

中国外商投资企业协会
2010 年 5 月 18 日

（转引自《应用文写作》第三版）

9. 感谢信

　　感谢信是对某个单位或个人曾经给予的关怀、帮助、支持表示感谢的信。具体格式如下：

　　标题。第一行正中写"感谢信"三字。有的还在"感谢信"的前边加上一个定语，说明是因为什么事情，写给谁的感谢信。

　　称谓。另起一行顶格写被感谢对象单位或个人的名称、姓名。

　　正文。内容包括：总括感谢的内容和感激之情；具体感谢的缘由；表示自己要向对方学习的态度和决心，向对方提出祝愿和希望。

　　结束语。一般是致敬或良好祝愿。

　　署名和日期。写明感谢者的单位名称或个人姓名，年、月、日。

例文

感　谢　信

尊敬的银月公司领导、全体员工：

　　在我最困难的时候，是你们，向我伸出了援助之手，在此，我衷心地谢谢你们！

　　贫寒的出身不是我所能选择的，但灿烂的未来却可任由我憧憬；贫寒可以摧残弱者，但也能激励强者。痛苦、挫折的阴霾曾经遮掩了我不屈的心，但你们的"希望之光"又点燃了我的"生命之烛"。贵公司的义举使我抛弃了心灵的重负，重新扬起了生命的风帆。你们所给予我的不仅是物质上的支持，更有殷切的期望和不懈的激励。现在，我只有更加刻苦地学习，发扬贵公司热心服务于社会的精神，立志将毕生的精力献给"人类灵魂的工程师"这一崇高的事业，才能不辜负贵公司全体员工的热心帮助和殷切期望。我要在努力学习的同时，帮助他人，把贵公司的爱心发扬光大，把爱的火炬永远传递下去。

　　最后，请允许我再一次向你们表达我诚挚的感激之情，我会永远把你们的恩情铭记于心！将其化作我前进的无穷动力！

祝你们

好人永远平安！

于力 敬上

2010 年 10 月 10 日

（转引自《应用文写作》）

10. 慰问信

慰问信是以组织或个人的名义，向有关单位或个人表示问候，鼓励安慰和关切的专用书信。具体格式如下：

标题。可单独以"慰问信"为标题，也可写"致×××的慰问信"或是"××致××的慰问信"。

称谓。另起一行，顶格写受信者的名称，后加冒号。

正文。内容包括：开明宗义地写明在何种情况下代表何人向何人或何单位表示慰问；说明写慰问信的原因、背景；写慰问事项；表示慰问和学习。

结束语。表达良好的祝愿。

署名和日期。写上发信单位或个人的名称，并在署名下方写上发信日期。如果写慰问信的单位不止一个，要一一写上。

例文

慰 问 信

××公司的姐妹们：

又是一年春风醉。春风中，我们迎来了自己的节日——三八妇女节。在此，我谨代表公司领导向姐妹们致以节日的祝贺和亲切的问候！

回顾过去的一年，我们在不平凡中走过。公司在异常激烈的市场竞争中，大力推进观念创新、管理体制创新和经营方式创新的"三创"工作，经济效益持续增长。去年公司营业总额 4516 万元，在岗职工人均年收入达到 33 000 元。所有这些成绩的取得，都凝结着你们的心血，镌刻着你们的奉献。你们虽没有坚实的臂膀，却肩负工作和家庭的双重重担，在平凡的岗位上作出了不平凡的业绩；你们虽没有强壮的体魄，却以强烈的主人翁责任感，在忘我的工作中埋头苦干，精益求精。你们用无声的誓言创造了片片美丽的风景，你们用无言的行动赢得了声声由衷的赞誉。公司因为你们的奉献而更加美丽，因为你们的存在而更加温馨。在此，公司领导向你们——社会主义建设的"半边天"，表示诚挚的感谢和崇高的敬意！

冬随瑞雪光荣去，春沐骄阳亮丽来。新的一年是公司加快发展速度，步入一流企业，实现历史性跨越的关键一年。我们的任务光荣而艰巨。机遇将使我们获得发展，挑战将使我们走向成熟。休言女子非英物，巾帼不让须眉男。希望姐妹们继续弘扬自尊、自信、自立、自强的时代精神，与公司同呼吸，共命运，不断学习，提高自身素质，增强业务能力，在新的一年里，尽显巾帼风采，演绎新的辉煌！

最后，在这个特别的日子里，真诚地祝福所有的姐妹们身体健康、工作顺利、家庭幸福、节日快乐！

××公司工会

××××年3月8日

（转引自《应用文写作指导》）

11．求职信

求职信是求职人以书面形式向用人单位提出请求和愿望，以期达到任职目的的一种特殊形式的书信。

求职信与一般书信都同属书信，但在内容上、表达形式上则有很大区别。求职信的最大特点是自我推介，向用人单位介绍自己的专长和能力、展示才华、表达意愿，让用人单位进行比较、研究、选择和录用。

求职信的写作：

标题。可直接用"求职信"、"自荐信"等作标题。

称谓。应视不同的对象，给予恰当称谓。若是寄给用人单位，称呼则直接写明有关单位名称即可；若是寄给有关单位领导个人，则习惯是姓加职衔或官衔；若是没有具体联系人姓名，一般可用"厂长先生"、"经理先生"等。

正文。是求职信的主体部分，包括以下内容：

（1）开头。阐明写信的缘由、目的。开头尽量巧妙、别致，以引起阅读的兴趣。例如，可以针对招聘广告内容，写应聘的感触，可以阐明主动求聘的愿望，如用人单位出色的管理、良好的机制、融洽的人际关系有利于发挥自己的专长，实现自己的人生价值等内容；还可以用礼节性的简短话语，如"承蒙您能在百忙中抽时间看这封信，实为感荷"之类开头。

（2）求职者的基本情况。①简明介绍求职者的姓名、年龄、文化程度以及与求职目标有关的学历、简历等。学历要讲清毕业学校，所学专业；简历应扣住对方择人的岗位或职务条件来介绍。②介绍自己的思想素质和业务素质，如对工作学习的责任心，工作勤奋，易于合作，有哪些专业修养、业务专长，受过何种锻炼与嘉奖，而这些与日后工作有何重要联系等。

（3）求职目标。应明确提出自己选择的具体岗位或职位的名称（有时也可写在开头）。

（4）结尾。这部分要令人回味而记忆深刻。要把自己想得到工作的迫切心情表达出来，请用人单位尽快答复，并写明若录用到单位后如何工作，以取得用人单位的信任。同时希望并请求用人单位给予面谈的机会等。

祝颂语。可根据时间或事由的特征酌情选择。

落款。求职者的姓名、联系地址、邮政编码、电话号码及写信日期。

附件。如本人的获奖证书、毕业证书、组织的推荐信等。

注意事项：

（1）自我介绍要具体。

（2）展示才华要充分、有针对性。

（3）态度要诚恳，语言要得体。

（4）语句要简练，切忌冗长。

（5）字迹要端正、清晰，切忌错别字。

例文

求　职　信

尊敬的董事长先生：

您好！

请恕打扰。我是一名刚刚从××商学院会计系毕业的大学生。在投身社会之际，为了找到符合自己专业和兴趣的工作，更好地发挥自己的才能，实现自己的人生价值，谨向各位领导做一自我推荐。

现将自己的情况介绍如下：

作为一名会计学专业的大学生，我热爱我的专业并为其投入了巨大的热情和精力。在4年的学习生活中，我所学习的内容包括了从会计学的基础知识到运用等许多方面。通过对这些知识的学习，我对这一领域的相关知识有了一定程度的理解和掌握；在与课程同步进行的各种相关实践和学习中，具有了一定的实际操作能力和技术。在校期间还曾担任学生会宣传部长，锻炼了处世能力，学习了管理知识，吸收了管理经验。

计算机和网络是将来的工具，在学好本专业的前提下，我对计算机产生了巨大的兴趣并阅读了大量有关书籍，Windows98/2000、金蝶财务、用友财务等系统，应用软件FoxPro、VB语言等程序语言。

我正处于人生中精力充沛的时期，我渴望在更广阔的天地里展露自己的才能，我不满足于现有的知识水平，期望在实践中得到锻炼和提高，因此，我希望能够加入贵单位。我会踏踏实实地做好属于自己的一份工作，竭尽全力地在工作中取得好的成绩。我相信经过自己的勤奋和努力，一定会作出应有的贡献。

感谢您在百忙之中所给予我的关注，愿贵单位事业蒸蒸日上，屡创佳绩。

我热切期盼你们的回音。

此致

敬礼

×××

××××年×月×日

（转引自《应用文写作教程》）

【评析】

本篇求职信全篇结构严谨，表达流畅。从用语上看，文章礼貌有加，字字都透出热情，透出诚意，既展现了特长和实力，又表现出温文尔雅的气质风度。总的来说，这是一篇比较典范的求职信。

二、商业信函

（一）内贸信函

1. 内贸信函及作用

内贸信函是用于国内的企业与企业之间或企业与商业之间联系商务活动的一种信函。由于有商务活动的企业与企业之间或企业与商家之间有空间距离，又有业务需要洽谈，因此书信就成为不可缺少的交往形式。例如，有的双方虽已签订合同，但随着合同的付诸实施，仍有一些事宜需在操作中进一步加以解决，所以，沟通情况，磋商问题，保持良好的贸易关系，使商务活动协调、顺利地进行是内贸信函的作用所在。

2. 内贸信函的特点

无论是以单位名义还是以企业负责人的名义，无论是写给企业、企业负责人或写给商业所属公司、公司经理的，内贸信函都属于公函，因此与其他函件不同。

（1）内容单一，目的明确。因商业信函的目的是进行买卖活动，所以信函的内容必须紧紧围绕促进交易这个宗旨，与商业贸易无关的事一律不能写。

（2）语言简明扼要。单一的内容和明确的目的决定了内贸函的语言必须简洁明了，在表明态度和目的时，不能使用含混的、有歧义的语言，否则易造成理解上的错误，给商务活动带来不必要的麻烦。

（3）结构明晰。内贸信函因一事一函，故内容简单，结构明晰，共分开头、主体和结尾三部分。开头往往高度概括，因此主要内容都集中在主体部分，有些内容简单的商函，可由两段或一段式组成。

3. 内贸信函的种类

从内贸信函的作用看，内贸信函包括建立贸易关系函、询问函、报价函、销售函、订购函、装运发货函、付款索款通知函、索赔函等。

4. 内贸信函的格式及写法

内贸信函由信头、标题、称谓、正文、结束语和落款几个部分组成。

（1）信头。因内贸函多用特制的信笺，故上方中间都有印好的信头，包括企业名称、地址、电话号码、电报挂号，有的信头还印上开户行、账号，也有注明编号的。一般信头与行文部分用横线隔开。

（2）标题。内贸函一般都有标题，而且大多概括中心内容，目的是使对方一看便知是哪方面的事宜，以便作出迅速的反应，如"建立贸易关系函"、"关于大地牌风衣询价函"、"关于男西装发货函"等。标题一定要写在正中间，上下要空行，以示醒目。

（3）称谓。称谓是对受函者的称呼，应写在标题下的顶格处，后加冒号，如"××厂长："、"××商场负责人："等。

（4）正文。正文是标题事由的展开部分，是函件的主体部分，因情况不同、目的不同，故写法有差异。常用信函正文部分的写法如下：

①建立贸易关系函。一般多采用三段式的结构：先概括地介绍本企业的有关情况，说明发函的目的；进一步说明本企业产品的性能、特点及与同类产品相比所具有的优势或影响，目的是引起对方的兴趣，增加建立联系，互相合作的可能性，最后用贴切的语言表示诚恳的合作态度和希望得到复函或索取产品有关资料的愿望。

如果是复函，标题可直接写"关于建立贸易关系的复函"。因对方一旦寄出函件后，急于等待回复，如标题注明"复函"字样，可引起对方注意。复函的正文也可用三段式：先告知获悉商函，再说明建立贸易关系的态度，如愿意合作，可针对来函的内容或提供相关资料或提出索取资料，并谈自己的打算；如不能合作，要阐明原因，表示遗憾，为以后再合作打下基础，最后以礼仪性话语结束。

②询问信函。一般是向生产厂家或中介人了解货物价格、样式、质量等有关情况，也可以是生产厂家向经营产品者询问销售等有关情况。因询问的范围广泛，内容各有侧重。现以询价函为例介绍正文写法。先说明己方对对方产品的兴趣，表示愿意经营或使用对方产品，然后向对方提出索取价目表及相关资料，最后提出尽早提供资料及样品的要求。询价函主要是了解货物价格情况的，因此语言要准确，态度要中肯。如果有进货的可能，也可先拟报数量，使对方看出诚意后能在价格上适当让步，以期达到目的。

③报价信函。报价信函是答复对方询问价格的函件。因是复函，有针对性，先告知收悉对方询价函，对有意购买产品表示感谢，然后就询问内容逐一回答，并注明随函附有产品目录和价格表等有关资料，最后表示欢迎订货，希望尽早寄来订单或派人带样品与对方商洽等。

报价函一般包括交易条件、数量、品质、包装、保险、装运期，因此也可视为推销函，是最可能促成交易的一项文件，所以要注意措辞。

④销售信函。销售信函是卖方主动向新老客户推销产品的信函，如介绍新产品、清理积存、扩大生产、设立分公司、价格调整等，都是推销的好时机。因此，有关产品的特点、用途、信誉要详尽介绍。为促成销售，可就市场行情说明此产品价格的竞争力，亦可从购买趋势或有关来函询问等情况预测将有上涨价格的可能。总之，在实事求是地介绍产品质量的同时，应极尽推销之能事，语言要新鲜活泼，以刺激对方的购买欲。实践证明，以情感化的方式说明产品给对方带来的利益往往比科学、客观的资料更有效。但实事求是是双方长期合作的基础，因此产品的介绍要掌握分寸。

⑤订购信函。订购信函是在了解产品质量并接受价格后决定购买时所发出的函件。开头说明看过对方产品目录及价格表后，试行订购，再言明如品质优良则继续订购，也可直接说明产品在当地市场看好，打算继续订购。而后详细列出欲订产品的名称、型号、数量，并对产品包装、运输、发货日期等提出具体要求，尤其应该声明该产品在运输中因包装质量差而产生不良后果的责罚原则和因发运拖期造成的经济损失的补救办法。

因订购函涉及双方经济利益，书写要准确无误，型号、数量等事宜不能出现"大约"、"估计"等字样，就可能出现的不良后果而采取的系列措施也要态度明朗，不能用模棱两可的词语。

⑥装货发货函。装货和发货函属告知性信函，一般是在装货或发货后通知对方准备查收。另外如买卖双方出现特殊情况不能按期装货、发货或有想让对方提前或滞后发货时，必须使用此函。这种函件因是告知性的，故要将所装货物名称、型号、数量、包装及发货时间、地点、运输方式一并写清，然后提出接到货后复函的要求。如款未付可向对方提出付款的要求。如果是因为特殊情况而影响装货或发货，一定要阐明理由，并求得对方谅解。

如因货物品种不全，数量短缺，或交通等原因应表明歉意，再解释原因，并提出积极的补救办法。如果订购的产品在当地供不应求或形成滞销局面，要求提前发货或停止装运，要尽量用商量的口吻求得对方的理解，最好提出让双方都能接受的合理建议。

有的买方接到货物后发现数量缺少或货物不符合要求，可去函先问明情况，再根据双方的订购合同提出具体要求。这种信函要注意以解决问题为目的，以继续合作为宗旨，因此语调不能过于生硬，用词避免尖刻。

⑦索款函。是接到订单后要求对方先付款再发货或发出货物后对方没及时付款而催促其付款的信函。索款函一定要讲究方式，如果是先付款后付货，一定要表示歉意，并写明原因，使

对方感到不是因货俏而狂傲，如"因贵方所订购之物品供不应求，案头订单积压，因此必须以接到汇款的先后顺序付货，望体谅。"如对方没按时汇出货款，初次索款要注意语调，既表明对对方的体谅，又要一再说明自己的难处，以促使对方尽快付清为目的。对屡次索款而置之不理者，可采取强硬态度，让对方知道问题的性质，并告知如不履行合同将运用法律手段加以解决。

⑧付款函。是买方根据先付款后发货或者货到付款的要求将汇票等邮出后的通知函。这种信函内容简单，只需写明付款的具体时间、款额、形式（现金、支票或其他），最后写明希望对方查收并复函为盼。

如果是特殊情况就一定要讲求方式，无论是延期付款或拒绝付款都要理由充分，尽量让对方能接受。

⑨索赔函。是买方就货不对样、质量低劣、数量短缺、交货耽误等事宜向卖方陈述原委，提出赔偿的函件。正文内容可视双方合作情况选取适当的方式。如双方一直合作很愉快，此次货物损失纯属偶然，那么开头要尽量委婉些，并表示谅解。然后具体说明损失情况，以期让对方积极主动地采取补救措施或提出赔偿方法。如果首次合作就未能如约或屡屡给买方造成这样或那样的损失，写时就可开宗明义，提出对方没按期交货，影响产品占领市场或因质量、包装等问题影响销量。书写索赔函件，要本着摆事实、讲道理的态度，事实陈述要具体，理由说明要充分，语气要尽量温和些，切忌带有个人意气。

在双方签订合同时，应在合同上明示索赔办法，一旦发生索赔事项时，能按约执行，迅速处理这类事件。

以上就几种常用信函阐述正文的写法。其实文无定法，正文的结构应根据内容采取不同的方式。如付款函，只写明付款日期、款额、形式即可；索款函也只提出按订单款额、期限及时付款的要求，因此两段式即可。有的用一段就可说清楚。但如索赔函或延迟发运货、拒绝付款等函件，涉及双方经济利益和今后合作关系，用一段式显然欠妥，尤其在陈述理由时，一段式不能条分缕析。因此，一定要根据实际情况，该详则详，该简则简。

（5）结束语。正文结束后，可用一些简短的习惯性用语做结束语，如"谢谢合作"、"顺祝生意兴隆"、"敬希即复为盼"、"敬候即复"、"兑现为荷"等。但目前不少商函不用这些习惯用语，以使信函更加简明利落。

（6）落款。落款要写上发函单位的名称。以个人名义写的商函，也要写上单位名称，然后再加上自己的姓名和职衔。下面写上发函日期，年、月、日要写全。

（二）外贸信函

1. 外贸信函及作用

目前传真、电子邮件的使用量特别大，许多商务信息都是以传真或电子邮件的方式传递出去的，而这两种联络方式又是在信函的基础上发展起来的。虽然传真、电子邮件的使用相当频繁，但商务交往中人们对于一些不太紧急的信息仍以信函方式为主进行交流。尽管我们可用其他的交流方式来传递商务信息，但许多重要的商务信息仍需以信函方式加以确认，因此商务信函的撰写再一次被提到重要位置上。商务信函迄今为止已有数千年历史，从古到今，它在语言上、文体上、格式上都经历了许多变化。它的格式从过去的一成不变的缩行式发展成今天的各种各样的格式，如齐列式、改良齐列式、简化式、混合式等，这种发展的结果主要是由于国际贸易的迅速发展所致。在21世纪的今天，人们已将办公效率、办公时间放在第一位，过去的一些俗套的商务语言、商务信函的格式等已不再适合当今国际贸易的发展。买卖双方在来往的函件中，其写作语言、体裁、格式等愈来愈趋向于简单、明白、随便、亲切，而不像以往函件那样使用复杂、拗口、难懂、生硬的语言。但是无论商务信函怎样变化，它仍有一定的在国际商务信函中约定俗成的写作格式、写作语言、写作方式等供我们遵循、效仿。

外贸信函就是用来与外商或企业联系业务、洽谈生意、磋商问题的文书，随着对外交往的日益增加，外贸信函使用越来越频繁，成为对外经济贸易中的一种占重要地位的文书。

2. 外贸信函的种类

（1）sales promotion letters（促销函）。促销函是宣传产品或服务，以引起人们的注意、激发人们的兴趣、增强人们的欲望，进而促使人们作出购买行为的有力工具。从某种意义上说促销函是一种广告，但它比一般广告更具有针对性，因为促销函的读者是与所宣传的商品或服务有密切关系的人，而不是一般广告的公众。促销函可以写给自己的客户，也可以写给可能购买自己商品或服务的其他人。

写促销函时，可以采用以下方法和技巧：①开头要能一下子引起读者的注意。为此，可以用重要的事实、惊人的现象、面临的问题、与读者有切身联系的情况等开头。②中间部分要清楚、生动、热情地描述商品或服务的特性，介绍使用或经销该商品或服务所能带来的好处。特性和好处应巧妙地融合在一起，一般是先说出好处，然后再结合商品或服务特性展开论述。③在介绍商品或服务的特性和好处之后，可以用实事加以证实，如权威机构的鉴定结果、权威人士的认证、用户的反馈等。④最后说明订购的方法或者查取相关信息的途径。⑤促销函设计要精美，版式要新颖，段落要短小，主要内容可以用画线、手写、改变字体、改变颜色等方式予以突出。⑥促销函中可以附上回执单或卡片以方便读者采取行动，另外还可以在促销函中附寄免费的样品。

（2）inquire letters（询盘函）。询盘是指交易的一方打算出售或购买某一商品或服务，向另一方发出的磋商邀请。询盘可由买方发出，也可由卖方发出，前者习惯上叫"邀请发盘"（offer invitation），后者习惯上叫"邀请递盘"或"招标"（bid invitation）。

询盘在法律上对双方均无约束力，即买方询盘后，无必须购买的义务，卖方也无必须出售的责任。但在习惯上，对方应尽快答复。不过，如果一笔交易从询盘开始，经过双方磋商，最后达成交易，询盘函将是交易文件的主要组成部分。

写询盘函时，可以采用以下的方法和技巧：①开头就直截了当地告诉对方想了解些什么信息，切忌拐弯抹角。②询问的内容往往不只限于产品或服务的价格，还可以了解一下产品的规格、包装、交货期、付款方式或者服务的时间、范围等情况。③结尾一般是表达希望对方尽快提供信息的心情。④询盘函应简洁、清楚、礼貌。

（3）offer letters（报盘函）。报盘是指报盘人向受盘人就某项商品或服务的买卖交易条件提出订立合同的建议，是交易磋商中不可缺少的环节。

报盘与询盘一样，可以由卖方提出，也可以由买方提出。前者习惯上叫"卖方报盘"（selling offer），后者习惯上叫"递盘"或"投标"（bid）。

在我国进口业务中，报盘分两种，有法律约束力的实盘（firm offer or offer with engagement）和无法律约束力的虚盘（non-firm offer or offer without engagement）。

撰写报盘函时，应注意以下几点：①实盘函在法律上称为要约，是一份表示报盘人愿意接受自己提出的条件约束的文书，函一旦发出，报盘人不得随意变更其中的内容。如果受盘人接受了实盘函中提出的条件，一份具有法律效力的合同即告成立，报盘人就有义务履行函中所作出的承诺。②实盘函的内容必须清楚明确，不能有模棱两可的语句。③实盘函的内容必须完整，主要条件必须完备，如果连基本的价格或装运期都没有，就不能叫实盘。有些老客户之间，交易条件虽未一一列明，但在其中加上了 **other conditions same as usual**（其他交易条件和往常一样）之类的表述，也应视为实盘。④发出实盘函表示报盘人愿意无条件地接受所报条件的约束。一般在实盘函中都要规定愿受其约束的时间界限。⑤虚盘函是指不清楚、不完整或有保留的报盘。这种函不具有要约的性质，只能视为要约邀请，因而对报盘人没有法律约束力。

（4）**order letters**（订货函）。买方在收到报盘函后，如果认为卖方所报条件可以接受，便去函订货。如果卖方的报盘函为实盘，即要约，那么订货函是买方对要约的承诺，具有法律的约束力，是买卖合同的重要组成部分。

订货函是最简单的商务英语文书之一，因为它没有涉及多少写作策略方面的问题，但仍要注意以下几点：①开头就直接说明订购的意图。②订货函一般应包括商品的名称、品质、数量、包装、价格条件、交付方式以及需要对方提供的单据等。③内容必须准确、清楚。不论是商品的价格还是商品的规格都应做到准确无误，否则会带来不必要的损失与麻烦。

（5）**order acknowledgement letters**（订货确认函）。对订货予以确认已成了商务惯例，因此一收到订货函就应该马上回信确认，不能过了十天半月货都发出去了，对方还不知道，那将损害企业的形象。

如果对方是根据你方报的实盘下的订单，你的回信确认是礼节上的要求，也是趁机促销的好机会。如果对方是按你报的虚盘或纯属主动下的订单，你只有予以确认，才能建立具有法律约束力的合同关系。我国的习惯做法是收到对方订单后寄去售货确认书（**sales confirmation**）。

撰写订货确认函时，注意以下几个方法和技巧：①开头应感谢对方的订货，如果决定接受，还应在第一段就把这个好消息告诉对方，因为这是对方急切等待的。②内容要准确无误，对订货数量、交货期、货款金额等重要数据要进行确认。③如果对方所订货物短缺，也应马上回信说明原因。④如果不能按客户要求的时间交货，应告诉客户可能的交货期，并强调公司为尽早交货所做的努力。⑤如果无对方要求的货而有类似的货，可提议以之代替，但最好避免用 **substitute** 这个词，因为人们总觉得 **substitute** 不会像被替代的货物那么令人满意。⑥如果对方的订购函中有什么不妥或遗漏之处，不应指责对方，只能在感谢对方之后，策略地请对方说明。⑦订货确认函要充满热情，对对方的惠顾表示真诚的谢意，并趁对方兴致正浓时进行积极促销，以提高公司和产品的声誉。

（6）**collection letters**（收款函）。很多大公司都会拟出一套收款的系统，在经过充分测试证明有效之后，正式列为常设的程序，这就是所谓的系列收款函。

系列收款函从 3～6 封不等，有的公司寄出两三封收款函还未收到货款，就会去函以诉诸法律途径作为胁迫；有的则会等到寄出第六封信后仍未收到货款时，才会寄出"不付款，等着瞧"的最后通牒。

写收款函时，应注意以下几点：①系列收款函应一封比一封严厉，但也要不失礼节，不可尖酸刻薄地攻击甚至诽谤对方。②最初的收款函主要是提醒对方，希望对方履行付款的义务。所以在写作时，语气要友好，不可指责对方。③中期的收款函应加强语气，指出不按时付款会带来的负面影响。④后期的收款函应明确告诉对方，如不付款就诉诸法律。⑤每封收款函都应写明对方所欠金额。

（7）**claim letters**（索赔函）。当遇到对方提供的商品品质欠佳或提供的服务不周这类对方未履行或未完全履行合同规定的责任时，要求对方对因此而造成的损失予以赔偿的商务信函通称为索赔函（**letters for claim** 或 **letters of complaint**）。

写作索赔函时，可借鉴以下写法：①索赔函应有礼有节地提出赔偿要求，证据要有分量，但不要写成声讨信，不要指责、教训对方。②索赔函一开头就应直接把问题摆出来，说明索赔的原因。③信中应清楚地说明期望补偿的办法，是降低价格、换成新货，还是干脆退货。④索赔函的收信人必须具体。称呼为 "**to whom it may concern**" 的索赔函往往是没什么结果的。索赔函在写给主管人的同时，最好抄送一份给总裁。⑤在写给主管人的信末注明抄送给了总裁（**c. c. president of your company**），以促使主管人在总裁过问此事之前就理赔。⑥为确保主管人和总裁本人而不是秘书读到你的索赔函，可在信封上注明：**CONFIDENTIAL** 或 **PERSONAL** 字样。⑦必要的话，可以警告对方：如不理赔或理赔不当的话，就诉诸仲裁或提起法律诉讼。

（8）**adjustment letters**（理赔函）。在收到对方写来的索赔函后，需要进行一番查证，弄清是非，然后尽快回封理赔函，把处理意见告诉对方。

写作理赔函时，应做到以下几点：①信中要表示理解对方的处境，应该自始至终都客观地看待问题，让事实说话，不管对方的索赔合不合理，都不可妄加指责对方。②应明确告诉对方，你为此事做了什么？现在正在做些什么？打算怎么办？③如果对方的索赔有理，决定满足对方要求，一开头就应该把此信息传递给对方，不要在第一段就推卸责任，为自己辩护。④如果对方的索赔是无理的或已过索赔有效期，当然不能满足其索赔要求，但把这个信息传递给对方时应策略些，不应开头就直接说出拒绝赔偿的意图，首先表示理解对方的困境，然后，在措词上给对方拒赔的暗示，再进一步说明拒赔的态度，并应着重说明拒赔的原因。⑤理赔函自始至终要表现出合作的态度，让下列话语成为信的主调：

Thank you for. . .

May we ask. . .

Please let us know. . .

We are glad to work with you.

3. 外贸信函的结构和格式

（1）外贸信函的结构。一封商务信函由下列 12 个部分组成：

letter head（信头）。信头的作用有两个：便于收信人辨别信从何处寄来，以及形成对写信人公司的印象。撰写商务信函时，一般应使用印有公司信头的信笺。一个印就的信头（**printed letter head**）至少包括写信者公司的名称、地址，还可以有邮政编码、电话号码、电传号码、传真号码、电报挂号、电子邮件地址等。在有些国家还包括一些其他细节的规定。信头的设计颇具艺术性：有的印在信笺页首的中部，有的则印在左边。如果是临时在一张空白纸上撰写或打印，信函地址仅需置于右边留空处。

reference number（发文编号）。发文编号应易于辨认，它通常置于信头下隔两行。发文编号能方便归档。在某些来信中，它可能置于信的末尾、签名下两行的左边空白处。

发文编号包括归档号、部门代码或信件签名者姓名的首字母、后跟打字员姓名的首字母，见下例。

某公司收到一封来函（**in an incoming letter**），其发文编号如下：

Your ref：

Our ref：234GW/gp

该公司对来函的回复（**in the reply to the incoming letter**），其发文编号如下：

Your ref：234GW/gp

Our ref：456JS/1b

date（日期）。每封信都必须注明日期，绝不可发出一封不带日期的信函。日期的位置在发文编号的下面，间隔一行，至于靠左还是靠右，取决于所采用的信函样式。信函的样式如是齐列式，日期应顶格写，即靠左；若是斜列式或混合式，日期则置于右上方。

日期撰写有两种不同的方式：

March 2，2010——美式

2nd March 2010——英式

将月份和日期都用一般数字表示是不明智之举，因为容易混淆。例如，同样想表达 2010 年 8 月 13 日，如写成：13/8/2010 或者 8/13/2010，这就可能会产生误解，因为美、英两国阅读日和月的顺序是不同的（英：日/月/年；美：月/日/年）。当你提供诸如装船期、交货期或某种约定等方面的信息时，日期表达的正确性至关重要，因此最好是把日期中的月份用字母写全。

inside name and address（封内名称和地址）。收信人的名称和地址打印在日期下面（至少隔两行）的左边。它的撰写与信封上的格式完全一致：单行撰写。为了便于邮件的机械分类，必须写上邮政编码（美）或邮递区号（英）。

封内名址中的姓名前应加上 **Mr.**，**Ms.**，**Dr.**，**Professor** 等称谓。收信人如果担任一定的职务，既可以在姓名后直接注明，也可以在姓名下另起一行注明。例如：

Ms. Linda Skeat，**Director**

Sales Department.

Cobell，**Inc.**

2395 **Constitution Avenue**

Seattle，**Washington** 98014

U. S. A.

Mr. Otto Pride

Vice President

Hisonic Co.，**Ltd.**

132 **Mortimer Street**

London WIC 37**D**

England

如果只知道收信人的职务而不知其姓名，只需在职务的前面加 **Mr.**/**Ms.** 即可。例如：

Mr./**Ms. Director**

Export Division

Times Software，**Inc.**

如果一封信收信地址是公司，但必须直接交给某个人亲启，其撰写形式如下：

Richard Thomas & Baldwins Ltd.

150 **Gower Street**

London W. 1

England

ATTN：Mr. John Smith，The Sales Manager

上面撰写形式中的 **ATTN** 是 **attention** 的缩略形式，含义是 **for the attention of**，写给某机构的商务信函，如需要具体的某个人或部门过目，可以在封内名址和称呼之间用 **attention** 引导并注明。

这一提示符相当于汉语的"亲启"、"亲收"之意，其他变通的形式还有：

Attention of Marketing Manager

Attention：Mr. . .

Attention Sales Manager

ATTENTION PERSONNEL MANAGER

对于特别需要对方保密的商务信函，可以在封内名址上方间隔一行处写上大写的 **PERSONAL** 或 **CONFIDENTIAL** 字样，以提醒对方一定保密。

the salutation（称呼）。称呼是写信人用来作为一封信开头的礼貌问候语，所使用的形式取决于写信人与收信人之间的关系。在某种程度上，它决定了结尾敬语的形式，这两点必须前后呼应、协调一致。

不管使用哪种形式，称呼总是单列一行，写在封内名址下方，与其间隔一行，顶格开始写。并且在 **dear sirs** 后用逗号"，"，在 **gentlemen** 后用冒号"："。

如果只知收信人的职务而不知其姓名，可用 **dear director** 或 **dear manager** 称呼。

the subject line（事由栏）。事由栏置于称呼语下两行，将其置于行首还是行中，取决于你所使用的格式。事由栏是对信函内容的高度概括，一般在 10 个词以内，最好不要超过一行，使收信人一眼就能抓住信的主旨。当两家公司就各种各样的事由有许多函件往来时，事由栏就更显助益了，因为它可直接告知收信人信的主要内容，方便归档。

该栏目有无引导词"re:"或"subject："字样均可，但必须注明信的主题。如果不用引导词，也可以用斜体、下划线、全大写方式等，让对方一看就知道是信的主题。例如：

Re：Sewing Machines

Subject：Our Contract NO. 2345. Your L/C No. 23456

Sewing Machine

In re：Invoice NO. 2221-6

Account No. 222

SUBJECT：

the body of the Letter（信的正文）。正文是外贸信函最重要的部分，应充分利用自己的专业知识和英语能力，认真学习本书所讲的各类信函的写作方法，写出高质量的信函来。

信的正文与事由栏隔两行，如果没有事由栏，则至少与称呼语隔两行。信的正文必须仔细策划，分好段落。首段用来提及前面的信函往来，而尾段则涉及未来的交易及规划，其他段落则需一段一个话题。

在撰写信函时牢记交流原则，避免刻板老套的短语及商务行话是十分重要的。

在撰写正文的首段时，没有固定的规则可遵循。在回复一封信函时，对方来信的日期和发文编号应该提及：

Thank you for your letter234**GW/gp of September** 18，2006.

Your letter of the 10**th August has been received with thanks.**

当给一家公司去信（而非回信）时，就该清楚、直截了当地阐明信的主旨，即

We have begun a new system of manufacture which we feel may be of interest to you. . .

You were recommended to our company by the Bank of China，New York Branch and we wish to. . .

尾段通常是一个简单句，作为全信的礼貌结尾，是整封信的小结，同时也包含写信人对收信人的要求。例如：

如果你希望收信人为你做某事或是购买你的货物，你可以说：

We look forward to hearing from you soon.

如果你向某人提供购物信息，并希望他采取行动，可以这样表述：

Please do not hesitate to contact us. . .

除了推销函外，商务信函通常只有一页长度，但也有一页纸写不下的情况，这里就要使用续页。续页要使用与首页相同质量、尺寸和颜色的空白信纸，并在页眉打印下列内容：信纸的页码、收信人的名称、写信的日期。例如：

Mr. Manfred Healy　—2—　November 2，2010
曼弗雷德·希利先生　第 2 页　2010 年 11 月 2 日
International Trading Co.，Ltd. 2　September 18，2010
国际贸易有限公司　第 2 页　2010 年 9 月 18 日
在齐列式的信函中，可以用下列格式撰写：

International Trading Co.，Ltd.

Page 2

September 18，2010

绝不可单独使用续页作为结尾敬语和署名，而应当调整整封信的内容，使在撰写结尾敬语之前第二页纸上至少要有两行信的正文。或者说，在第二页上打印至少一段正文，而不仅仅是署名部分。并且，商务信函绝不允许两面撰写。

the complimentary close（结尾敬语）。结尾敬语仅作为一种礼貌的结尾方式。它置于信的正文第二或第三行之下。若是齐列式，结尾敬语顶格写；若是缩进式或混合式，结尾敬语的落笔处最好与信笺右上方的日期开头对齐。

结尾敬语相当于口语中的 **goodbye**，汉语中的"此致敬礼"、"谨上"。商务信函的结尾敬语一般用 **sincerely** 或 **faithfully**。如果与收信人有较深的交情，可用 **cordially**。另外还可以用 **best wishes** 或 **truly** 等祝福语作为结尾敬语。结尾敬语后用逗号，同时必须与称呼相对应，见下例：

Dear Sirs，Yours faithfully，

Dear Mr. Henry，Yours sincerely，

yours sincerely 可以用来作为任何一封商务信函的结尾，普遍被接受。

the signature（署名）。所有的商务函件都必须在结尾敬语下亲笔签名。国际上特别看重签名，没有签名的函件、文件、单据不具备法律效力，没有亲笔签名的信函也常常被认为不是写信人的本意。所以务必在结尾敬语和打印姓名之间所空的两三行处，亲笔签名。

如果是女性，最好在打印的姓名前注明，以便对方在回信时称呼。如果想把自己的职务告诉对方，可在打印的姓名下注明。例如：

Sincerely，此致敬礼

（Signature）（亲笔签名）

（Ms.） **Jin Xiyuan** 靳西园（女士）

General Manager 总经理

署名有手签与打印两部分，以便收信人辨认其姓名，因为有时人们的手写签名难以辨认。签名的下面是职衔或职位（是否与正体签名同一行或另起一行，应由长度来决定）。

手写签名，除本身的法律意义外，还可以显示你对收信人的尊重，同时也给整封信加上一些人情味。

enclosure notation（附件）。如果随信附有单据、目录、价格表等，那么就必须使用"附件"栏目，与署名栏至少隔两行，或者置于发文编号首字母下面两行左边空白处。它的标记可以是以下任何一种方式：

Enclosures（3）

Encl. 3 catalogues

Enc. 1 invoice

Encls. As stated

Attachments：2

Enclosure：

1. Check No. 234

2. Order No. 345

1 Enc.

Attachment

carbon copy（抄送）。当信函的复件要寄给其他相关部门或人士，而且你想让指定的收信人知道的话，通常在信的末尾，"附件"下面打印 **CC**、**cc**、**Cc** 等字样，注明抄送给谁了。它的具体表现方式和变通形式有：

c. c.：**Mr. J. Cooper**

J. Cooper 先生将收到这封复件。

也可以直接写成

Copy to Mr. Wright

另外，如果是复印件或影印件，那就要用下列形式了：

xc：**xerox copy**（复印件）

pc：**photo copy**（影印件）

如果接收复件的不止一人时，可以在 **cc** 后面一一列出。例如：

c. c.：**Robert Keats，President**

Jim Carter，Marketing Manager

Mary Kent，Sales Agent

有时你不想让指定收件人知道其他人已经收到复件，在这种情况下，**cc** 就写在副本上，当然不能写在收信人的正本上。例如：

c. c.：**Mr. Wright**（秘密抄送件：**Wright** 先生阅）

postscript（附言）。在商务信函中一般不提倡使用附言，要想传递的信息最好能在正文中表达清楚，但当写信人想强调某一要点以引起收信人的重视时可使用"附言"。如果你在信的正文中遗漏了某一点,这时不可使用"附言",而必须将信重写。有时,在一封打印的函件中,为加深个人间的接触,某些官员就亲笔手写"附言"。

在促销函中使用附言,能起到强化促销的作用。例如:

P. S. There is a handsome gift for you when you order for a dozen.

附言:如果你订购一打的话,将会有精美礼品赠送。

(2)商务信函的格式。商务信函有各种各样的格式,其中最流行的有三种:斜列式、齐列式、混合式。

the indented style(斜列式)。斜列式商务信函是一种比较传统的信函格式,看起来较典雅。这种样式的主要特征是:日期写在信笺的右上方,封内名址和称呼顶格写,而且每段的首句也应缩进3~6个字符,结尾敬语和署名写在右下方。

必须指出:封内名址从第二行起,每行均缩进2~3个字符间距。例如:

The Pakistan Trading Company,

15,**Broad Street,**

Karachi,Pakistan

随着计算机的普及,时间观念的变化,现在多采用齐列式,早期的斜列式已逐渐停止使用。

the blocked style(齐列式)。齐列式是一种较具现代气息的信函格式,目前普遍被采用。

齐列式的每一行均从左边留空处开始,也就是顶格撰写,并且在段落的开头也不留空,这极大地方便了编排时格式的处理。例如:

Ocean Electronic Products Import Corp.

130 **Clifford Street**

London W. 1,England

采用这种格式撰写的信函,信的正文的段与段之间要空行,以分清段落。

the modified style(混合式)。混合式是基于斜列式和齐列式改良而成的,看起来既典雅,用打字机或计算机处理起来也方便。

采用这种格式撰写的信函,正文中每段的首句不需缩进(与齐列式同)。而日期、结尾敬语及署名则置于信纸中间偏右的位置(稍过中线)。例如:

Yours sincerely,

(**signature**)

Binford H. Peeples

Professor

4. 外贸信函的写作要求

在撰写商务信函时,要始终牢记七个要素,即中外信函专家常常提到的七个"C":completeness,concreteness,clearness,conciseness,courtesy,consideration,correctness.

(1)completeness(完整)。一封商务信函,只有当它涵盖了所有必要的信息,才是一封完整的、成功的、有效的信函。为使一封信函表述充分完整,有必要先拟一份提纲,以保证所有该讨论的事项均已涉及、所有问题均已得到答复。一封不完整的信,不仅仅是对收信人的不礼貌行为,它还会导致收信人对你公司产生不良印象。

(2)concreteness(具体)。商务信函应避免过于空泛。一般信函中,似乎所有事项都提到了，但实际上没有进行充分说明，收信人不明白你写信最终要达到什么目的，因此在读完你的信后会感到不知所措。尤其是对那些需要做专门答复的信函，如报价、询问交易条件等，"具体"就是重点要强调的。

（3）clearness（清楚）。要确保你的信函阐述清楚，以免引起对方误解。首先，你应该对要达到的目标有一个具体的思路。只有头脑清醒时才能表述清楚。同样重要的是要让人理解你的意思，因此建议在写信函的时候要考虑收信人的理解水平，既不要高于也不要低于其理解力。

（4）conciseness（简洁）。简洁通常被认为是最重要的撰写原则，它能节省写信人及收信人双方的时间。简洁的意思是在不损害完整、具体、礼貌的前提下，用尽量少的语言符号来表述。

（5）courtesy（礼貌）。在商务信函中，礼貌给人以体贴入微的感觉，其他商务活动也是如此。讲究礼貌，有助于加强你现在的商务关系，还可以帮助你建立新的商务关系。礼貌的词汇并不一定意味着礼貌的态度。礼貌取决于你对对方真挚的诚意和尊敬。

（6）consideration（体谅）。一封信如果能够给收信人留下深刻的印象或者深深地打动他，那么这封信的作用就发挥得淋漓尽致了。要达到这一效果，在商务信函的撰写中"客户至上"是一个非常重要的原则。这个原则是将自己摆在收信人的位置上，充分考虑对方的需要、期望、利益等。每个人都可能遇到不便之处，充分考虑到这一点就能使你更好地理解收信人，从而使你所提出的要求能更切合实际地令人理解。"客户至上"原则有助于避免出现棘手的局面，促进贸易双方的合作。

（7）correctness（正确）。商务信函必须正确，否则会被收信人误解。商务信函常常基于各种各样的商务文件，如合同、协议，因此它们涉及贸易双方的权力、责任等，而这些则要求写信人高度重视。

【例文评析】

例文1

希望建立贸易关系函

××公司：

我们从商会那里看到贵公司的名称及地址，得知你们有兴趣建立进出口商品的业务联系。

如贵公司在本地尚无固定客户，希望考虑以本公司为交易伙伴。本公司原经营工业机械在本国的批发零售业务，由于最近在经营方面的变化，本公司在销售方面的政策也发生了变化。笔者有多年的外贸经验，希望在世界各地建立适宜而持久的贸易关系。由于与生产厂家的长期直接联系，我们在许多行业中尤其是工业机械，是最有竞争力的。我们也愿意从贵国进口一两种优良产品，以有竞争力的价格在美国销售，以期能够持续、长期占领市场。

我们希望聆听贵公司的意见、要求和建议，以及如何才能使双方协力合作，互惠互利。此外，本公司愿意以收取佣金为条件充当贵公司在美国的采购代理。

恭候回音。

××公司

××××年×月×日

例文 2

询 问 函

敬启者：

我方在"××卫视"上看到贵公司的广告，对贵公司的金属箱及各类刀具甚感兴趣。

请贵方附表内之项目，以 **CIF** 新加坡报价函告，并将最早交货日期、付款条件及经常订购的折扣，亦一并予以说明。

本公司对各类金属日用杂货每年需求量甚大，请贵方惠赠一份目录及详细说明。

敬上

发函者：××

××××年××月××日

例文 3

催 款 函

亲爱的先生：

第 8756 号账单

我们于 9 月 8 日及 9 月 18 日两次去函要求结付 80000 美元欠款单，至今未收到贵方任何答复，对此我们感到难于理解。我们希望贵方至少得解释为什么账款至今未付。

我想你们也知道我们对贵方多方关照，但你们对我们先前的两次询函不做答复。你们这样做恐怕已经使我们别无选择，只能采取其他步骤来收回欠款。

我们极不愿意做任何损害你们信誉的任何事情。即使现在我们还准备再给你们一次机会来挽回此事。因此，我们再给你们 15 天时间来结清账目。

发函者：××

××××年×月×日

例文 4

索 赔 函

北京××货运有限责任公司：

200×年×月××日，我公司委托贵公司将回流焊设备一台，通过公路运输至深圳，交付给收货人刘×（以下简称收货人），在深圳收货人验收时发现设备已经破损而拒绝接收。设备于 200×年×月×日退回我公司，经贵公司和我公司双方查验，由于贵公司运输、装卸不当，造成设备和包装破损。

此次事件，不但使我公司设备损坏，遭受二次紧急调运设备的运费损失，而且使我公司对客户逾期交货，信誉受损并要承担逾期交货的违约责任。我公司向贵公司郑重要求立即赔偿以下设备修理费用和运输费损失：

破损部位及程度费用：

上罩：两合页部分螺丝穿孔，严重掉漆 1300 元

温室：合页部分及四个边角破裂 1900 元

横梁：中间部分压损 800 元

电机上罩 50 元

包装箱 450 元

修理设备运输费 400 元

设备修理人工费 1200 元

费用合计 6100 元

以上是我公司的最低要求，请贵公司于 7 日内支付上述赔偿金额，或者贵公司自己将设备送去经我公司认可、有相应技术能力和修理设施、设备完善的修理厂修理，贵公司承担全部修理费用。7 日后如果贵公司不支付赔偿金，又不将损坏设备送去修理、恢复设备完好，我公司将自己委托修理厂修理，并通过法律途径追偿全部损失，不再通知。

顺送

商祺！

北京××××有限责任公司

200×年×月×日

【评析】

例文 1 采用三段式结构安排层次，先说明对对方产品感兴趣及给己方留下的良好印象，表明与对方建立贸易关系的愿望，道明发函的目的；接着进一步做自我介绍，说明本公司在商界的优势及影响，包括本公司的良好声誉及经营业务范围，在市场的销售情况，目的是引起对方的兴趣，增加双方建立联系的可能性；最后表明若建立贸易关系会给对方带来的益处，以及给对方提供的优惠条件，展示良好的合作前景，提醒对方莫失良机。用礼貌贴切的语言表示诚恳的合作态度，希望尽快得到对方的回复。该函结构完整，层次清楚，语言得体。

例文 2 先说明对对方产品的兴趣，表明自己的急切心情，目的是引起对方的注意，然后向对方提出索取价目表及相关交易条件，希望对方提供该产品的报价。该函语言简洁利落，内容完整。

例文 3 是催促对方支付货款函。首先说明欠款的时间、金额及催款的依据，表示了难以理解的态度以及希望对方对欠款的原因给予解释，接着表明了己方无可奈何、别无选择的境地及因对方欠款给自己带来的影响及损失。但考虑双方的合作关系，因此再给对方一次还款的机会，并交代了还款的最后期限。虽是催款函，但语气平和，措辞得体，情真意切。其中"希望"、"关照"、"恐怕"、"只能"、"极不愿意"、"挽回"等词句体现了敬意和礼貌，有理有据，平和有力，体现了作者遣词造句方面的深厚功力，并且深谙生意经。

例文 4 开头先提出索赔的重要依据和因由，即在交货验收时，验收方发现设备破损而拒绝接收。经查验是由于对方运输、装卸不当造成的。阐明由于设备破损给自己带来的经济及信誉方面的巨大损失，之后详细列出索赔的项目及金额，接着说明索赔的方式，支付赔偿金或将货物交由有修理资质的部门修理及费用的承担。最后阐明如对方拒绝赔偿，己方的严正立场。该函本着摆事实、讲道理的态度，事实陈述具体，理由说明充分，内容完整，语言简洁，有理有据。

例文 5

SPECIMEN：ASKING FOR LOWERING THE PRICE

Dear Sirs，

RE：COUNTER－OFFER FOR BICYCLES

Thank you for your letter about the offer for the captioned bicycles. Although we appreciate the quality of your bicycles，their price is too high to be acceptable. Refering to the Sales Confirmation No. 89SP－754，you will find that we ordered 1000 bicycles with same brand as per the terms and conditions stipulated in that Sales Comfirmation，but the price was 10% lower than your present price. Since we placed the last order，price for raw materials has been decreased consider ably. Retailing price for your bicycles here has also been reduced by 5%. Accepting your present price will mean great loss to us，let alone profit. We would like to place repeat orders with you if you could reduce your price at least by 1.5%. Otherwise，we have to shift to the other suppliers for our similar request. We hope you take our suggestion into serious consideration and give us your reply as soon as possible.

Yours truly

还盘函电要求降低价格

自行车还盘

敬启者：

谢谢你们对标题下的自行车报价的来信。

我们虽然赞赏你们自行车的质量，但价格太高不能接受。请参阅 89SP－754 号销售确认书，按此销售书我方订购了相同牌号的自行车 1000 辆，但价格比你方现报价格低 10%，自从上次订购以来，原材料价格跌落很多，这里你们自行车的零售价也下跌了 5%。接受你方现时的报价意味着我们将有巨大亏损，更不用谈利润了。

然而如果你们至少降价 1.5%，我们非常愿意向你方续订。否则，我们只能转向其他供应者提出类似需求。

我们希望你们认真考虑我方建议，并及早答复我方。

例文 6

20 May 2000
Kee & Co. ，Ltd.
34 Regent Street
London，UK

Dear Sirs，

Thank you for your letter of 20 May enquiring about the shipment of your order under contract 4632.

Please accept my apology for the delay which has been caused by the unavailability of shipping space from Bombay to London.

The matter was, however, in hand and your consignment was shipped yesterday on board SS Pandit which is sailing directly to London.

I enclose one set of shipping documents comprising:

1. One non-negotiable copy of the bill of lading.

2. Commercial invoice in duplicate.

3. One copy of the certificate of guarantee.

4. One copy of the certificate of quantity.

5. One copy of the insurance policy.

I am glad that we have been able to execute your order as contracted. I trust the goods will reach you in time for the winter selling season and prove to be entirely satisfactory. I will personally ensure that you receive our prompt and careful attention at all times.

Yours faithfully,

Tony Smith

Chief Seller

Enc.

装 运 通 知

_____先生：

五月二十日询问有关订货合约第 4632 号装运情况的来信收悉。

因为未能取得从盂买到伦敦的货位而造成延误，本人深感歉意。

但是，该货已于昨日装运上潘迪特号轮船，直接驶往伦敦。

随函敬附下列装运文件：

一、不可转让的提货单副本一份；

二、商业发票一式两份；

三、保证书副本一份；

四、数量证明书副本一份；

五、保险单副本一份。

本人能够按照合约订明的要求为贵公司效劳，深感殊荣，深信此货将及时运抵贵公司，符合订明的质量要求。

如有任何需要，本人乐意效劳。

采购部主任

托尼·斯密思谨上

2000 年 5 月 20 日

附件：装运文件

例文 7

subject：Demanding Overdue Payment

Dear Sirs，

　　Account No. 8756

　　As you are usually very prompt in settling your accounts，we wonder whether there is any special reason why we have not received payment of the above account，already a month overdue.

　　We think you may not have received the statement of account we sent you on 30th August showing the balance of US＄80 000 you owe. We send you a copy and hope it may have your early attention.

Yours faithfully，

×××

索取逾期账款

亲爱的先生：

　　第 8756 号账单

　　鉴于贵方总是及时结清项目，而此次逾期一个月仍未收到贵方上述账目的欠款，我们想知道是否有何特殊原因。

　　我们猜想贵方可能未及时收到我们 8 月 30 日发出的 80 000 美元欠款的账单。现寄出一份，并希望贵方及早处理。

你真诚的×××

例文 8

20 May 2000
Kee ＆ Co. ，Ltd.
34 Regent Street
London，UK

Dear Sirs，

　　Our order No. 250 of 6 May for upholstery materials has now been delivered.

　　We have examined the shipment carefully and，to our great disappointment，find that they are not of the quality we ordered.

　　The materials do not match the samples you sent us. The quality of some of them is so poor that we feel that a mistake has been made in making up the order.

　　The goods do not match the requirements of our company. We have，therefore，no choice but to ask you to take the materials back and replace them with materials of the quality we ordered.

　　We are very keen to resolve this matter amicably. If you can replace the materials，we are prepared to allow the agreed delivery time to run from the date you confirm that you can supply the correct materials.

　　We look forward to your early reply.

Yours faithfully,
Tony Smith
Chief Buyer

货不对版索赔

_____先生：

　　五月六日订购的第 250 号家具装饰订单现已运抵本公司。

　　经查验后发现货物质素与商订的不相符合，本公司极感失望。

　　该批货色与样本质素相差甚远，部分质量极之差劣，令人怀疑订购过程可能出现错误。

　　由于货色与本公司要求不符，因此要求退货，并换回订单要求之货色。

　　本公司诚意希望能友好地解决该问题。如贵公司接受上述安排，本公司准备待贵公司确定能供应合格货物起计算交货日期。

　　敬希早日回复。

采购部主任
托尼·斯密思谨上
2000 年 5 月 20 日

【评析】

　　还盘是买方在接到卖方的报价以后，要求更改报盘内容的函，其中包括降低价格、改变付款方式、改变交货期等。

　　反还盘是卖方对买方还盘的还盘。还盘与反还盘，对于原发盘或还盘说称为还盘与反还盘，就其本身而言又构成一个新的发盘，还盘与反还盘是交易的关键环节。写法类似于一篇小驳论文章，应摆出对方的观点，然后用事实和道理加以驳斥，在驳倒对方观点的基础上树立自己的观点。驳斥要讲求策略，做到有理、有力、有节。

　　例文 5 是买方关于支付所用货币的还盘，因为价格太高不能接受，同等牌号的产品报价却很低，如果接受现时报价，我方会遭受很大损失。在此基础上，提出希望对方降价，否则我方将转向新的买家。希望对方认真考虑并及早给予答复。结尾措辞灵活得体，引导双方共同趋向一致。该函结构严谨，措辞平实，既拒绝对方要求，又照顾双方利益，这正是生意经很好的体现。

　　货物装运后，应及时通知买方，以便买方做好接货准备。发装运通知函时，要附寄有关单据，以便买方提货。

　　例文 6 首先说明有关订货合约的来信收到，对未获得货位而造成延误深表歉意。通知装货时间，说明随函附寄的承运货物单据，希望对方查收。货物装运发出，意味着一笔交易已即将

119

结束，因此在结尾处写上了一些表示谢意和希望今后继续保持业务关系的客气话语。

例文7索取逾期账款函。鉴于对方一贯的诚信态度，在以往的双方合作中一直很愉快，此次逾期未及时付款，我方深表理解。推测对方可能未及时收到以往发出的欠款单，因此再次寄出，希望对方早日回复处理。该函词句体现了敬意和礼貌，态度诚恳，谦和得体，使双方不会因这次不愉快而影响今后的合作。

例文8因货不对版进行索赔，首先道明家具装饰订单已收到，但发现货不对样，产品质量低劣，因此提出退货要求，诚恳希望对方能接受此安排，及时交上合格产品，并制定交货日期。希望对方早日回复。该函本着摆事实、讲道理的态度，事实陈述具体，理由说明充分，内容完整，语言简洁，有理有据。

第二节　启事　会议讲话稿　致词

一、启事

（一）启事

启事是单位或个人需要公开向大众说明或请求予以协助办理某事项而撰写的文章，属公告性应用文。

（二）启事的种类

根据内容的不同，启事可分为招聘启事、招生启事、征文启事、征订启事、招领启事、寻物启事、更名启事、迁移启事等。大体可归纳为寻找类、征招类、周知类、声明类等四大类。

（三）启事的格式和写法

1. 启事的格式

启事的格式包括：名称、正文、署名和日期四个部分。

2. 启事的写法

标题。启事的标题要醒目，通常在标题中加上事由，如"寻人启事"、"招领启事"。有的启事前加上单位名称以便引人注意，如"×市高科技开发区招聘科技人员启事"、"中央电视台黄金时段广告招标启事"。有的因事情重要或紧急，可在启事前加上"重要"或"紧急"字样，如"××股份有限公司紧急启事"等。

正文。正文的写法因内容不同写作时可有所侧重。

（1）寻找类启事。寻物启事要郑重写明物品丢失的时间、地点、名称、数量及特征等。寻人启事则要写明被找人的姓名、性别、年龄、身高或外貌、衣着、口音等方面的特征，有必要可标明走失原因。另外，寻找类启事一定要写清联系单位或个人姓名、地址、电话号码，并写上"必当重谢"之类的话。

招领启事一般要写明何时何地拾到何物，以及认领地址，对认领人的要求，如认领人须出示身份证等。应特别注意，招领启事不宜写出所拾物品的特征，钱款票据的数额等具体内容和细节，以防错领或冒领。

（2）征招类启事。征招启事广泛运用于各大企事业单位及服务行业，其正文内容各有侧重。

征集设计启事一般要说明征集目的、有关背景、设计要求、奖励办法及投寄地址和截止日期。无论是为开展某项活动亦或征集商标、店徽都必须将"设计要求"一项具体明确地交代清楚。

征稿启事要交代征稿目的、有关背景、内容要求、体裁要求及字数限定，必要时交代有关注意事项及奖励办法、截止日期、投寄地址等。

招聘启事和招工启事要写明招聘人员的职别和工种、应具备的条件、报名事项、考场及录用办法，有的还说明录用后的待遇。

招生启事要写明开设专业、培养目标、学制、学费、考生条件、报名事宜等。如果负责分配工作或推荐工作应交代就业方向。有的是定向招生，即特别为某单位培养人才的招生还应把委托代培单位的情况作以简要介绍。

（3）周知类启事。周知类启事又可具体分为开业启事、搬迁启事及聘请法律顾问启事等。

开业启事一般要写明企业性质、宗旨、经营范围及地址、电话、电报挂号等，而且要写上"欢迎惠顾"等词语。现在一些开业启事还写有负责人的姓名，也有列上祝贺单位名称的。

搬迁启事要写清迁移日期、新址、电话、电报挂号以及便于新老顾客购物和联系的有关事项。

聘请法律顾问启事一般只需要简单明确地写明某单位聘请××律师担任法律顾问这一事实即可，必要的说明聘请目的及法律顾问的职权。

（4）声明类启事。一般票据类物件丢失写声明启事。一是起公布作用，以提高警觉，免受损失。二是完成法律程序，以推脱责任。因此，写这类启事必须写明所失物件的名称、数量、号码等，并写上"声明作废"字样。如果遗失的是票据，还要向银行挂失。

凡一切需向社会公开说明，以免承担有关法律责任的事情，均可刊登声明启事，要写清有关事项，并用"特此声明"词语结尾。

二、会议讲话稿

（一）会议讲话稿及特点

会议讲话稿是在会议上发表全部讲话内容的文稿。

会议讲话稿虽属文件，但与书面递送的公文有所不同。主要表现在口语化上，因讲话稿是在各种会议发言所用，虽也应讲究文采，但要避免修饰成分太多，造成听众不得要领的错觉。

（二）讲话稿的种类

讲话稿属于会议文件，主要包括会议的开幕词、闭幕词、领导讲话、工作报告、会议总结和会议代表发言、典型经验介绍等。

（三）讲话稿的格式与写法

1. 讲话稿的格式

无论是哪种形式的会议讲话稿都由标题、称谓、正文几个部分组成。

2. 写法（主要介绍几种常用会议讲话稿的写法）

（1）开幕词。开幕词是大型会议或重要会议上有关领导揭开会议帷幕，向大会做的带有指示性、方向性的讲话或演说文稿。

开幕词对大会的作用主要体现在：郑重宣布开幕，造成隆重气氛；阐明会议主旨，明确指导思想；说明会议程序，提出注意事项；鼓励与会代表，满腔热情参会。

标题。开幕词标题常见的三种写法。①在开幕词三个字之前冠以会议名称，如中国共产党第十二次全国代表大会开幕词。②开幕词如在报刊上发表使用，往往以"在××会议开幕会上的讲话"形式出现。③文章式标题，如毛泽东在中华人民共和国和第一届全国人民代表大会第一次会议上所致的开幕词标题：为建设一个伟大的社会主义国家而奋斗。

在会议上讲话的时间，一般写在标题之下用括号括上。致词领导人的姓名一般写在时间之下，居中位置。如标题采用的是第二种方式，致词人姓名也可写入标题中。

称谓。即对与会人员的称呼。可根据会议的不同性质、对象，选择"同志们"、"朋友们"、"女士们"、"先生们"、"各位代表"等不同的称谓。

正文。一般由开头、主体、结尾三部分组成。

开头。宣布会议开幕。

主体。主要内容包括会议的主要任务（即会议的议题和议程）、会议的意义（即会议将起到的影响和作用。一般这部分要回顾上次会议以来的发展变化和会议将带来的成绩，从而提醒与会人员注意认识会议召开的背景、意义）、会议号召（即对与会者的希望和号召）三部分。

结尾。用凝练的富有鼓动性语言发出号召或表示祝愿。最后往往用"预祝会议圆满成功"结束全文。

（2）闭幕词。闭幕词是会议的结束语或对会议的总结。闭幕词对大会的作用主要体现在：着重宣布闭幕，形成前后呼应，评价总结大会，肯定会议成果，激励与会代表，贯彻会议精神，提出今后任务，表达良好祝愿。

标题。与开幕词一样，也可写成三种形式。

称谓。称呼语也与开幕词相同。

正文。包括开头、主体、结尾三部分。

开头。概括地给大会做总的评价。

主体。简要地回顾大会的全过程，对会议各项议程的结果逐一交待；总结会议取得的成果，并给予评价；向与会者提出贯彻会议精神和完成各项任务的要求。

结尾。宣布会议闭幕。有的闭幕词还对与会者提出希望和祝愿之类的话做结束语。

（3）工作报告。是领导者代表某一级组织在一些重要会议上做的全面的带有总结性、原则性和指导性的报告，是会议的重要文件。各级党政机关和事业单位均广泛使用。

标题。一般有三种写法。①会议名称加工作报告，如全国人民代表大会常务委员会工作报告。②加上报告人姓名，如××（报告人姓名）在××会议上的报告。③文章式标题。往往有正副标题，如加大教育投资，提高科技生产力——2010年政府工作报告。

时间写在标题之下，用括号括上，署名写在时间之下，有的在姓名之前，还注明职务。

称谓。根据与会人员身份及会议性质而定。

正文。由开头、主体、结尾三部分组成。

开头。开门见山，揭示报告主题，写明受何机构委托，向什么会议，作什么工作报告，并用"现报告如下，请予审议"承上启下。

主体。报告的主要内容通常有以下几个方面：已经做了的工作，获得了哪些成功，遇到了什么挫折，原因是什么，有何经验教训，今后的工作意见等。

结尾。一般写希望、要求和号召。语言要简洁、富有鼓动性和感召力。

（4）会议总结。有关领导在会议结束前对会议情况所做的总结报告。其作用是对会议进行全面评价。

会议总结的标题、称谓的写作可参照工作报告。

正文。一般由开头、主体、结尾三部分组成。

开头。一般先概括会议的基本情况，其中包括会议的日程、议程、对会议的总的评价，会议讨论情况、工作精神等。

主体。对会议中讨论的重大问题，做认真全面的总结，对与会人员提出的问题进行回答、解释说明，充分肯定好的意见和建议。

结尾。对传达、贯彻会议的精神意见作出安排，并写上祝愿、希望等内容。

会议总结是工作报告的进一步补充。

注意事项：

（1）写会议讲话稿，要考虑讲话者的职责。讲话者的职责不同，讲话的内容、角度、语气也要有所差异。例如，党委领导与政府领导、主要领导与分管领导、党政领导与部门领导，其讲话稿不能一样。一般来说，党委领导的讲话应突出从政治上、思想上、理论上、方向上来研究原则问题；政府领导的讲话应从宏观的角度研究实际工作问题；而部门负责人的讲话应从微观的层次讨论具体业务问题。

（2）写会议讲话稿，要考虑讲话者的个性特点。不同性格的人，往往产生不同的思维习惯和行为方式，这种差异也会不同程度地显露于领导讲话中。有的人追求语言的宣传鼓动效果；有的人只讲表述得清楚明白；有的人喜欢语言的通俗易懂；有人追求语言的文学色彩；有人喜欢简洁的短语；有人爱用精确的长句。起草讲话稿必须适应不同人的不同特点，不同爱好，这样才能写出特色、写出水平。

（3）写会议讲话稿，要考虑会议方面的因素。讲话的气氛和语言，必须与会议内容相协调。首先，会议讲话稿要适应会议的内容。例如，动员大会上的讲话，要富于鼓动性，研讨会上的讲话应富于理性色彩。其次，会议讲话稿要适应会议的形式。例如，大规模会议上的讲话，格外庄重；小型会议上的讲话，相对灵活。最后，会议讲话稿要适应会议的程序。例如，开幕词一般要说明会议的目的、内容、缘由等，闭幕词多总结会议的情况、收获等；开幕词有时侧重提出问题，而闭幕词要进一步分析问题和解决问题；开幕词研究问题主要以现实工作和形势发展为基础，而闭幕词多结合会议情况，有时干脆就会上提出的问题谈些意见。

总之，写会议讲话稿，要考虑各方面因素。讲话稿的讲题一定要实在。讲话所研究和解决的问题必须是实际工作和实际生活中看得见、感得到、抓得住的具体存在的问题。

三、致词

（一）致词及种类

致词是社交贸易等活动中发表的一些礼仪性讲话的统称，包括欢迎词、祝酒词、欢送词、告别词、答谢词等。

欢迎词主要是对客人的光临表示欢迎，因此语言要亲切、热烈。

祝酒词是在主人设宴招待客人时所发表的令人愉快的劝酒祝愿的词语。

欢送词是在客人即将离开时，主人在一些相应的礼仪活动中发表的叙旧惜别，充满情感的讲话。

答谢词一般是在特定的社交场合，如客人举行的答谢宴会、酒会、招待会等客人为表达对主人欢迎或款待的感谢之意所讲的话。

（二）写法

无论是哪种致词在写作内容上，都是表达对客人的热烈欢迎之情，抒写对客人的依依惜别之情，追忆与客人的友好合作，抒发愿与客人继续合作的真诚愿望，因此内容多有交叉，但不是在一篇致词中将所有的情感都表现出来，而是根据不同的感情需要择其一二。

1．欢迎词、欢送词和答谢词的写作

标题。标题往往只写文种，如"欢迎词"、"欢送词"、"答谢词"。也有的标题由致词人姓名职务、欢迎（或欢送、答谢）会议名称及文种组成。

称谓。根据不同的对象进行称谓。通常的称呼为：各位女士、各位先生、各位来宾、同志们、朋友们。

正文。包括前言、主体和结束语。

前言。主要是欢迎、欢送、答谢之类的话语，表达致词人的感情。

主体。写致词的中心内容，或概述自己的基本情况；或写此次活动的意义与作用；或述说双方的友谊与交往；或写双方友好合作的成果与经验；或表明自己的立场、态度和原则；或写将来的前途与设想等。

结束语。再一次表示欢迎或欢送或答谢之类的话语；或写希望与祝愿之类的话语。

2．祝酒词的写作

标题、称谓可参照欢迎词、欢送词、答谢词的写作。

正文。首先写致祝酒词者什么时候代表谁向到会者表示欢迎、感谢和问候。其次可以概括表达一下回顾总结前一个时期所取得的新成就。再次写在今后一个时期，所面临的光荣而艰巨的任务。最后写致词者提议为什么而干杯。

注意事项：

（1）内容不空泛。致词虽是抒发情感，表示祝愿的讲话，但不同于一般的寒暄，不能泛泛的堆砌一些华美之词。

（2）措词要得体。致词的语言要热情友好，注意字里行间都要传递情感，但要适度，做到不卑不亢。

（3）语言要精练，篇幅不能过长。致词多用在联谊活动中，不是具体的业务往来，因此不宜过长。

【例文评析】

例文1

美国副总统为残疾人艺术团访美致欢迎词

中国残疾人联合会、亲爱的朋友们：

我夫人和我非常高兴地欢迎中国残疾人艺术团访问美国。这些演员们将生动地展现每一个人——无论来自哪个国家或是否有残疾——心中所具有的创造潜力。

艺术团访美，包括在约翰·肯尼迪艺术中心的演出是非常适宜的，在这一艺术殿堂的侧面石壁上，镌刻着肯尼迪总统的名言："我相信在扫去我们城市的世纪尘埃后，人们能记住我们的不是在战争或政治斗争中的胜利或失败，而是我们对人类精神的贡献。"

这些演员们共有一种伟大的人类精神，他们的艺术才华为他们的同胞带来希望并为中国的特殊艺术发展带来活力。他们的坚强意志鼓舞了千百万中国人。现在，他们将把同样的希望带到美国。

请接受我衷心的欢迎和对演出成功表示的最良好的祝愿。

艾尔·戈尔（签字）

××××年8月24日

（转引自《大学应用文写作》）

【评析】

欢迎词是专人对来访宾客表示真诚友好、热情欢迎时所作的简要讲话，对活跃交往气氛，交流宾主感情，密切相互关系，给客人留下深刻而良好的印象，起着积极作用。

这份欢迎词写法规范，用语恰当。开头用热情的语言向客人的到来表示欢迎，接着赞扬了艺术团为"人类精神"所作出的贡献，并以良好的祝愿作结。全文充满着亲切友好的气氛，并恰当地引用肯尼迪总统的名言为赞扬演员们的精神作铺垫。

例文2

欢 送 词

尊敬的××博士、尊敬的朋友们、同志们：

××博士结束了在我校为其三年的执教生活，近日就要回国了，今天我们备此薄餐，为××博士送行。

三年来，××博士以出众的才智和辛勤的工作，赢得了全校师生的信赖与尊敬。他所做的几次学术报告，开阔了我们的视野，推动了学校的教学改革。对此，请允许我们代表全体师生对××博士再次表示感谢！

在三年的教学工作和日常交往中，××博士与油脂专业的师生诚挚交流，以友相待，结下了较为深厚的友谊，我们为此而感到高兴。

中国有句古话："海内存知己，天涯若比邻。"千山万水无阻于我们友谊的发展，隔不断彼此之间的联系。我们期望××博士在适当的时候再回来做客，讲学。

××博士将踏上回程的时候，请带上我们全体师生的深情厚谊，也请给我们留下宝贵的意见和建议。

最后，祝××博士一路平安，万事如意。

×××

××××年×月×日

（转引自《应用文写作》第三版）

【评析】

这是一篇欢送词。本文对××博士在校任教期间所取得的成绩予以充分肯定，并在此基础上道出了师生对××博士的依依惜别之情。

欢送词，是主人在正式场合中，送别客人时发表的洋溢着依依惜别与祝福之情的讲话稿，对创造社交礼仪的气氛，促进工作交往，有很大的作用。

这篇欢送词用词朴实，语调亲切，欢送的主旨明确。

例文 3

答　谢　词

尊敬的×××先生、尊敬的×××集团公司的朋友们：

首先，请允许我代表团全体成员对×××先生及××集团公司对我们的盛情接待表示衷心的感谢。

我们一行五人代表××公司首次来贵地访问，此次来访时间虽短，但收获颇大。仅三天时间，我们对贵地的电子业有了比较全面的了解，与贵公司建立了友好的技术合作关系，并成功地洽谈了×××电子技术合作事宜。这一切，都得益于主人的真诚合作和大力支持。对此，我们表示衷心的感谢。

电子业是新兴的产业，蒸蒸日上，有着广阔的发展前景。贵公司拥有一支由网络专家组成的庞大队伍，技术力量相当雄厚，在网络工作站市场中一枝独秀。我们有幸与贵公司建立友好的技术合作关系，为我地电子业的发展提供了新的契机，必将推动我地的电子业迈上一个新台阶。

我代表××公司再次向×××集团公司表示感谢，并祝贵公司迅猛发展，再创奇迹。更希望彼此继续加强合作，共创明天。

最后，我提议，为我们之间正式建立友好合作关系，今后我们之间的密切合作，干杯！

（转引自《应用文写作》）

【评析】

这是一篇答谢词。答谢词一般是在特定的社交场合，客人为表达对主人欢迎或款待的感谢之意所讲的话。这篇例文符合答谢词的写作要求，中心意思明确，各部分间层次清楚，衔接自然。

整篇谢词语言凝练，情感浓烈，谢意殷切。

例文 4

弘扬奥林匹克精神，共创世界美好未来
——在北京奥运会欢迎宴会上的祝酒词
（2008 年 8 月 8 日）
中华人民共和国主席　胡锦涛

尊敬的国际奥委会主席罗格先生，尊敬的国际奥委会名誉主席萨马兰奇先生，尊敬的各位国家元首、政府首脑和王室代表，尊敬的各位国际奥委会委员，尊敬的各位贵宾，女士们、先生们，朋友们：

今晚，北京奥运会将隆重开幕，我们共同期待的这个历史性时刻就要到来了。我谨代表中国政府和人民对各位嘉宾莅临北京奥运会，表示热烈的欢迎！

在北京奥运会申办和筹办的过程中，中国政府和人民得到了各国政府和人民的真诚帮助，得到了国际奥委会和国际奥林匹克大家庭的大力支持。在这里，我谨向你们并通过你们，向所有为北京奥运会作出贡献的人们，表示诚挚的谢意！

借此机会，我对国际社会为中国抗击汶川大地震提供的真诚支持和宝贵帮助，表示衷心的感谢！世界各国人民的深情厚谊，中国人民将永远铭记！

女士们、先生们、朋友们！

2800多年前在神圣的奥林匹亚兴起的奥林匹克运动，是古代希腊人奉献给人类的宝贵精神和文化财富。诞生于1894年的现代奥林匹克运动，集成了古代奥林匹克传统，发展成为当今世界参与最广泛、影响最深远的文化体育活动。在历届奥运会上，各国运动员秉承更快、更高、更强的宗旨，顽强拼搏，追求卓越，创造了一个又一个佳绩，推动了世界体育运动蓬勃发展。

奥运会是体育竞赛的盛会，更是文化交流的平台。国际奥林匹克运动把不同国度、不同民族、不同文化的人们聚集在一起，增进了世界各国人民的相互了解和友谊，为推进人类和平与发展的崇高事业作出了重大贡献。

当今世界既面临着前所未有的发展机遇，也面临着前所未有的严峻挑战。世界从来没有像今天这样需要相互理解、相互包容、相互合作。北京奥运会不仅是中国的机会，也是世界的机会。我们应该通过参与奥运会，弘扬团结、友谊、和平的奥林匹克精神，促进世界各国人民沟通心灵、加深了解、增进友谊、跨越分歧，推动建设持久和平、共同繁荣的和谐世界。

女士们、先生们、朋友们！

举办奥运会，是中华民族的百年期盼，是全体中华儿女的共同心愿。2001年北京申奥成功以来，中国政府和人民认真履行对国际社会的郑重承诺，坚持绿色奥运、科技奥运、人文奥运理念，合力做好各项筹办工作。我相信，在国际奥委会和国际奥林匹克大家庭支持下，我们一定能够共同把北京奥运会办成一届有特色、高水平的奥运会。

现在，我提议：为国际奥林匹克运动蓬勃发展，为世界各国人民团结和友谊不断加强，为各位嘉宾和家人身体健康，干杯！

（转引自《应用文写作》）

【评析】

祝酒词是在主人设宴招待客人时所发表的令客人愉快的劝酒祝愿的词语。

本篇例文选自2008年8月8日，胡锦涛主席在北京奥运会欢迎宴会上的祝酒词，给人印象深刻。

祝酒词开篇，首先胡主席代表中国政府和人民对与会者表示欢迎、感谢和问候，接着阐明了奥林匹克运动的精神实质和深远影响，最后胡主席提议为什么而干杯，结束全文。

第三节　计　　划

一、计划及其类型

（一）计划

计划是一种事务文书，是机关、团体、企事业单位根据党和国家的方针政策以及上级的指示，结合本地区、本单位的实际情况，对将要进行的某一阶段工作或某项具体任务拟定的关于目标、措施、步骤等内容的文书。

（二）计划的类型

在计划类文体中所说的"计划"是个统称。写计划时，往往根据内容的差别、期限的长短、成熟程度及具体需要，分别称为"规划"、"纲要"、"安排"、"打算"、"设想"、"要点"、"方案"等。

"规划"、"纲要"是指时间较长、范围较广、内容比较概括，侧重于奋斗目标的计划。

"安排"是计划中最具体的一种。适用时间短、范围较小、内容比较具体，侧重于实施办法的计划。

"设想"、"打算"是指非正式的、初步的粗线条计划。时间长些的称"设想"，近期要进行、范围不大的称"打算"。"设想"、"打算"往往为制订某些规划或计划做准备。

"要点"即工作计划的摘要，是领导机关借以布置一定时期的工作任务，交代政策界限，并提出具体任务及主要措施。要点重在原则性指导。

"方案"是对将要进行的某项重要工作，从目的、要求、方式、方法到具体进度作全面安排的计划。方案经上级批准后即可执行。

二、计划的作用、特点和分类

（一）计划的作用

1.计划具有指导作用

《礼记·中庸》中写道："凡事预则立，不预则废。"无论做什么工作，尤其是一些复杂的工作，有了计划，才会有明确的工作目标、具体的工作要求，才可以减少盲目性、随意性，增强自觉性、主动性，才会充分发挥每个子系统的作用，使工作协调地、顺利地进行。

2.计划具有监督、保证作用

计划不仅是指导工作的工具，而且还是上级机关和领导检查、督促实际工作的重要依据。实际工作完成了没有，完成得怎么样，都要依据计划进行评价。

3.计划具有激励制约作用

广大群众是一切工作的主力军，群众了解甚至参与制订本单位的计划，就会增强主人公意识，使他们与领导同心同德，为共同目标而奋斗。反之，如果一个单位工作没有一个计划制约，干到哪里想到哪里，整个工作就会陷于无序状态，这对国家和某个单位来说，都是行不通的。

（二）计划的特点

1.预见性

科学的预见性是工作计划的突出特点。计划是对未来事项的一种预想和安排，在拟制计划时，要尽可能准确地预测出事物发展的趋势、方向和程度，然后再确定应该采取的措施、办法和步骤等。这些都是建立在对将来事项的预测基础之上的。

2. 可行性

预见性必须和可行性密切结合，如果计划脱离实际就不可能变为现实。可行性是预见性的基础，如果基础不牢，那只能是空中楼阁，计划也会落空。因此，对计划的任务和目标的预见必须符合党的方针、政策，符合客观规律和实际情况。任务指标的确定要有开拓进取的精神，稍高于计划执行者的能力，但又不是高不可攀的。完善的工作计划必须务实求精，措施得力，方法得当，步骤周密合理。

3. 科学性

计划是为完成预定目标或工作任务所做的预想性部署和安排。因此，一份理想的工作计划，往往建立在严密的科学性基础上。制订者通过调查研究，充分掌握全局的和局部的、历史的和现实的各种情况和资料，经过正确的分析和估计，提出具有积极意义的目标和周密可行的步骤、措施。既对未实施的工作作出科学预测和展望，又符合本单位的客观实际。

4. 时限性

工作计划的周期性很强，它要达到的目标或要完成的任务，都要求在一定时间内完成。计划的阶段性也较强，每个月份应该完成哪些任务，每季度实现什么目标，本年度应该做些什么工作，都要在计划中明确规定，完成的时间要有具体的要求。

5. 约束性

工作计划虽不属公文，其指导性不像公文那样具有法定的权威性和广泛的行政约束力，然而工作计划一经下达，就在特定的时间、特定的范围产生一定的约束力，规范和指导实践活动。部门、单位的工作计划一经会议通过和批准后，就具有正式文件的效能，其在所管辖的范围内，具有权威性和约束力，成为工作的纲领和准则；同时，它又是检查工作进度、质量考核、奖励惩罚的依据。

(三) 计划的分类

计划的种类很多，按不同标准就有不同种类的计划。

按范围分，有国家计划、部门计划、单位计划、科室计划、个人计划等；按性质分，有生产计划、科研计划、工作计划、学习计划等；按时间分，有年度计划、季度计划、月计划等；按形式分，有条文式计划、表格式计划、条文表格综合式计划；按内容划分，计划有如下两类：

1. 综合计划

综合计划也称全面工作计划，是指在一定时间范围内，对本单位、本部门全面工作的安排和部署。综合计划往往是一个单位或一个部门的行动指南、工作依据，其内容简要，仅提出一些原则性要求，不必提出过细的数字指标。

2. 专项计划

专项计划是对某一方面工作的部署。它是单位或部门根据全面工作计划的要求拟定出来的，一般比较详细、具体。

三、计划的格式和写法

计划的格式一般由标题、正文、落款和日期几部分组成。

（一）标题

完整的计划标题由四要素组成：制订计划的单位名称、计划适用的期限、计划的性质或内容、计划的文种。有时可根据具体情况适当增减。未定稿的计划，应在标题后或下一行用括号注明"草案"、"草稿"、"讨论稿"、"送审稿"等字样。

（二）正文

正文是计划的主干和核心，一般由开头、主体、结尾三部分组成。

1. 开头

开头也叫前言，一般要交代计划是在什么主、客观条件下提出的，回答"为什么做"、"能不能这样做"的问题。通常包括制订计划的目的、依据、指导思想，分析前期计划的执行情况，说明提出本计划的必要性和可能性，提出本期计划总的任务和要求等。

这部分是计划的纲领。当然这部分内容应根据计划的实际需要来定。一般临时性的工作计划、重要的改革计划等非常规性的计划应写明上述内容，而常规性的例行工作计划则可以少写或不写这部分内容，直接进入正文。

2. 主体

主体是计划的重点部分，一般包括目标和任务、措施和步骤、责任部门等。

（1）目标和任务。即一项工作要求达到的数量、质量、速度等。目标和任务是计划的核心，它回答的是"做什么"的问题。一份计划如果没有目标或目标不明就失去了制订计划的意义。因此，目标要明确，而且要具体，既要让人们明白"做什么"，还要知道"做到什么程度"。所以无论是总指标还是分项指标，无论是质量指标还是数量指标，都要做定量性的表述。

（2）措施和步骤。这是回答"怎么做"和"何时做"。措施指为完成任务的指标而采取的办法，步骤是从时间上把工作的进程加以安排，这两者是目标实现的保证。因此，在拟定措施时，一定要把实现目标和任务的所有措施都找到，在此前提下，重点突出，周密完善，并且可操作性强。对步骤的安排，要做到胸怀全局，统筹安排。既要有总的时限，又要有每一阶段的时间要求，使计划涉及的单位和人员知道在一定时间内，一定条件下，把工作做到什么程度，以便争取主动，使工作井然有序进行。

对于该项内容，不同类型的计划写法也不同。中央和地方的宏观规划、设想，一般侧重于指导思想和任务目标的设计，对措施和步骤难以订得太具体、太死板，只是原则要求，各地可根据自己的实际情况，逐步具体化。而基层单位的计划，任务简单些，侧重于任务的实施，更注重如何将目标变为现实，因此措施和步骤要具体、实在，有良好的可行性。如果订得太笼统，实施者和检查者都缺乏明确的参照标准，缺乏明确的责任感和时间感，使得计划虽然制订了，但形同虚设。这也是目前单位计划中容易犯的毛病。

（3）责任部门。指某项工作由谁负责。分清责任以便做到职责分明，奖惩有据。

计划主体部分常见的安排层次的方式：

（1）按计划的要素来安排。主体部分就形成"目标和任务"、"措施"、"步骤"三个大层次，并且用这些概念作为大层次的标题。有的也把措施和步骤合为一个层次。这样安排层次眉目清楚，便于从整体上把握计划的内容。用这种方法，必须综观全局，高度概括。

（2）按工作事项来安排。该计划有多少项工作任务就分几层，它所标的层次标题显示的是一项项并列的任务，在每一项任务的内部，把"目标和任务"、"措施和步骤"融合在一起，层次内部显示的是任务、措施、步骤之间的关系。这种安排层次的方式条目清楚，井然有序，分阶段的反映工作的全过程。但写作时需避免措施的重复。

（3）按工作的侧重点来安排。即在前言部分写明计划的目标，主体部分只谈实现目标的措施及步骤。这种层次安排适用于内容比较单一的工作安排。

（4）按工作的时间顺序来安排。把计划的内容按纵向排列，一般不加小标题或序号，每一层次前有明显的时间性提示语，每一层次综合写一段时间内工作的目标和任务、措施、步骤。这种安排层次的方式适于短期内的单项工作的安排。

3．结尾

计划正文的结尾部分，多用于总结全文，阐述意义，或表达完成任务的决心，或号召人们为实现计划而努力。也有的计划以效益预测或未来远景展望收束全文。有的计划没有结尾，主体部分写完就自然结束。

（三）落款和日期

署名写在正文的右下方，成文日期写在落款下方。有的在日期上加盖公章，以示郑重。

四、计划常见的样式

计划常见的样式有三种：条文式、表格式、条文表格结合式。

（1）条文式。以条款方式把工作内容列出的一种形式。按目的、指导思想、目标和任务、措施和步骤等项以条文出现，通常在每一部分段落前用小标题概括内容。内容复杂的，小标题中又套小标题。条文式在计划中使用较多，它的特点是可容纳多方面内容，层次条理清楚分明，适合综合计划和年度以上计划、单项专题计划。

（2）表格式。即用图表表述信息的形式。从任务、项目到执行单位或负责人，直至完成时间都用图表表示。它的特点是一目了然，便于对照检查，适宜于以数据为指标的定期计划和短期计划。一般每个单位、部门通常有自己固定格式的表格式计划，周而复始地使用，用得最多的是月、旬、周的计划。

（3）条文表格结合式。把文、表结合起来的形式。这种形式，要根据实际需要来确定文和表的使用。一般来说，需要解释和申说的内容，如目的、缘由等，以文字表述为宜，具体的任务、数字、执行者、完成期限等，则以用表为妥当。文和表之间要互相衔接，互为补充，不可重复。

五、计划写作的注意事项

（一）认真学习，明确指导思想

每个单位或部门的计划，都是国民经济计划链条中的一环，因此为使小计划服从于大计划，使小计划与大计划衔接，做到统筹兼顾，就必须深入了解党和国家的路线、方针、政策以及长期和近期的发展计划，以便明确一定时期以来工作的指导思想，避免计划偏离方向。因此，衡量一份计划是否有价值，关键要看小计划与大计划是否协调一致，而要做到这一点，就必须深入学习，领会上级文件精神，进而明确工作的指导思想。

（二）深入实际，了解本单位实际情况

制订计划是一项复杂的工作。要使计划的目标切实可行，就必须深入实际，了解本单位的实际情况，如上期计划执行情况，现实的管理、资金、设备、人员等各面的情况，做到知己。只有这样，计划的目标才明确，措施才具体。这样的计划既能符合本单位实际情况，又有利于执行。

（三）要切实可行，留有余地

切实可行，指计划的指标既不要订得过高。指标过高，任务完不成，会挫伤群众的积极性。同时指标也不要订得过低。指标过低是对人力、物力、财力的一种浪费。切实可行的指标应该比过去普遍已达到的水平要高一些，要经过努力才能达到的。计划要留有余地，不要把话说绝，以便应付工作中可能随时遇到的突发情况，争取主动，防止被动而贻误工作。

（四）集思广益，吸收群众合理化的意见和建议

群众是计划的执行者，所以制订计划时必须走群众路线，倾听他们的呼声，吸收他们的合理化的意见和建议，最大范围让群众参与，献计献策。尤其是对那些具有战略意义的计划，更要慎重。应邀请有关专家开展讨论，进行可行性分析和论证。

（五）语言简洁明确，表述恰当，避免产生歧义

一份计划要使执行者准确理解计划的内容，语言必须简洁明确，切忌产生歧义。计划的指标常常定量化，所以要恰当使用量词及模糊语言来表达数量的增减变化情况，注意"基数"、"增加数"、"和数"、"减少数"、"差数"的准确表述。计划只须把目标、任务、措施和要求交代清楚，因此一般不需议论，也不要叙述过程，常用说明这种表达方法。忌用描写和抒情，也不追求辞藻华美。

【例文评析】

例文1

教育部 2011 年工作要点

2011 年教育工作的总体要求是：全面贯彻党的十七大和十七届三中、四中、五中全会精神，以邓小平理论和"三个代表"重要思想为指导，深入贯彻落实科学发展观，全面贯彻党的教育方针，坚持以人为本、执政为民，按照优先发展、育人为本、改革创新、促进公平、提高质量的要求，全面落实教育规划纲要，稳步实施国家教育重大项目和改革试点，加快教育改革发展，加强重点领域建设，办好人民满意的教育，以优异成绩迎接建党90周年。

一、加强和改善对教育的宏观指导，推动教育事业科学发展

1. 加强和改进教育系统党的建设。扎实推进教育系统创先争优活动和学习型党组织建设，调动基层党组织和党员创先争优的内在动力。落实新修订的《中国共产党普通高等学校基层组织工作条例》，配合有关部门研究制定党委领导下校长负责制的实施意见。扩大中小学和中等职业学校党的组织和党的工作覆盖面。加强民办学校党建工作。深入开展纪念建党90周年主题教育活动，大力推进社会主义核心价值体系建设。进一步加强和改进大中小学德育工作。修订中等职业学校德育大纲。进一步加强和改进大学生思想政治教育，创新高校网络思想政治教育。实施研究生思想政治理论课新方案。积极参与马克思主义理论研究和建设工程，认真做好重点教材编写、推广使用和教师培训工作，深入推动中国特色社会主义理论进教材、进课堂、进头脑。加强在优秀青年教师、优秀学生中发展党

员工作。制定教育系统干部培训"十二五"规划，加强和改进干部教育培训。加强高校领导班子思想政治建设。完善对高校领导班子和领导干部综合考核办法。做好直属高校和直属单位巡视工作，重视巡视成果运用。落实新修订的《关于实行党风廉政建设责任制的规定》，健全纪检监察、组织人事、审计部门沟通协调的检查考核和监督机制，完善体现教育系统特点的惩治和预防腐败体系。

2. 做好各类教育规划编制工作。编制好教育事业"十二五"规划。积极参与国家重大专项规划编制。指导部直属高校和各地科学编制"十二五"时期教育事业规划。完善教育规划纲要体系，发布学前教育、义务教育、普通高中教育、职业教育、高等教育、继续教育和民办教育等7个分领域规划。指导做好各地高校设置规划和部直属高校基本建设规划。进一步完善各级各类学校建设标准。

3. 全面推进依法治教、依法治校。主动接受和配合各级人大及其常委会对教育的执法检查。制定国家教育立法工作及教育规章10年工作方案。推动《教育督导条例》尽快发布实施。配合做好《考试法》立法工作。完成《职业教育法》和《残疾人教育条例》修订草案起草工作。启动学前教育、家庭教育等立法项目。开展《校园安全条例》起草调研。加强教育行政执法，依法查处教育违法违规行为。总结交流教育系统"五五"普法经验，全面实施"六五"普法规划。

4. 加快推进教育管理信息化。全面部署教育信息化建设。发布实施教育信息化规划。建立健全教育信息化工作领导小组领导及管理体制、组织体系及建设运行机制。启动建设国家优质教育资源中心。大力提高教育管理与公共服务的信息化水平，建设统一的教育公共服务网络平台。以视频公开课为突破口，探索教育资源建设与共享新模式和新机制。继续做好中小学校舍信息管理系统建设和应用工作。做好教育系统网络信息安全保障工作。

5. 动员全社会支持教育改革发展。完善部部合作和部省（区、市）合作机制，加强沟通联系、统筹协调和督促检查。深入推进科学民主决策，充分发挥国家教育咨询委员会及咨询委员作用，完善和拓宽教育改革发展建言献策平台和群众利益表达渠道。制定加强和改进教育政策建设的意见。完善规范性文件制定和发布程序。积极推进公众参与、专家咨询、风险评估、合法性审核、集体讨论决定等制度。探索建立重大决策跟踪反馈和评估制度。深化教育政务公开。全面推进高校和中小学信息公开。开发社会教育资源，进一步加强和改进未成年人校外活动场所建设和管理。进一步加强和改进教育新闻宣传，积极引导全社会更新教育观、成才观和用人观，为教育改革发展营造良好的舆论环境。

二、加强重点领域和关键环节建设，实施国家重大教育发展项目

6. 加快发展学前教育。（略）

7. 加快推进义务教育均衡发展。（略）

8. 加快推进建设现代职业教育体系。（略）

9. 引导高校办出特色、办出水平。全面提高高等教育质量。完成教育规划纲要提出的高等教育毛入学率目标的分年度招生任务，招生计划增量重点用于紧缺人才、战略性新兴产业和现代服务业发展人才，以及中西部和民族地区人才培养。继续扩大支援中西部地区招生协作计划。加大对口支援西部地区高等学校的工作力度。启动中西部高等教育振兴计划。调整优化研究生招生结构，大幅增加专业学位招生比例，新增硕士生招生计划原则上全部用于全日制专业学位硕士招生。博士生招生向对国民经济发展产生重大影响的基础研究领域或重大科技专项倾斜。发布新修订的《普通高等学校本科专业目录》与《学位授予和人才培养学科目录》，建立专业动态调整机制，进一步优化专业结构。加强应用型人

才、复合型人才和拔尖创新人才培养，积极推进基础学科拔尖学生培养实验计划，扩大卓越工程师教育培养计划试点范围，启动实施卓越医生与法律人才教育培养计划，加强农村订单定向免费医学教育和农科教合作培养农林人才。加强和改进教育教学评估工作，启动实施新建本科院校合格评估工作。深入推进高等学校本科教学质量与教学改革工程，加强重点专业和教师发展中心建设。全面实施研究生创新计划。深化专业学位研究生教育改革试点，推进研究生培养机制改革。进一步完善高校和科研机构联合培养博士生的长效机制。办好清华大学100周年校庆，加快世界一流大学建设步伐。抓好新一轮"985工程"建设与改革，建设优势学科创新平台。深入实施"211工程"和"特色重点学科项目"。加强高校重点科研基地和创新平台建设。积极推动高校承担各类科研任务。加快科技领军人才培养和创新团队建设。推动高校创新科研组织模式，大力开展有组织科研，积极推进高校基础研究改革试点，加强产学研用结合。启动国际合作联合实验室建设。进行新一轮高校学科创新引智工作。加强国防科研，组织实施"十二五"装备预研教育部支撑计划项目。加强战略研究，完善以创新和质量为导向的科研评价机制，提升社会服务能力。深入实施"高等学校哲学社会科学繁荣计划"，实施新一轮高等学校人文社会科学重点研究基地建设计划，着力提高咨政育人和文化传播水平。

10. 积极搭建终身学习"立交桥"。（略）

11. 推动民族教育事业跨越式发展。（略）

12. 保障残疾儿童少年受教育权利。（略）

13. 建设高素质专业化教师队伍。（略）

14. 健全家庭经济困难学生国家资助制度。（略）

15. 认真做好高校毕业生就业工作。（略）

三、深入推进教育体制改革，认真组织开展教育改革试点

16. 统筹推进国家教育体制改革。（略）

17. 加快创新人才培养模式。（略）

18. 深入推进义务教育体制改革。（略）

19. 深入推进职业教育体制改革。（略）

20. 建设中国特色现代大学制度。（略）

21. 深入推进办学体制改革。（略）

22. 积极稳妥推进高考改革。（略）

23. 深化扩大教育对外开放。（略）

24. 深化教师管理制度改革。（略）

25. 落实增加教育投入的各项政策措施。（略）

26. 加强省级政府对教育的统筹。（略）

四、切实转变工作职能，进一步加强和改进作风建设

27. 大力加强政风建设。（略）

28. 深入推进行风学风建设。（略）

29. 深入推进教育督查督办。（略）

30. 维护教育系统和谐稳定。（略）

（《中国教育报》2011年2月10日第1版）

【评析】

这是教育部的年度工作计划，从写法上看，体现了综合性工作计划的写法。

标题由计划单位、适用期限、内容及文种组成。正文包括开头、主体两部分。开头阐述了该计划的指导思想、目的及总的工作目标。主体部分按照本年度的工作任务划分为四个部分，以小标题形式总括每项工作的具体内容，然后把总目标分解，以分条列项形式分列具体任务，在每一任务下阐述完成这项工作的具体措施。目标明确，措施具体。这是目前综合性计划比较常用的一种布局方式。三十个小目标支撑着四个大目标，整体概括与具体任务相呼应，既不零散又整饬有序。

例文 2

××西服商店 2000 年双增双节工作打算

广泛而深入地开展双增双节活动，是党中央、国务院作出的一项重大决策，是抓好经济工作的大事。为此，我们考虑 2000 年的工作重点是把积极开展双增双节活动同深化企业改革结合起来，从改善企业经营管理体制，发挥名牌特色产品优势，深入挖掘潜力入手，以提高经济效益。现根据我商店的主客观条件确定 2000 年的工作打算如下：

一、奋斗目标

序号	类别	指标	同比
1	销售计划	1600 万元	比去年的 1 552.8 万元增长 3%
2	周转天数	118 天	比去年的 122.9 天加快 4.9 天
3	平均流动资金	524.4 万元	比去年的 530.5 万元下降 1.15%
4	费用额	68.5 万元	比去年的 70.69 万元下降 3.1%
5	借款利息	19.3 万元	比去年的 20.8 万元减少 1.5 万元
6	削价损失	16.7 万元	比去年的 33.4 万元下降 50%
7	毛利率	19.79%	比去年的 18.79%上升 1%
8	定制加工	5460 件	比去年的 5 300 件增长 3%
9	上交税利	262.2 万元	比去年的 255.7 万元增长 2.6%
10	利润	218.9 万元	比去年的 208.5 万元增长 5%

二、措施和做法

（一）扩大商品销售，提高经济效益

1. 抓好产品质量，扩大市场占有率。对产品定期抽样检查，作为评分依据，力争正品率达到××%。其中××%的产品质量符合市优和部颁标准。

2. 全面分析和预测市场上各型时装的生命周期，合理选择进货渠道，组织适销对路的原料，增加花色品种，妥善安排工作，做到款式新颖、高雅，并作好必要的储备，以满足市场需要。

3. 开拓新产品，设计新品种，对库存商品不断更新换代，使产、销、调、存出现良好的运行状态。

4. 采取门市销售、预约销售和集会展销等形式，扩大销量。

5. 提高服务质量，引发顾客的购买兴趣，唤起消费者的潜在要求。结合创新风柜组活动，争取商店评上"文明西服商店"的称号。

（二）抓好横向联系，形成经济信息网络

1. 在全国各地设立特约经销单位。以京、津、沪为据点，向四面扩展；上半年增设××、××、××等×个经销点，下半年再增设××、××、××等×个经销点，逐渐形成一个×××商品的销售网。

2. 利用短期贷款，多生产质量优价格合理的产品，满足各地不同层次的需要。

3. 加强横向联系，了解各地市场的风土人情，分析销售趋势；帮助横向联系单位改进柜台设计和商品陈列，扩大供应能力。

（三）压缩银行贷款，减少利息支出

1. 加速资金周转，对库存商品不断进行清理、分类，及时处理冷、呆、残损商品，防止资金积压。

2. 缩短生产流转的期限，加工产品及时回收，及时上柜，及时回笼资金，以压缩银行贷款，减少利息支出。

（四）降低成本，节约费用

1. 紧密排料，减少损失，降低消耗。

2. 合理调整库存，减少库存量。

3. 紧缩差旅费，节约水电及文具办公费用。

（五）加强经营管理建设

1. 健全财务报表体制，准确反映单位的经济情况，定期分析各项经济指标完成情况，找出问题，及时处理。

2. 加强管理环节，使进、产、销、存的管理系统化、科学化。

3. 对原材料仓库场地、成品仓库场地、商品陈列室等进行合理的布局，对管理人员加以调整充实。

4. 健全各项考核制度，做到"奖不虚施，罚不枉加"。

2000 年的任务是艰巨的，但我们有一支热爱商店的职工队伍，有信心完成我们的奋斗目标。

××西服商店经理室

1999 年 11 月 8 日

（转引自《简明应用教程》）

【评析】

这是一篇条文与图表相结合的综合性计划，除标题、落款外，正文由开头、主体、结尾三部分组成。

开头主要概括了制订计划的指导思想、总目标、目的和依据。从这段可看出，指导思想的确立，一方面要把上级的指示精神与本单位的实际情况结合起来。例如，这份计划，工作的指导思想是"把积极开展双增双节活动同深化企业改革结合起来……以提高经济效益"。这一指导思想既是根据国务院"双增双节"的要求，又是结合本单位的具体情况确立的，这使得该计划与宏观计划协调一致，又不脱离实际情况。

主体部分按照计划要素分两大部分：一是奋斗目标。奋斗目标用表格作定量表述，准确、具体、简洁。每项指标与上年度实绩做比较，显示了双增双节的要求。二是用条文式提出实现目标的五项措施。措施很具体，可操作性强。结尾表明实施计划的信心。

这是一份写得比较好的计划，表格与条文结合得很完美。但也有不足之处：标题用"打算"这一计划名称不妥。从内容上看，这是一份比较成熟的计划，而"打算"是指并不成熟的计划。

例文 3

全国古籍普查工作方案

我国古代文献典籍是中华民族创造的重要文明成果，是中华文明绵延数千年、一脉相承的历史见证，也是人类文明的瑰宝。为了解我国现存古籍保存保护的现状，加强对古籍的保护和管理，根据《国务院办公厅关于进一步加强古籍保护工作的意见》（国办发〔2007〕6号）的规定，从2007年开始，在全国范围内组织开展古籍普查登记工作，目的是全面了解和掌握各级图书馆、博物馆等单位及民间所藏古籍情况，对登记的古籍进行详细清点和编目整理，建立中华古籍综合信息数据库，形成中华古籍联合目录，以便国家有重点、有针对性地开展古籍保护工作，加强对古籍的管理。全国古籍普查是古籍保护的基础性工作，是古籍抢救、保护与利用工作的重要环节。这是新中国成立以来在全国范围内进行的第一次全面深入的调查，各有关部门和单位应给予高度重视，认真组织，积极开展工作。为做好此次古籍普查工作，特制订如下方案：

一、普查范围和内容

这次全国古籍普查范围包括我国境内的国家图书馆、各公共图书馆、文博单位图书馆（藏书楼）、高等院校图书馆、科研单位图书馆、宗教单位图书馆（藏经阁）等；个人或私人收藏机构，也可以纳入普查范围。古籍普查对象为我国汉文和少数民族文字古籍，其他特种文献，如甲骨、简牍、帛书、金石拓片、舆图等，暂不列入这次普查范围。

这次古籍普查的主要内容包括：古籍基本信息、古籍破损信息和古籍保存状况信息等。

普查登记表由国家古籍保护中心制定。

全国古籍普查工作的执行标准主要有《古籍定级标准》（WH/T 20—2006）、《古籍普查规范》（WH/T 21—2006）、《古籍特藏破损定级标准》（WH/T 22—2006）、《古籍修复技术规范与质量要求》（WH/T 23—2006）、《图书馆古籍特藏书库基本要求》（WH/T 24—2006）等。其中汉文古籍的定级，依据《古籍定级标准》执行；少数民族文字古籍的定级标准由国家民族事务委员会组织制定并颁布实施。

二、工作机构与任务分工

全国古籍普查工作由全国古籍保护工作部际联席会议统筹规划，由文化部领导实施。设立专家委员会，聘任有关专家负责珍贵古籍的定级审核和普查咨询工作。国家图书馆设中国国家古籍保护中心，为全国普查登记中心和培训中心，负责全国古籍普查登记工作和培训工作，研制标准，编写教材，培训普查人员，汇总古籍普查成果，建立中华古籍综合信息数据库，形成中华古籍联合目录。

各省、自治区、直辖市成立各省级古籍保护分中心，负责本地区古籍普查登记工作和培训工作，按照统一的标准和教材培训本地区的普查人员，汇总并向国家古籍保护中心报送古籍普查报表，建立地方古籍综合信息数据库，形成地方古籍联合目录。

全国古籍保护工作部际联席会议成员单位可根据实际，在本系统成立古籍保护分中心，统一开展本系统的普查工作，将数据汇总后报送国家古籍保护中心；也可由各古籍收藏单位分别报送国家古籍保护中心或各省级分中心。中央其他各有关部委及所属单位按统一要求开展普查工作，直接向国家古籍保护中心报送古籍普查报表。

民间收藏的古籍，可到所在地省级古籍保护分中心进行登记、定级、著录。

三、工作步骤

2007 年普查的工作重点是组建古籍普查相关机构，开展普查软件平台的研发工作，开展人员培训，确定古籍普查试点单位，开始对一、二级古籍进行普查，建立中华古籍保护网和中华古籍综合信息数据库等工作。到 2009 年 7 月底前，初步掌握现存一、二级古籍状况。分批次发布《全国重点古籍保护名录》及《全国古籍重点保护单位名录》。从 2009 年 8 月至 2010 年底，开展二级以下古籍普查工作，汇总古籍普查成果，逐步形成《中华古籍联合目录》。各地要按照分级负责的原则，结合当地实际情况，建立机构，充分利用已有工作成果，因地制宜开展本地区的普查工作。

普查采用纸本表格或电子表格登记，也可在普查网络平台上进行登记。普查流程如下：基层收藏单位填写表格并校对后，汇总提交到省级分中心。省级分中心对基层收藏单位提交的数据进行审校、汇总，对古籍进行定级，并制作成规范的数据格式文档，提交到国家古籍保护中心。国家古籍保护中心对省级分中心提交的数据进行审核、汇总和发布。专家委员会协助国家古籍保护中心对数据进行审核。

四、工作要求

这次全国古籍普查工作是我国第一次开展此类普查，对全面、准确地掌握我国古籍的数量、价值、分布、保存状况等基本情况，有针对性、有计划地开展古籍保护工作意义重大。各有关部门一定要充分认识全国古籍普查工作的重要性，增强工作责任感。要积极开展普查宣传工作，广泛动员和组织各有关方面力量，使广大古籍工作者及民众理解开展古籍普查工作的重要意义，调动各方面的主动性和积极性。

各级普查机构应健全机制、配备普查人员和设备，建立数据质量控制岗位责任制和工作细则，对普查工作各个环节实行全过程的质量控制，严格按标准和程序开展普查登记工作，提交普查数据。普查登记工作中，各级普查机构须对下级的普查数据采取随机抽样与重点抽查相结合的方法进行质量检查。

人员培训事关普查工作的质量。为保证全国古籍普查工作的顺利开展，国家古籍保护中心和各省级分中心应尽快成立普查队伍，认真筹备、组织培训工作。应结合本地普查任务、人员素质情况、实际工作需要和面临的问题，有针对性地制订培训计划。普查培训应注意对普查人员进行工作责任心和专业知识等的培训、教育。集中各地优秀师资力量、专家力量参与、指导培训工作。各级财政部门要对本地区古籍普查、修复、出版及数字化等工作给予必要的资金支持。鼓励、积极吸纳社会资金参与、支持古籍保护工作。

（文化部网站 2007 年 11 月 16 日）

【评析】

这是计划中的一种类型——方案。

标题由内容和文种构成。正文包括开头、主体两部分。开头阐述了制订方案的背景、目的和意义。主体部分围绕着本次古籍普查工作阐述了四个方面的问题。中心突出，工作目标及分工明确，工作步骤清晰，要求具体，体现了方案操作性强的特点。

第四节　总　　结

一、总结及其作用

（一）总结

总结是对过去一个阶段或一定时期的工作进行系统的回顾、分析、研究，将工作中感性的认识上升到理性认识，将片断的零星的认识变成有条理的认识，从中找出规律性的东西，用以指导今后工作的文字材料。总结又称"总结报告"、"小结"、"回顾"等。

（二）总结的作用

1.肯定成绩，总结经验

总结是对前一段时间的工作进行系统回顾，所以我们要了解前段做了哪些工作，工作中取得了什么成绩，这些成绩是如何取得的，把它们找出来，一方面肯定成绩，另一方面总结经验，从而对过去的工作有个正确的认识和评价，对今后的工作更具指导意义，使工作再上新台阶。

2.发现问题，总结教训

凡事都应该以一分为二的观点来看。工作中有成绩，肯定也会有缺点和不足。缺点和不足有多大？表现在哪些方面？出现问题的原因是什么？有什么教训？这一系列的问题必须通过总结才能认识清楚。这样，在今后工作中，我们就会努力改进不足，吸取教训，使工作更完善，同时对别人也是个借鉴，避免犯类似的错误。

3.汇报工作，了解情况

一般来说，一份总结除了在本单位、本部门交流之外，还要上交领导部门。一份总结对下级单位来说，有汇报工作的作用，对上级单位来说，有了解情况的作用。通过总结，上级部门可以了解下属单位的情况，根据这些具体情况，再制订下一步工作的计划，使工作有的放矢，针对性强。上级单位还可以结合下属单位的工作情况，进行具体的指导帮助，使存在的问题及时解决，使取得的经验迅速推广。

4.积累资料，便于查阅

总结是某项工作或某部门一定阶段工作的真实记录，因此翻阅过去的总结，可以对过去的工作情况有个系统的了解，可弥补由于时间长而遗忘的不足，同时作为历史材料，对某些文章的写作提供事实依据。

二、总结的特点及分类

(一) 总结的特点

1．事实的客观性

总结是对前段工作或具体活动的回顾和再认识，要在实践的基础上总结，因此要按照事物的本来面目加以反映，所以其材料不允许东拼西凑、无中生有，其观点要从客观实践中抽象概括出来，不允许有任何主观臆测。那种只报喜、不报忧，夸大成绩、掩饰缺点的做法是总结写作的大忌，也违反其客观性原则。

2．认识的规律性

总结不是对工作实践的照相和复制，它要求进行理论的升华。通过回顾，要把前一段工作中的经验、教训，经过分析研究，上升到理论的高度，从中提炼出具有规律性的认识。所以写总结不能就事论事，堆砌材料。要有事实，有分析，要站在一定的高度透过现象看本质。这样的总结才有指导意义。

3．人称的单一性

总结是本单位、本部门或本人对过去一段时间内工作情况的回顾，是对自身实践活动的认识。总结主体意识明显，通常都是由本单位、本部门或本人撰写，均采用第一人称。

(二) 总结的分类

从不同的角度可对总结进行不同的分类。最常用也是最实用的分类方法是从写作范围和写法上来划分，有综合性总结和专题性总结。

1．综合性总结

综合性总结是对某个单位、某个部门在某一时期内所做的全面工作进行回顾、分析，找出成绩和经验，缺点和不足，并指出今后工作的方向。这类总结要展现某个单位某个部门在一定时期的工作全貌，一般用于向上级及本单位职工汇报工作。

2．专题性总结

专题性总结是对一定时期某项工作或某个问题进行专项总结。内容单一，集中，针对性强，多用于总结成功经验，也有用于总结失败教训的。这类总结常面向社会，刊登于报纸杂志上。

三、总结的格式和写法

总结一般由标题、正文、落款和日期组成。

(一) 标题

总结的标题有以下两种形式：

一是公文式标题。由总结单位、时间、内容和文种组成，如《教育部关工委 2009 年工作总结》。根据实际情况，这四个要素可部分省略。

二是文章式标题。有单行标题和双行标题之分。单行标题，如《技术改造是企业振兴之路》。双行标题由正题和副题组成。正题总结主要经验或点明中心，副题补充说明单位、时限、内容、文种等。采用文章式标题，要求在概括主要内容的前提下，语言简洁、醒目，富有吸引力。

（二）正文

正文一般由开头、主体、结尾三部分组成。

1. 开头

开头也叫前言，一般是概述基本情况。基本情况就是对前一段时间工作的汇总，包括工作背景（时间、环境及对这项工作有影响的政治经济形势）、工作的完成情况以及对工作总的评价等。综合性总结一般要写清以上内容。但有时也例外，开头写得很简略，只是交代一下总结写作的内容和范围，而把基本情况放在主体部分，以"工作回顾"、"×年来工作反思"为题，与成绩经验、问题教训、努力方向并列。专题性总结内容相对简略些。有的总括取得的成绩，有的简介工作的过程，有的指出原先存在的问题或前后变化，有的点明中心。

2. 主体

主体是总结的核心，一般包括成绩经验、问题教训。有时也把基本情况、努力方向放在主体里。

（1）成绩经验。成绩经验是总结的主要内容。成绩是指做了哪些工作，完成得怎么样。一般要写清成绩有多大，表现在哪些方面。对成绩要定量或定性，这样更直观更有说服力。在专题性总结中，成绩往往放在开头部分，主体部分主要谈经验。综合性总结往往要列一大标题，如"×年来的主要工作"，然后再列小标题分述成绩。

经验就是由实践得来的知识，具体表现为做法、成效、体会三种形态。做法，就是怎么做的，这是人们主观的努力，主观符合于客观就成为经验。在总结中，尤其是经验总结，以介绍做法的最多。成效，就是结果怎么样，有什么效果。这是主观是否符合客观的实践验证。因为好的做法不一定完全适合客观实际，最终要看效果，所以成效是做法是否合适及其价值的有力证明。体会，是理性的认识，把实践上升为理论，把个别的现象抽象为普遍的规律，使个别的经验成为普遍的经验，具有广泛的指导意义。

做法、成效、体会三者互为表里，密切相关，同时又各有相对的独立性，可以突出和侧重某一个方面而兼及其他方面。

（2）问题和教训。问题主要写没有做好、没有完成的工作，或有待于解决的问题以及工作中有什么缺点和错误。教训就是找出出现问题的原因。原因有主观的也有客观的。教训可以使我们在今后工作中少走弯路。在综合性总结中，问题教训是主体内容的一部分，但不像成绩经验那样写得详细。在专题性总结中，这个内容一般不写，如果写也是放在结尾，但不做详细分析。如果是以总结教训为主的专题总结，这个内容就是文章的重点。

（3）努力方向。针对前面的成绩经验，问题教训，提出今后工作的改进意见和努力方向。包括应该发扬什么，克服什么，采取哪些措施和方法，向什么方向努力，达到什么目标。这部分内容有时放在结尾。

主体部分常见的安排层次的方式有：

（1）**按总结的内容来安排**。主体部分表现为基本情况、成绩经验、问题教训、努力方向。有时基本情况放在开头，主体部分就由三项内容组成。每一内容用大标题列出，大标题下分列小标题。大标题和大标题之间，每一大标题下面的小标题之间呈并列关系。这种形式一般适用于一个单位的全面总结。

（2）**按工作的事项来划分**。有几项工作就分几个部分，每个部分把情况、成绩经验、问题教训、努力方向融在一起写。各部分内容可根据实际情况有所省略。各个部分之间是并列关系。

（3）按总结内容的侧重点来划分。主体部分只写经验体会或问题教训，侧重写经验体会，一般把成绩放在开头总括一下，主体部分分列小标题谈经验体会，问题教训放在结尾略写或不写。侧重写问题教训，一般在开头简括成绩，主体部分分问题、教训两部分或问题教训合在一起写。这种层次安排方式适用于专项总结。

（4）按时间顺序来划分。把工作实际的整个过程分为若干阶段来谋篇布局。每个部分写一个阶段，一般不加小标题或序号，按时间的先后顺序依次排列，每一阶段把基本情况、成绩经验、问题教训融在一起。这是一种纵式结构方式，其特点是全文脉络清晰，容易反映事物发展的阶段性。

3. 结尾

结尾即总结的结束语，主要作用是归纳主体内容，提出今后工作的方向或某项工作的改进意见，以此结束全文。如果主体部分没有写问题或教训，可在结尾部分写，但不宜过多。

（三）落款和日期

总结正文写完之后，在正文的右下方署名并标注日期。如果是在报纸杂志上发表，或在简报上交流，署名在标题下方居中的位置。

四、总结与报告、计划、调查报告的异同

与报告相比，公文中的工作汇报，其主体或实质就是总结，也有全面、系统反映情况的职能。它们的区别是：第一，公文的报告代表发文机关的意见，直接具有行政效力，总结未经有关机关或会议批准，不用公文形式发表，不具有行政效力；第二，公文报告以陈述事实为主，较少议论，总结则夹叙夹议；第三，公文的工作报告常常回顾过去工作与部署今后工作连接在一起，实际上是总结和计划的联合体，因此在回顾过去工作的部分是纯粹的回顾，而总结在回顾过去工作的同时，常常还要提一点今后工作的意见。

与计划比，它们都以"自我"为对象，都着眼于指导未来的工作。它们的区别是：第一，计划制订于事前，要解决"做什么"、"怎么做"的问题，总结形成于事后，要回答"做了什么"、"做得怎样"的问题；第二，计划一经批准对计划期和计划单位的工作有直接指令作用，总结即使成为正式文件，也主要是提高认识的作用，间接地对今后工作产生影响。

与调查报告比，它们都是有深刻认识作用的参考性材料，写作对象都是某一个特指的单位，表达方法都是叙述、议论兼用，就事论理。有些总结和调查报告文章，单看文面，几乎一样。它们的区别是：第一，目的不同。调查报告有较强的新闻性，是为了回答现实生活中迫切需要回答的问题而写的，总结是常规性的工作制度，一项工作完成或工作告一段落，就要把情况汇报一下，便于领导了解，好的经验则向外宣传推广；第二，时机不同。调查报告可以在工作完成后写，也可以在工作进行之中截取某个断面加以剖析，总结则总是在工作完成以后或告一段落时写，不那么赶时间；第三，依据不同。调查报告要求客观、真实地反映调查对象客观存在的情况和问题，总结要以自己原先制订的工作计划或某项工作的政策、方针为评价是非得失的依据；第四，角度不同。调查报告不是当事人的观察分析，要用第三人称。总结是当事人对自己工作的观察分析，要用第一人称，只有领导机关或以个人署名总结下属单位的材料时用第三人称。

五、总结写作的注意事项

（一）要明确写总结的目的

写总结的目的有三个：一是找出成绩，总结经验；二是发现问题，总结教训；三是通过总结让有关组织、领导和社会公众对相关部门和人员的工作情况定期进行检查、了解。遗憾的是，总结写作的前两个目的常常受到忽视，许多机关和工作人员写总结，实际上主要为了第三个目的，这就将工作总结的写作引入了误区：报喜不报忧；不实事求是；以叙述代替分析，把总结写成记流水账；千篇一律，缺乏新意。以上问题的出现，就是由于写作目的不明确造成的。为使总结写作走出误区，我们必须牢记：总结是对过去一定时期内工作实践的本质的分析与概括，其写作目的主要是为自己为社会积累经验，其次才是为了满足其他需要。

（二）充分占有材料，把握本质和主流

充分占有材料，这是写好总结的前提条件。总结的材料一般包括：正面材料和反面材料；面上的概括情况和有关点的具体情况；历史的材料和现实的材料；领导的意见、下级群众的反映以及兄弟单位有关部门的情况。材料充足了，我们提炼的经验或教训才能反映事物的本质和主流，才能符合客观实际情况。这样的总结才有价值。

（三）要进行理性分析，找出规律性的东西

抓住实质，总结出规律性的东西是体现总结水平的标志。写总结不能就事论事，事无巨细，和盘托出。对占有的材料要筛选提炼，分析综合，反映工作的主流和主要矛盾。不能停留在事物的表象上，要通过对零散的感性材料分析，上升到理性认识，即透过现象看本质。一篇总结，几条经验也好，几条教训也好，只要是对事物的本质概括，它就是一篇好总结。

（四）写总结要突出个性特征

突出个性是保持总结活力的方法。前面讲过，由于写目的不明，因此有的总结，尤其汇报性总结容易出现老生常谈，应付差事的毛病。要改变这种情况，就要实而不虚。实事求是、实实在在地从工作角度出发，哪怕是年年都重复的工作，我们也会发现其差异来，找出工作中新鲜的经验。总结最忌讳人云亦云，没有个性。缺乏个性的总结也就失去了活力。

【例文评析】

例文1

教育部关工委 2009 年工作总结

2009 年，教育系统关工委和广大老同志，高举中国特色社会主义伟大旗帜，认真贯彻党的十七大、十七届三中全会和中央 8 号、16 号文件精神，以科学发展观为统领，坚持"围绕中心、配合补充，因地制宜、量力而为，立足基层、注重实效"的工作方针，用社会主义核心价值体系教育引导青少年，不断加强长效机制建设，着力推进农村关心下一代工作，教育系统关心下一代工作取得新的明显成效。

一、部党组出台《意见》，各地各高校认真贯彻落实

教育部党组高度重视关工委工作，2009 年出台了《中共教育部党组关于加强全国教育系统关心下一代工作委员会建设的意见》（以下简称《意见》）。

部关工委积极推动，协助部党组研究制定《意见》。2009 年上半年，部关工委先后到

9个省（区、市）调研，召开了近20次有50多所高校和9个地市参加的座谈会，起草了《意见》初稿，先后多次征求各地各高校关工委意见，并征求了部办公厅、人事司、基础司、思政司等9个司局的意见。在充分吸收各方面意见后，于7月下旬形成正式文件。

为更好地学习贯彻《意见》，部关工委向教育系统关工委下发了学习贯彻《意见》的通知。8月6日，部关工委在京举行学习贯彻部党组《意见》做好新时期关工委工作座谈会，就《意见》的学习贯彻进行了动员部署。部关工委领导利用会议、调研等机会，先后到内蒙古、青岛、上海、北京、江苏、山东、浙江等地进行了专题辅导。

《意见》的出台对教育系统关工委建设具有里程碑式的意义，各地各高校高度重视，采取多种形式，深入学习宣传。北京、广东、安徽、江西、陕西、青海等省（市）教育工委，江苏、辽宁、天津、河南、贵州、内蒙古等省（区）教育厅党组，山西、湖北、湖南等省教育厅接到《意见》后，立即转发至全省教育系统，组织学习传达。北京、天津、江苏、重庆、上海、内蒙古、云南、湖南、四川、浙江、福建、河北等地逐级学习，在组织省教育关工委专题学习的基础上，还举办了全系统学习贯彻《意见》的座谈会、培训班和工作会议。北京大学、中南大学等高校专门召开党委常委会议，传达学习《意见》精神，研究部署关工委工作。中国农业大学、北京交通大学、对外经济贸易大学、同济大学、四川大学、西南大学、上海交通大学、上海财经大学等高校分别举办了有关工委领导和老同志代表参加的学习座谈会。

各地各高校紧密结合关工委工作实际，提出新思路，制定新措施，切实把学习贯彻《意见》落到实处。辽宁省教育厅党组就贯彻落实《意见》提出12条具体要求，如要把关工委工作列入议程，列入党委综合检查评估的内容；关工委主任要由现职的党政主要领导担任，并明确分管领导；关工委办公室至少要配备一位专职人员；从2010年起，市和县（市、区）教育局在编列年度教育预算时，要把同级关工委专项经费列入其中等。江苏省教育厅和省财政厅联合印发了《关于进一步完善教育系统关心下一代工作长效机制的通知》，其中对解决基层关工委的工作经费和参加关工委日常工作离退休人员的补助等实际问题作出明确规定，要求各市、县（市、区）财政应对同级教育部门编报部门预算中的教育系统关工委必要的工作经费切实予以保证。各高校应将关工委工作经费纳入学校的年度预算，保证开展相关工作的基本需求。天津市教育工委、天津市教委联合印发了《关于进一步加强关心下一代工作委员会建设的意见》通知，提出了19条意见，明确要求将关工委工作列入党政议事日程、工作计划和年度考核之中，帮助解决具体问题和困难；关工委所需经费列入预算；要建立关工委工作考核评估机制等。湖南省教育厅就进一步加强全省教育系统关心下一代工作委员会建设提出15条意见，如在加强各级关工委领导班子建设方面，规定关工委主任、秘书长由厅党组批准任命，领导班子主要负责同志年龄一般不超过70岁等。贵州省教育厅党组选配了新一届关工委成员，3名副主任的年龄由原来的近80岁下降到63岁，还新增了2名副秘书长，并配备了一名在职干部专职关工委办公室主任。四川省教育厅党组要求将关工委工作经费纳入年度预算，关工委秘书处（办公室）纳入处室管理，并以省教育厅名义修订，正式印发了《四川省教育系统关心下一代工作规程》。内蒙古自治区教育厅关工委召开全区盟市教育系统关工委工作会议，对学习贯彻《意见》作出部署，要求以贯彻落实《意见》为契机，建立健全组织，壮大工作队伍，并针对关工委的不同情况提出具体要求。

为更好的学习贯彻落实《意见》，部关工委积极联系教育报、教育电视台进行了集中报道，宣讲、解读《意见》。部关工委网页开辟学习贯彻《意见》专栏，中关工委《关心下一代工作参阅件》第 11 期转发了《意见》，《教育部工作简报》第 178 期编发了各地各高校学习贯彻落实《意见》的情况，《教育部关工委工作简报》也跟踪介绍了各地学习贯彻《意见》的情况。

二、以爱国主义教育为重点，组织开展丰富多彩的社会主义核心价值体系教育活动

（略）

三、以关爱农村留守儿童工作为切入点，推进农村教育系统关心下一代工作扎实开展

（略）

四、创新工作平台，积极发挥高校关工委在加强和改进大学生思想政治教育工作中的作用

（略）

五、以家长学校为抓手，推动家教工作继续深入开展

（略）

六、强化组织、队伍、制度、理论建设，关工委自身建设进一步加强

（略）

教育部关工委

2009 年×月× 日

（教育部关心下一代工作委员会网站，2010 年 1 月 18 日）

【评析】

这是一份教育部关工委的全面工作总结。

标题由总结的单位、时限、内容和文种组成。正文包括开头、主体两部分。开头概述了过去一年工作的指导方针、工作的主要目标及总体评价。对工作的主要目标"用社会主义核心价值体系教育引导青少年，不断加强长效机制建设，着力推进农村关心下一代工作"的概括，提纲挈领，统领全篇。

主体部分按工作事项分列六个方面，准确概括了过去一年的工作业绩。每段用小标题加序号形式，从做法与成效两个方面总结经验，以客观效果印证主观之做法，从而证明做法的可行并彰显其价值，这就使该文总结的工作经验具有较强的指导和借鉴意义。

本文层次清晰，结构严谨。不足之处，没有总结过去一年工作中存在的不足。本文的优缺点较有代表性地反映目前全面性工作总结的写作现状。

例文 2

在"冬天"里创造"春天"

—— 海尔集团以创新应对国际金融危机

去年爆发的国际金融危机，将竞争已十分激烈的家电市场带进了一个严寒的"冬天"。作为国内最大家电企业、世界第四大白色家电制造商，海尔集团面对危机，迎难而上，以创新应对危机，在"冬天"里创造"春天"。2008 年，海尔实现销售收入 1220 亿元，利润较 2007 年增长了 20.6%，利润增长幅度超过收入增长幅度的两倍。

中国有句古话："履霜，坚冰至。"意思是踩上寒霜之后要知将有坚冰到来，喻义防微杜渐、及早应对。商战时时处处有危机，如果企业等到危机到来之后再想应对之策，则很难生存。这次国际金融危机的不期而至，让人们倍感寒风凛冽刺骨，想得比较多的是这个冬天到底有多长。但在海尔人眼中，这个冬天只是无数冬天中较为严寒的一个，因为我们始终把每一个明天都当作"冬天"，把今天做的每一件事都当作为"过冬"做准备。在这种危机意识的促使下，从创业至今，我们战战兢兢、如履薄冰、踏踏实实、坚持不懈地追求卓越，超越自我，练就了应对寒冬的强健体魄，悟得了度过严冬的根本之道——自主创新。正是持续不断地自主创新，才使我们从一个名不见经传、资不抵债的街道集体小厂，发展为累计上交税金 255 亿元的国际知名企业集团；正是因为创新，我们经受住了诸如1997 年亚洲金融危机等种种严峻考验，使海尔的品牌价值与日俱增，荣登中国最有价值品牌榜首。在今天，我们坚信，只要善于用创新的思维分析新形势、研究新问题，准确把握国家宏观经济政策导向、市场经济发展规律和现阶段企业发展基本特征，我们就能够从变化中捕捉机遇，在逆境中培育有利因素，变挑战为机遇，变被动为主动，促进企业科学发展。正如今年元旦温家宝总理视察海尔时所指出的那样："危机中有机遇，机遇就在于创新。"

一、通过产品研发创新，在全球市场低迷的情况下，创造海尔独有的市场

在日趋激烈的市场竞争格局中，产品能否以市场为导向，不断满足客户的需求，已经成为企业是否具有竞争力的根本。市场和需求唯一不变的法则是永远在变，如果把追随市场比作打靶，我认为，20 世纪 40～50 年代，美国人靠打固定靶，即瞄准固定的市场，组织生产，降低成本赢得竞争，谋取了世界经济的优势地位；到了 20 世纪 60 年代，日本人开始崛起，他们把市场细分化，就如同射击中的打游动靶，产品跟着变化的市场转，为自己创造了新的机会；现在是知识经济、网络信息化时代，瞬间万变，瞄准市场就如同打飞靶，需要有超前性，有提前量，必须不断地创新才有生命力。所以海尔产品开发的原则始终是以用户为中心，以打飞靶的要求瞄准市场，把客户的难题作为我们研发的最新课题，加大对拥有自主知识产权产品的研发力度，走以人为本的产品创新道路，不只是为用户提供高质量的产品，不局限于在现有的市场中争份额，而是立足于为用户遇到的问题提供解决方案，以个性化的产品创造一个竞争对手无法模仿、复制的市场。

在国际金融危机的大环境里，海尔把自己市场的切入点定位在：通过创新，使海外市场升级，中国市场深入，即在海外打造高端品牌形象，在国内深入社区和农村。

在海外市场，海尔完成了从"出口创汇"到"出口创牌"、又从"出口创牌"到"出国创牌"的战略转变，国际化战略的成果日益凸显。所谓"出国创牌"，就是先以缝隙产品"走出去"，再以大众产品进入国际主流渠道"走进去"，最后以高附加值产品和当地化品牌"走上去"，实现本土化设计、生产和营销，高附加值产品占领国际市场。在"出国创牌"战略下，目前，海尔在全球建立了 29 个制造基地、16 个工业园，在意大利、韩国等国家和地区建立了 8 个全球设计中心，在美洲、欧洲、南亚、中东非、亚太、东盟建立了 6 个本土化的海外设计中心，打造出一批拥有自主知识产权的国际品牌，仅在美国市场就投放了近百个系列 200 多个规格品种的产品，创新的速度让当地的家电公司感到巨大的压力。我们在印度造的不弯腰冰箱、泰国造的抗菌除臭冰箱、巴基斯坦造的深冷速冻冰箱、美国造的多温区大冰箱等，都成为深受海外消费者喜欢的名牌产品。海尔在菲律宾、印度尼西亚、马来西亚等国设立的工厂的产品，不仅仅在一个国家销售，而且在整个东南亚经济区域销售。特别是在人民币升值，国内出口受影响的情况下，由于海外有些地方货币贬值，

海尔就抓住机会从这些地方出口，效果也很好。在非贸易关税问题上，美国、欧盟对中国出口的产品有一定的限制，但海尔在国外一些地方生产的产品可以出口到美国、欧盟各国以及中东地区，有效规避了汇率、关税、非关税壁垒的负面影响。2008年海尔在海外市场的总体业绩增加了8%，海外设计、生产、销售额增长了20%多。

在国内市场，我们树立"为消费者提供安全、快捷、实用的个性化产品服务"的经营理念，在巩固城市市场份额基础上，抢抓"家电下乡"的机遇，积极研发新产品，满足农村消费者的特殊需求。海尔冰箱中国区企划部有关人员到江苏金坛等地调研时发现，农村用户除了重视价格和售后服务外，最担心的是不稳定的电压会损坏冰箱。海尔集团就此开展技术攻关，推出了215DF型冰箱，耗电少，噪声小，外形美观，安全稳定，冰冻能力是普通冰箱的5倍多。在第二轮"家电下乡"活动中，这款海尔冰箱投放市场首月销量3万多台，在有些地方甚至脱销。随后海尔又陆续为农村市场推出几十个品种的适合农村具体消费要求的新型家电产品。"家电下乡"活动开展以来，海尔集团所占的市场份额一直居首位。

二、通过商业模式创新，实行"零库存下的即需即供"，企业增长的质量和效益明显提高

最近，有媒体评价说：20多年前海尔砸冰箱，20多年后砸仓库。砸冰箱是砸掉76台质量不合格的冰箱，以强化职工的质量意识，进行质量创新；砸仓库是取消仓库，以创造客户价值为导向，实行"零库存下的即需即供"，进行商业模式创新。

在这次国际金融危机中，由于消费市场大幅度萎缩，企业遇到的主要问题，一是库存积压严重，二是应收账款难以回笼，特别是出口型企业，资金链断裂、企业库存过多，是面临倒闭的主要威胁。要克服这两大难题，必须进行商业模式的创新，努力实现速度和结构、质量、效益相统一。对此，海尔提出了一个创新的模式，即"零库存下的即需即供"。这是一个看似两难的挑战：既要零库存，还要高增长。但只要我们坚持以创造客户价值为导向，所提供的方案是客户所需要的，就不是两难了。

面对国际金融危机，企业要想"过冬"，必须做到丰衣足食。"食物"就是订单，"衣服"就是现金流。没有订单就等没有"食物"，不饿死也会饿晕；有了订单却不能迅速变现，产品成为库存，没有了现金流，等于没有"衣服"，还是要冻死。为了做到丰衣足食，海尔在1998年就在中国市场率先实行"现款现货"。当时遇到了很大的阻力，因为在那时的市场形势下没有一家企业认为有必要这么做，但是我们还是咬着牙坚持了下来。仅这一做法，在这次国际金融危机到来之际，就避免了很多损失。去年7月，我们在"现款现货"的基础上，又提出要防止"两多两少"，即库存多、应收多，利润少、现金少，"零库存下的即需即供"是解决"两多两少"问题的有效方式。

"零库存下的即需即供"模式，是以现代技术和先进理念为依托，取消仓库，围绕客户订单组织生产，通过先进的供求信息传播和高效快捷的产品研制手段，将市场开发、产品研发、供应链形成一个从用户需求到用户满足的流程，即研发上实现即需即变，制造上实现即需即制，营销上实现现款现货、零库存，物流上实现即需即送。

"零库存下的即需即供"模式的运用，使海尔集团库存资金占用天数由过去的20天下降到了目前的5天，是中国工业企业平均值的1/10。健康的资金链为海尔规避危机风险，保持良好运转提供了有力保障。

三、通过管理机制创新，建立"人单合一"自主经营体，以紧密的市场链打造高效的价值链

管理是企业永恒的主题。与有着悠久历史的国际化大公司相比，中国企业在技术、资

本、全球网络建设上都存在很大的差距，唯有通过管理创新才能超越。为此，海尔在推行"赛马不相马"、"日事日毕、日清日高"等管理实践之后，又随着互联网时代的到来，针对市场变化快等特点，创建了"人人都是老板"的"人单合一"自主经营体模式，旨在充分调动员工的积极性，凝聚员工的智慧和力量，激发员工干事创业的激情，实现集团科学发展。

海尔过去的组织结构是层级管理模式，带来的问题是每个人没有非常明确的市场目标，在一定程度上形成了相互之间的推诿扯皮，在企业规模日益扩大的情况下，很容易形成"大企业病"。"人单合一"的自主经营体模式，是将人与市场目标紧密结合起来，让每一名员工都成为主宰市场目标的主人：拥有竞争目标，自己创新实现目标，自己分享创新成果。该模式率先在经营海外市场的人员中推出，主要做法是将管理部门、研发部门、制造部门、营销部门等利润攸关方紧密联系起来，共同分析当地的需求，快速反映市场的变化，有针对性地开发产品，经营状况与自主经营体收益挂钩，开发市场费用纳入自主经营体成本，利润由自主经营体和企业共享。自主经营体有效地整合了资源，大大提高了订单的有效性，形成了以订单驱动的高效价值链。在海尔手机部门，我们将原来分散的部门整合为一个自主经营体，专门为印度大客户服务。在激励机制的引导下，这个自主经营体员工的积极性得到了激发，他们以满足客户需求为目标，深入研究分析印度市场的需求特点，发现印度用户喜欢大象，于是为印度用户研发出具有大象外观的手机。尽管受国际金融危机的严重影响，这个系列的个性化产品 2008 年在印度市场获得的订单比 2007 年实现了翻番增长。随后，我们又相继成立了"海尔手机非洲经营体"、"海尔手机美洲经营体"等团队。我们还抓住日元升值的时机，将自主经营体模式推广到了日本和东南亚，在日本取得超过去年销量 25% 的订单。

"人单合一"自主经营体模式，既是管理方式的创新，又是在国际金融危机下，实现人力资源转型的重大创新。通过"人单合一"，海尔把人力资源由一定程度上的"成本"变成了"资本"，"负债"变成了"资产"，不仅提高了企业的经营效益，而且有效地避免了由于国际金融危机带来的大规模裁员。这种管理模式引起国际产学研界的普遍关注，被瑞士洛桑商学院收为案例，并被美国一些商学院深入探讨，以期形成新的管理经营模式。

（作者：海尔集团党委书记、首席执行官张瑞敏）

（《求是》2009 年 11 期）

【评析】

这是海尔集团公开发表的一篇经验总结。本文体现了作为公开发表的经验总结的一种写作风貌。

标题采用正、副题形式。正题准确概括了 2008 年国际金融危机的到来使陷入家电销售"严冬"的海尔集团是如何通过自主创新迎来了光明灿烂的"销售"春天。这一标题一反工作总结拟题的平实、庄重之貌，用比喻修辞手法，鲜活灵动，既能激起读者强烈的阅读欲望，也能增强文章的宣传效果。这是介绍经验的总结应该学习的一种拟题方式。副题与正题相呼应，起到补充说明的作用。

正文由开头、主体组成。开头篇幅比较长，也与常规性的工作总结写法不同。开头先阐述了 2008 年海尔集团工作的背景、工作的做法以及取得的成绩。言简意赅，统领全篇。接着在第二段着重论述了海尔集团为何要创新。作为介绍典型经验的总结，仅在工作业绩突出之时才成文，故此工作的背景、工作的意义等内容就必须阐述清楚，否则对主体部分经验的介绍就显得突兀，没有根基，不令人信服。这也是写经验总结值得借鉴的地方。

主体部分紧紧围绕着"自主创新"这一核心问题总结了三个方面的经验。以小标题形式概括每段内容，段旨鲜明。所用材料典型，有力地表现了每段中心。议论画龙点睛，且与叙述紧密结合，观点与材料水乳交融。总结的经验既典型又富有鲜明的个性特征，这是本文又一个值得我们学习的地方。

本文的语言颇具特色。古语的引用，生动的比喻，恰当地穿插在准确、平实的语言风格之中，不仅为本文增色，也使语言生动活泼。这一点也很值得我们效仿。

第五节　调查报告

一、调查报告及其作用、特点

（一）调查报告

调查报告是调查人员根据特定的目的，运用科学的方法，对社会生活中某一问题或事件进行深入调查，反复研究，得出结论，从而写成的书面报告。调查报告是各行各业中常用的一种文体。除了用"调查报告"、"调查"的名称以外，以"考察报告"、"调查汇报"、"情况反映"、"情况介绍"命题的文章，或标注"调查与思考"、"信访调查"、"调查附记"等文章也属于调查报告。

（二）调查报告的作用

调查报告本身不是公务文书，不直接具有行政效力，但由于它是经过了认真的调查研究，提供的资料翔实、可靠，提出的意见中肯、切实，为领导决策工作和处理问题提供依据。因此，在机关文书中被视为有分量的材料，在新闻报道中被视为"重磅炮弹"。所以归结起来，调查报告的作用有如下几方面：

（1）为上级领导或有关部门制定决策提供依据。

（2）介绍总结推广先进经验，为"面"的工作提供借鉴。

（3）揭露社会中各种各样的违反党纪国法的行为，揭露社会生活中消极腐败现象，披露工作中的失误、缺点和错误，使其最终得到解决。

（4）全面完整地反映新生事物的发生、发展过程，揭示它的现实意义或社会价值，促进新生事物的成长壮大。

（三）调查报告的特点

1. 真实性

调查报告所反映的事物必须是客观事实上的真实，即实际发生和存在的真人真事真问题。这是调查报告的物质基础。同时，调查报告还必须由事实材料分析引出结论，这是调查报告的价值所在。写入调查报告的材料，都必须出之有据，不能凭道听途说。真实，是调查报告的生命。

2. 针对性

针对性是指每篇调查报告都有明确的写作目的，往往针对社会热点或难点问题而展开，具有鲜明的时代特色。调查报告的针对性越强，写作目的就越明确，其价值也就越大。

3．典型性

调查报告的典型性是指被调查研究的对象本身具有典型意义，能体现出时代精神，能回答经济工作中具有代表性的问题，从而使调查报告所反映的问题具有普遍意义和指导作用。

二、调查报告的类型

按调查报告的内容和作用分类，调查报告可分为：

（一）反映情况、研究问题的调查报告

这类调查报告又叫基础调查或综合调查。这种调查报告往往反映某一行业、某一部门、某项工作的开展状况，或针对社会工作中较为重大的及人民群众普遍关心的热点问题进行调查分析，其职能是为有关部门和人员提供决策工作，处理和研究问题的可靠依据。其显著特点和可贵价值在于"资料性"，但又不同于一般的资料汇总或资料综述。它是经过特殊加工的资料，它有调查报告"有情况""有分析"的共性，又不同于"经验调查"、"问题调查"的个性，它的"分析"不在于直接对事物作出褒贬，而在于对材料的选择、组织具有科学性、可靠性和实用性。

（二）总结典型经验的调查报告

这种调查报告主要是反映现实生活和工作中卓有成绩的先进个人或先进单位的典型经验。这些经验一般都具有代表性、指导性和启发性，所以其内容特别重视社会性、典型性。十分成功但没有普遍意义的材料可写成内部用的经验总结或事实材料，但不宜写经验调查。为了传播经验，所以经验调查多从做法上来总结，较少从体会入手。

（三）揭露问题的调查报告

这种调查报告多选取有代表性的违反党纪国法的行为、工作中的失误、缺点以及社会生活中的不良现象为调查对象，通过确凿事实，剖析原因，揭露实质，提出解决办法，以期引起有关部门的重视。常见的问题调查有两种写法，一种侧重于揭露和分析问题，并不拿出解决问题的方案，适于尚在潜伏状态，或尚未引起重视的问题；另一种侧重于剖析问题并提出解决的办法，适于指导疑难问题。

（四）介绍新生事物的调查报告

这种调查报告是对社会生活和工作中出现的新生事物进行调查研究而写成的。这类调查报告重在具体介绍某一新生事物产生和发展的来龙去脉，分析其产生的原因、发展的客观条件以及存在的实际意义或负面影响。写这类调查报告的目的是为了扶植新生事物的健康发展。

（五）反映历史事实的调查报告

这种调查报告对过去发生某一事件、某一阶段的史实进行调查研究后写出的调查报告。其目的有两个：一是反映历史真实面貌；二是为现实提供历史借鉴。

三、调查报告的写作步骤

一篇调查报告的写作要经历四个阶段：准备阶段、调查阶段、研究阶段、拟写阶段。

（一）准备阶段

准备阶段的工作做得越充分，调查就会越顺利。准备阶段主要做以下工作：

1. 明确调查目的

调查是一种手段，不能听其自然。对于调查要解决什么问题，需要了解哪些情况，如果不明确，就会盲目行动，处于被动状态。因此，调查前一定要明确为什么去调查，这个问题解决了，其他的工作才会有落脚点。

2. 熟悉与调查课题有关的理论

调查是一种实践，要在实践中深入进去还须能够随时解释实践中发现的现象。因此，调查必须在科学的理论指导和参与下才能找准突破口，为此，调查者必须有深厚的理论素养。这种理论素养表现在三个方面：一是方法论的准备。方法论知识来自哲学著作和社会生活中获得的经验，带有工具性，属基本理论。二是熟悉与课题有关的法规、政策、方针等，以便能从理论的高度解释调查中遇到的复杂问题。三是了解与课题有关的专业知识。专业知识来自于相应的学科系统，需要根据调查内容定时定向积累。专业知识的准备耗时较多，如果在这方面没有足够的储备，在调查中很难发现问题，找准突破口。即使获得一些材料，对其价值也很难作出判断。从某种意义上讲，专业知识的准备是一种专家行为。

3. 熟悉与调查对象有关的背景材料

要实现调查目的就要在调查前"知彼"。无论在时间上还是空间上和调查对象有联系的材料，都应尽量地熟悉。多一份背景材料，调查中就可能多一份发现，多一份主动。背景材料一般包括外部的环境、内部的有关情况等，如人员状况、规模、资金等。

4. 做必要的技术准备

社会发展使调查活动日益成为技术很强的一项实践活动。为保证获得更多的、更真实的材料，调查者首先要掌握相关工具的操作技术。目前来讲，掌握计算机操作技术和摄录技术是调查者必不可缺的。除此之外，调查者还应注意积累相关的应用学科知识，如设计调查问卷；做抽样调查，掌握选取样本资料的技术；如涉及调查财务账目或统计数字，就要有相应的会计知识和计算技能。总之，凡是与调查有关的各种技术都应事先准备好，从而保证调查活动顺利有序地进行。

5. 拟写调查提纲

调查提纲一般包括调查目的、调查对象、调查的主要问题、调查方式、方法、时间、人员安排等。调查提纲宜细不宜粗。在调查过程中应根据情况的变化及时修改、补充，以适应变化的情况。

(二) 调查阶段

调查报告写得好与坏，调查阶段是关键。为搞好调查，我们主要从以下几方面入手。

1. 要有正确的立场、观点、态度和作风

有无正确的立场、观点是调查取得成败的前提。同一事物，持有不同立场、观点的人，就会有不同的认识和行动。

谦虚、诚恳的态度，严肃、踏实的作风是调查取得成败的必要条件。思想态度端正了，工作作风务实了，调查的工作就能顺利开展。

2. 以实地调查为基础，充分掌握各种材料

调查报告的结论形成于调查研究之后，因此深入实际搞调查，搜取各种材料便是调查阶段

的主要任务。搜集材料要"以十当一"，多多益善。无论是现实材料还是历史材料，无论是"点"的材料还是"面"的材料，无论是正面材料还是反面材料等都要搜集到。材料越多越充分，调查的结论就越接近于现实本身，调查报告的价值也就越大。

3. 要运用科学的方式方法

科学的方式方法是快速获取材料的有效途径。常用的社会调查方法有：

（1）开调查会。这是最简便易行又最安全可靠的方法。开调查会要准备充分，会前也需要尽可能了解一些与会者的背景资料。每次邀请到会的人员不宜过多，且被邀人员要有代表性。会前应把所调查题目事先通知对方。调查会开得是否成功，其主要标志是把会议开成了问答式的还是开成了讨论式的。若开成问答式，说明会议气氛拘谨，与会者未能畅所欲言。

（2）个别访谈。在一些复杂的情况下，为适应特定调查内容的需要，而采用个别交谈的方式。个别交谈分为主动约谈和接待来访两种。主动交谈应考虑被约方的代表性，并应预计其心理品质和对情况的了解程度，以便牢牢掌握交谈的主动权。

（3）实地考查。口问得来的毕竟是第二手资料，在条件允许的情况下，调查者应尽量深入下去，通过亲身的观察和体验，搜集珍贵的第一手资料。

（4）查阅资料。这是间接获得材料的方法。在调查中，认真阅读各种有关材料，如档案、立卷存档的资料、有关文件等。查阅资料有时是相当专门化的技术行为。因此，掌握一定的查阅资料的技术也是必需的。

（5）问卷调查。问卷调查是获取资料的一种很好的方式。一份调查问卷主要包括标题、前言、问题三个部分。

问卷的标题一般由调查对象、调查内容和调查问卷三部分组成，如"×××大学学生消费情况调查问卷"。

前言主要包括调查目的、意义、调查项目、内容、对被调查者的希望和要求。

问题是调查问卷的主体和核心，是调查者与被调查者沟通信息的载体。问题部分的形式通常用问句形式，也叫题型。问句的形式分为封闭式、半封闭式和开放式。

封闭式问句，指在提出问题的同时，列出各种答案供被调查者选择的问句。半封闭式问句，指在封闭式问句后面加一个选择项目"其他"，给被调查者自由回答余地的问句。开放式问句，只提问题，没有供选择的答案，让被调查者自由回答的问句。设计、制作调查问卷的重点和难点就是如何把调查主题转化为具体的调查问句。在转化过程中，我们要把握以下几点：一是由浅入深，由易到难，引发思路。二是化整为零，化大为小，启发思路。三是封闭与开放结合，开拓思路。

除此之外，在设计问题时要注意使问题具有可操作性；注意避免双重问题；问题表述准确、具体；问题不要有诱导性、暗示性和倾向性，以保证回答客观、真实。

（三）研究阶段

研究阶段就是通过对材料的分析研究，提炼出调查报告的主旨来。

在"经济应用文的写作理论"一章里，我们已详细阐述了研究材料的方法，此处不再赘述。这里只讲两个问题：一是如何提炼出一个真实明确的主旨；二是如何判断调查结果的价值。

通过对材料的研究，得出结论，形成调查报告的主旨，怎样才能使主旨真实明确呢？

（1）调查的结论必须产生于调查研究的末尾。

（2）必须有正确的思想方法。在提炼报告的主旨时，报告人要站稳立场，选准角度，并运用辩证唯物主义和历史唯物主义的方法，善于客观地、本质地、全面地和具体地分析所有材料，防止无意中被主观片面和形而上学牵着鼻子走。只有这样，提炼的主旨才是真实而又明确的。

（3）不能让报告的主旨停留在对问题的一般认识上，而必须让它回答、解决有关问题。

如何评价调查报告结论的价值呢？

（1）调查报告的结论有无针对性。无针对性或针对性不强的调查报告就失去了它存在的价值。

（2）典型意义如何。典型具有代表性和概括性。在同类事物中，只有典型的事物（包括人）才具备完整的表现形式，才能在同类事物中发挥指导作用。如果所总结的经验、教训，提出的问题，只属于偶然情况，只是在特定条件下的产物，人家不能得到启发，不能引以为戒，将其报告出来价值也不大。

（3）时效性如何。一般来说，调查工作都是围绕某项中心工作，重大任务，或是为了迫切解决某些问题而进行的，所以应及时把调查中获得的有价值的东西报告出去。否则时过境迁，报告的价值就要大打折扣。

（四）拟写阶段

拟写调查报告提纲，修改提纲，做补充调查。

四、调查报告的格式及写法

调查报告一般由标题和正文组成。

（一）标题

调查报告标题形式多种多样，一般来说有两种形式。

1. 公文式标题

按公文标题的写作要求写，基本形式是"关于×××（调查内容）的调查报告"。这种标题简单易写，但容易造成冗长和平淡，激不起阅读兴趣。

2. 文章式标题

文章式标题分两种形式。一是单行标题，如《想致富受教育》。二是双行标题，即采用正副题的写法，如《推进农业现代化的有益探索——黄冈农业科技园区的调查》。采用文章式标题，要注意围绕中心或主要内容来写，语言简洁、醒目，有吸引力。

（二）正文

正文一般由开头、主体、结尾三部分组成。

1. 开头

开头也叫前言、引言。其作用有两个：①让读者从中获得一个总的印象，包括对主旨的把握；②让读者读了之后随即产生一种追根求底，希望立即揭开主旨的欲望。开头常见的方式有：

（1）介绍调查的基本情况，如调查的起因、时间、地点、方式方法、对象、范围、经过等。

（2）介绍被调查对象的概况，如被调查对象的组织规模、背景、历史和现状、主要成绩或问题、事件形成的概貌等。

（3）简介全文的主要内容或揭示主旨。

（4）介绍调查研究的结论。主要交代主要经验或效果，提示结论性意见，以便引起关注。

（5）提供背景材料。简要介绍与调查对象、调查事实或文章主旨有关的历史知识、科学知识，以利于读者加深对文章内容的理解。

这几种开头方式常综合运用。

2. 主体

主体是调查报告正文的核心内容。它是前言的引申，也是结论的根据。调查报告的主要内容在此全面展开。主体内容一般包括调查研究后得来的事实情况、经验、问题等。写作重点应根据调查报告的不同类型，用典型的事实材料来阐明观点，证明调查得出的结论。为使主体层次清楚，条理分明，我们常采用以下几种结构方式：纵式结构、横式结构和纵横结合式。

纵式结构是以调查的前后顺序或事物发展变化的过程顺序来组织材料。

横式结构是按问题的性质或事物的特点来组织材料，把有关材料分门别类地归纳入各种性质或特点中，多用小标题来标明各类问题与情况的性质、特点。

纵横式结构兼有"纵式"、"横式"两种结构的特点。这种结构，一般在叙述和说明发展过程时，采用纵式结构；而写经验、教训等问题时采用横式结构。

3. 结尾

这是调查报告的结束语。写作方式非常灵活，可以总结全文，深化主旨，加深理解；可以提出解决问题的措施、意见和办法；可以对正文进行补充说明；可以发出号召，提出希望等。有的调查报告主体部分非常完整，也可不要结尾。

五、调查报告写作注意事项

（一）严格遵守党的路线、方针、政策

调查报告是党的各级部门制定方针、政策的依据之一，同时又是宣传、执行党的方针、政策的文体。因此，写好调查报告，就必须严格遵守党和政府一定时期以来的路线、方针、政策，通过调查得来的结论把党的方针、政策具体化，指导、推动党的各项工作朝着健康的方向发展。

（二）选题要有针对性

任何一份调查报告都有它的目的性，即针对什么问题进行调查。因而在选题时，一定要充分考虑写这篇调查报告希望达到什么目的，解决什么问题，取得什么社会效益等。

（三）充分占有材料，从材料中提炼观点

调查报告靠事实来说话，因此占有材料越多越好。调查报告的结论形成于调查研究后，因此主题先行、先入为主的做法都是错误的。

（四）正确处理好叙和议的关系

调查报告的主要表达方式是叙述和议论。叙述时不能堆砌材料，罗列现象，一定要用典型有说服力的材料说明观点。议论不能空泛说理，要在事实材料的基础上自然引出观点。议论不要过多，往往是"画龙点睛"式笔法。

（五）语言准确、简明、生动，富有表现力

语言准确、简明，这是一切经济应用文的共性要求。除此之外，调查报告由于是公开发表

的，涉及的面广，读者的范围也较宽泛，因此还涉及可读性的问题。所以调查报告的语言还要在准确、简明的基础上，生动活泼一些。可适当使用一些群众喜闻乐见的口头语、谚语、俗语等，同时注意使用一些浅显生动的比喻，增强说理的形象性和生动性。

【例文评析】

例文 1

深圳新生代农民工生存状况调查报告

随着中国工业化、城市化进程的迅速加快，农民工作为一个庞大的社会群体进入城市，改革开放后出生的新生代农民工已经成为农民工的主体。2010 年中共中央第一号文件明确提出"采取有针对性的措施，着力解决新生代农民工问题"。为深入了解新生代农民工特点、工作状况、生活状况以及利益诉求，更好地发挥工会参与管理国家事务、管理经济和文化事业、管理社会事务的职能，深圳市总工会于 2010 年 4 月至 6 月开展了"新生代农民工生存状况调查"专项课题研究，并委托深圳大学劳动法和社会保障法研究所联合开展调查。

本次调查选择的范围涉及深圳六个行政区，采取区域调查和产业工会调查相结合的方式。本次调查发出问卷 5311 份，回收 5110 份。调查方式主要有问卷调查和结构访谈。问卷发放有直接到企业发放和随机调查两种。第一种在工业区和企业发放问卷。共到深圳六个区 167 家企业发放问卷，在选择企业时适当考虑企业性质和规模，并兼顾行业类型。除深圳富士康企业集团外，在每个企业抽样数量不超过 25 份。共在企业发放问卷 3350 份，回收 3280 份。第二种是随机抽样调查。共在深圳六个区 16 个商业繁华区进行抽样调查，发放问卷 1961 份，回收 1830 份，以上两种方式调查回收问卷 5110 份，最后确定有效问卷 5000 份。本文所引用数据均来自本次调查。

一、新生代农民工的基本特征

对新生代农民工的界定主要是从年龄上进行划分，是指中国改革开放后出生的 80 后、90 后户籍在农村但到城市务工的人员，其中既包括从小在农村长大进城务工的青年劳动力，亦包含随打工父母在城市中长大的青年劳动人口。经过调查分析，新生代农民工主要有以下特征：

（一）来源广泛，平均年龄 23.7 岁，70% 为未婚，女性比例高于男性，受教育程度较高

新生代农民工中，男性占 46.8%，女性占 53.2%。男女比例基本持平，女性比例略高于男性。在男女比例上，新生代与老一代不同，老一代农民工中男性员工占 62.1%，女性员工占 37.9%，男性比例明显较高。在深农民工平均年龄为 27.6 岁，新生代农民工平均年龄为 23.7 岁，其中，年龄在 20 岁以下的有 680 人，占 21.7%，年龄在 20～25 岁的有 1452 人，占 46.2%，年龄在 25～30 岁的有 1004 人，占 32%。

在新生代农民工中，未婚人员较多，占 71.5%；已婚占 27.8%。新生代农民工来源广泛，涉及全国 27 个省市，其中广东省、湖南省、湖北省三省的人数居多，接近 60%。在来源结构上，新老农民工有所不同，老一代主要来源于广东、四川和湖北。新生代中除广东外，来自湖南、湖北的居多，且来自广西的比例有所增加。

新生代农民工受教育程度明显高于老一代，他们大部分接受过 9 年义务教育，受过高中教育的要多于受过初中教育的，小学文化和文盲比例低，受过初中教育的占 33.7%，受

过高中教育（中专/中技）占 44.9%，在老一代中，受过初中教育的有 40.4%，其次是受过高中教育的有 38.2%，小学文化程度、文盲的比例要多于新生代农民工。

（二）劳动合同签订率高，合同期限短期化，从事制造业、服务业的多，从事建筑业的少，多在民营企业工作，工作岗位偏低、就业稳定性差，职业安全健康存在隐患

《劳动合同法》实施前，劳动合同签订率较低，该法实施后，书面签订合同情况有了较大改善，在新生代农民工中，签订劳动合同的为 78.8%。在签订的合同类型上，大部分为固定期限的劳动合同，占 93.2%，其中短期合同居多，中长期合同较少。劳动合同期限在两年以下的有 54.9%，劳动合同期限为 3 年的有 42.7%，劳动合同期限在 3 年以上的有 2.4%，无固定期限劳动合同有 5.5%。已经签订劳动合同的，合同持有率较高，达到 85.1%。

尽管新老两代农民工大部分从事的是劳动密集型工作，但就业结构有所改变，新生代农民工从事加工制造业的居多，占 50.6%，其次是从事第三产业的较多，包括从事零售批发商业、IT 服务业和宾馆餐饮娱乐业，共有 35%。从事建筑业的较少，只有 3.9% 左右，而老一代从事建筑业的比例有 16.7%，新生代从事建筑业的比例明显低于老一代，但从事第三服务行业的较多。

从新生代农民工就业分布单位来看，在民营企业工作的较多，占 48.1%。除此之外，在港资企业、国有企业、台资企业工作的也比较多。在港资企业工作的有 13.7%，在国有企业工作的有 11.4%，在台资企业工作的有 10.2%，在欧美企业工作的有 3.8%，在日韩企业工作的有 4.8%。

虽然新生代农民工教育程度较高，但从事基层工作的比例高于老一代。老一代从事普工或者服务员的有 34.8%，而新生代从事普工和服务员的占 52.4%，技术人员有 14.9%，办公室文员有 10.4%，从事生产线管理人员的有 8.1%，从事部门经理以上的有 5.8%。老一代从事管理类工作的比例要高于新生代，这与老一代工作时间长、资历深有关，但从另一个方面也说明新生代面临着更为紧张的就业环境。

关于就业稳定性差，可以从新老两代农民工对比的两个数据进行反映。①最长工作年限对比。老一代农民工在一个单位最长工作年限的平均值为 7 年，新生代在一个单位工作年限的平均值为 3 年。②更换工作的频率对比。新生代每年平均更换工作 0.63 次，老一代平均每年更换工作 0.26 次，可见新生代更换工作更加频繁。有的新生代认为"守一家，不如跳三家"，在不同的公司之间可以多学些技术，通过跳槽不断地学习许多实用的东西。

根据调查发现，有的工作场所仍存在着不同程度的职业危害因素，危害因素最大的是噪音过大或者震动，占 34.4%；其次是高温或者低温环境作业，占 24.3%；粉尘是职业危害因素的第三位，占 16.9%；有毒化学物质的职业危害因素为第四位，占 15.5%。职业危害比较突出的行业是加工制造业和建筑行业。经实地调查，在工作环境存在着机器设备落后、通风不足、使用有毒化学品等。很多劳动者职业风险意识明显不足，没有采取必备的安全防护措施，对所用化学品毒性不了解，存在着不戴口罩、直接用手接触化学品的现象。

（三）新生代农民工仍然属于吃苦耐劳型，收入和消费均低于老一代农民工，一半以上有储蓄习惯，具有强烈的家庭责任感

在新生代农民工中，普遍存在着加班现象，除了有 10.8% 劳动者不用加班外，有 89.2% 人需要加班。每周加班时间在 9 个小时以下的占 33.2%，加班 9~12 个小时的占 16%，加班 12~18 个小时的占 17.3%，加班 18~24 个小时的，占 15.8%，加班超过 24

个小时的，占 6.9%。加班已经成为了新生代工作中的常态，有 56% 的人加班时间超过法定时间。尽管新生代农民工受教育程度高，但收入不如老一代，老一代月平均收入有 2072 元，收入高于 1800 元以上的有 58.3%。新生代月平均收入有 1838.6 元，收入高于 1800 元的有 36.7%。

调查中，让新生代农民工对自己合理月收入、理想月收入进行了自我评估。合理月收入是劳动者根据自己的能力进行评判认为应该得到多少报酬的估算值，估算平均值为 2678.8 元，实际月平均收入与合理月收入之间相差 842.2 元。

在消费支出上，新生代月平均消费低于老一代，老一代月平均消费 1317.2 元，新生代月平均消费 1211.9 元，其中吃饭、房租水电、朋友交往为主要的生活开支，吃穿住行的费用共有 812.6 元，加上通讯和医疗费用这些必要开支，新生代日常生活开支占生活总开支的 79%。在消费开支项目上，新生代在吃饭、房租水电、医疗费用开支上要低于老一代，而个人培训、上网、日用品开支项目上要高于老一代。

新生代农民工有 56.9% 的人有储蓄习惯，平均每月储蓄 452.5 元。新生代储蓄的目的主要有子女教育、回家盖房、自己学习培训和买东西。其中用于子女教育的有 37.7%，回家盖房的有 37.4%，自己学习培训的有 34.2%。

尽管新生代普遍比较年轻，但同样具有强烈的家庭责任感。有 86.9% 的人寄钱回家，每年寄回家乡平均费用为 4244.2 元，占其总收入的 19.2%。新生代平均 1.24 年回乡一次，一年回去一次的最多，占 71%，平均每次回乡费用 2504.2 元，占其总收入的 11.4%。在城市中打工本来挣得不算多的情况下，新生代仍将平时生活中省吃俭用的钱积攒下来用于家庭，在储蓄目的调查中，新生代农民工中有 10.8% 的人储蓄目的是为了自己的兄弟姐妹读书，说明新生代出外打工不仅是为了自己，而且还主动承担家庭责任。

（四）将近一半居住在集体宿舍，社会交往乡缘业缘化，网络成为业余生活的主要部分，恋爱观念传统，恋爱方式更加自由

（略）

（五）打工目的是经济型和发展型兼有，更注重未来发展，具有强烈的创业意识，渴求多方面的培训

（略）

（六）大多数没有务农经历，渴望城市生活，对未来充满信心，希望获得平等的政治权利，认可工会的积极作用，对政府充满期待

（略）

二、新生代农民工面临的主要问题

中国社会正处在一个经济社会转型阶段，在转型过程中，原有的社会结构体制被打破，新的社会结构体系尚未建立，在这个转型阶段会有种种的复杂性、不确定性。新生代农民工身处转型期，经历着乡土特质和城市特质的不断冲击，他们比任何一个阶层都更为强烈地感受到社会急剧变化的不适应和原有制度结构上的不适应，使他们在生存上面临着一系列的问题。

（一）工资待遇低，面临着生存困境

工资是对进入生产领域的劳动力所提供的对价，正常的工资是维持劳动者生产和再生产的基本保障，但目前普遍存在着新生代农民工工资待遇偏低的问题，使他们面临着不少生存上的困境。

生存困境之一是温饱层次的生活水平，将就式的生活方式。（略）

生存困境之二是缺乏正常的社会和家庭生活。（略）

生存困境之三是始终奔波在城乡之间。（略）

生存困境之四是更重视现实利益，而缺乏精神高度。（略）

（二）制度性歧视，形成发展困境

从20个世纪50年代以来，我国通过实行户籍制度将人口划分为城镇居民与农村居民两大类，成为享受不同权利、承担不同义务的社会人群，形成了"城乡分治，一国两策"的格局。户籍制度本身并不复杂，但附加在户籍制度之上的相关社会经济政策以及由此形成的社会利益分配格局却是错综复杂，户籍不仅决定了一个人的居住地，还决定了一个人的整个生活变迁和资源获取能力。农民工在就业、养老、医疗保障、子女教育、文化设施和享受社会公共服务等方面不能获得平等的权益保障，造成了他们诸多的困境。

发展困境之一社会保障制度的排斥。（略）

发展困境之二是子女教育权的不平等。（略）

发展困境之三是公共服务等权益上的不平等。（略）

（三）身份认同危机，未来无方向感

（略）

（四）劳资关系失衡，没有话语权

改革开放之后的工业化和市场经济，形成了大量的三资企业和民营企业，农民工大部分直接进入的是这些企业，面对的是比较典型的市场经济下的劳资关系，严密控制的劳动过程、高强度的工作方式、低工资制度使个体劳动者处在极其弱势的地位，同时在法律上又缺乏相应的权利，不能实行市场经济下充分的劳资博弈，造成了劳资关系严重失衡的局面，形成了劳动关系领域中的一系列问题：

问题之一是劳动者的工资长期普遍偏低。（略）

问题之二是职工民主参与程度低。（略）

问题之三是职业安全形势依然严峻。（略）

三、解决新生代农民工问题的政策建议

目前新生代农民工已构成农民工群体的主要组成部分，他们正在向产业工人阶级转变，政府应通过产业制度、福利制度、就业保障制度的安排，甚至可以通过直接治理手段，切实解决新生代农民工在工作和生活中的问题。

（一）提高工资福利待遇，改变生存困境

工资是给予一个进入社会的劳动者有尊严有体面生活的前提保障，目前企业并不是按照一个产业工人工资的标准支付给劳动者，虽然低工资减少了城市化的压力，但工业化、城市化是历史发展的必然，面对新生代渴望城市生活的诉求，应通过一系列的制度切实提高劳动者的工资待遇。

1. 进行最低工资立法

最低工资制度可以保障劳动者最低生活需要、防止不公平竞争和贫困。本来最低工资标准仅适用于少部分劳动者，但目前中国劳动关系严重失衡，最低工资实际上成为很多企业的标准工资，在集体劳动关系不发达、国民收入分配不合理、劳动收入比例过低的背景下，最低工资标准的确定尤其重要。虽然目前《深圳市员工工资支付条例》设专章规定了最低工资制度，但条文内容过于简单，存在标准确定不合理、制定程序不公开、缺乏公众参与等问题，为促进最低工资标准的科学性、公正性和有效性，应通过立法形式将制定的标准、程序等问题明确规定，建议对最低工资制度进行专门立法或修订现有立法。

2. 加快集体谈判立法

集体谈判是市场经济国家行之有效的一种调节劳资关系和处理劳资矛盾的手段，通过集体谈判制度，劳资双方之间可以开展充分博弈，达到劳资自治的功能。但目前我国并无真正的集体谈判立法，深圳作为一个国内市场经济相对发达的地区，可以率先利用地方立法权，在现行国家法律的框架内进行集体谈判地方立法，对集体谈判代表的产生、谈判过程中的信息披露、谈判的具体程序、谈判争议解决等具体操作性问题作出规定。

（二）充分发挥工会作用，改变劳资关系失衡局面

农民工是一个数量庞大却又处于社会弱势的群体，迫切需要代表其利益的工会组织的支持，在社会转型阶段，应充分发挥工会保障劳动者权益的职能作用，改变劳资关系的现状。

1. 加大工会宣传力度，加强基层工会建设

（略）

2. 制定企业民主管理条例

（略）

3. 大力推行集体谈判和集体协商制度

（略）

4. 提高劳动者素质，建立多层次的培训体系

（略）

（三）消除制度性障碍，给予农民工平等的公民权

城市化、工业化是历史发展的潮流，目前我国城市化的步骤滞后于工业化，原有的户籍、用工、福利等社会制度形成了一种结构性壁垒，导致新生代农民工在城市处于移而不入的状态，长期畸形发展会影响到社会的和谐稳定，作为地方政府有责任有义务为他们提供清晰公正的制度，消除政策性歧视和排斥，为农民工的市民化提供条件，具体可以有以下的举措：

1. 实行农民工积分入户制度

（略）

2. 继续扩大社会保险参保率，实行统一的医疗保险制度，扩大失业保险覆盖范围，建立生育保险制度

（略）

3. 赋予农民工子女享有平等的受教育权

（略）

4. 加快建设农民工公寓

（略）

深圳作为一个新兴都市，外来农民工为深圳的经济建设和繁荣作出了重大贡献，但由于制度上的限制，农民工在工作和生活中还存在诸多问题。目前中国劳动力结构和总量正在发生变化，深圳也曾屡次出现"民工荒"现象，作为中国经济最发达的地区和农民工聚集的城市，深圳市应转变发展思路，经济发展和社会发展并行，在户籍制度、就业制度、劳动关系管理制度和社会保障制度上加大改革步伐，为新生代农民工创造更好的工作、生活和身心发展条件，让农民工分享工业化和城市化的成果，感受现代文明的丰富多彩，在城市中找到自己的精神家园，建设一个更加和谐的深圳。

（人民网，2010 年 7 月 15 日）

【评析】

这是一篇反映基本情况的调查报告。

标题由调查对象、调查内容和文种组成，类似于公文标题写法。正文包括开头、主体、结尾，整体布局方式采用总分总的方法。调查报告的开头概要介绍了开展此次调查的背景，调查的时间、地点、对象、经过、范围及调查的方式。这是此类调查报告比较通用的开头方式。主体部分阐述了三个方面的问题。第一部分从六个方面对新生代农民工的基本特征作了归纳。第二部分从四个方面分析了新生代农民工面临的主要问题。第三部分阐述了解决新生代农工问题的政策建议。主体部分观点明晰，资料翔实，体现了这类调查报告"有情况"、"有分析"的特点。结尾总结全文并提出希望。

反映基本情况的调查报告是为决策部门制定政策提供依据，因此要对所掌握的资料进行有条理的归纳、概括以防止堆砌材料；要用典型的材料支撑观点以增加说服力；要拿出切实可行的对策以供参考。这篇调查报告还是值得学习和借鉴的。

例文 2

成都市统筹城乡发展、推进城乡一体化调查报告

记者 梁小琴

三个集中：工业向集中发展区集中、农民向城镇和新型社区集中、土地向适度规模经营集中

六个一体化：城乡规划、城乡产业发展、城乡市场体制、城乡基础设施、城乡公共服务、城乡管理体制一体化

四大基础工程：农村产权制度改革、农村新型基层治理机制建设、村级公共服务和社会管理改革、农村土地综合整治

在工业化和城市化进程中，我国长期存在的城乡二元体制，使各种资源快速地向城市聚集，城乡差距拉大，"三农"问题成为制约经济结构调整、发展方式转变的重要症结。

如何破解"三农"问题，重构科学的城乡关系？已经持续了近7年城乡一体化改革实践的四川省成都市，为我们提供了一个全方位、趟"深水"推进的全景式改革样本。

从2003年开始，成都立足于大城市带大农村的区域实际，启动了全面深入的统筹城乡"自费改革"，破解长期以来形成的城乡二元体制矛盾和"三农"问题顽症，推动发展方式根本转变，推进城乡全面现代化。

这项改革既要让农村人口大量地转移到城市，从生产生活方式上真正成为地地道道的城市居民，又要让留在农村的人口集中居住在现代农村新型社区，享受延伸到农村的现代城市文明。因此，有舆论认为：成都的城乡一体化实践是一场"试图改变中国农民命运"的试验，其核心就是要破除城乡二元体制，让农民享有和城镇居民一样的权利、发展机会。

2007年6月7日，国家批准成都市设立全国统筹城乡综合配套改革试验区，要求成都在重点领域和关键环节率先突破。成都的改革进一步向"深水区"挺进、突破、深化、提升，构建一整套全面、深入、系统、配套的体制机制体系。

　　2009年底，成都市委对城乡一体化实践全面提升和深化，确立了建设"世界现代田园城市"的历史定位和长远目标，将农田保护、生态环保、现代高端产业、城市先进功能有机融合，以多中心、组团式、网络化的布局，走出一条科学建设世界级特大城市的新路。

　　成都这场坚持不懈、系统推进的改革，其主要内容、具体特征和深刻意义究竟有哪些？本报记者进行了调查。

根本方法："三个集中"

　　"这点地，单家独户，就是种金子，也致不了富。"以前，成都农村基层群众常这样说。成都农民人均耕地不足1亩。而城市化、现代化不可避免要占地。矛盾如何破解？

　　成都推进城乡一体化之初，既是工业强县又是人口大县、农业大县的双流，为了解决工业布局分散、农村公共配套欠缺、农地零碎低效生产等问题，探索创造了"三个集中"：工业向集中发展区集中、农民向城镇和新型社区集中、土地向适度规模经营集中。

　　成都市委、市政府总结推广双流经验，将统筹推进"三个集中"确定为推进城乡一体化的基本原则、根本方法。

　　按照"一区一主业"的定位和工业集群发展规律，成都市优化工业布局，将全市分散的116个开发区整合为21个工业集中发展区，打造电子信息、软件、汽车、生物制药、航空航天等11个现代产业集群，积极发展新能源、文化创意等新兴产业。调整招商引资考核政策，建立项目必须进集中发展区的激励约束机制，杜绝了招商引资"捡进篮子都是菜"和工业发展"村村点火、户户冒烟"的现象，而且完善了配套、降低了成本、形成了集群。2009年，全市工业集中度达到了70%，规模以上工业增加值同比增长21%。

　　成都市规划了由1个特大中心城市、14个中等城市、30个小城市、156个小城镇和数千个农村新型社区构成的城乡体系，梯度引导农民向城镇和新型社区集中。一些纯农业落后乡镇，一举转变为现代小城镇。远离中心城区的郫县安德镇，城镇建成区面积由2004年的0.65平方公里扩大到4.2平方公里，城镇人口由0.8万增加到2.5万，城镇化率达到65%。2004年以来，全市平均每年向城镇转移农民近20万。全市已累计建成农民集中居住区和农村新型社区630个（不含灾后重建），总面积2800多万平方米，74万多农民入住，生活居住条件得到根本性改善。

　　以稳定农村家庭承包经营为基础，按照依法、自愿、有偿的原则，成都市稳步推进土地向农业龙头企业、农村集体经营组织、农民专业合作经济组织和种植大户集中，大力发展优质粮油、生猪、茶叶、花卉、蔬菜、水果等十大特色优势产业。土地规模经营总面积195.6万亩，占农村流转土地总面积的68.5%。农业增加值由2002年的125.5亿元增至2009年的275亿元，翻了一倍多；带动农民持续增收，2009年农民人均纯收入达到7129元，比2002年增长111.1%。

　　实践证明，成都的"三个集中"不仅适应人多地少的客观市情和节约资源、保护环境的迫切要求，避免了资源浪费、环境污染的粗放式发展弊端，而且符合新型工业化、新型城镇化和农业现代化有机联系的规律，有效推进了"三化"联动，促进了城乡同发展共繁荣。通过工业向集中发展区集中，走集约、集群发展道路，以工业化作为城乡协调发展的基本推动力量，带动城镇和第二、第三产业发展，为农村富余劳动力的转移创造条件；农民向城镇和新型社区集中，聚集人气和创造商机，促进农村富余劳动力向第二、第三产业转移，为土地规模经营创造条件；通过土地向适度规模经营集中，进一步转变农业生产方式，推动了现代农业发展。

成都城乡经济社会连年保持又好又快的高增长，即使在特大地震灾害和国际金融危机叠加影响的严峻形势下，2008年地区生产总值也增长了12.1%，2009年增长14.7%，达到4502.6亿元，而万元地区生产总值能耗和主要污染物排放总量均下降了20%以上。城乡收入差距从2002年的2.66：1缩小至2.62：1。北京大学国家发展研究院的比较研究显示，成都是全国唯一在经济快速增长的同时城乡收入差距得到遏制并呈缩小趋势的特大城市。

科学体制："六个一体化"

统筹城乡发展，从根本上说是要建立起同发展共繁荣的新型城乡关系，构建城乡经济社会发展一体化的体制机制。成都市通过推进城乡规划一体化、城乡产业发展一体化、城乡市场体制一体化、城乡基础设施一体化、城乡公共服务一体化、城乡管理体制一体化等"六个一体化"，大刀阔斧破除城乡二元体制，全方位构建城乡统筹、科学发展的体制机制。

"我们以前的规划只能算半个规划。"成都市规划局局长张樵的这句话，一度广为流传。当时，他是"城市规划局"的总规划师，"在学校学的是城市规划，工作后干的是城市规划，没有农村规划这个概念"。推进城乡一体化以后，科学编制城乡规划、刚性执行城乡规划，被成都市确立为推进城乡一体化的龙头和基础、科学发展的引领。长期以来重城市轻农村的规划管理体制随之发生根本性改变，城市规划局改为城乡规划局，按照城乡一盘棋的理念，对城乡发展进行统一规划，形成了城乡一体、配套衔接的规划体系和执行监督体系，实现了规划编制、实施和监管的城乡满覆盖，直到村组。

在"5·12"汶川地震灾后重建中，成都的这一规划理念和体制得到了充分实践，按照胡锦涛总书记用统筹城乡发展的思路和办法推进灾后重建的重要指示，创造性提出"四性"的规划建设原则：发展性，突出产业支撑和持续增收；多样性，确定多样形态避免千村一面；相融性，注重与环境和生产生活相融；共享性，让公共服务向农村辐射。避免了灾后重建简单等同于建房修路或复制城市小区，成为推进城乡全面现代化的一个重大突破，不仅在灾后重建中产生了一大批新农村现实样板，还形成了一套全面推广的技术准则，确立了成都新农村建设的基本依据。

除了规划，成都市对只管城不管乡、重城轻乡或城乡分治的市政公用、交通、财政、农业、水利等30多个部门进行归并调整，实行城乡统筹的"大部制"。还对城乡二元体制的标志性制度——户籍制度"动刀"，实行一元化管理，取消农业户口和非农业户口，市民、农民统一登记为居民户口。公共财政的阳光，也普照城乡，建立起财政支农稳定增长机制，2009年市县两级财政对"三农"投入192.3亿元，相比2002年增长26倍，6年来累计投入594.8亿元。创新城市支持农村机制，每年土地出让的较大部分收益都用于支持农村。发挥政府投入撬动社会投资的杠杆作用，吸引大量社会资金参与农村发展。

通过城乡公共服务一体化，成都市有效推进了城乡基本公共服务均等化。就业政策和就业工作覆盖城乡所有劳动者，城乡劳动者实现平等就业。农村410所中小学、223个乡镇卫生院、2396个村卫生站全部进行了标准化建设，推动城乡教师、医生互动交流，优质教育、卫生资源向农村倾斜。教师实行"县管校用"，从"同县同酬"逐步向"同城同酬"过渡。在都江堰市，还按工作半径向教师发放补贴，半径大的农村教师补贴超过城市教师。从2009年开始，成都实施"名校下乡"，市民心目中最好的三所学校——成都七中、石室中学、树德中学，分别领办远郊农村的都江堰聚源高级中学、彭州白马中学、崇州怀远中学，让农村孩子"少花钱，上好学"。2009年1月出台实施《城乡居民基本医疗保险暂行办法》、《城镇职工基本医疗保险办法》，实现了城乡完全打通和市级统筹，基本实现社会保险制度城乡全覆盖和相互衔接。成都市医保局介绍说，原来的新型农村合作医疗，与城市的医疗保险，统一到一起了：凡是签订了劳动合同就业了的，无论城乡，无论单位性质，都统一参加城镇职工医疗保险；未就业的，包括未成年人等非劳动人口和无就业的劳动人口，无论城乡都统一参加城乡居民医疗保险，实现了城乡居民完全平等参保、平等享受报销待遇。

此外，成都市还大力推进市政公用设施向乡村覆盖，率先在西部实现了县县通高速、村村通水泥路，农村客运通村率达到98％，实施城乡水电气供应以及污水、生活垃圾处理一体化。

成都的城乡一体化实践，正在成为中国公民权利从城乡二元分割走向城乡一体化的一个现实样本，通过"六个一体化"，形成了城乡群众共创共享改革发展成果的机制，超越了社会公平的范畴。

坚实根底："四大基础工程"

统筹城乡改革发展，重点在农村，难点在农村，基础也在农村。

2月20日上午9点，春节后上班第一时间，成都市召开了一次规模空前的电视电话大会——深入推进农村工作"四大基础工程"大会。从市领导到村（社区）干部近4000人，分别在1个主会场、20个分会场参会，"一竿子插到底"。

成都市近年来实施的农村产权制度改革、农村新型基层治理机制建设、村级公共服务和社会管理改革、农村土地综合整治"四大基础工程"，是解决"三农"问题上打基础、管长远的重大举措，抓住了根本。扎扎实实抓基层、夯基础，是成都市统筹城乡改革发展的一个重要特征。

由于历史的、客观的原因，农村的市场化改革还很滞后，农民并不是真正的市场主体。2008年1月1日，成都下发市委、市政府当年"一号文件"，启动以农村产权制度改革为核心的农村市场化改革，为农民承包地、宅基地、房屋开展确权、登记和颁证，并建立市、县两级农村产权交易机构，引入农业担保、投资和保险机制，使农民成为市场主体，可以平等地参与生产要素的自由流动，用市场之手，充分发挥市场配置资源的基础性作用，建立归属清晰、权责明确、保护严格、流转顺畅的现代农村产权制度。成都市在全国创造性地设立了耕地保护基金，市县两级财政每年将投入26亿元，为有效保护耕地的农户每年分别按基本农田400元/亩、一般耕地300元/亩的标准发放耕保金，用于补贴农民购买养老保险，确保了耕地总量不减少、粮食生产能力不下降。目前确权颁证基本完成，市级耕保基金筹集全部到位，254个乡镇发放11.4亿元，惠及109万农户，涉及耕地384万亩。已实现农村产权流转2.7万宗21.2亿元，各级投融资平台筹资236.9亿元。

农村产权制度改革的成果在成都"5·12"汶川地震灾后重建中得到了充分运用，起到了雪中送炭的作用。在产权改革的基础上，都江堰市、彭州市等灾区为受灾农户提供重建融资担保，解决贷款无抵押担保物问题，及时有效地解决了灾后重建巨额资金的筹集难题。生产关系的一点点突破，就带来了翻天覆地的变化。

对此，著名社会学家、中国社科院研究员陆学艺评价说，成都市统筹城乡综合配套改革实验成效比预期的要好，一些原来估计很难革除的体制性障碍正在逐步被革除，城市发展"地从哪里来"和农村发展"钱从哪里来"两个必须回答的问题，成都用城乡一体化的市场机制，让城市资本和农村土地资源互惠共享，提高了农村和农民在土地城市化增值中的分配份额，令两大难题迎刃而解，促进了城乡同发展共繁荣。

2008 年 3 月，在成都率先试点农村产权制度改革土地、房屋确权的都江堰市柳街镇鹤鸣村，遇到了一个难题：七组的刘怀军 2001 年外出打工，把 1.8 亩承包地交给同组的王明祥耕种。听说要确权颁证了，刘怀军想要回土地，可王明祥死活不给。在成都各地农村产权确权过程中，像这样的"历史遗留问题"和矛盾相当普遍。村支书刘文祥想了一个办法，让村民投票选出大家公认的代表，组成"议事会"，民主解决这些棘手问题。"议事会"采取相对公平、各让三分的原则，成功解决了刘怀军和王明祥的纠纷，最终一人确到一半承包地。当月 30 日，七组的 34 户村民就拿到了农村产权制度改革的首批"四证两卡"：农村土地承包经营权证、集体土地使用权证、房屋所有权证、集体林地使用权证和"耕地保护卡"、"社保卡"。"村民议事会"成为成都农村产权制度改革的一个"意外"收获，直接催生出了一个"新事物"——农村新型基层治理机制建设。

2003 年以来，成都市全面推行以基层党组织书记公推直选、开放"三会"、社会评价干部为主要内容的基层民主政治建设，作为统筹城乡改革的政治和组织保障。从 2008 年开始，推广探索村民议事会、监事会制度。至 2009 年，已在所有村和涉农社区成立议事会，构建起了党组织领导、村民（代表）会议或议事会决策、村委会执行、其他经济社会组织广泛参与的新型村级治理机制。

在农村产权改革确权中，无论个别纠纷还是涉及整村、整组的大事，都由民主议决。邛崃市油榨乡静室村与雅安市芦山县相邻林权的勘界、确权多年来相争不下，双方政府及村两委多次协调无果，静室村议事会成立后，通过议事会成员的工作，得以妥善解决。双流县兴隆镇瓦窑村的土地承包权只剩下 19 年，村民们提出要在土地承包经营权上落实十七届三中全会决定的"长久不变"。村民们召开了 60 多次"议事会"，最后以摁手印的方式表决，成功地将土地承包经营权从 30 年改为了"长久不变"，并确权颁证，这在全国还是首例。

在灾后重建中，群众通过村（社区）议事会、监事会等自治组织，自主解决了各种疑难问题。重建方式、重建选址、户型设计、工程监理、土地流转等涉及群众利益的问题，都上议事会，政府不代民作主和强迫命令，让受灾群众参与政策、规划制定和选择的全过程，充分发挥群众主体作用，保证了重建健康有序推进。以都江堰市城区为例，这是汶川地震受损严重的城市中，规模最大、居民结构类型最多、经济最繁荣、自然条件最好、区位优势最明显的，因此也是利益关系最复杂的。经过调查摸底、听取群众意见，都江堰市在幸福社区等地通过议事会这种民主机制，形成了原址重建、模拟拆迁等办法，受灾群众积极自主参与重建家园。

目前，新型基层治理机制已经在成都农村普遍建立，明晰了基层党组织和基层政权的权力来源，使"对上负责"与"对下负责"有机结合，避免了干部大包大揽、代民做主，保障了党员群众主体地位，密切了党群干群关系，夯实了党的执政基础。充分相信群众、依靠群众，群众的事情让群众自己"当家做主"，群众的创造又不断丰富和完善改革实践，是成都市统筹城乡改革发展的又一个重要特征。

2008 年 11 月，成都市进一步加长农村公共服务的"短板"，实施村级公共服务和社会管理改革，率先在全国将村级公共服务和社会管理资金纳入财政预算，为每个村每年安排 20 万元资金，2009 年已专项投入 7.1 亿元。村级公共服务和社会管理内容设定为文体、教育、医疗卫生、就业和社会保障、农村基础设施和环境建设、农业生产服务、社会管理七个方面。按照新型基层机制，20 万元专项资金的使用，完全由村民民主议定、民主监督、民主评议项目，"财政下乡，民主决策"。

日新月异的成都农村面貌，还将随着另一项基础工程——农村土地综合整治，产生根本改变。在国土资源部和四川省政府指导下，成都市推广运用农村灾后重建"四性"原则，在广大农村整体规划推进田、水、路、林、村综合整治，拟用 6 年时间彻底改变农村面貌，新增耕地 30 万亩，使 300 多万农村居民逐步实现城镇化。2009 年已实施 72 个项目，新增耕地 8 万亩。

全面提升：定位"世界现代田园城市"

成都统筹城乡发展、推进城乡一体化，到底会是走向一个怎样的未来？

2009 年 12 月，成都市委按照科学发展观要求和"自然之美、社会公正、城乡一体"的核心理念，确立了建设世界现代田园城市的历史定位和长远目标：力争用 5～8 年把成都建成中西部地区创业环境最优、人居环境最佳、综合竞争力最强的现代特大中心城市；用 20 年左右初步建成"世界现代田园城市"，进入世界三级城市行列；用 30 到 50 年最终建成"世界现代田园城市"，建成世界二级城市。

按照这样的历史定位和长远目标，未来的成都，将是一座城乡一体化、全面现代化、充分国际化的区域枢纽和中心城市，城乡繁荣、产业发达、居民幸福、环境优美、文化多样、特色鲜明、独具魅力。一幅"青山绿水抱林盘、大城小镇嵌田园"的画卷，正在成都这方自然环境优美、历史文化悠久的天府大地上徐徐展开。

成都启示：新型城市化的"路和桥"

美国经济学家 W.A. 刘易斯认为，发展中国家经济发展的本质就是二元经济消失并融合为一元经济的过程。这是"城市与农村相互依存共生共荣、城乡发展必须统筹推进"的现代化规律。

成都的城乡一体化实践，正是基于中国城乡关系的现实，并集中体现了这条现代化的重要规律。把城市和农村统筹考虑、三次产业联动发展、经济发展和公共服务配套推进，形成一个"城市是现代城市，农村是现代农村，现代城市和现代农村和谐相容，现代文明和历史文化交相辉映"的新型城乡形态。

"成都走出了自己的路子。"全国政协委员、中科院可持续发展战略首席科学家牛文元表示，"其意义已经不限于成都、四川或西部，而具有全国性的意义。"

在西部大开发走过十年历程之际，著名经济学家厉以宁和诺贝尔经济学奖获得者蒙代尔担任负责人的课题组发布了有关"成都城市化模式案例"的研究报告，报告认为成都已经成为"西部大开发引擎城市"、"中国内陆投资环境标杆城市"以及"新型城市化道路的重要引领城市"。成都作为试验区，"在城市化进程中为全国提供了自己的经验"。该课题组成员、国家信息中心蒲宇飞博士如是说。研究报告评价说，西部大开发战略实施以来，特别是 2003 年全面推进城乡一体化以来，成都浓缩了发达国家典型城市从早期工业化到中期去工业化再到当前建设全球城市、信息城市的百年历程，在短短十年时间既推动了工业化，又调整了城市空间布局和产业结构，同时加快了全球化、信息化进程。成都城乡一体化实践在全国具有较强的示范效应和典型意义，为破解西部乃至全国长期存在的结构性矛盾特别是城乡二元结构矛盾，提供了大量可推广的典型经验。

著名学者、清华大学国情研究中心主任胡鞍钢教授也深有同感。他认为，解决"三农问题"的关键在于统筹城乡发展的新型城市化。"但是长时期里，我们始终没有找到它的路和桥。"胡鞍钢说，"到成都来一看，路和桥的问题已经解决了。"

（《人民日报》2010 年 03 月 02 日 01 版）

【评析】

这是一篇介绍典型经验的调查报告。

这篇调查报告最值得我们学习之处：一是选题针对性强，富有典型意义。正如本文开头所言："在工业化和城市化进程中，我国长期存在的城乡二元体制，使各种资源快速地向城市聚集，城乡差距拉大，'三农'问题成为制约经济结构调整、发展方式转变的重要症结。"这既是一个热点也是一个难点问题，而成都市在"城乡一体化"进程中趟出了一条新路子。这样的选题有极强的现实针对性且具有典型意义。二是总结的经验典型、新鲜，具有很强的指导性和启发性。三是观点与材料的高度统一。本文紧紧围绕中心恰当地选择材料，注重用典型事例说明问题，适当引用学者、专家观点，增加了说理的力量。四是段旨句概括得准确，语言凝练，醒目传神。五是颇具特色的语言风格。本文适当地穿插了老百姓的口头语，恰当地运用比喻，使语言生动活泼，极富表现力。

例文 3

关于重庆市巫山县部分乡镇铲苗种烟
违法伤农事件的调查报告
赴重庆市巫山县调查组

（2000 年 6 月 2 日）

根据国务院领导同志的指示精神，由国务院办公厅牵头，中央农村工作领导小组办公室、国务院研究室、农业部、国家税务总局和中央电视台参加组成的调查组，于 5 月 28 日至 6 月 2 日，赴重庆市巫山县就中央电视台《焦点访谈》反映的铲苗种烟、违法伤农事件进行了调查。调查组深入 3 个区 5 个乡镇，广泛听取农民群众和基层干部的意见。现将有关情况报告如下：

一、基本情况

巫山县是省定贫困县，1999 年全县农民人均纯收入只有 1242 元。粮食作物主要是玉米、土豆、红薯和小麦。经济作物主要是烤烟、魔芋等。全县 64.4 万亩耕地中，适合种烤烟的有 30 万亩。历史上，烤烟种植面积最高达到 10 万亩。今年市烟草专卖局下达该县烤烟收购计划 9 万担，县政府下达烤烟生产考核基数为 15 万担，目标任务为 20 万担，按亩产量 300 斤计算，需种植 5 万～6.7 万亩。

全县烤烟种植主要集中在河梁、官阳和骡坪 3 个区所属的 15 个乡镇。从了解的情况看，河梁和骡坪两区，由于区乡政府的引导服务工作基本到位，农民种烤烟的积极性比较高，没有发生强迫农民种烤烟的现象。问题主要发生在官阳区的 4 个乡镇，而且远比《焦点访谈》反映的问题严重得多。

巫山县今年下达给官阳区的烤烟生产考核基数为 4.1 万担，目标任务为 5.4 万担，需种植烤烟 1.3 万～1.8 万亩。该区适宜种烤烟的 36 个村，耕地面积只有 2.2 万亩，人均仅 1 亩。官阳区按烤烟目标任务与农民签订了合同，即必须用 80% 的耕地（人均 0.8 亩）种烤烟，剩余 20% 的耕地（人均 0.2 亩）种粮食和其他作物。为了防止农民多种粮食、少种烤烟，官阳区限定每个农民只准保留可移栽 0.2 亩地的 500 棵玉米苗，超过部分一律铲除。而且，实行连片种植，强行烤烟净作，即在规划种植烤烟的区域内不准种植其他作物。

官阳区适宜种植烤烟，种烤烟的收益高于种粮食（一般亩均收入 800 元以上，高于粮食 3 倍），但农民不愿意多种烤烟，尤其不赞成不留口粮田、强行烤烟净作的做法。在收成好的情况下，多种烟、少种粮，可以用卖烤烟的钱买口粮。去年因干旱部分种烤烟的农户没有挣到钱，甚至亏本，目前既缺钱、又缺粮，发生春荒、夏荒。这部分农户今年就要求多种粮、少种烟。所以，农民说，铲了青苗如同铲了我的命根子。而且，烤烟生产中"两怕"问题无人管：一怕烟草公司硬性摊销质次价高的各种肥料。农民反映，与烟草公司签订烤烟收购合同时，必须接受烟草公司摊销的各种肥料，不准从其他渠道购买。二怕收购时压级压价，卖不上好价钱。农民说，他们是站着种烟、坐着烤烟、跪着卖烟，烟草公司收购中压级压价、收人情烟的现象十分突出。（总理批示：烟草公司这种作法是违法的，是变相摊派。）

面对农民不愿多种烤烟的局面，官阳区及其所属 4 乡镇领导决定强行铲除农民多育的玉米苗和栽种的其他作物。据初步统计，4 月上旬，全区铲苗行为涉及 27 个村，1616 户，共铲苗（包括折合可栽种面积）1289.9 亩。这些铲苗行为是官阳区党委和区公所统一部署，由区、乡镇党政主要领导带领包括武装部干部、治安人员在内的工作组突击进行的。在强行铲苗过程中，区、乡镇干部对阻止铲苗的农民进行殴打和体罚，甚至拘留农民，先后有 7 人被打，其中 2 人致伤。

二、原因分析

巫山县官阳区发生的铲苗种烟事件，是一起违反党在农村的基本政策、侵犯农民合法权益、危害农民人身安全的严重事件。产生这一问题，既有客观因素，更有主观原因。主要是四个方面。

（一）地方财源严重不足，收不抵支。1999 年巫山县财政一般预算收入 4731 万元，而当年财政供养人口为 11562 人，仅实际工资性支出就达 6715 万元，是典型的"吃饭财政"，主要靠上级财政补助维持，当年上级财政补助 10631 万元。在一般性财政收入中，烟叶及卷烟税收占相当大的比重。1999 年来自卷烟和烟叶的税收为 1958 万元，占一般性财政收入的 41%，该县把发展烤烟生产作为当地增加财政收入的主要手段。由原四川省划归重庆市管辖后的县（市）仍实行财政分级分成包干的管理体制，在基数任务内，县、乡按六四分成。由于留给乡（镇）的收入不多，加剧了乡（镇）财政的困难。针对这些问题，今后一是要着眼发展经济，增加税源；二是要结合产业结构的调整，改善财政收入结构；三是要进一步理顺管理体制，上级财政应加大对这些贫困地区转移支付的力度。同时，要精兵简政。

（二）县委、县政府对农业和农村经济结构调整的思路不够清楚，指导思想和工作方法有偏差。（略）

（三）严格的烤烟生产考核制度对事件的发生起了推波助澜的作用。（略）

（四）基层组织和基层民主政治建设薄弱，有些干部素质极差，作风粗暴。（略）

三、采取的措施

5月24日晚中央电视台《焦点访谈》播出了巫山县官阳区铲苗种烟、违法伤农事件后，市委、市政府主要领导同志高度重视，当晚，市委书记贺国强对这一事件的处理作出了明确批示。25日下午，朱镕基总理、李岚清副总理在全国粮食生产和流通工作会议结束时，对此事件进行了批评，晚上贺国强、包叙定同志主持召开市委、市政府紧急会议，集体收看了《焦点访谈》的录像，认真学习和深刻领会国务院领导同志对此事件的重要指示精神，做了工作部署，决定由分管农村工作的市委副书记和副市长负责对这一事件的查处，并向全市发出通报。市委、市政府对处理这一事件态度是鲜明的。

调查组一到巫山县，上访的农民群众络绎不绝，特别是到了事件发生地的官阳区，成百上千的农民群众自发地从周围各乡村赶来，纷纷要求向调查组反映情况。

巫山县委、县政府对处理这一事件，采取了一些措施。但存在三方面的问题：一是县区乡各级对这一事件的性质认识不到位，工作没有深入下去，面上情况不掌握；二是补偿不到位，目前只是对重点受害农户进行了补偿，面上绝大多数农民并没有得到补偿；三是处理不到位，目前只是对直接责任人员进行了处理，对这一事件负有直接责任的区、乡主要负责人没有处理。农民反映说，处理了小的（干部），保护了大的（干部）。

针对这些问题，调查组对县委、县政府下一步的工作提出了建议：第一，县委、县政府要把妥善处理这一事件作为当前的中心工作，并要统一思想，提高认识。第二，组织强有力的工作班子，迅速开展工作。全面查清情况，抓紧研究补偿方案。第三，本着从实、从优、从快的原则，帮助农民按其意愿尽快恢复生产。（总理批示：没有重庆市委、市政府领导的亲自过问，问题是解决不了的。）

调查组回到重庆后，与市委、市政府的领导及有关部门的同志交换了意见，市委、市政府对下一步的工作作出了具体安排，并将就处理情况正式向国务院报告。

【评析】

这是一篇揭露问题的调查报告。该文体现了这类调查报告写作上的一些特点。

标题采用公文式标题，事由部分事实清楚，定性准确，揭示全文主要内容。

正文由开头和主体两部分组成。开头介绍了调查组成立的依据及成员组成情况、调查的起因及调查范围。对调查组情况的介绍，一可显出调查组职能的权威性，二可突出所调查问题的严重性，直接切题。主体部分采用递进式结构方式，先概述基本情况。介绍情况时从面到点，先总述巫山县农作物种植的情况，一是粮食作物，二是经济作物。这一事实的交代为下文农民在种粮和种烟两者之间的选择上做铺垫，为后面情况分析奠定基础。面上情况叙述后，重点介绍巫山县官阳地区的情况。这一典型的选择，既照应开头《焦点访谈》所反映事实，又可通过官阳地区这一典型，反映巫山县铲苗种烟、违法伤农事件的整体情况。叙述情况时，精选材料，无论是事实的叙述，还是数据的说明，都紧紧围绕"违法伤农"这一中心来展开。引用农民自己的话说明问题，体现农民在这一事件中受害的程度，突出问题的严重性。紧接着从四个方面分析出现问题的原因。这部分写得客观公允，实事求是。先从客观上找原因，"地方财源严重不足，收不抵支"。然后就主观方面从三个角度入手分析原因。在分析原因时采用夹叙夹议的方法，在事实的基础上发表看法，令人信服。问题的症结找到了，接着在第三部分阐述了解决问题的措施。这是此类调查报告的落脚点，也是实现调查报告目的的重点内容。措施富有针对性。先从分析巫山县制订的措施存在的问题入手，然后提出相应的措施。措施带有强制性，与开头对调查组情况的介绍相呼应。

这是一份写得很好的问题调查报告。情况摸得准，问题分析得深刻，措施得力具体，语言简洁、准确。

第六节　简　报

一、简报及其作用

（一）简报

简报，作为文书运行的载体，是各级党政机关、社会团体、企事业单位的领导部门用来汇报工作、沟通情况、交流经验、传递信息时使用的一种内部刊物。简报一般只在各单位、各部门、各系统内部进行交流。因其版头常用套红印刷，所以有时又被称为"红头小报"。

简报有多种名称，如"××简报"、"××动态"、"××信息"、"××通讯"、"××情况"、"××资料"、"内部参阅"等。

（二）简报的作用

1．为领导机关掌握情况、制定政策提供依据

简报主要是下级机关向上级机关反映情况，将下情上达，领导机关可以及时了解、掌握下级单位的情况，从中发现典型经验或倾向性的问题，以便及时了解下级机关的各种工作动态和信息，便于制定相应的对策以推动工作的开展。

2．对下级机关的工作具有指导作用

领导机关发至下级单位的简报，可以传达、解释上级文件精神，指导下级工作；可以在简报上直接提出意见和要求，供下级参照执行；可以表彰先进，批评后进，运用典型推动面上工作。

3．在本单位、本部门和兄弟单位之间互通信息、交流情况

本单位、本部门的各平行机关、单位之间，通过简报可以互通情报，交流经验，探讨问题，协调工作，互相促进；也可在不相隶属单位之间传阅，交流情况，互通信息，以便互相了解，加强合作。

4．为宣传部门提供稿件或线索

简报上除不能公开发表的材料外，可直接作为消息或通讯刊载于报刊。新闻工作者还可从简报上发现线索，然后进一步采访，充实内容，从而写成新闻稿件。

二、简报的特点及分类

（一）简报的特点

1．限于内部交流

简报不同于报纸、刊物，它一般在某一单位系统内部交流。虽然有些内容可给新闻单位提供新闻线索，但大多数情况下，简报只在内部运行。特别是涉外机关和专政机关主办的简报更是如此。有的简报，往往是专给某一领导人看的，有一定的保密要求，不能任意扩大阅读范围。

2. 内容专业性强

简报虽有综合简报，但那只是一个单位或一个系统各种信息的综合。就简报整体来说，其内容的专业性特别强。它一般由有关单位、部门主办，传递该项工作的各种信息，包括情况、经验、问题和对策等。一般性的东西少说，无关的东西不说，专业性的东西多说。这样，对一般读者来说，可使他们了解工作的进展情况，对领导来说，掌握情况，及时加以指导。

3. 编发迅速

简报是公务活动中的"快报"、"轻骑兵"，不仅反映思想动态要快，报告工作情况要快，而且编发也快。至于会议简报，其时限性更强，今天编发不出去，明天会议就可能结束了。所以简报的编写要"抢时间"，精选稿件，快编、快印、快发，否则时过境迁，就失去了价值。

（二）简报的分类

简报因其功能不同，从不同角度可以划分为不同种类。从时间上划分，有定期和不定期简报；按性质和作用分，有情况简报、工作简报、会议简报等。按内容和写作形式分，简报有如下两类：

1. 综合简报

综合简报多为常年定期编发，用来反映单位、部门、地区的工作情况和生产情况。综合性简报涉及的面广，内容多，所刊载的文章形式多样，有情况反映，经验介绍，也有标题新闻等。

2. 专题简报

专题简报一般是不定期的，有事就报，无事就停。专题简报是为配合某项工作的开展、某项任务的完成而编发的简报，它可以一事一报，也可围绕一个专题编发数篇文章，如"会议简报"、"金融简报"、"教学简报"等。当然，专题简报只是相对综合简报而言的。有时，相对于整个部门来说是专题简报，而面对着下级机关又是综合简报。

三、简报的内容、格式及写法

（一）简报的内容

简报是办报单位为了促进本单位及本系统的工作而办的，它的内容必须体现这个宗旨，而有别于面向社会的报纸、广播等报道工具，其适宜的内容主要有以下 10 个方面：

（1）会议消息。介绍最近时期与本单位、本部门的中心工作有关的会议情况；

（2）上级机关的工作部署和指导意见；

（3）领导同志的重要讲话；

（4）带有方向性的重要活动；

（5）具有典型意义的工作经验；

（6）广大群众关心的事情；

（7）政策、措施的反馈信息；

（8）值得注意的带有倾向性的问题和情况；

（9）指导性例行情况通报；

（10）有关单位的有关情况。

（二）简报的格式

简报有比较固定的写作格式，一般由报头、报体和报尾三个部分组成。

1．报头

报头是事先印制好的。在简报首页的上方位置，用一条红色粗线与报体隔开。报头一般占报纸的 1/3 或 2/5 的比例。报头主要包括简报名称、期数、编报单位、编报日期、秘密等级。简报名称位于报头上方正中位置；期数，即第×期，位于名称下面。如有总第×期，用括号括上置于期数下面。编报单位位于期数下左侧位置，写明编发单位的名称，并在名称后加一个"编"字。编报日期位于期数下右侧，与编报单位成一行，写明年、月、日。秘密等级置于报头的左上角。

2．报体

报体位于报头横线下部。报体一般由按语、刊发的文章和供稿者三部分组成。

3．报尾

在简报最后，其上有一条粗横线与报体分开，内容包括：主送单位、抄送单位、印刷份数等。

（三）简报报体的写法

1．按语

为了布置某项任务，或推动某项工作的开展，通常要把上级的有关政策、计划和领导的讲话、指示或有关单位的工作经验、成功做法，用简报形式向下介绍，供学习参考。这是一种以编代著的独特文章样式，这样的简报，一般要加按语。

按语多置于文前。夹于文中的按语，除在开头注明"按语"外，还要加括号以与原文相区别。按语可长可短，按内容分，有说明性按语，即说明编发的原因和目的；提示性按语，侧重于针对文稿的某个内容的理解，或侧重于针对当前的实践活动的提醒；注释性按语，即对文稿某个片断的注释或介绍，常夹于文中使用；批示性按语，对文稿发表意见，表明态度。

按语不是每份简报都有。按语一般比较简短，针对性强，语言简明扼要。对被转发的材料，可根据编报意图进行一定处理。可重新拟写标题，紧扣主题取舍材料，对原文中有些提法不妥、用词不当及错别字应加以改正，但不能改变原意。

2．简报刊发的文章写法

一份简报可刊发一篇文章，也可刊发数篇文章。这些文章，可能是调查报告、经验总结、消息、讲话等。归纳起来有以下几种类型：

（1）新闻报道式。这种类型的文章其写法和消息的写法相类似。例如，标题应能概括报道的主要事实，正文由导语、主体、结尾三部分组成，正文的材料组织可采用"倒金字塔"式结构。请参见消息的写法。

（2）经验介绍式。这种类型的文章与经验性总结写法相类似。写作的着眼点是介绍情况，总结经验，而不是叙述情况。但要注意，作为信息报道的简报，在内容上应该新鲜和典型，在文字表述上要十分简要。

（3）情况报告式。即把本单位最近一段时期出现的新情况、新问题向上级汇报，下情上达，为上级了解情况、制定政策提供依据。要求反映的情况要准，并与本部门的中心工作密切相关。写法类似于公文中的情况报告。有情况概述，原因分析，对策建议，但要简明扼要。

（4）花絮集锦式。这种写法不求系统、全面，而是把有关情况、人物、事件等内容，分别加上小标题，写成类似花絮、简讯等一段段的简短文章，有时干脆只有标题，没有正文。

3．供稿者名称

供稿者名称指提供材料的单位或个人。其名称用括号写在正文后右下角。如果作者是编发机关，则不必写出。

四、编写简报的注意事项

（一）编辑简报的几点要求

1．精选稿件

简报编辑人员要根据当前工作的需要，精心挑选那些内容新颖，有指导、借鉴、参考价值的稿件，编发简报。

2．修改稿件

简报编辑人员对选定的稿件，在不影响原文内容的前提下，对稿件的结构、内容应反复修改，以使主旨突出，层次分明。修改中如涉及原文的内容，应和供稿人员联系核对，以免内容失实。

3．快编快发。

（二）拟写简报文稿的几点要求

1．材料真实

真实是简报生命力所在。简报可在某单位系统内部上行、下行、平行，运行范围广，所起作用也非常重要。为此，简报文稿的材料必须真实可靠。事实完整、清楚，数据准确。对事物的评价要客观、恰当。实事求是，不夸大，不缩小。捕风捉影，合理想象都是要不得的。不了解的情况，拿不准的问题，不要瞎编。杜绝虚假报道。

2．内容新颖

简报文稿必须反映新近发生的新情况、新问题、新经验。简报的价值就在于迅速及时地把各种新信息汇集起来，使人们从所反映的思想方面的新动态、工作方面的新经验、值得注意的新情况、富于启发的新见解、萌芽状态的新事物、不良倾向的新苗头中得到新认识，受到启发或引以为鉴，更好地开展工作。这就要求简报文稿撰写者必须有敏锐的洞察力，善于从纷繁、复杂的现实生活中发现有价值的，新鲜的，能体现党的方针、政策的材料。这样的材料，对开拓新的工作领域，推动工作向纵深发展能起到重大作用。

3．简明扼要

顾名思义，简报是情况的简明报告。简报的"简"主要体现在三个方面：一是内容精粹、集中，一篇文章只反映一个主题，观点鲜明。二是语言简洁。要开门见山，直陈其事。字数一般以 1000 字左右为宜，最长不超过 2000 字，有的可几百几十字。三是结构简明，线索单一，脉络分明。

4. 及时捕捉信息，快速成文

简报内容的时效性特别强，因此必须快速选材，快速成文，否则时过境迁，报道就失去了意义。

【例文评析】

例文1

教育部关工委简报

第 9 期

（总第 209 期）

教育部关心下一代工作委员会编 2010 年 10 月 13 日

教育系统关工委基层建设经验专辑

上海市长宁区教育关工委在全区教育系统开展了以"领导班子建设好、骨干队伍作用好、制度建设执行好、活动经常效果好、积极探索创新好"为主要内容的创建"五好"关工委和关工小组活动，并以此作为贯彻教育部党组 20 号文件、切实加强关工委和关工小组自身建设的有力措施。

健全了基层学校关工小组组织网络。区教育党工委把关工委工作列入年度工作计划，在年初党政干部大会上统一布置，并把是否积极支持和参与创"五好"活动作为学校党政领导年终考核的内容之一。在党工委的重视下，全区中小学和小、幼教学区都成立了关工小组。

组建以老干部、老先进、老劳模和特级教师为成员的三支"五老"骨干队伍。一是讲师组，受教育党工委的委托，讲师组与教育系统评选出的"十佳"青年结对，引领他们成长为学校党政领导的后备力量，并应邀深入中小学作各类专题报告。二是调研组，每年结合本区教育实际进行一个专题调研。三是"马读会"指导组，区关工委、区教育党工委、区教育关工委、团区委和区党校联合举办了"长宁区青年马克思主义读书会"（简称"马读会"）。学习对象为高中二年级的学生干部，每年一期，利用寒暑假和双休日进行学习。区教育关工委先后委派了10 位既有坚定信念、又有理论功底和实践经验的离退休教育工作者担任"马读会"的指导老师。在老同志的悉心指导下，据不完全统计，在"马读会"796 名结业的学员中，21.1% 的人在高三阶段加入了中国共产党，88% 的学员获得市、区先进荣誉称号，进入高校后 80% 的学员担任学生干部，成为青年学生中的中坚力量。

发挥社区"五老"优势，校、区联手共育新人。校、区联手，让社区"五老"走进学校，深入班级关爱学生，使得学校、社区、家庭连成一体，达到了资源共享、优势互补、凝聚合力的效果，形成了学校"搭台"、学校与社区"五老"共同"唱戏"的格局。

陕西省渭南市教育局对照《意见》查漏补缺，狠抓落实。

局党组贯彻落实《意见》出台了相关文件，提出了 6 项具体贯彻措施。重点是抓好县（市、区）关工委"六有"（有牌子、有章子、有办公室、有老同志任常务副主任的工作班子、有经费、有工作和文档制度）和乡（镇）学校关工委"五有"（有牌子、有办公地址、有老同志驻会任常务副主任、有经费、有工作和文档制度）规范化建设，落实老同志生活补贴。建立完善了领导保障机制、坚持动态管理的组织网络建设机制、"五老"队伍管理机制、工作运行机制、奖励机制、舆论宣传机制等。将关工委工作列入全市《教育工作要点》，统一安排部署。

全市贯彻落实《意见》向所辖教育部门提出了三点要求：县（市、区）教育关工委缺老同志（含退二线）任常务副主任的要立即配齐，经费要纳入各教育局年度经费预算，县（市、区）级教育部门驻会离退休老同志生活补贴要在 300 元以上，乡（镇）和学校要在百元以上。加强了调研督查。市教育局下发了贯彻落实《意见》的调查提纲，提出十项要求。渭南市人民政府教育督导室牵头，先后三次对各县（市、区）贯彻落实《意见》的情况进行了重点督查。

山西省永济市教育局明确责任，强化领导，健全机制，规范管理。

建立了市教育局重视支持关工委工作的领导机制。实行了"三会"制度，即市局党政领导每季度召开一次关工委工作汇报会，学期初参加关工委工作要点安排会，学年末召开关工委工作总结表彰会。着力落实将关工委工作纳入教育工作总体规划、纳入教育教学整体安排、纳入精神文明建设整体部署、纳入日常考核责任制、纳入局、校组织序列；着力推进把关工委工作与教育教学工作同步研究、同步部署、同步落实、同步检查、同步总结、同步表彰。坚持"听（汇报）、调（研）、通（报）、解（难）、出（题目）"五字工作法，细化对关工委工作的指导。

健全了横向到边、纵向到底的组织网络机制。调整充实了各级各类学校关工委班子，在农村小学建立了关工小组，形成了局、校、村小三级组织网络。做到人员组成上"在职领导、离退休干部、退居二线干部"三结合，年龄结构上"老、中、青"三结合。坚持"聘（骨干）、学（知识）、用（优势）、评（典型）、情（凝聚）"五字法，抓好"五老"队伍建设。

建立了关工委经常性活动的长效机制。先后下发了 12 个规范性文件，建立健全了年度工作目标、岗位责任、跟踪督查以及学习、会议、调研、考评奖励等制度。汇编了《永济市教育系统关工委工作规范》一书。通过"五抓五促"强化管理，即抓目标分解，促责任到人；抓督导检查，促目标落实；抓典型培养，促整体发展；抓星级创建，促内涵提升；抓考核表彰，促争优创先，实现"目标量化—过程督查—结果考核"的全程管理。

福建省晋江市教育系统关工委把握"三个坚持"，让关工委工作扎根基层。

（略）

广东省东莞市茶山镇教育办关工委抓"五有"建设，促工作开展。

（略）

西南科技大学关工委扎实抓好校、院两级关工委工作。

（略）

重庆市第十一中学关工委充分发挥作用，助推学校又好又快发展。

（略）

抄送：××××，××××，××××。　　　　　　　　　　　　　　共印××××份

（教育部关心下一代工作委员会网站）

【评析】

这是一份专项简报。这份简报围绕着"教育系统关工委基层建设经验"这一中心内容介绍了地方关工委的工作经验。每篇文章采用经验总结的写法，着重介绍了工作中行之有效的做法。但与公开发表的经验总结在行文上又有所不同。文章行文简洁，提纲挈领，恰好体现简报"简"的特点。

例文 2

情况简报

第××期

××局××处   ×年×月×日

陕西一些旅游点附近的农民
向外国游客兜售商品造成不良后果

4月27日上午，美国教育418旅游团外宾去陕西乾陵参观旅游。客人一下车，一群手拿各种工艺品的农民蜂拥而上，争抢着要外宾买他们的东西。其中一些人手持唐代铜镜、铜钟、佛像及汉唐古钱古币等文物出售。外宾急于参观，打手势表示什么也不买。这些农民仍围着不散。导游劝他们走开，反而遭到农民的辱骂。当这个旅游团参观完毕离开乾陵时，一群小孩围着一位70多岁的女外宾，非要她买东西不可。这位女外宾无路可走，只好向后退，结果被挤得跌进路边水沟，造成右脚关节骨裂，当即送进陕西省医院打石膏固定，医生说要几个月才能恢复正常。

在乾睦和秦兵马俑博物馆等旅游参观点附近，围堵外宾，强迫客人购买旅游商品，兜售劣质文物复制品，货款要外汇券，找零却用人民币，甚至不找钱就溜走等现象时有发生。另外，在西安市化党巷大清真寺外，有些少年儿童还尾随外宾索要钱物。这些都造成了很坏的影响。

据有关方面的同志反映，上述情况由来已久，当地政府和有关部门抓一下，情况就好一些，稍有放松，又重新抬头，已成为一个老大难问题。在最近召开的全省外事、旅游工作会议上，部分代表提出解决这一问题的建议。

（略）

抄送：××××，××××，××××。   共印××××份

（转引自《新编应用写作教程》）

【评析】

这是一篇反映情况的专项简报。这类简报下情上达，为领导机关了解情况并制定相应的政策提供事实依据。

文章首先概要叙述陕西一些旅游景点的农民强行向外国游客兜售商品的一些现象。叙述时紧紧围绕"这些情况造成了严重的后果"这一中心来选材，语言简要概括。对出现问题的原因没有分析，因为在叙述事实时，我们已能看出问题的症结所在，所以关键是要拿出解决问题的办法。结尾针对问题提出相应的建议。

这份简报在材料的处理上详略得当，符合简报"简"的要求。

第七节 法规 规章

一、法规和规章

法规即法的规范，规章即规章制度。法规和规章是机关、团体、企事业单位根据法律及有

关政策，在自己权限范围内制定的具有法律强制力和行政约束力的规范性文书的总称。

法规和规章包括条例、规定、办法、细则、章程、制度、准则、守则等。其中规定和办法既可用于法规，又可用于规章，这主要从发文机关和制发程序上加以判别，这点将在法规和规章的区别中详述。

二、法规和规章的作用

法规、规章从法律和行政及道德等方面，对有关人员进行约束和规范，提出具体的执行要求，使有关人员有规可据，有章可循，有利于各部门实施管理，有效行使自己的权力，从而保证各项工作有序协调的进行。

三、法规和规章的特点

（一）明确的约束性

法规、规章对所属范围的单位和人员具有明确的法律、行政及道德上的约束力，相关对象必须严格遵守执行，不得违反，否则就要受到法律的制裁或相应的行政纪律处罚或道德谴责。

（二）表达的具体性

法规、规章对相关对象作出的规定，提出的要求，都需要其贯彻执行。因此，所做的规定，所提的要求都比较明确、具体，表达直接明了，易于理解，便于据其而行。

（三）形式的条文性

法规、规章多采用将文章分为若干章，各章分成若干条，各条按统一序数排列，连为一体，章断条不断，即所谓的章断条连式的结构形式。条理分明，结构清晰。

（四）发布的公开性

法规、规章必须在一定范围内公开发布，使相关对象知晓并遵章执行。

四、法规和规章的不同之处

法规、规章虽有很多相同点，但仍有一些不同之处，主要不同之处如下：

（一）制发主体不同

法规必须由国家权力机关来制发，规章则可由各行政机关及管理部门、团体、企事业单位制发。法规中的条例，只有国务院和各级人民代表大会及其常务委员会才有权发布。规章和办法虽然可以既是法规的适用文种，又是规章的适用文种，但其只有制发主体为立法机关，或符合立法程序的，才能归属法规。

（二）制发程序不同

各级立法机关在制定法规后必须履行相应的程序才能发布。例如，由全国人大及其常委会制定的法规，必须经全国人大及其常委会讨论通过，才能发布实施；各省、自治区、直辖市人大及其常委会制定的法规，须经省、自治区人大常委会批准，并报全国人大常委会和国务院备案等。规章的制发程序相对法规而言就简单多了，部分规章须经行政会议讨论通过，报主管部门审批后才能发布；而一些规章只要经会议讨论通过，由主管领导审核即可发布。

制发主体与制发程序的不同，也就决定了法规和规章在效力上的差异。这一点将在文种写作要点中加以介绍。

五、法规和规章的写作体式

法规和规章因同属于法规类文书，不仅有着法规类文书的基本特点，而且写作体式也基本相同。其写作体式规范成型，比较稳定。因此，将其一并加以介绍。

法规、规章的写作包括标题、发布标识、正文、落款等部分。

（一）标题

通常有三项式和两项式两种标题形式。

1. 三项式标题

三项式标题是由适用范围或对象、事项和文种组成，如《外商投资企业和外国企业购买国产设备投资抵免企业所得税管理办法》、《全国社会保障基金理事会职能配置、内设机构和人员编制规定》、《黑龙江省农村人畜饮水项目建设管理实施细则》等。三项式标题还有一种形式由发布机关、事由和文种组成，如《国务院关于扩大科学技术研究机构自主权的暂行规定》。

2. 双项式标题

双项式标题是由发布机关或适用范围、适用对象和文种组成，如《拍卖监督管理暂行办法》、《大学生守则》、《中国银行章程》等，还可以由事由和文种组成，如《关于违反土地管理规定行为行政处分暂行办法》等。如果法规、规章是暂行、试行的，应在文种前标明"暂行"或"试行"，或在文种后用括号注明，如《招标公告发布暂行办法》、《互联网站从事登载新闻业务管理暂行规定》、《企业专利工作管理办法（试行）》。

除涉及法律、法令及其相关法规外，法规、规章的标题一般不用标点符号。例如，《四川省〈中华人民共和国归侨侨眷权益保护法〉实施办法》中的法令名称用了书名号，而《中华人民共和国进出口商品检验法实施条例》中的法令名称，则未用书名号。用或不用，要以表述清楚准确、不造成歧义为准。

（二）发布标识

发布标识包括批准机关（或会议）名称、批准（或通过）日期和发布机关名称，发布日期（有的标出生效日期）。发布标识可置于标题下或文尾。

（三）正文

法规、规章的正文应对制定目的、依据、适用范围、主管部门、具体规定、法律责任、奖惩办法、施行日期、解释权限等作出具体明确的规定。按先总说后分说，从原则到具体，从主要到次要，从一般到特殊的写作顺序，分总则、分则、附则三部分进行表述。

一般总则为第一章，说明制定目的、依据、原因、意义、总的原则和要求、适用的范围或对象等。附则为最后一章，说明实施要求、生效日期、解释与修改的权属机关、本法规规章与其他的法规规章的关系、其他未尽事项的处置办法等。总则之后，分则之前各章的具体内容，是正文的主体和重心，应对涉及的事项作出全面、具体、明确的规定。

正文的写作，通常有三种方式。

1. 章条式

章条式，即章断条连式，即全文分若干章，章下分条，条的序号从头到尾依次编码，为使各章内容醒目，也可加小标题，称"小标题式"。章条式的法规、规章，通常第一章为总则，最后一章为附则，中间各章为分则。内容较多时，章下可分节，节下再分条。这种形式适用于内容复杂、层次较多的法规、规章。

2．条文式

条文式是全文从头到尾逐条排列，序号从头排到尾，一个问题用一条说明。如果一个问题有几种情况，可在"条"下列"款（项、目）"，但"条"的序号仍相连，而"款（项、目）"则不连，只在各自的"条"内依次排列。这种写法多用于内容单一，层次不复杂的法规、规章。从层次上讲，有的第一条说明制定目的、依据、根据、原因，也可在第二条说明适用范围或对象，最后一两条说明实施要求、生效时间、解释和修改的权属机关、本法规规章与有关文件的关系或其他未尽事宜的处置办法等。其余条文则分别说明作出的规定、要求或规范。有些为经常性的常规工作或者大家熟知的工作制定的规章，也可以省略制定目的、依据、生效说明等内容，全文从头到尾各条均是对相关对象的规定、要求。例如，《国务院工作人员守则》，全文十条就是十个方面的工作要求和行为规范。

3．总序分条式

总序分条式是全文开头用一段序言部分去体现总则的内容，然后分条说明分则内容，最后一两条为附则内容，这种结构形式也适用于内容较少、条文不多的法规、规章。

六、法规和规章的写作要点

（一）条例

条例是国家权力机关制定并发布的，调整国家生活某一方面准则、较原则和规范的、需长期实行的立法性文件；或用于规定某个机关组织的职权、某些专门人员的权限和义务的立法文件。

根据国务院办公厅发布的《行政法规制作程序暂行条例》的规定"国务院各部门和地方人民政府制定的规章不得称'条例'"。由此可知，条例的制作权限是有十分严格的限定的，即只有国务院和各级人民代表大会及其常务委员会才能制发"条例"。地方政府如需要以"条例"行文，必须经过本级人民代表大会或其常委会授权批准，才能发布。

条例可以是对相关法律作解释、说明和补充。因为宪法、法律及法规性文件，在制定过程中对许多条文只作了原则性的规定，在文字表述上往往只是一种界限，具体运用时则不够明确。这样在实施的过程中，就需要"条例"来作解释说明。

另外，在实际工作中出现的新情况、新问题，是原有法律或法规文件没有相关规定的，急需加以调控，否则相关部门对这些问题的处理就无法可依，无章可循，但如果立法，可能尚不具备成熟的条件。这时就需要用"条例"做以替代，权当立法，在时机成熟时，或经修订成为法律，或经实践检验不适宜而取消。因此说，条例是对法律的阐发和扩展，有法的规范性质，有不可违背的约束力。

条例在制文时，必须符合现行法律。内容须完善，考虑要周全，以保持较长时间内的相对稳定，较少暂行、试行。

条例篇幅一般较长，多采用章断条连的方式，将全文分为总则、分则、附则三部分加以表述。

（二）规定

规定主要用于为实施贯彻有关法律条例，根据立法程序，对有关工作或事项、机构作出局部具体的规定，或对某一工作作出规范。

规定具有法规和规章的双重性。它既可以由权力机关发布，作为某法律和法规实施的规范要求，也可由行政部门、社会团体、企事业单位制定，用于某一工作的管理。权力机关发布的规定属于法规，具有法律效力；行政部门、社会团体、企事业单位发布的规定属于规章，具有行政约束力。

规定这种既为某一法规的贯彻执行而提供保障，又可就某一工作或活动的顺利开展进行制约的特点，使其涉及的事项比条例具体，而且具有很强的针对性。因此，规定在写作时应既有原则的规范要求，又有具体的约束措施；正面要求和反面禁止相结合，以从正面提出要求为主。规定的内容有长有短，长则采用分则分章的章断条连式，短则可采用条文式结构。

（三）办法

办法主要用于对有关法律、条例、规定提出具体可行的实施办法，或对某项工作或某项活动作出具体安排或提出具体的措施。办法同规定一样，既可以由权力机关发布，隶属法规；又可以由各级行政机关、企事业单位制定，作为规章。作为规章的办法，使用相当广泛。各级行政机关、企事业单位在某项工作尚无条文可依的情况下，为了实现规范化管理，均可使用"办法"。这种办法，常常是作为制定规定、条例的前期试验，条件成熟时，即可将其升格为规定、条例，从规章性质升为法规性质，由行政约束而成为法律规范。

办法用于对有关法令、条例、规定提出具体的实施办法时，一般侧重于对法令、条例、规定提出具体意见，多是诠释、说明有关条款，或结合实施范围的实际情况补充一些条款，这种办法要围绕所依附的原件进行写作，应写得比较具体，不求全面系统，只为指导实施。

办法用于对有关工作、有关事项的具体办理、实施提出切实可行办法时，应根据对象的内容确定，一般比较全面，从办理原则、承办部门或人员、具体措施、办理方式、程序步骤、工作标准、执行时限、奖惩规定等各方都作出规定，比较系统周全，每一条款都规定得十分具体。

办法的稳定性不如条例、规定，因而暂行、试行的办法比较多见，其需要在实施过程中不断总结经验，适时修订。

（四）细则

细则，即详细法则，它是各级机关为执行上级的法规和规章而制定的明细规定。与其他规章制度不同的是，细则都是针对某一条例、规定、办法或其中的部分条文进行解释说明，其前提是必须依据这些法规或规章。在不改变法规和规章结构和内容的前提下，结合本地具体情况，对原文中过于原则或执行起来可能遇到的情况加以明确化、具体化，是法规、规章的派生文字。国家权力机关一般不使用细则，国务院一般很少直接颁布细则。

细则的这种以保证法规和规章的贯彻实施为目的、忠实于原法规、规章的特殊性，决定细则在制定过程中，必须认真研究，反复体会，深入理解原法规、规章，只有在这个基础上，才能把握其基本精神和要点，使细则的行文目的得到切实的保证。

同时，细则在制定过程中，还要注重对局部问题、具体情况的认识与理解，使细则能有针对性和预见性，真正发挥具体说明与明确指导相结合的作用，以保障法规和规章的贯彻执行。

（五）章程

章程是组织、团体及企业经特定程序制发的组织规程和行为准则。章程对组织及团体的性质、宗旨、任务、组织机构、成员条件、权利、义务及活动方式进行的规定，是相应的组织、团体内部全体成员的行为准则，要求其成员必须共同遵守，在组织、团体内起着统一全体成员的思想行为，保证其各项活动正常开展的重要作用。

章程对企业的性质、宗旨、目的、机构设置与成员构成、业务内容与范围、收入分配等所作出的具体而详细的说明，则是企业正常运作的规范。

章程的制定是在广泛听取意见的基础上形成草案，在草案基础上再征求意见。反复修改后，经过组织成员或代表的充分讨论、协商，在达成共识的基础上，再由全体成员会议或代表大会按程序表决，获得通过后，才能以"章程"的形式行文。章程的写作应使人能对该组织、团体、企业的各方面情况了解清楚，同时注意每一事项的内容应相对独立，而不必上沟下联去阐述，条款清晰，简洁明了。

章程的条款一经相应组织、团体通过或相关成员协商达成共识后，其所涉及的相关对象不能自行变更章程内容，必须按章程规范自己的思想行为，遵章办事。

（六）制度

制度是国家机关、社会团体、企事业单位，为保证和加强某项工作的管理而制定的行动准则和工作方式规范，如职工请假制度、医疗保险制度等。

制度是针对某项工作而做的规范，因此工作内容的区别，工作范围的不同，制约着制度的效用。每一制度只在其相应的范围内、相应的工作中发生规范效力。

制度一旦制定，就要求相关对象在从事某项工作、办理某一事项时必须遵守。虽然其没有法律效力，但对相关对象有一定的行政约束力。制度的写作，在内容上应完整、细致、具体、可行。在内容安排上，注意逻辑的严密性，把内容做严格归类。语言准确、明晰、简练，避免产生歧义。做到易读、易懂、易记，操作性强，便于执行。

（七）规则

规则是对某一工作、某一活动的具体事项及参与者的具体行为进行的规范。

每个规则都有其特定的范围，互不通用，互不替代，如《考试规则》只对进入考场参加考试的人有约束作用，而在其他场合，对其他人员则没有任何作用。因此，制定规则时，一定要弄清其约束的范围，针对具体场合、具体活动、具体行为作出规范。

这里需注意规则和规定的区别。

规定通常是对比较重要或重大的某一工作或活动作出规范，制文机关多为各级领导机关及其职能部门；规则多是对某一具体的工作或活动进行管理，作出的比较具体细致的规范，一般多由行政机关、社会团体、企事业单位的业务主管部门制定。

规则的篇幅可长可短，条文可多可少，视内容而定。规则多从正面作出规范，有时还要写明对违者的处理规定。内容可从原则到具体，按工作、活动的程序安排条文，语言宜明确，简洁。

（八）守则

守则是机关、团体、企事业单位对其成员提出的道德规范和行为准则。守则对一定范围内的有关人员的规范，侧重于倡导、教育。因此，在制定守则时，一般不对相关对象的具体行为提出要求，而多从大处着眼加以规范，如从对祖国的热爱、对国家法律法规的遵守到优秀道德品质的树立等行为、态度进行规范，针对的是相关对象的基本行为。

守则篇幅短小，条文少，内容安排一般以从原则到具体、从一般到特殊、从主要到次要为序。

守则常用排列整齐的短句，如汉语中的四字句，注重语言的行业特点，注意简明通俗，好懂易记。

第八节 申 论

一、申论的含义及特点

（一）申论的含义

自 2000 年以来，申论考试一直是中央国家机关录用公务员笔试的科目。"申论"之"申"的意思是"引申、申述"，"论"是"论述，分析说明事理"的意思。从语义上说，申论就是针对特定的话题提出自己的观点并展开论述。

（二）申论的特点

1. 内容涉及的广泛性

申论测试的内容一般都侧重于考查应试者解决问题的能力，所以给定资料的范围极其广泛，内容涵盖了政治、经济、法律、教育等社会问题的诸多方面，资料的形式或是事件或是案例或是社会现象。因此，应试者就必须具备一定的阅读、分析、理解能力，能够在有限的时间内，准确把握、理解资料，分析问题、解决问题。

2. 形式的灵活多样性

与传统作文相比，申论考试的形式比较灵活。就文体而言，概括内容部分既可能是记叙文、说明文、议论文中的某一种形式，也可能综合了多种文体形式，还可能是公文写作中的应用文形式；提出对策部分，主要是应用文写作；论述问题部分是议论文写作。因此，从这个意义上来说，申论既考查了普通文体的写作能力，也考查了公文的写作能力。

3. 考查目的的明确性

申论的考查目的是非常明确的，它主要考查应试者阅读理解能力、综合分析能力、提出问题的能力及文字表达的能力。应考时，应试者要仔细阅读所给定的材料，理清材料的逻辑关系，抓住主要问题，考虑特定的条件、环境，并且结合一定的社会实际，进行分析、判断，从而提出切实可行的解决对策。

二、申论试卷的构成

申论试卷有比较规范的结构，由注意事项、给定资料、题目要求构成。

（一）注意事项

该部分内容是针对考生的应试作答而提出的指导性建议，考生在拿到试卷后，切记首先仔细阅读这部分内容，以便按要求依次作答。

（二）给定资料

申论考试中给定资料的字数不定，前几年一般在 4000 字左右，而近几年材料的字数大幅度增加。例如，2006 年申论的考试材料达到 8800 字左右。这些材料大多是带有新闻性质的"半成品"，反映的是社会现实生活中的某一热点问题，基本上不会涉及重大理论问题或专业性较强的问题。这些材料，不论是涉及某一个社会现象还是涉及某几个特定的社会问题，都有一个中心思想。

（三）题目要求

"答题要求"一般来说主要有三部分内容：一是对给定资料的理解、分析、整理、归纳、概括、综合；二是根据资料反映的主要问题，提出具有可行性的解决方案；三是考生对个人见解的论证。这几部分是考生在阅读材料的基础上所必须完成的题目。

近年来，申论考试的题目数量多变，题目的形式也多种多样，但不论如何变化，"答题要求"基本上仍是涉及上述三个部分的内容。

三、申论考试的能力要求

国家公务员局发布的《考试大纲》中对报考者的能力提出如下要求：

省级以上（含副省级）综合管理类职位申论考试主要测查报考者的阅读理解能力、综合分析能力、提出和解决问题能力、文字表达能力。

市（地）以下综合管理类和行政执法类职位申论考试主要测查报考者的阅读理解能力、贯彻执行能力、解决问题能力和文字表达能力。

从这段话可以看出，申论考试主要考查考生以下几方面的能力：

（一）阅读理解能力

公务员从事的是管理国家和社会公共事务的工作，工作性质决定了每天要处理来自方方面面大量繁杂的信息，这些信息绝大部分是书面材料。能不能把这些书面信息看懂、厘清、归纳整理出来，是从事机关工作最基本的要求。因此，申论最先考查的就是阅读理解能力。

阅读理解能力就是在阅读过程中，反反复复的思考：对材料分类，把分散事物综合为具有一定内在联系的事物；由材料内的事物联系到材料以外的其他事物；由材料上升到观点、由具体问题上升到本质属性。

考生在平时复习时，一要多读书看报，把多种不同文体、不同内容、不同来源的材料放在一起读，不断加大阅读量，提高阅读速度。二要有意识地培养理解材料的能力，特别是遇到繁杂的信息要注意分析、归纳和整理，不断自我加压，拓展阅读的深度和广度，提高阅读质量。三要注意总结，积累阅读经验，将阅读的速度和理解的程度有机地统一起来，不断提高阅读的技巧和理解的能力。

（二）综合分析能力

综合分析能力是参加申论考试的考生应具备的基本能力，因为作答任何一道试题都要用到综合分析能力。综合分析能力是 A 类职位单独提出并作为重点考查的内容，因为 A 类职位的招考机关都是副省级以上的大机关，是管理全国性事务的领导机关，这类职位要求工作人员必须具有超强的综合分析能力。考生平时应注重综合分析能力的培养，特别是报考 A 类职位的考生，一定要想办法提高综合分析问题的能力，即对出现的问题既要善于从全国乃至全球的视野去考量，多角度、多层面去考虑，又要善于运用哲学的观点分析和看待问题。

（三）提出和解决问题的能力

申论考试给定的资料一般都较长、较复杂，考生必须认真阅读提取有用的信息，才能掌握材料的内容。提出的问题一定要正确、恰当。"正确"就是要抓住材料的主要内容，从宏观和微观上进行准确地把握。"恰当"就是要求提出的问题是材料反映的主要问题，是全面的、系统的。有了问题就要加以解决，申论考试的这部分内容多数是模拟行政机关在工作中遇到的实际问题，主要考查考生利用材料信息独立解决问题的能力。因此，要求考生所提出的对策、建议及方案要切实可行、具体翔实，并要论证这样实施的充分理由。

（四）文字表达能力

文字表达能力是指运用语言文字阐明自己的观点、意见或抒发思想感情的能力，也就是通过文字将自己的实践经验和决策思想系统化、科学化、条理化的能力。文字表达能力是公务员必须具备的一种素质，是其适应工作需要的基本能力之一。语言表达的基本要求是准确、简明、有条理、有层次、有说服力。

（五）贯彻执行能力

贯彻执行能力要求能够准确理解工作目标和组织意图，遵循依法行政的原则，根据客观实际情况，及时有效地完成任务。在中央机关及其直属机构 2010 年度考试录用公务员公共科目考试大纲中，贯彻执行能力被列入市（地）以下综合管理类和行政执法类职位申论考试能力测查的范围之内。执行力是指通过有效的方法把决策转化为结果的能力。如果说领导力是把思路变为部署，那么执行力就是通过扎实的工作把观点变成现实。对公务人员而言，它体现的是一种顾全大局的责任意识，一种奋发有为的工作精神，一种求真务实的工作态度和一种爱岗敬业的工作品质。

除了以上各种能力外，申论还考查考生的社会认知能力。这一能力非常重要，可以说考生以上诸多能力的表现均需以考生的社会认知能力为基础。申论考试关注社会热点，任何一位政府部门的工作人员都必须投入到社会实践中去，在实践中认识世界，改造世界，借助行政手段履行政府部门管理社会的职能。申论考试所招录的也只能是具有较强社会认知能力的人，"两耳不闻窗外事，一心只读圣贤书"式的生活态度与申论考试对考生的能力要求是相差甚远的。

四、申论的写作步骤和方法

申论的写作一般分以下四个步骤：

（一）阅读资料

这是申论考试最基础的环节，应试者只有在认真读懂、读通全部资料基础上，才能把握资料所反映的事件的实质，才能作出正确的分析和归纳。

（二）概括主题

要求应试者能够用简要的文字（一般要求字数在 150 个字以内），概括出资料所反映的主要问题。

（三）提出对策

提出对策是申论考试的关键环节，针对主要问题，应试者应该就资料所涉及的范围和条件提出切实可行的解决问题的对策和方案。这一步骤重点考查应试者的思维开阔程度、探索创新的意识、应变和解决问题的能力。

（四）进行论证

就给定资料所反映的主要问题，用 1200 字左右的篇幅自拟标题进行论述，即申明、阐述应试者对问题的基本看法和解决问题的方法。

以上四个步骤中，前三个步骤是第四个步骤的铺垫，进行论证才算是申论的真正开始。

论证是申论考试的核心，能全面考查和衡量一个人的分析归纳能力、提出和解决问题的能力及逻辑说理能力。这一环节可以说是写作典型的政论文，因此要按照议论文的结构和写作方法来进行写作。

议论文的结构一般分为论点、论证、结论三部分，通称"三段式"。议论文的写作要对某些事件或现象进行分析评论，要求"大中取小"，也就是从较大的社会政治和思想现象中选取最能反映事物或问题本质的一个侧面作为"突破口"，经过分析、开掘，揭示其普遍的、深刻的含义，获得"小中见大"的效果。

论证要求中心明确，内容充实，论述深刻，有说服力。

就申论而言，它的论证结构可分为三个部分。

开头。引用材料，大中取小。这一部分要有所强调，即突出与论点有关的部分。此外，还要引出论点。

主体。围绕现象材料进行分析，点出"为什么"。写作时以分析法为主，其他论证方法为辅，如例证法、引证法；要联系现实和自身，强调、突出和发挥中心论点，小中见大。

结尾。概括重申论点。

第五章　调研决策文书

第一节　市场调查报告

一、市场调查报告及其作用、特点

（一）市场调查报告

市场调查报告的写作基础是市场调查。市场调查是以市场为对象的调查研究活动，是根据市场学的原理，运用科学的方法，有目的、有计划地对商品买卖的场所，即市场的供求情况、供求规律及影响其发展变化的诸因素进行调查。市场调查报告就是运用科学的方法，对市场的营销情况或重要的经济现象进行调查，经过认真分析、研究后写成的报告性文书。它反映了对市场进行调查研究和分析的结果。

进行市场调查，目的在于获取商品信息，掌握产品的营销现状和发展态势，确保产品的产销对路，使市场供给与需求趋于平衡，因此人们常把市场调查称为"商情调查"，而把市场调查报告称为"商情调查报告"。

（二）作用

1. 为决策者制定经营决策提供依据，促进企业生产发展

市场供求情况是决策者制定经营计划和管理决策的必要依据。市场供求受商品供应量和社会购买力的制约，通过市场调查，企业一方面可以及时掌握产品生产、商品库存、商品货源、商品进出口、财政拨款等情况，了解商品供求总量，另一方面又可以及时了解社会消费水平、消费结构、购买力及各种消费因素的构成情况。

市场调查报告能准确反映经济活动信息，反映市场商品供求总量及其构成情况，并作出科学的分析，为企业决策者制订生产计划、经营决策提供信息和依据，使企业决策具有科学性和权威性。

2. 改善企业经营管理，增强企业竞争能力

我国目前正处在社会主义市场经济发展过程中，企业竞争十分激烈。这种竞争包括两方面，一是产品质量的竞争，二是价格的竞争。市场调查报告可以帮助企业及时了解产品的销售现状，了解同行业竞争对手的产品销售信息及经营管理经验，如质量、价格、销售手段等，以便及时制定合理的营销策略，充分改善现有条件，降低生产成本和造价，从而提高产品的竞争能力，改善经营管理。

（三）特点

市场调查报告是随着商品经济的发展而产生的一种应用性文体，是调查报告的分支，它又是以了解市场情况，反映商品供求及企业发展状况，总结经验，揭示矛盾，指导工作为目的的专业性调查报告。它既具有新闻的特点，又具有报告的属性，但又不同于商业报告和一般的调查报告。

1. 针对性

针对性是市场调查报告的灵魂。市场调查报告的写作要有明确的针对性和目的性，或是推广某一个典型经验，带动整体工作，或是对某一问题进行分析研究，为企业决策提供依据。在深入市场调查之前，目的越明确，针对性越强，写成的市场调查报告作用越明显。

2. 纪实性

市场调查报告的调查目的，主要是了解情况，为企业决策提供可靠的依据，因此必须如实反映。事实是调查的内容和对象，写作时必须实事求是，这是写作市场调查报告的基本原则。纪实性要求写入报告中的所有材料（如历史材料与现实材料、正面材料与反面材料、统计数据与典型事例等）都必须准确无误。

3. 时效性

在经济活动中，具体的工作任务都有一定的时间要求。对任何一个企业，时间就是金钱和效益。任何过时的信息与报告，都会失去其应用价值。所以市场调查报告的写作必须讲求实效，调查要及时，报告要迅速。

4. 综合性

市场调查报告要经过认真的分析研究，从调查材料中找出规律性的东西，得出正确的结论，这就要求作者对调查对象的了解必须全面深入，要把握各种有关情况，并对调查的所有事实、现象进行全面的综合和深入的研究，作出简明扼要的分析和正确的判断。

5. 实践性

市场调查报告是应企业的生产与经营管理的需要而产生的，它不只是客观事实的叙述，更重要的在于对事实的分析和概括，对事实的内在规律的探求，反映经济活动中出现的问题，使企业及时采取相应的举措，以提高经济效益，因此具有很强的指导意义和实用价值。

二、市场调查报告的分类

在调查报告中，市场调查报告属于专业性调查报告，依据调查的内容和作用，可分为以下三类。

（一）产品生产情况的调查报告

这种调查报告主要通过对消费者的调查，反映他们对产品（商品）的质量、价格、使用情况与技术服务等方面的评价、建议和要求，了解企业产品（商品）占领市场的情况，如产品的市场占有率及其走向，用户对产品（商品）的商标、包装及广告宣传等是否满意。

（二）产品购买力的调查报告

这种调查报告主要通过对用户的广泛调查，反映用户的数量、分布地区及其经济情况，了解因职业、年龄、性别、文化素质的差异而形成的消费心理、消费习惯、消费层次的差异，了解消费与购买的规律，如购买的喜好、季节安排、数量等。只有对企业产品的市场购买力进行全面了解，才能准确把握生产方向和生产规模，尽快获取经济效益。

（三）产品供应情况的调查报告

这种调查报告主要通过供应情况的调查，了解产品（商品）在市场上的供求比例、销售能力和影响销售的因素，了解销售渠道是否畅通，如何进一步提高供求效率，改善供应情况等。

由于这类调查报告对企业的生产、经营决策有直接的影响，因而使用最为广泛，容量也比前两种调查报告要大。

三、市场调查报告的格式和写作

（一）格式

市场调查报告的格式一般由标题和正文两部分构成。正文包括前言、主体和结尾。

（二）写作

1. 标题

市场调查报告标题的写作没有固定的格式，应该根据报告的内容而定，可以概括出调查单位、内容、时间和范围，写法与公文标题接近，如《关于吉诺尔冰箱销售市场前景的调查》。也可以直接提出问题，指出调查的意义，还可以用得出的结论作标题，写法上通常采用正副标题的形式，如《传统商业走向现代商业的探索——北京市连锁商业调查》。无论用哪一种形式做标题，都必须简洁、准确、新颖、醒目，概括出全文的基本内容。

2. 正文

正文分前言、主体和结尾三部分。

（1）前言一般是就调查情况简要的说明，使读者对报告的内容有概括了解。前言部分应该写出关于调查的基本情况（调查的对象、原因、目的，调查的时间、地点、范围、方法，调查的经过和结论）。这部分内容要高度概括，语言简明扼要。有的市场调查报告也可以不写前言，而把它放在主体部分。

（2）主体是全文的重点。根据调查中所获取资料的性质和内在联系，按照人们的认识规律和习惯安排层次，一般有下列内容：①基本情况。对通过市场调查所获取的各种商情资料，即过去或现在已经存在的客观情况进行简要的分析，指出特点或存在的问题。一般是以文字说明为主，必要时也以图表及数字进行补充说明。②预测展望。市场调查报告虽不以预测为重点，但也往往对市场的变化趋势有所展望。在陈述基本情况的前提下，对市场发展变化的趋势进行分析预测。分析预测包括产品需求量，新产品的开发，消费习惯的变化，市场走向等。分析预测要认真分析研究资料，结论准确可靠。内容较复杂时，可分成若干方面，以小标题的形式加以阐述。③对策和建议。在预测展望的基础上，针对市场调查的情况，提出对策和建议，为企业管理者制定决策提出切实可行的参考意见。

在报告内容的层次安排上，与调查报告内容的层次安排相同，可参阅前文。

（3）结尾是全文的结束部分。可以在结尾重申观点或进一步陈述作者对问题的深入认识。这是市场调查报告的结论和立足点。但如果在正文部分已经把观点阐述清楚，也可以在"对策和建议"之后不必再写结尾。

四、市场调查报告写作注意事项

（一）客观调查，结论正确

调查报告的最大特点是从事实出发，发现问题，分析问题，得出结论，为企业决策者提供依据。因此，在调查中应努力克服主观性，从事实出发，广泛积累资料，尽可能全面地了解情况，认真分析，得出正确的结论，避免主观感情色彩。

（二）实事求是，注重分析

实事求是，以事实为基础，是进行市场调查、写好市场调查报告的前提和保证。所以作者一定要亲自参加调查实践，所引用的每一个材料和数据都要做到翔实、可靠，以便通过事实的分析作出正确的判断，得出正确的结论，切忌弄虚作假。

另外，市场调查报告的写作与学术论文不同。学术论文强调理论性，在理论与事实的结合上，以理论分析为主，以事实为证明的材料，而市场调查报告的写作以报告为主体，因此要求以陈述事实为主来显示事理。理论分析主要是对事实的概括、总结和升华。应避免过多的理论论证或空泛议论。

（三）及时调查，迅速写作

市场的情况变化不定，要了解市场的情况，调查一定要及时，写作要迅速，否则市场调查报告将失去时效性，失去对企业生产和经营决策的指导意义。

【例文评析】

例文

长沙城市休闲消费现状与对策分析

唐湘辉

长沙是最具幸福感城市之一，不仅是长沙本市居民喜欢旅游娱乐休闲，体验"四个一"也成为外地来长游客的向往，即到长沙必须"吃一餐饭，洗一次脚，听一次歌，泡一次吧"。著名消费经济学家尹世杰教授指出：闲暇消费有利于促进人的身心健康和全面发展，有利于发展生产力，有利于促进社会文明和社会全面进步。长沙作为中国中部休闲娱乐之都的崛起，不仅丰富了市民生活内容，提升了市民生活质量，同时也创造了良好的社会效益和经济效益。

一、长沙市民主要休闲消费方式

随着长沙经济的迅速发展和居民生活水平与生活质量的逐步提高，尤其是双休日制度和黄金周制度实施以来，居民的闲暇时间越来越多，休闲意识越来越强，体验农家乐乡村旅游、听歌看演出、喝酒聊天交友、收看电视娱乐节目等已经成为居民闲暇的主要消遣方式，休闲娱乐和休闲旅游已经成为不少居民假日消遣的主要方式。

1. 旅游休闲消费

长沙市民热衷的旅游产品主要有乡村旅游、红色旅游、节事旅游等，自驾车游也开始走红，"农家乐"、古村落旅游等备受青睐，消费习惯由过去单一的观光型向观光—休闲—度假复合型转化并日趋成熟。2009年以来清明、五一、端午等小长假期间及国庆、中秋黄金周期间，市民出游特别是自驾游游客数量大幅上升，带动了住宿业、餐饮业及农家乐的消费。2009年"五一"期间长沙市共接待游客133.2万人次，旅游消费达5.63亿元；2009年"十一"黄金周期间长沙市共接待游客355.53万人，旅游消费达19.99亿元，各项指标分别增长在40%以上。部分景点自助游、自驾游的比例已经达到65%。

2. 娱乐休闲消费

收看电视节目是长沙居民每日休闲和每周休闲的重要内容。2009年湖南卫视以全天收视率0.533%、收视份额3.324%、晚间收视率0.966%、收视份额3.048%，攀升至全国所有频道收视排名第二。湖南卫视下午及后晚间电视剧时段均排名同时段全国第一，黄金时段排名全国第四，周末三天黄金时段排名全国第二。在超过 7.6 亿的覆盖人口中，湖南卫视 2009 年 35 岁以下人群中全天收视排名第一，成为最受年轻观众喜爱的电视频道品牌。在年轻观众（4～23 岁）中有超高份额（2009 年平均 6.51％）。文娱演艺消费影响不断扩大，以"金色年华"为代表的酒吧、歌厅文化，以田汉大剧院、琴岛歌厅为代表的演艺文化，已成为全省乃至全国的知名品牌。根据湖南统计局 2009 年 7 月 7 日发布的数据显示，目前长沙歌厅、酒吧总数超过 400 家，其中接待规模在 500 人以上的有 19 家，形成了解放路酒吧一条街、太平街、化龙池清吧一条街。2008 年长沙市歌厅、酒吧接待各地消费者 5000 万人次，拉动消费 50 亿元。

3. 餐饮休闲消费

随着居民收入的增加和消费观念的转变，长沙居民外出就餐已成时尚，以华天、通程为代表的星级酒店突出菜肴和服务的优质博得高消费者的青睐；以茶吧、酒吧为代表的新派餐饮业以其环境舒适、格调高雅吸引了讲求品位休闲者的光顾；以肯德基、麦当劳为代表的洋快餐以其口味新、快捷化赢得众多青少年的喜爱；各种中西餐馆、家常菜馆以其不同特色也吸引了不同的商务客人和家庭大众消费者群体。长沙市统计局抽样调查资料显示，2008 年长沙城市居民食品消费支出增长 11.5％，农村居民食品消费支出增长 21.2％。

4. 保健休闲消费

保健休闲是目前长沙居民较为流行的消遣方式。"全民健身日"活动的启动，烈士公园、岳麓公园、橘子洲公园的免费开放，湘江风光带的建设以及各社区公园的建设，进一步强化了长沙居民的健身理念，促进了热爱体育、重视健康的热潮。各健身场馆是青少年人群和白领阶层健身消费的主要场所。长沙洗浴网点已过万家，按营业面积算，4000 平方米以上的有 15 家，1000 平方米以上的上千家。洗浴休闲市场人口特征现状调查结果显示，长沙洗浴休闲者中 71.6％为男性，28.4％为女性，7.3％为老年人，42.9％集中在 29～38 岁，47.4％收入在 2401 元以上，49.1％学历在大学或大专及以上。男性、中年人、中高收入、大学或大专及以上学历的企事业管理人员、专业技术人员、党政干部及公务员、公司职员是洗浴休闲市场的重要消费群体。大型的洗浴场所往往设有一系列有特色的休闲场地，成为集洗浴、按摩、健身、休闲、娱乐、美食等功能于一体的活动中心。

5. 购物休闲消费

长沙商贸市场繁荣，居民购物活跃，尤其是节假日各主要商业中心以及步行街购买者很多，食品、服装、糖酒、汽车、房产等各类会展的举办吸引了众多的居民参与，五一广场商圈对周边省市居民的休闲购物形成了较强的辐射力。2008 年全年长沙实现社会消费品零售总额 1273.87 亿元，比 2007 年增长 22.8％，增速提高 3.0 个百分点；别除物价因素实际增长 15.6％。食品、饮料、烟酒类增长 33.3％；服装、鞋帽、针纺织品类增长 39.0％；化妆品类增长 33.7％；金银珠宝额增长 16.0％；通信器材类比上年增长 49.4％；家电和音像器材类增长 10.3％；汽车类增长 23.1％。

6. 网络休闲消费

互联网开创了一个新的时代，网上购物也成为一种新的消费方式。互联网用户数量增长较快（表 1）。

表1　长沙互联网用户数变化表

	2001 年	2005 年	2006 年	2007 年	2008 年
用户数/万户	22.44	71.71	88.29	71.29	62.35
增幅/%	53.7	12.16	23.12	−18.48	−13.37

数据来源：根据 2001～2008 年长沙市国民经济和社会发展统计公报相关数据整理。

截止到 2008 年 12 月，湖南网民数量达到 999 万人，排名全国第 11 位。根据 2006 年年底长沙网民占湖南网民比重为 14.71% 推算，2008 年 12 月长沙网民数量在 147 万左右。

二、长沙城市休闲消费中存在的主要问题

长沙休闲消费近些年得到了迅速发展，但其发展中也存在一些问题，制约、限制了休闲消费质量的提升以及休闲产业的深度演进与广度扩张，这些问题主要体现在以下五个方面：

1. 休闲产品品位不高

不少休闲产品在一定程度上停留在原始的吃喝玩乐基础之上。传统商贸业发达，但却缺乏大型的购物中心；传统的餐饮发达，却没有做强湘菜产业；影视湘军虽享誉全国，但很多内容过于通俗，电视娱乐重于模仿，缺乏创新；娱乐文化培养了大批艺人，但却没能培育出知名艺术家和文人；居民的休闲消费有些品位还不高。

2. 休闲品牌缺乏创新

一是电视娱乐节目以模拟为主，先是模仿港台、后是模仿欧美日，缺乏反映湖南本土风格、展现湖湘文化底蕴的节目，目标观众以青少年为主的节目偏多，受中老年观众喜爱的栏目偏少。二是餐饮娱乐休闲产品引入多、输出少，娱乐休闲企业很多是外来企业；国外影视产品抢占市场：《哈利·波特》、《2012》等国外电影风靡长沙影院，韩剧等国外电视剧充斥荧屏。三是产品自主开发能力不强，产品外销力度不够，长沙歌厅走出省外反响平平，地方小吃如火宫殿臭豆腐、"四姨母"口味虾难以形成产业链外销，湘绣工艺水平不高、品牌度还下降。

3. 休闲质量缺乏保障

休闲产业的从业人员大部分来自农村，文化程度偏低。培训机构滞后，除旅游和商贸业外，没有统一的上岗培训和审核机构，没有与之配套的培训学校和相关专业，影响休闲消费服务质量的提升。休闲企业还没有形成浓厚的文化休闲氛围，休闲产业集聚度不高，难以形成产业集群，从而难以产生规模效应。休闲消费中还有假冒伪劣、价格欺诈、虚假宣传、合同欺骗、售后不服务等现象。城市周边地区及车站、码头地带休闲场所有的还存在敲诈勒索等恶劣现象。

4. 休闲环境调控不足

长沙"十一五"规划提出了打造"中部休闲之都"的目标，而在实际发展中却出现一些偏差，行业发展多方审批，违背规划审批，甚至完全没有审批，没有统一的休闲产业管理部门和系统的政策。加之配套设施建设不全，如休闲旅游缺乏公交路线，休闲场所无停车位；电子商务及刷卡消费未全面普及；导购机制不健全；路牌路标不全；产业整体推介不够等。

三、发展休闲消费的对策建议

大力发展休闲消费，需要政企联动、市场带动、社会推动。充分发挥政府、市场与社会各方面的作用，优势互补，形成合力，为休闲消费和休闲产业的快速、健康、有序发展提供保障，实现中部休闲之都的崛起。

1. 开发休闲产品建设和特色

开发休闲产品应充分挖掘湖湘文化和长沙精神，以增强长沙的城市吸引力为目标，坚持政府主导、市场运作、企业经营、社会参与，扩大产品体系、建设精品工程、塑造特色形象，以丰富居民的休闲生活和提升居民生活质量。一是在旅游产品开发方面，应不断完善长沙旅游产品建设，积极推进靖港古镇旅游度假区、灰汤温泉国际度假区、橘子洲、大围山等重点旅游项目的开发建设，以第一师范、天心阁、贾谊故居、清水塘、潮宗街、开福寺等景点为重点版块突出文化旅游；加快靖港、周洛等古村古镇和铜官窑的保护性开发；提升浏阳、宁乡等地漂流项目；抓好金洲大道农业生态旅游观光休闲示范区的开发，开通城市乡村旅游巴士专线；探索工业旅游，争取创建1～2家国家工业旅游示范点。以湘绣、陶瓷、石雕等传统工艺产品为开发重点，形成具有丰富文化底蕴的传统工艺品系列，开发系列休闲工艺品。二是在娱乐产品开发方面，应建立健全文化娱乐产业体系，以差异化协调发展为基本思路，打造5～6个各具鲜明特色的演艺娱乐场所，建立起门类齐全、各具特色、满足不同消费需求的文化娱乐产品体系，打造集经纪公司、猎头公司、舞台设备供应公司、舞美装饰公司、酒水销售公司等配套企业的长沙歌厅文化产业集群，做到一厅一品，各具特色；促进影视娱乐产业与旅游产业的结合，打造一台能够代表长沙形象、展现湖湘精神、具有艺术价值和市场前景的歌舞节目，成为长沙的文化名片；以韶山、花明楼旅游资源为主，以毛泽东、刘少奇等领袖人物的传奇故事和成长经历为内容，打造一台怀旧、励志的综合文艺节目；以现代声光电元素为主，开辟新的演艺娱乐场所。三是在餐饮产品开发方面，应充分挖掘湘菜特色，创新发展湘菜品牌，把长沙打造成为以湖湘文化为底蕴、以湘菜名品为标志、以湘菜品牌企业为主导、荟萃国内特色菜品的"美食之都"；做好水、电、燃气、消防、卫生等配套服务，方便居民休闲生活。加强品牌建设应充分利用本地文化资源优势，着力打造一批休闲精品和知名品牌如旅游品牌、民俗文化品牌、艺术品牌，继续做大做强"电视湘军、出版湘军、动漫湘军、演艺湘军"等品牌，积极开发具有国际国内影响的休闲文化品牌并形成品牌链，提升长沙休闲产品的核心竞争力。

2. 加大投入力度增加休闲产品供应

一是应鼓励多种经济成分投资休闲产业，开发休闲资源，大力吸引民资进入休闲领域，发展民营休闲企业，鼓励民资与外资"嫁接"。引导推介长沙品牌走出省界走出国门，通过引进投资和发挥知名品牌的示范效应，提升长沙休闲产业的档次。二是应加强休闲产品和服务的品牌化经营、集团化发展，打造休闲产业集群，强化集群的示范带动和效益拉动作用，并引导休闲企业走质量效益型发展道路，鼓励规模经营与专业化协作。三是应加大科技投入，重视先进科技在休闲产业中的应用，建立休闲产业的科技支持系统。调动科研力量，利用科技手段，对重大休闲项目的决策进行咨询、评估和可行性研究，运用现代高科技网络技术，建立休闲信息管理系统，提升休闲服务的效率与水平。

3. 完善产业政策夯实产业基础

一是应把发展休闲产业的目标、措施纳入长沙经济社会发展的总体规划。编制能够充分体现指导性、政策性并覆盖休闲产业各领域的专项规划（纲要），确定产业布局和发展重点。在长沙市产业发展导向、外商投资重点产业和外商投资产业布局导向的目录中，把休闲相关行业列为优先发展和鼓励发展的行业。二是应制定扶持政策，加强引导，使休闲产业结构合理，协调发展。从规划、用地、税收、市场准入等方面支持休闲产业发展，进一步发挥长沙的文化及生态优势，推进文化强市战略，发展红色旅游、生态旅游、山水旅游和工业旅游，发展娱乐旅游和乡村旅游。加快休闲资源的开发和休闲商品、休闲装备的生产，开发具有特色和竞争力的文化产品；发展娱乐经济，满足人们日益增长的文化休闲需求，促进现代服务业的协调发展。三是应制定积极的财税政策和投融资政策促进休闲产业发展。财政安排一定的资金作为长沙旅游和娱乐影视发展的专项资金，培育长沙休闲文化品牌，支持与休闲相关的旅游、娱乐、体育等产业的发展。大力扶持具有高品位、高附加值和带动性强的休闲文化产品。鼓励具备条件的企业上市融资或发行企业债券。

4. 培育休闲理念促进消费需求

一是应加强宣传引导，引导休闲消费理念，培育和扩大休闲群体，营造全民休闲环境。二是应加快发展家政服务业。通过加快家政服务业的途径，使多数居民从繁重的家务劳动中解脱出来，增加休闲时间，提高生活质量。对于有发展前途和纳税贡献大的家政服务组织，可以考虑给予融资支持和奖励，以及对其进行的再就业培训给予补助；应加强家政服务人员的素质培养，提高家政服务质量；逐步建立家政服务体系，利用网络资源优势沟通信息；加强产业化研究，培育龙头企业，打造企业品牌，引导家政服务企业向专业化、规范化方向发展。三是应加强和完善社区建设，发展社区文化，扩大社区休闲，促进休闲大众化、社区化。四是应制定相关外来休闲优惠政策，积极引导境外和国外的消费群体消费，壮大消费市场。

5. 发展休闲教育提供人才保障

一是应依托在湘高校和职校，大力开展休闲业急需人才的培训。重点进行休闲经济管理、休闲规划管理、休闲市场管理、休闲营销管理、休闲产业人力资源管理、休闲企业管理、休闲策划管理、休闲娱乐管理等课程的专业培训。加强学科建设，发展休闲教育，创立高级休闲人才培训基地和再教育基地。二是营造良好的创业环境，积极吸引国内外的高级休闲管理人才来长沙，建立与市场经济相适应的人才流动与收入分配机制，促进休闲产业的创新发展。三是应积极开展休闲领域的国际交流与产学研合作。与国内外专业研究机构、高等院校和企业界携手，开展休闲学和休闲产业研究，促进休闲研究领域的国际交流，探索建立产学研相结合的休闲研究机构。

6. 实施管理创新加强宏观调控

一是应设立休闲产业的归口管理机构，充分发挥政府公共管理和制订市场规则的职能，整合资源、监管市场、营造环境、促进投资，创造有利于休闲消费加快发展的体制环境、政策环境、投资环境和市场环境。二是应建立休闲产业卫星账户，加强市场引导。通过建立休闲卫星账户加强休闲统计和专家评估，开展周期性产业普查和信息发布，按年度发布休闲产业发展报告，引导休闲市场的发展。定期公布企业信用等级，在金融、税收、市场准入等方面实行分级管理，引导企业诚信立业。积极支持休闲产业领域各类行业组织的成长，发挥其"服务、自律、协调、监督"的作用，通过制订行业规约，规范企业经营行为，协助政府监督管理市场，维护公平竞争的经营环境和安全有序的消费环境。

（选自《消费经济》2010年第3期）

【评析】

这是一篇关于休闲消费的专项调查报告，即对长沙市休闲市场的调查报告。标题直接点明调查对象，交代了文章的主旨。前言开门见山，简要地交代了调查目的、调查对象。文章主体部分从三个层次分别介绍了长沙市民主要休闲消费方式、长沙城市休闲消费中存在的主要问题,并提出了长沙市发展休闲消费的对策建议。文章主体部分,先是在第一层次对长沙市休闲消费市场结构进行了详细分析,对六种休闲产品(旅游休闲消费、娱乐休闲消费、餐饮休闲消费、保健休闲消费、购物休闲消费、网络休闲消费)的市场份额、增长率、主要设施等情况做了详细的分析;接着在第二层次对长沙城市休闲消费中存在的四个主要问题做了分析,为提出长沙市发展休闲消费的对策建议提供了参考依据;最后在第三层次从政企联动、市场带动、社会推动三方面提出了六项具体对策。文章运用数据和表格相结合的形式,观点鲜明,材料翔实,分析科学、客观,内容丰富,结论明确,通俗易懂。

第二节 市场预测报告

一、市场预测报告及其作用、特点

(一) 市场预测报告

市场预测是一门掌握市场需求变化动态的科学,是经济信息的一个重要组成部分,是以经济理论为基础,运用科学方法,对市场供求情况进行调查研究,掌握市场供求变化的规律,对未来的市场供求变化趋势所做的科学分析、推测和判断。把这一分析、推测和判断的过程及发现的规律用书面形式反映出来,为企业计划和经营决策提供依据,这就是市场预测报告。

(二) 作用

市场预测报告不仅要及时提供市场目前的各种信息,而且要预测市场各种因素的发展趋势。企业的经营管理水平,从根本上说,就表现在市场预测的能力上。市场预测报告具有以下作用:

1. 为企业经营决策提供科学依据

正确的市场预测能使企业在竞争中掌握主动,这是企业成功的关键。对某些带有普遍性的经济问题的预测,如物价、消费结构等,能为企业提供科学的经济情报,对企业的经济活动进行正确的指导,使企业避免风险和危机,使经营决策更有效。

2. 是制定企业发展规划的基础

预测是生产的先导。企业的发展必须适应新经济形势的需要。市场预测对其他企业的有关情况及市场变化信息进行及时的掌握,对市场进行准确预测,对企业的经营和开展竞争具有决定性的作用。市场预测能够增强商品经营的自觉性,减少和防止商品经营的盲目性,是企业开展经济活动、不断改革创新的重要保证,是企业制定发展规划的基础。

3. 有利于企业经营管理

通过市场预测,能发现有发展潜力的企业和产品,以便及早予以扶持;对盲目发展的,及时予以控制;对可能出现的问题,及时采取措施加以预防和解决,从而使企业的经营管理得到进一步加强和改善,使企业健康发展。

(三) 特点

1. 市场预测报告和市场调查报告的关系

市场预测报告和市场调查报告各有侧重。它们之间既有联系又有区别。

(1) 联系。①市场调查是市场预测的一种手段,是市场预测的第一步。②市场调查报告和市场预测报告在实际应用中往往有些重合，出现以下两种情况：一是调查＋预测；二是单纯预测。两种文体可分可合，应根据实际需要而定。

（2）区别。①对象不同。市场调查的对象是过去和现在已经存在的经济现象。市场预测的对象是尚未形成的经济现象。②目的不同。市场调查可以帮助企业进行市场预测，但偏重于对市场过去和现状的了解，总结经验，发现问题，掌握市场营销的发展变化规律；市场预测则偏重于将来，帮助企业预测市场商品供求的发展变化趋势。③方法不同。市场调查报告一般通过普遍调查、典型调查或抽样调查获取资料，然后加以分析整理，得出结论；市场预测报告则主要根据统计资料，加以数学分析，预测未来。

2. 市场预测报告的特点

（1）科学性。客观的经济现象在各个发展阶段往往具有一定的内在联系。市场预测就是通过对经济现象的历史和现状的分析，掌握内在联系，揭示发展规律，并预测未来的发展趋势。市场预测不只凭借实践经验来进行，更要依据科学的方法加以分析研究，力戒主观盲目，在占有详尽的信息资料的基础上，经过严密的推理和科学的运算，得出准确结论，从而保证预测结果的科学性和精确度。

（2）预见性。市场预测报告的最大特点是对事物未来发展方向和特点的事前预测。这就要求市场预测必须通过充分的调查研究，运用有关的经济学理论和方法，正确地分析、研究有关的数据资料，作出准确预测。

（3）时效性。市场预测报告必须及时，才能准确地把握市场的现状和未来的发展趋势，使企业在竞争中掌握主动。所谓及时，一是要及时对市场和产品的发展方向作出预测，二是要及时将预测信息传递给有关部门，以充分发挥预测报告的作用。

二、市场预测报告的分类

市场预测报告的分类根据不同的标准，主要有以下几种：

（一）按预测的范围划分

1. 宏观预测报告

宏观预测报告是指对某一类商品在国内外市场上总需求量的预测，如电冰箱的销量在国内外市场上如何增长。

2. 微观预测报告

微观预测报告是指对某种品牌在国内外市场上总需求量的预测，如电冰箱在国内外市场的销售中，海尔牌冰箱的总需求量或新飞牌冰箱的总需求量。

一般地说，宏观预测和微观预测往往结合起来进行，这样得到的依据更为准确和可靠。

（二）按预测的内容划分

1. 综合性预测报告

综合性预测报告即对某一地区或全国范围的市场总需求量及发展趋势的经济预测。

2. 同类性预测报告

同类性预测报告即对某一种类商品，如陶瓷制品、食品等的市场需求量的预测。

3. 单项性预测报告

单项性预测报告即对某一商品或某一经济活动现象的预测，如产品资源、生产资金、成本、投资方向、市场占有率、价格变动、技术发展、社会需求等的预测。

三、市场预测报告的格式和写作

(一) 格式

一般由标题、正文两部分组成。其中，正文的结构已形成比较固定的模式，一般由前言、主体两项因素组成。

(二) 写作

1. 标题

一般由预测时限、预测区域、预测对象和文种等组成，如《2010 年湖南消费市场发展趋势分析》。

2. 正文

(1) 前言。又称引言。一般简要介绍写作动因或说明有关情况，如预测的范围、对象、主要内容、主要观点或数据等。也有的预测报告不写前言，而把它的内容放在主体部分加以说明。

(2) 主体。一般由三部分组成。①回顾历史，说明现状。根据经济现象的历史发展，用翔实、准确的材料来说明市场的发展现状。这是分析预测的前提和基础。一般说来，需要说明的现状应包括以下内容：一是企业自身状况，二是产品供求状况，三是消费者状况。在写作之前，对历史和现状的材料和数据的收集要全面、充分，但在写作过程中，则要根据预测的目的和需要，有重点地加以取舍，抓住直接影响未来发展趋势的基本情况，突出主要矛盾和重点内容。②分析数据（事实），预测发展趋势。这是预测报告的核心内容，即根据上述各种现状，加以分析研究，总结规律，预测产品发展趋势，为企业产品的技术革新和发展提供依据。这一部分在写作上既要提出明确的预测结论，又要以充分的证据来论证预测结论，具有说服力；既要预测事物发展的总趋势，又要预测总趋势中会出现的某些变化；既要预测可见的、已出现的因素的影响，又要考虑潜在的、突变的因素的影响；既要考虑客观因素，又要考虑主观因素。为了叙述的方便，可以分成条款或小节加以说明。③提出建议和设想，为经营决策提供参考。写作市场预测报告的目的是为企业决策提供依据、建议或设想，就是把根据预测的市场发展趋势而制定出的对策明确地陈述出来。建议是预测的一个重要部分，因此同市场预测一样，必须科学、准确，才能切实起到决策依据的作用。在市场预测报告的写作过程中，有时把建议部分作为结尾。

在写作过程中，上述内容可有所侧重或有所省略。如有的预测报告没有前言，有的把主体部分的历史回顾与现状分析写得十分简略，或予以省略，只把预测结果陈述出来，有的报告不写建议。但分析、预测部分不可缺少，它是预测报告的核心和重点。

四、市场预测报告写作注意事项

(一) 目标明确

经济现象千变万化，十分复杂，搜集材料应力求丰富、全面，在正文主体部分作具体分析时，应把历史与现状、宏观与微观、偶然与必然等方面的情况，加以联系和综合，认真分析研究，作出全面、准确的预测。同时，预测报告必须有突出的主题，这就要求在写作时，根据预测的目的确定明确的预测目标，而不能不分主次，面面俱到，层次模糊。

（二）方法适当

市场预测的方法，国内外共有一百余种，常用的也有二十余种。只有选择最合适的方法，才能使预测达到预期目的，收到良好效果。目前最常用的预测方法主要有定性预测法、定量预测法、比较分析法、因素分析法等。

由于角度不同，以上各种预测方法都有各自的局限性。在进行市场预测报告的写作时，应适当地结合起来使用，并根据预测内容和侧重点的不同，作出适当的选择。

【例文评析】

例文

2010 年湖南消费市场发展趋势分析

尹向东　刘　敏

2009 年是湖南在世界金融危机背景下实施"弯道超车"经济发展战略的一年。在投资的强力拉动下，2009 年，全省地区生产总值（GDP）为 12 930.69 亿元，居中部第 2 位，GDP 增长 13.6%，比全国平均水平高 4.9 个百分点，居中部第 1 位。湖南总的形势是消费市场活跃，消费经济保持稳健的增长态势。

一、2009 年湖南消费市场发展现状

据湖南省统计局和国家统计局湖南调查总队提供的初步数据，湖南省消费品市场保持了较快发展的态势。全年实现社会消费品零售总额 4913.75 亿元，同比增长 19.3%，其中，12 月份社会消费品零售总额首次突破 500 亿元，达 501.02 亿元，增长 20.5%。2009 年湖南消费市场发展特征是：

1. 消费需求回升

受国际金融危机冲击，社会消费品零售总额增幅 1～3 月份下降，4 月份随着扩内需政策效应的显现，社会消费品零售总额增幅开始逐步回升，至 12 月份增幅为 20.5%。2009 年，批发业、零售业、住宿餐饮业、其他业分别实现零售额 798.16 亿元、3348.40 亿元、706.37 亿元、60.82 亿元，分别增长 17.8%、19.8%、18.7%、16.7%。限额以上、限额以下企业分别实现零售额 129.78 亿元、355.52 亿元，分别增长 22.8%、18.1%。

2. 热点领域消费再创新高

在国家燃油税改革、汽车产业调整和振兴规划、购置税减半等一系列鼓励政策的刺激下，居民购车需求得到充分释放。2009 年，湖南省限额以上批发零售业企业中，汽车类零售额 273.40 亿元，增长 45.3%，比 2008 年高 22.2 个百分点。

受惠于"促进房地产业健康发展"的政策引导，房地产市场持续回暖，带动了建筑装潢材料快速增长。2009 年，湖南省人均居住支出 1033 元，增长 7.5%。其中人均住房装潢支出增长 15.8%，物业管理费支出增长 38.5%。

在家电以旧换新和"家电下乡"政策共同拉动下，2009 年湖南省人均家庭设备用品及服务支出 783 元，同比增长 16%。限额以上批发零售企业中，家用电器类零售额 82.46 亿元，增长 30.3%，比 2008 年高 15 个百分点。

3. 居民消费价格升中有降

2009 年湖南省居民消费价格（CPI）比上年下降 0.7%，居民消费价格 11 月份同比涨幅由负转正，当月上涨 0.6%，12 月份上涨 1.9%。全年工业品出厂价格（PPI）下降

5.4%，12月份由负转正，当月上涨1.7%。1～11月，湖南省CPI同比下跌0.5%，比全国平均下跌0.9%的水平少0.4个百分点，价格指数在全国31个省市中列第13位，在中部六省中列第1位。PPI同比下降6.5%，比全国平均降幅多0.5个百分点，降幅在全国各省市中居第17位。

4. 住宿、餐饮业消费快速增长

2009年湖南省住宿餐饮业实现零售额706.375亿元，增长18.7%，其中限额以上住宿餐饮业企业零售额101.11亿元，增长21.5%。尤其是10月份，餐饮市场在家庭团聚、婚宴喜酒、旅游快餐、特色餐饮、农家乐、美食嘉年华等各种活动的推动下，限额以上餐饮业实现零售额5.80亿元，增长23.1%。

5. 高端消费市场持续看好

2009年，湖南省限额以上批发和零售业企业中，服装鞋帽针纺织品类、化妆品类、金银珠宝类零售额合计152.14亿元，增长29.5%。居民消费支出中，人均其他类商品支出265元，同比增长22%。其中人均购买金银珠宝饰品支出54元，同比增长35.2%。

二、当前湖南消费市场中存在的问题

在金融危机的大背景下，湖南居民消费虽然保持稳健增长态势，但也存在着一些问题。

1. 居民消费增长仍然缓慢乏力

2009年，湖南省全年实现社会消费品零售总额4913.75亿元，同比增长19.3%，全省地区生产总值（GDP）为12 930.69亿元，GDP增长13.6%。初看，消费增长速度还快于经济增长速度。实质上，这里的社会消费品零售增长速度并不能完全代表居民消费增长速度。2009年湖南全省居民消费实际增长率在12%左右，低于GDP增长。

2. 政府消费对居民消费的挤出效应突出

近年湖南政府消费在最终消费支出中的比重基本稳定在24%～27%，居民消费近几年有一定的幅度下降。居民消费率走低，影响居民消费需求的扩大。政府消费在最终消费支出中的比重2000年为25.2%；2005年为24.3%；2008年为26.4%。政府消费越多，降低了居民消费，从这个角度看，政府消费挤占了居民消费。

3. 消费的增长更偏向于富人

2009年1～10月份湖南消费增长速度排序如下：建筑装潢消费增长56.6%；金银珠宝消费增长42.9%；汽车消费增长38.2%；化妆品类消费增长37.4%；家电类消费增长27.8%；电子出版类消费增长27.7%；家具消费20.5%；住宿和餐饮消费增长19.6%。这说明了湖南消费市场的活跃更主要源于那些中产和富裕阶层的推动。

4. 农村居民消费购买力仍然不足

2008年末，湖南省农村人口3959.95万人，占全省总人口的57.85%，2008年，县及县以下农村社会消费品零售总额1676.71万元，占全省社会消费品零售总额的40.7%，占总人口一半多的农村居民，只消费了全省不足41%的商品。2009年省县及县以下农村市场实现社会消费品零售额1434.77亿元，占全省社会消费品零售总额3784.69亿元的37.9%，比2008年还下降近3个百分点。可以预见，湖南农村居民2010年的消费购买力仍将不足。

三、2010年湖南消费市场需求分析

我国当前，扩大消费需求既有必要性和紧迫性，也存在现实可行性。湖南省GDP增长过去主要靠投资拉动，消费在其中作用还不明显，消费"马车"仍需加鞭。如何扩大居

民消费需求，有哪些消费需求可以着力发展的，都需要做初步分析。

1. 汽车消费需求：将大幅增长

2010 年湖南汽车消费市场环境呈现三大特征：一是国家鼓励汽车消费的系列措施将延续 2009 年的实施期限和扩大实施范围，扩大汽车消费的政策效应进一步发挥效果；二是各大汽车厂商促销让利措施和适应消费者需要的新车频出，大大调动消费者购买的积极性；三是高速公路建设不断发展，多条高速公路即将通车，贯通全省的高速公路主干网基本建成。国道、省道和乡村道路条件大幅改善。

我们预计湖南汽车消费将继续保持高速增长，从长沙新车上牌量，可以清晰看出这个趋势。2009 年长沙新车上牌总数为 131 049 台，比 2008 年增长 63%，月均上牌量突破了 1 万台。2010 年长沙市 1~2 月份的总上牌量达到 24355 台，比 2009 年 1~2 月份的总上牌量多 5861 台。从 2009~2010 年 2 月湖南小排量汽车销售情况看，消费者将更多地致力于购买小排量、环境污染小的汽车。2010 年 2 月份长沙市新车上牌总数为 10 286 台，与 1 月份的 8208 台相比，增加 2078 台，增长 25%。

2. 住房消费需求：稳中有升

影响住房消费需求的重要因素是房价，要有效满足居民的住房消费需求，必须有效地抑制房价。近几年，湖南房地产市场在全国范围看，发展还是比较平稳。2008 年，受全球金融危机和世界经济增长趋缓的影响，湖南房地产开发投资增速高开低走，商品房屋施工面积、竣工面积等主要生产指标增速高位回落；商品房屋销售面积减少，空置面积增加，销售均价逐季走低，消费者持币观望态势明显，房地产市场供需矛盾显现。2009 年湖南房价随着全国房价的上升而上升，但是上升幅度不大。2010 年，预计湖南的房价会在稳中有升。

在商品房销售与供应方面，双双提升，但是供大于需矛盾依然突出。据有关数据显示：2009 年长沙商品房销售量达到 1276.04 万平方米，大大高于 2007 年的 894.17 万平方米。2009 年新建商品房面积达到 995.96 万平方米，再加上 2008 年市场存量 590 万平方米，总体商品房供应量达到 15 885.96 万平方米。

湖南省 2010 年 1~2 月份完成房地产开发投资 1 002 469 万元，同比增长 37.9%，其中，完成经济适用房开发投资 39 981 万元，同比增长 246.5%，投资结构逐步趋向合理。商品房屋销售建筑面积 2 949 438 平方米，同比增长 53.7%。但是，经济适用房销售建筑面积仅仅 54 839 平方米，同比增长 -7.1%。住宅商品房空置面积 2 460 414 平方米，同比增长 35.2%，其中，经济适用房空置面积达到 113 044 平方米。这说明商品房空置率仍然居高不下。

3. 家电消费需求：快速增长

这几年，中国家电消费需求不断扩大，首先得益于国家在家电消费上实施的一系列优惠政策，主要是"家电下乡"与"家电以旧换新"政策。2009 年，湖南省限额以上批零企业彩色电视机零售 59.92 万台，分别比上年同期增长 26.4% 和 16.4%。其中，液晶电视机零售 23.35 万台，同比增长 74.3%；家用电冰箱和家用洗衣机的零售数量分别为 44.16 万台和 37.5 万台，增长 20.3%、18.7%，增长 16.2%、27.9%。

2010 年 1~2 月份，吃、穿、用、烧类商品零售额全面增长。限额以上批发和零售业吃、穿、用、烧类商品实现零售额分别为 27.67 亿元、26.99 亿元、115.75 亿元、62.98 亿元，增长 19.1%、22.5%、37.6%、41.9%。其中，家用电器和音像器材类零售额 17.13 亿元，增长 38.3%。可见，湖南家电消费呈快速增长态势。

四、湖南扩大消费需求的对策建议

扩大湖南居民消费，必须解决好如下问题：

1. 实施和完善鼓励消费的财税、金融等各项政策措施

主要包括：①继续对 1.6 升及以下小排量乘用车车辆购置税实施减征优惠政策。2010年购置税从减按 5％的税率征收调整为减按 7.5％征收。②继续实施"家电下乡"政策。大幅度提高家电下乡产品最高限价，增加品种和型号，扩大补贴范围，完善补贴标准和办法。湖南可根据本地实际增选 1 个品种纳入补贴范围。加强对中标企业的管理和考核，提高产品质量和服务水平。③延长"汽车、摩托车下乡"政策。将"汽车下乡"政策延长实施至 2010 年 12 月 31 日，纳入汽车下乡补贴渠道的摩托车下乡政策执行到 2013 年 1 月 31日。④完善家电、汽车"以旧换新"政策。家电"以旧换新"政策 2010 年 5 月底试点结束后，应继续实施这项政策，并在具有拆解能力等条件的地区推广实施。汽车"以旧换新"政策 2010 年 5 月底终止后，应继续实施这项政策，提高汽车"以旧换新"补贴标准，加快老旧汽车报废更新。⑤继续实行农机具购置补贴政策，支持农民购买农机具，提高耕种收综合机械化水平，促进农业增效和农民增收。⑥继续实施促进节能产品消费的政策。包括实施"节能产品惠民工程"、积极推进新能源汽车等，引导居民培养科学消费、健康消费、绿色消费、文明消费、可持续消费的理念，加快建设以低碳排放为特征的消费模式。

2. 增强居民消费增长的可持续动力

要扩大消费需求，关键是收入。围绕收入问题，湖南要做好以下工作：①继续深化收入分配制度改革。深入贯彻国家调整国民收入分配格局的各项政策措施，逐步提高居民收入在国民收入分配中的比重，提高劳动报酬在初次分配中比重。健全职工工资正常增长机制，上调最低工资标准，使劳动力等要素价格得到合理体现。②完善各项社会保障体系。主要包括就业保障、住房保障、医疗保障制度，全面落实国家各项社会保障制度，同时根据湖南实际情况，如利用长株潭两型社会建设的机遇，在城镇就业、医疗、住房等社会保障制度上先行先试，完善各项具体政策措施。③大力提高农民与农民工的现金收入水平。继续加大强农惠民政策力度，提高农民收入，进一步提升农业的比较效益，促进农民持续增收，扩大农村消费。在城镇化进程中，切实关注农民工的经济利益与社会利益，促进农民工社会就业、提高农民工的现金收入水平。扩大农民工在城市中的公共消费范围，增强农民工的城市公民福利待遇。

3. 开发新消费热点，促进消费需求结构优化升级

2009 年，住房、汽车、家电等消费热点的形成，大大拉动了城乡居民的消费需求。但是，住房、汽车、家电等基本上都是属于消费周期比较长且消费支出数额较大的消费品，如果没有新热点的开拓，这对于消费长期的、稳定的、可持续的发展是不利的。因此，还要重视那些经常性消费类型，包括旅游消费、日用品消费、文化消费、保健消费、餐饮消费等，努力使之成为新的消费热点。例如，发展旅游消费、文化消费，在湖南既有基础，又有条件，还有市场与发展空间，发展旅游消费、文化消费能促进居民精神生活质量的提高，促进人的全面发展。

为了配合湖南消费的发展，在产业发展上，湖南除了进一步推进旅游产业、文化产业的发展壮大，还要精心培育和大力扶持电子信息、节能环保、光伏、新能源设备、生物医药、动漫产业等成长性好的"两型"、"低碳"产业，促进绿色、低碳消费的发展。湖南餐饮消费一直稳步发展，要扩大湘菜消费，促进湘菜产业发展，做大做强湘菜产业。

4. 加强消费品工业发展，提升消费品供给能力

湖南消费品工业在整个工业中所占比重偏低，2008 年湖南消费品工业仅占整个工业的 32％。在后金融危机时代，湖南中长期发展应注重消费品工业的发展，要以食品业为龙头，培育医药生物工业为新的增长点，同时加速纺织、轻工等产业的提质升级。使消费品工业成为湖南经济增长的"动车组"。

同时，在发展消费品工业中，要重视产销结合，注意把握社会关注资源产品质量的机遇，不断扩大湖南产品的市场份额。随着民众的环保意识和生活质量要求日益提高，从近来频频发生的食品安全、环境排污上诉等案件可以看出，市场需求正趋向节能环保健康的主题。湖南必须抓住公众消费观念的变化，围绕产品质量做文章，通过制定严格的产品质量标准、质量监控标准，提升公众对湖南产品的消费信心，增加市场份额，扩大消费品供给能力，从而进一步全面满足消费者的消费需要。

(选自《消费经济》2010 年第 2 期)

【评析】

这是一篇综合性市场预测报告。

标题由预测时限、预测对象和文种组成。正文包括前言、主体两部分。前言简要回顾了预测对象的基本情况，并运用段旨撮要的方法，使文章过渡到正文的主体部分。主体包括：现状分析（第一层次），问题分析（第二层次），预测分析（第三层次）。结尾部分（文章第四部分），根据上述分析，提出对策建议。

第一层次对消费市场发展特征做了详尽分析；第二层次根据上述内容，对 2009 年湖南消费市场中存在的问题做了分析；第三层次从汽车、住房、家电等消费市场三个方面提出预测。结尾从四个方面提出湖南扩大消费需求的对策建议。

文章主体部分采用横式结构，把内容划归三个部分，分三个问题阐述，各部分之间呈层层递进的关系。文章合理运用数据，有利于提高表达效果。另外，文章列出对策与建议部分，观点明确。

第三节　经济活动分析报告

一、经济活动分析报告及其作用、特点

(一) 经济活动分析报告

经济活动分析，又称经济效益分析，是企业进行现代化管理的一个重要环节和方法。经济活动分析报告，通常简称经济活动分析，这是一种回顾研究性的文书，所以又称经济活动总评，是反映经济活动分析结果的书面形式，即以计划指标、会计核算、统计数据和调查研究等情况为依据，运用现代科学经济理论和科学分析方法，对某一部门、某一单位已经发生的经济活动状况（包括生产、销售、成本、财务等活动）进行分析评价而写出的书面报告。

(二) 作用

经济活动分析是加强经济管理和决策研究，提高经济效益的一项重要措施。而经济活动分析报告是搞好经济活动的重要环节。

1．有助于制订经济计划，保证国民经济的发展

制订经济计划，不仅应在国家宏观经济发展计划的指导下进行，而且要依据市场的需求变化规律。所以，企业在制订计划之前，必须进行各方面的经济活动分析，为制订计划提供科学可靠的依据。另外，微观的经济活动分析，能帮助国家财税、金融等有关部门从宏观上了解和掌握国民经济整体与各个部门的动态，以便及时采取综合平衡措施，或运用相应的经济手段调节社会需求和产品结构等，以保证国民经济有计划、按比例地协调发展。经济活动分析报告是帮助财税、金融部门按经济规律办事，以避免依靠行政命令盲目指挥的一种有效形式。

2．有助于企业提高经营管理水平，提高经济效益

经济活动分析报告反映经济活动的进程与效果，反映各项经济技术指标的情况，对影响计划完成的各项因素及程度，对企业的生产经营管理、经济活动规律作出全面分析，预测市场动向和生产发展趋势，准确反映经济运行的发展规律，从而使企业能够确定生产经营的目标，制订科学合理的发展计划，即决策科学化，为企业合理地组织、控制和协调生产经营活动提供依据，切实提高企业的经济效益。

3．有利于企业内部改革，促进企业的发展完善

企业的管理依赖于周密的计划和分析，而经济活动分析报告全面反映企业生产流通、经济管理情况，发现不足，找出原因，促进和深化企业经济改革，有利于完善各种形式的经济责任制，从而促进企业的挖潜改造、设备更新，有利于加强全面经济核算，节约原材料，降低成本和消耗，进一步提高产品质量，提高产量，搞活企业，全面促进经济的发展。

（三）特点

1．专业性

经济活动分析报告专用于经济领域，涉及工业、商业、农业、金融、财政、税务等不同部门的各种专业问题，专门分析生产、商品流通、资金运转等过程中各项经济指标的完成情况，甚至涉及整个经济活动中的各种专门问题，如物价、消费等，专业性强。

2．综合性

经济活动分析必须根据经济现象和各种因素进行全面综合分析。在分析经济现象和经济活动时必须周密、全面。

3．定量性

经济活动分析必须量化，即用数据说明经济活动情况，以指标数据为核心展开分析，以数量的增减评判执行计划的结果，以数量变化来剖析原因。

4．指导性

经济活动分析的一个主要作用，就是通过分析总结，找出影响计划指标完成情况的主要因素和影响总体经济利益的薄弱环节，进而制定相应的措施，加强管理，提高经济效益。因此，它是经济部门和企业制定发展规划的重要依据，具有重要的指导意义。

5．对比性

经济活动分析的一个重要意义，就是通过对经济活动的过程与结果的分析，检查经济部门和企业各项指标的完成情况，考核经济活动的成效，并作出客观、公正的评价。因此，在写作

经济活动分析报告的过程中,必须与国内外同行业、同部门、同企业所进行的经济活动和过去进行比较,借以分析经济活动所取得的成效。

二、经济活动分析报告的分类

经济活动分析报告,依据不同的标准,可以划分成许多种类,其中主要有以下几种。

(一) 按分析的目的与内容划分

1. 综合分析报告

综合分析报告,又称全面分析报告或系统分析报告,它是对一个企业或一个单位一定时期的经济活动进行全面总结、综合分析后写出的书面报告。

综合分析报告根据各项主要经济指标及其完成情况,在系统分析的基础上,着重研究各项经济活动之间的联系,分析生产经营中带有普遍性和关键性的问题。

综合分析报告一般用于定期分析,即在年度或季度终了时,根据会计报表和有关资料,通过对资金、费用、成本和利润等方面的综合分析,来检查和总结企业在一定时期生产和管理的情况,了解经济活动的全貌,找出存在的问题,以便为企业指明改善管理、提高经济效益的方向。

2. 专项分析报告

专项分析报告,也称专题分析报告、单项分析报告,是根据企业生产经营管理的需要,对经济活动中某一专项问题进行深入细致的调查分析后写成的。它一般是结合当前的中心工作或是对某些重大的经济措施和业务上的重大变化,或工作中的薄弱环节和关键问题进行独立的专项分析。例如,在清查仓库中,对库存商品质量的分析;发生亏损时,对亏损原因的分析;在扩大业务范围后,对某项新增业务开展情况的分析等。

专项分析报告的特点是内容专一,一事一题,分析问题较为深透,反映问题及时迅速等。此外,还可以为综合分析提供资料。由于专项分析报告不受时间限制,短小精悍,内容广泛,形式灵活,简便易行,在财经工作中经常使用。

(二) 按分析对象的范围划分

1. 宏观经济分析报告

宏观经济分析报告是关于国民经济全局性问题和行业共同性问题的书面报告,如体制改革、生产、消费、流通、物价、信贷等,还包括国民经济计划执行情况分析,年度统计报告等。宏观经济分析报告通常属于统计分析报告。企业的生产经营活动分析多属于财务分析报告。

2. 微观经济分析报告

微观经济分析报告是对企业生产经营活动等进行分析研究的书面报告,如对产品质量的分析、对资金情况的分析等。

三、经济活动分析报告的格式和写作

(一) 格式

经济活动分析报告格式包括标题、正文、落款三部分。

（二）写作

1. 标题

经济活动分析报告的标题，有类似公文标题的写法，由介词"关于"和分析对象与文种三部分组成，也可以由部门名称、时间、事项和文种四项组成。单位名称与分析时间有时可以省略，而文种往往以"分析"、"情况汇报"、"完成情况"、"回顾与思考"、"评估与建议"、"状况分析"、"情况说明书"的形式出现。公文式标题运用得最为广泛。也有采用论文式标题写法的，一般含有分析的对象和事由，或揭示文章的重要观点，或点出文章的论题范围，如《当前中国经济体制改革形势分析》。

2. 正文

正文分导语、主体、结尾三部分。

（1）导语。即引言、导言或前言，是分析报告的开头部分。简要交代分析的目的、原因、要求，概括说明分析的背景、面临的形势，交代基本情况，点明存在的主要问题，以引出分析的过程。对上述内容的安排，可以根据实际需要加以侧重和选择，要求写得简练切题。有的经济活动分析报告不写引言，把它安排在主体的分析说明之中。

（2）主体。这是全文的重点，主要是情况分析，是经济活动分析的核心，交代各种经济指标或者有关方面、有关问题的分析结果。分析部分要依据国家的有关政策和经济规律性问题，对经济规律、有关数据进行计算，对主要成绩或存在的问题等有关情况进行综合分析研究，总结经验教训。在分析过程中，既要分析客观原因，也要分析主观原因。对各种经济活动分析报告的写作，在分析时应各有侧重，如全面分析报告，要交代各项主要经济指标逐项分析的结果；对专题分析报告，则要具体地展示通过不同侧面的深入分析所获得的专题分析结果。由于情况分析是全文的重点，在写作时可以列出小标题，或用数字标明写作层次。

（3）结尾。即意见或建议。通常是展示分析的结果，即在主体部分分析的基础针对分析对象的具体情况及存在问题，作出简略的评价，提出改进意见或建议供分析对象参考，有时也提出对未来的预测，但这种预测是建议性的。意见和建议是经济活动分析的目的和意义，在分析报告中占有重要位置。对意见和结果的表述，可以是简要的归纳，也可以分项分条，概括地叙述，行文不宜过长，不宜用类似主体的篇幅来写，否则便失去了经济活动分析报告以陈述为主的特征，与探讨对策、解决问题为主的工作报告混同起来。经济活动分析报告中的意见或建议必须具有针对性、具体性和可行性，以便为分析对象提供切实可行的参考方案，促进经济活动的开展。在结构上，经济活动分析报告多采用综合式结构，整体上是纵式的，首先提出情况概述，然后分析研究，最后提出意见或建议；但对上述每一层次的安排又是横式的，根据具体情况横向展开，多侧面地反映各种不同情况和问题。有的报告也把"意见和建议"放在主体部分加以阐述。

3. 落款

落款即具名和日期。一般包括作者署名和写作日期。其中，以单位名义写作的报告应签署单位名称。落款通常在正文的右下方。但公开发表的经济活动分析报告的作者姓名则应署在标题下面。写作日期也有省略不写的。

（三）经济活动分析报告常用的分析方法

经济活动分析与一般常见的文字分析不同，是一门研究经营管理的专门学科，关键是科学地进行经济活动分析，常用的方法主要有以下几种。

1．比较分析法

比较分析法又称对比法、对比分析法、指标分析法，就是把同一基础上的可比数字资料进行比较，通过比较的结果研究经济活动的情况，如相互之间的联系和差距，从而分析问题原因的一般方法。这是经济活动分析的起点，也是在定量分析中应用最多的一种方法。

比较分析法又分为以下几种：

（1）同向比较，即比计划。把实际实现的指标与计划指标相比较，说明计划执行的情况，以确定新的发展对策。

（2）纵向比较，即比历史。以本期的实际指标与上期或上年同期指标相比较，或与同行业、本企业历史上的最高指标进行比较，分析指标的发展速度和增减速度，以便预测企业经济活动的发展变化趋势。

（3）横向比较，即比先进。以本期的实际指标与客观条件基本相同的先进单位的实际指标相比较，或与国外先进的同行业、同类产品相比较。这种比较分析法又称类比分析法。从比较中发现本企业在完成经济指标过程中存在的问题，经营管理上存在的差距，以改进管理。

2．因素分析法

因素分析法，又称因素替换法、连锁替代法、连环代替法、因果论证法或分析论证法，即对经济指标完成过程中产生的问题和矛盾的各种主客观因素进行评价和分析，以制定相应的措施。

因素分析法和比较分析法不同，侧重于事实的证明和原因特点的分析，侧重于各种因素对某一经济活动结果的综合影响的分析，如产量、质量、成本和利润等各种因素对某一结果的综合影响，以及影响的主次顺序和程度。而比较分析法则侧重于数据资料的分析，侧重于数据之间的比较。但是，在经济活动分析中，因素分析法常常是紧接比较分析法而进行的。

运用因素分析法，要抓住主要问题，即从诸多因素中找出最本质、最关键的因素。注意分辨主客观因素，从事实入手，对本期经济活动的特点，实事求是地加以论述和说明。

3．预测分析法

预测分析法，又称动态分析法、趋势分析法，是通过对经济活动发展过程的动态分析，研究某一经济现象发展变化的情况与未来趋势的分析方法。预测分析法是在分析基础上的预测。通过对经济活动现象的发展变化特点的分析，进行纵向的比较，找出企业的发展规律，进行科学决策。这种分析方法又可以细化为若干方法。例如：

（1）统计分析法。通过对过去的统计资料的分析，预测发展方向。

（2）经验预测法。通过对以往经济活动所取得的成效、经验与教训的分析，判断和预测发展方向。

4．时间分析法

时间分析法，把分析对象按时间顺序划分为若干阶段进行具体分析，主要适用于特殊行业和经济部门。由于受季节、气候的影响，一年四季的经济活动不均衡，运用时间分析法可以改进经营管理，使经济活动趋于均衡和稳定。

5．综合评价法

综合评价法是对各种指标的执行情况进行综合对比、计算和评价，通过全面分析比较，对经济效益进行准确判断，得出综合性评价或选择建议。这种分析的特点是全面可靠。但在运用过程中应该注意客观性和科学性，避免主观性、片面性。

除以上五种方法外，经济活动分析还有指数分析法、平衡分析法、比率分析法、结构分析法等。在经济活动分析报告的写作过程中，往往根据分析目的和内容的需要把以上多种方法结合起来使用。

四、经济活动分析报告写作注意事项

（一）明确目的，抓住重点

经济活动分析报告的价值是推动经济活动的发展，这也是经济活动分析报告的写作目的。因此，在写作过程中，必须解决一两个主要问题。在写作之前，应对要解决的问题进行归纳分类，抓住主要问题，突出重点，举一反三，以点带面。

（二）观点正确，态度鲜明

经济活动分析报告的写作要以党和国家的方针政策为依据。政策水平是经济活动分析写作能力和水平的基本要求，必须正确掌握党和国家的经济方针政策、政策、规章和法令。正确的政策观点是写作的前提。

在写作过程中，要做到实事求是，态度鲜明。肯定什么，反对什么，要表述得清楚、明白。

（三）运用资料，全面合理

分析报告要有材料依据，及时掌握各种有关的技术经济指标资料和经济活动的事实材料，是写好经济活动分析报告的前提。

经济活动分析所使用的资料分为两种：一种是硬资料，即具体的数据、报表、计划凭证等书面材料；一种是软资料，即深入实际进行调查研究所获得的第一手材料，如经营管理的策略、技巧等。

经济活动分析报告具有专业性、定量性的特点，在写作中往往通过许多数据等硬资料来说明和分析问题。但有的经济活动分析报告由于以大量数据、图表为主，而把文字说明作为辅助材料，所以易于出现罗列硬材料、忽视软材料的偏差。因此，在写作过程中，必须注意对软材料的调查和搜集，把二者有机结合起来。通过数据和典型事例揭示问题的实质，抓住关键，全面、客观地加以分析。

（四）方法得当，语言生动

由于经济活动的内容丰富多样，分析的目的和侧重点也各不相同。在分析经济活动过程时，必须运用正确的方法，根据写作内容、目的和重点的要求，把几种方法结合起来使用，并以某种方法为主，恰当、准确地阐述和分析问题。

在语言的运用上，首先必须条理清楚，表述准确，对问题的分析和判断必须客观真实、准确无误，揭示经济活动的本质，符合客观规律。另外，在分析报告中，专用名词、专用术语比较多，因此，运用概念必须准确、周延，分析数据、图表时，要清楚明白，简洁易懂。

【例文评析】

例文

2010 年中国宏观经济分析及 2011 年展望

王小广

2010 年我国宏观经济运行特点

一、对 2010 年宏观经济形势的总体判断

2010 年中国经济在 2009 年中期企稳回升的基础上继续向好。预计全年经济增长再次达到 10% 以上的水平。在一些人看来，这意味着 2008 年以来的中国经济调整已经结束，正进入新一轮快速增长周期。我们认为，经济增长率重回 10%，并不是内生因素作用的结果，而是源于以下两大短期因素：一是 2008 年年底和 2009 年国家采取相当宽松的货币政策和积极的财政政策刺激的结果，特别是超量的货币发行和超强的信贷投放产生很强的短期刺激效应。二是 2010 年全球各国经济均步入或强或弱的复苏期，拉动了我国出口的强劲回升，从前 10 个月的经济运行看，2010 年内需的实际增长是有所放慢的，因此，经济增长的加速主要是靠强劲的出口增长推动。2009 年中期以来经济强劲回升，并不是一种正常状态，经济增长的周期性调整过程并没有结束，同时，我国经济面临诸多深层结构矛盾，因此，未来二三年中国经济增长适度调整、保持"调整型增长"态势，才是内在的趋势，也才有利于"调结构、转方式"的目标实现。仍沉浸在金融危机前的高增长思维，对于应对后金融危机时代国际环境的变化和我国加快经济结构战略性调整和转变发展方式是不利的。

因此，我们对 2010 年中国宏观经济有两点基本判断：①2009 年中期以来经济强劲回升属于"非常态"，回调到正常增长水平是内在要求。我们认为在目前的国际国内环境下，近阶段我国经济增长的合适水平是 7%～9%，超过这个区间或是偏快或是偏慢。②2010 年不是新一轮快速增长周期的起始年。经济的强劲增长是短期强力政策刺激的结果，不具有可持续性。中国经济自 2008 年步入调整期（长周期、中周期和短期的交汇点），调整过程被全球金融危机及应对金融危机的政策所打断，未来仍需要"补调"，以此来解决新的内在增长动力问题。

二、2010 年中国宏观经济运行特点

1. 经济增长继续回升，但面临内在调整压力

预计 2010 年全年国内生产总值将达到 39.22 万亿元，比上年增长 10.1%（GDP 缩减指数为 4.6%），比上年加快 1 个百分点。受上年基数的影响，2010 年季度 GDP 增长呈"前高后低"的走势，四个季度分别增长 11.9%、10.3%、9.6% 和 8.7%。消除基数影响，各季增长较为平稳，未出现大的起落。但受外部需求增长的不稳定性及消费增长周期性调整压力的影响，经济增长面临内在的调整压力。

2. 工业生产较快增长，企业效益大幅提高

受内需稳定回升及出口增长强劲反弹的共同作用，工业生产保持较快增长。前 10 个月累计规模以上工业增加值同比增长 16.1%，比上年同期加快 5.7 个百分点。季度增长呈前高后低的态势，这主要是因为 2009 年上半年受国际金融危机的冲击，增长基数过低，6 月份以后增长并未出现一些令人担心的大幅下滑，而是保持了连续 5 个月 13%～14% 的平稳增长。国有及国有控股企业、私人企业、股份制企业及三资企业均保持较快增长势头，企业效益大幅提高。与 2008 年前相似，企业效益增长主要来源于重化工业。

3. 内需增幅有所回落，外需强劲回升

在总需求中，内需增长有所放慢，外需增长强劲回升。投资增长在上年高水平下有所回落，但仍保持平稳较快增长态势。消费需求增长名义上有所加快、实际则有所放慢。前10个月累计全社会消费品零售总额125 313.3亿元，同比增长18.6%，比上年升3.3个百分点，但如果扣除物价增长的影响，实际消费增长仅15.1%，比上年同期回落1.5个百分点。与内需增长回落形成对比的是，外贸出口强劲回升，预计全年出口总额达到15380亿美元，增长28%。

4. 物价增长明显反弹，短期通胀压力加大

2009年底物价指数增长由负转正，2010年呈逐季明显回升趋势，8月份后通胀预期陡然上升，短期通胀压力明显加大。导致下半年通胀预期陡升的原因主要包括三个方面：一是连续两年实施的明显宽松的货币政策形成了大量的流动性，二是一些农产品出现了一定的供求缺口，三是房地产市场的投机预期。

通过与前两轮物价上涨的比较可知，当前物价总水平增幅并不高，且食品类产品价格上涨较多具有相当大的合理成分，而且持续性也不强。但为什么社会公众的不满却如此强烈呢？我们的判断是：这既不是由于经济社会对物价承受力明显降低，也不是由于物价增长水平真的过高，如出现了一些人鼓吹的我国进入高通货膨胀周期，根本原因是社会公众对收入分配严重不公及收入差距不断扩大的强烈不满，物价上涨成了社会公众表达对收入分配严重不公和收入差距过大不满的"出气口"。

5. 金融环境继续宽松，资产泡沫化形势严峻

国家对2010年货币政策的取向是"适度宽松"，但无论用什么标准衡量，2010年的货币政策仍然是偏松型的。首先，利率水平处于历史低位。一年期存款年利率仅为2.25%，且持续时间近两年，10月的首次升息力度也偏小，这使得负利率持续时间高达10个月。其次，货币供应量增长和信贷增长均超过"适度快速增长"的上限。我们认为，在我国经济发展的现阶段及全球经济仍处于偏紧的环境中，发生持续的高通胀的可能性极小，相反，货币持续超发的主要风险是房地产泡沫化程度越来越高，其可能出现的深度调整会使中国经济大幅减速，并在泡沫不断膨胀的过程中阻碍着结构调整和发展方式的转变。美国的第二轮量化宽松货币政策及美元贬值战略也从外部给我国的资产泡沫提供"支持"。

2011年宏观经济增长趋势及面临的主要问题

一、2011年我国宏观经济发展面临的内外环境

2011年国际经济环境呈偏紧态势，对我国出口增长形成较大压力，不过，我国面临的出口环境会明显好于2009年。国内发展环境总体仍处于适度宽松状态，有利于宏观经济增长和微观经济的调整优化。

1. 外部环境变坏，但明显好于2009年

相对于2010年，2011年全球经济增长将呈放慢走势，我国经济发展的外部环境变坏，受外部不确定的干扰增多。全球经济增长放慢的主要原因是发达经济体特别是美国经济面临许多增长难题，短期内难以形成平稳较快增长趋势：一是美国经济继续面临金融和消费的"双调整"压力，银行借贷和企业投资意愿偏弱等问题突出，经济增长缺乏供给面的支持。二是高失业率正在对美国的经济和政治形成明显的压力，抑制了居民消费和经济活力。三是为应对这次百年一遇的金融危机，美联储采取了超常规的货币扩张政策，实践证明，这些滥用货币扩张的政策效果明显欠佳，甚至是南辕北辙。

我们认为，美国的问题出在长期对资产泡沫所引起的财富效应的过度依赖，过度扩张

的货币政策是其主要根源，如果不对金融发展模式和居民消费方式做根本的调整，单靠过度宽松的货币政策刺激只能救一时，使问题拖延。当然，我们也承认，2011 年的全球经济增长放慢是缺乏增长后劲的表现，不是衰退，因此，对我国出口增长的影响不会过于严厉。但发达国家普遍的高失业率、爱尔兰债务危机、全球金融市场的不稳定性都使 2011 年全球经济复苏充满了波折。

2. 内部环境总体较好、有紧有松

我们可以把 2011 年的国内发展环境概括为"总体较好、有紧有松"。2011 年货币、财政政策仍然会继续保持连续性和稳定性。尽管金融货币政策将有所调整，但仍然会保持相当的宽松度，而财政政策继续保持积极的特点，显示整体宏观政策仍然保持偏松的基调，这有利于 2011 年宏观经济保持平稳较快增长。在短期物价上涨压力较大及美国量化宽松货币政策对我国负效应较大的影响下，2011 年货币政策适度紧缩在所难免，不过，货币政策从目前的适度宽松（实际是偏松）向稳健（中性）的转变需要一个过程。积极的财政政策仍会坚持一段时间，这也有利于改善民生和促进结构调整。加大政府对民生领域的投入、解决老百姓面临的民生难题是"十二五"国家加大社会建设的重点，另外，减税促进中小企业和服务业发展、加大城市基础设施建设、促进产业结构调整升级是财政政策促进经济结构优化的另一方面重点。2011 年对经济增长最有利的一个环境因素是投资环境的明显改善，国家和地方的"十二五"规划的实施仍然是以投资为中心，投资高增长是 2011 年经济继续保持较高增长的最重要支撑。

二、2011 年主要宏观经济指标的增长趋势

1. GDP 增长将继续保持偏高水平

2011 年中国经济增长将小幅回落，但仍保持偏高增长水平。出口增长明显放慢和消费继续小幅调整是导致经济增长有所放慢的主要原因。作为"十二五"开局之年，各地热情高涨的"十二五"规划的实施将会导致 2011 年投资增长强劲反弹，估计 2011 年全社会投资增长将超过 25%。预计 2011 年国内生产总值将首次突破 40 万亿元，达到 44.5 万亿元，增长 9.3%。三大产业中，第二产业增长受工业增长可能放慢的影响将温和调整，估计第二产业增加值同比增长 10.5%，第三产业增加值增长有望小幅上升，第二产业与第三产业协调性将有所提高。

2. 三大需求增长将呈"一升两降"的特点

2011 年消费需求和出口需求的增长都将有所放慢，其中出口减速将较为明显，但投资的强劲增长将在很大程度上抵消这两大最终需求增幅的下降。

2011 年消费增长将会比 2010 年有所放慢，估计全年社会消费品零售总额名义增长 16.9%，实际增长 14% 左右。消费增长继续放慢主要有三大原因：一是受消费增长周期的影响，消费增长将继续温和调整。二是 2011 年汽车消费增长将明显放慢，估计增长 18% 左右。受鼓励汽车消费政策的收紧及汽车自身"小周期"（一个三年半左右的周期）的影响，2011 年汽车产销量增幅均将明显放慢。三是受房价过高、房价上涨空间受政策限制等因素的影响，2011 年房地产投资和消费的增长都将放慢，这会带动家居、家装等消费市场的增长调整。

我们预计 2011 年出口增长将明显放慢，全年出口增长估计在 10%~15% 的区间运行，比 GDP 增长略高。出口增长可能明显放慢的原因是：一是由于经济继续复苏的动力不足，三大发达经济体都会有一定程度的减速，这会对我国出口增长形成很大的压力。二是受 2010 年出口增长高基数的影响，2011 年出口也将趋于放慢。三是受原料价格上涨较多、

人民币升值预期较强、出口竞争激烈等因素的影响，国内企业出口积极性减弱。据我们调研了解，不少纺织企业担心原料上涨过多和汇率变化而导致亏损，不敢轻易接受新订单。

与出口、消费增幅放慢相反，投资增长可能出现明显加速。我们调研了解到：沿海一些发达地区，仍把"十二五"期间的经济增长目标定在10％以上，而很多中西部地区把目标定在13％～18％，比"十一五"还高，所以，"十二五"前期投资"大干快上"在所难免。

3. 物价增幅有望逐步回落

预计2011年物价总水平（CPI）增长呈小幅回落的态势，且前高后低。总体看，导致物价下行的因素增多增强，导致物价上行的因素减少减弱，预计全年CPI增长2.5％左右。影响物价下行的因素主要有：①货币金融政策将继续温和调整。主要是利率将会继续升息、信贷增长及货币供应量增长都会有所放慢，这会使2011年流动性过剩问题有所减轻，从而对物价增长有所抑制。②2009年新一轮投资扩张的一个重要结果是，一些行业的产能过剩将在未来两年集中释放，这会导致工业品价格回落，通货紧缩的内在压力增大。③预计2011年全球经济增长将比2010年明显减弱，我国经济发展面临的外部环境趋紧，这会进一步加大国内工业品价格的回调压力。④由于核心农产品（大米、猪肉）未出现较显著的供求缺口，这会使2011年食品价格上升空间被压缩。粮价和蔬菜价格都将趋于放慢，从而拉低CPI涨幅。⑤2011年实际消费增长可能继续回调，将对物价上涨形成一定的抑制作用。相比较，2011年影响物价上行的因素将出现减少减弱的趋向。

三、2011年中国经济发展面临的主要问题及对策

1. 房价可能出现报复性上涨，资产泡沫化问题更为突出

受两波房地产调控政策的影响，2010年我国房价上涨的势头有所遏制。但支持房地产泡沫化增长的因素仍然强劲，2011年房价可能出现报复性上涨。主要原因是2011年流动性过大问题不会根本改变，而且极可能形成内外叠加效应。美国第二轮量化宽松的货币政策2011年进入全面实施阶段，美元将进一步泛滥，将从多方面影响新兴经济体国家，推升资产价格升值。两股力量叠加，将形成很强的资产泡沫化效应。另外，房地产调控未改变人们对房价的"两个预期"，相反，从最近几个月社会资金又在加快流入房地产市场看，房地产投机的热情又在高涨。房价泡沫越高，未来的调整风险越大，对此要高度警惕，制定治本之策。

2. 投资可能出现"爆发性增长"，投资与消费增长再次面临严重失衡问题

"十二五"发展与过去30年或过去10年完全不同，其面临的最大风险和挑战是我国也可能陷入"中等收入国家陷阱"。我们认为，要避免出现"中等收入国家陷阱"，必须改变发展模式，促进发展方式的根本转变，通过经济社会均衡发展和产业竞争力提高来突破发展的瓶颈和"陷阱"。忽视国际国内环境变化及最终需求不足而过度强调（或依赖）投资高增长将会导致一系列难以解决的问题：一是将会明显加剧投资与消费的增长失衡，过高的投资增长将形成过多的产能，在出口需求和消费需求均显不足的情况下，这意味着产能过剩问题恶化，从而形成内生性的通货紧缩压力。二是在我国的很多地区，目前高投资增长在相当程度上仍依赖于房地产和高耗能产业的高增长，因而对经济结构调整会形成很强的负效应。三是投资高增长不利于收入分配差距扩大问题的改善，相反，会提高资本收益的占比，继续降低居民收入的占比，这对未来消费的稳定增长和社会稳定会产生不利影响。因此，避免投资再次出现过度增长应成为2011年宏观经济政策的一项重要工作。

3. 出口明显放慢将使外向型企业效益下降，产能过剩问题逐步显性化

2011年出口环境将明显不如2010年，这对外向型企业将产生明显的不利影响：一是受出口增幅可能大幅放慢及成本明显上升的影响，2011年外向型企业收益率将明显下降，在这种情况下，企业最简单的选择是逐步放弃实业，而将资本、资金转向资产品市场（房地产、股市、期货等），这不利于传统出口产业的转型升级。二是出口增长明显放慢，意味着一些行业的产能过剩将需要国内市场消化，国内市场的产能过剩问题显性化。

解决这些问题，最主要的是要调整持续两年多的过于偏松的货币政策，使其尽快回归到"稳健"状态。其次，我们要主动地降低增长预期，把政策的着力点真正地放在调结构、转方式上。作为"十二五"开局之年，2011年不能再用传统的发展观念和模式来推进经济增长，要着力改变传统的发展模式，从追求速度效益转向追求结构优化效益。我们希望"十二五"经济发展出现这样的新变化：经济适度放慢下经济结构调整速度在明显加快。

（选自《企业管理》2011年第1期）

【评析】

这是一篇综合性经济分析报告。

标题直接说明分析对象和文种。正文结构按照序码分层的形式，两个一级标题自然形成文章的两部分：现状分析及问题和建议。第一层次通过两个标题，从情况概述和具体分析两个角度，对2010年我国宏观经济运行的主要特征做了全面分析；第二层次从三方面对宏观经济增长趋势等主要问题进一步做了重点分析，包括：我国宏观经济发展面临的环境，主要宏观经济增长指标，主要问题及对策。文章的特点如下：

（1）运用大小标题的形式，层次清晰，结构完整，论证严密，观点明确。

（2）开门见山，语言简洁。

（3）文章运用大量的材料和必要的数据，侧重于对当前宏观经济运行主要特征和发展趋势的分析，重点突出，详略得当。

（4）两个层次之间呈层层深入的递进关系，在现状分析基础上，提出对下一个经济周期的预测，有理有据，严谨可信。

（5）各层次内部采用并列的横式结构，自成体系，内容完整。

第四节　审计报告

一、审计报告及其作用、特点

（一）审计报告

审计报告，又称审计报告书，查账报告或查账报告书，是在审计工作结束之后由审计人员根据审计任务的完成情况和审计结果，向审计授权单位或委托单位提出的书面报告文件。

审计报告是审计工作最后和最重要的环节。

（二）作用

1. 为国家审计机关和被审计单位主管部门监督处理审计事项提供依据

审计报告是审计机关依据工作底稿，对某一项目进行审计以后作出结论性评价，是审计机关以充分的证据和公正的立场，履行审计监督职能所形成的文件。国家审计机关和被审计单位主管部门可以根据审计报告的意见，对被审计单位的经济活动实施改进，提出改进措施和处理办法，提供监督执行的参考依据，从而促进被审计单位纠正错误，改进管理，作出决策，提高效益。

2. 是检查审计工作和衡量审计工作质量的手段

审计报告是审计任务完成后的书面总结。通过审计报告，可以检查审计工作的完成情况，反映审计人员的业务水平和工作质量，为评价审计工作成效，进一步成功开展审计工作提供依据。

3. 为财税部门和经济立法机关提供参考依据

通过审计报告，财政部门可以了解财政拨款的作用，税收部门可以了解企业的纳税情况，银行可以了解企业对贷款的使用和整个资金流动情况，经济立法机关可以监督了解企业对国家政策法规的执行情况，等等。因此，审计报告的有关资料，可以对企业经济活动起到监控管理的作用，有的还能作为执法的依据。

(三) 特点

1. 总结性

审计报告是审计人员按照查账工作进度表完成各项工作之后，汇总审计任务完成情况和审查稽核结果的工作总结。它的写作以审计人员开展审计工作的所有详细记录为原始资料，并经过分析研究、归纳整理后，选择典型材料写成的。审计报告既是对被审计单位的财务状况、工作作风等情况的全面总结，也是对自身审计工作质量的总结，是审计人员归纳概括能力的直接反映。

2. 答复性

审计报告是递交给交办的上级部门或委办的企业的关于审计结果的书面答复。因此，在审计报告中，必须针对交办、委办单位指定的任务，即具体的审计要求和目标，以国家法规为标准，对事实进行科学分析，说明审计的结果和结论性意见。评语要有充分的依据，要传达审计监督的决定和要求，为被审计单位提供执行和改进的依据。

3. 公正性

审计的价值在于真实。依法审计、客观公正是审计最重要的原则。审计报告是一份具有公正价值的证明文件。在审计工作过程中，要求审计人员站在第三者的立场秉公执法和审查。审计人员通过被审计单位的会计凭证，检查其所进行的经济活动。在审计人员中，不包括被审计单位的会计工作人员。因此，所写作的审计报告具有原会计人员以外的第三者所作的公正性质。如果审计人员是国家注册的会计师，其所递交的审计报告就更具有合理的证明效力，不仅可以对交办、委办单位负责，而且可以对其他与审计报告有关的单位负责。

4. 建议性

审计报告是上级审计机关作出审计结论或决定的主要依据。尽管审计报告不具有权威性、决策性，但是，审计报告中对被审计单位的评价和意见、结论往往都被上级审计机关所采纳，因此审计报告具有建议性以及一定意义的权威性和决策性。

5. 资料性

审计报告可以作为被审计单位经营情况、管理水平的证明，对合资合作各方以及银行投贷、股票持有者的决策，将产生重大影响。移交司法机关的审计报告还可以作为办案的重要依据。因此，审计报告在整理归档后，可以作为查证有关问题的重要资料。

二、审计报告的分类

审计报告从不同的角度可以分为许多种类。

(一) 按审计的范围划分

1. 综合审计报告

综合审计报告，也称全面审计报告，是对被审计单位财政收支、各项财务活动进行全面审查与评价后写成的书面材料。

2. 专项审计报告

专项审计报告，也称专题审计报告，是以某一内容为范围，对审查的某一部门的财务工作或某一专题，或影响经济效益的个别指标、影响财经纪律遵守情况作出评价和审计结论后写出的书面材料。

(二) 按审计的内容划分

1. 财政收支审计报告

财政收支审计报告是对各级人民政府财政收支以及会计资料等的真实性、准确性、错误率以及有无其他违法行为进行审核检查的报告。根据我国审计工作的规定，财政财务（财政收支）审计的实施应遵循"上审下"、"同级不审同级"的原则。财政收支审计的内容主要有：财政预算及其执行情况，财政决算、预算外资金收支情况，财政信贷资金的收支情况等。

2. 财务收支审计报告

财务收支审计报告是对企业事业、机关团体以及其他国家资产的单位的财务收支活动进行审核检查。财务收支审计一般由国家审计机关或受委托的审计组织依法实施。我国的审计实务属于对企业的审计，审计的核心内容是财务收支活动。财务收支活动的主要内容有：资金占有和资金来源情况，生产费用和成本情况，销售情况，利润及分配情况等。财务收支审计报告应客观反映被审计单位的会计资料和财务收支活动是否真实、准确、合理、合法以及有无违反财经法纪的情况等。

3. 财经法纪审计报告

财经法纪审计报告是对被审计单位违反财经法纪的事实与行为提出的专案性审计报告，内容主要包括：弄虚作假、偷税漏税、以权谋私、投机倒把、贪污盗窃、行贿受贿和失职渎职。财经法纪审计报告主要反映并说明违纪事实、性质和所造成的危害，指出其违反法规之处并提出审计处理意见。

4. 经济效益审计报告

经济效益审计报告是对被审计单位的经济效益、利润进行审计后提交的审计报告，目的是核查企业单位的经济活动是否合理合法。经济效益审计报告的内容，包括资金利用效果、投资效果、经营决策与方向的正确性，产品结构的合理性等。经济效益审计报告应着重分析投入与产出的关系，对被审计单位的管理水平作出评价，并提出挖掘潜力以提高经济效益和社会效益的建设性意见。

（三）按照审计报告的行文形式划分

审计报告的行文形式是指其详略程度。按照审计报告行文形式的不同可分为简式审计报告和详式审计报告两种。

1. 简式审计报告

简式审计报告也称短文式审计报告。它是指审计人员简略说明审计过程、审计结果和表达审计意见的审计报告。这种报告采用较为简洁的语言，说明审计范围，表达审计意见，篇幅较短，内容概括。它是通常用于注册会计师实施的年度会计报表鉴定、证明性质的审计报告。由于简式审计报告一般适用于对外公布的目的，为了避免混乱，其格式和措辞均由职业团体作出统一规范，所以又称为标准审计报告。在我国，简式审计报告根据注册会计师所发表审计意见的不同，分为无保留意见审计报告、保留意见审计报告、否定意见审计报告和拒绝表示意见审计报告四种。

2. 详式审计报告

详式审计报告也称长文式审计报告。它是指审计人员详细叙述审计过程、审计结果和表达审计意见的审计报告。这种报告主要用于帮助被审计单位改善经营管理。所以，审计结果部分的叙述较为详细，通常按问题性质分类，提出审计意见和改进建议，因而其内容丰富，篇幅较长。详式审计报告一般不向社会公布，格式和措辞不做统一规定，所以又称非标准审计报告。在我国，国家审计机关、内部审计机构所进行的财政、财务审计、经济效益审计、财经法纪审计、经济责任审计等，通常都撰写详式报告。

三、审计报告的格式与写作

（一）格式

一般由标题、致送单位、正文、附件、署名和日期等部分组成。

（二）写作

1. 标题

审计报告的标题应当准确、简要地概括报告的主要内容，通常包括四个要素：审计机关的名称、审计对象的名称、审计报告的内容（主题）和文种。审计报告的标题又常以"关于"两字领起，如《关于对工商银行××市分行所属三个公司××××年财务收支情况的审计报告》。有的审计报告，或省略审计机关名称，或省略审计主题，还有的"文种"部分不称"审计报告"而称为"审计结论"等。

2. 致送单位

审计报告一般主送给派出机关或委托单位，需要让有关单位了解的，可以抄送或抄报。

3. 正文

国家审计署《关于在全国实行统一审计文书格式的通知》规定："审计报告主要包括下列内容：审计的内容、范围和时间；被审计单位的有关情况；与审计事项有关的事实；对审计事项的评价；论证有关的法律、法规、规章和具有普遍约束力的决定、命令和条款以及据此作出的处理、处罚意见。"

（1）前言。前言部分应扼要说明审计的缘起、依据、被审计单位的业务性质、审计的内容、范围、人员组成和简要过程。审计的缘起，即审计的原因，是否计划安排、政府或其他部门指令，应交代下达审计或委托审计的审计单位和审计任务。被审计单位的业务性质，是对人民政府还是对企业事业单位、机关团体以及其他有国家资产的单位的审计。审计的内容即本项审计的任务或目的，应说明审计的种类，是财务收支审计还是经济效益审计，或者财经法纪审计等。审计人员组成，是审计机关人员，或是内部审计人员，或是审计小组。审计范围包括两方面的内容，一是时间范围，即审计的时间范围，属于哪一阶段的经济活动；二是业务范围，是全面审计还是专项审计。审计简要过程，说明审计活动的起止时间，审计的主要方法和步骤，如在审计过程中得到有关单位的支持、帮助，也应予以说明。

前言部分应写得简明、概括。

（2）主体部分。①基本情况。主要说明被审计单位的基本概况，如业务性质（有时也放在前言部分）、生产规模、经营状况、内部管理组织、账户设置等，也可以说明审计事项的背景等情况。被审计单位的基本情况的说明，在全面审计报告中一般比较详尽，而在专项审计报告中则可以省略。②审计结果。具体写出与审计事项有关的事实，如果被审计单位存在问题，这一部分则应该说明通过审计查实的问题，问题的性质、原因及责任人。审计结果的写法一般有两种，一是综合叙述式，二是列项叙述式，即对查实的问题采取逐项列举，分别叙述。说明存在的问题必须实事求是，准确无误，既坚持审计原则，又能为被审计单位提供改进的依据和建议。③审计结论。主要说明审计人员对审计结果提出的评语或意见。一是根据审计结果，按照审计任务的要求，依据有关法律法规和政策规定，对被审计单位的财经活动状况作出审计评价，写出结论性的评语。二是针对审计结果反映出的问题，向被审计单位提出完善管理、改进工作的建议和参考性意见。审计结论中的法律法规和政策的依据，可以概略地说明，既表明审计的法律依据，又便于查询。审计结论必须实事求是，准确公正，既不能虚报成绩，也不能夸大存在的问题。审计处理意见是针对存在的问题而阐发的，如果审计结论是肯定的，就不需要写出审计处理意见。④审计建议。主要说明审计人员对被审计单位存在问题或不足之处提出的建设性意见和改进措施，为上级机关和被审计单位提供参考。审计建议事项一般包括如下内容：关于加强内部控制制度的建议，关于改进核算工作的建议，关于如何解决和处理已经发现的违反财经纪律的问题以及防范措施的建议，关于在审计过程中所发现的除指定审计任务之外的其他问题，需要进行进一步专项审计的建议。建议的提出应切实具体，避免空泛。⑤审计说明。是指从审计工作原始资料中摘录的用以证明审计结论的有关材料，通常指有关凭证、报表、账簿、文件。应对这些材料及出处予以说明，以便查阅核对。如果审计结果是肯定性的，审计说明则可以省略。以上各项内容，可根据审计任务和具体审计情况，有选择地使用。

4. 附件

附件指有关证据的原件或复印件。应写明附件的名称和份数。

5. 署名

署名指审计人员的签章。通常由审计负责人、主审或注册会计师签名盖章，以示负责，有的也可以审计组的名义具名盖章。

需要说明的是，简式审计报告一般应包括以下内容：

（1）会计报表的编制是否符合《企业会计准则》和国家其他财务会计法规；

（2）会计报表在所有重大方面是否公允地反映了审计对象的财务收支状况、经营成果和资金变动情况；

（3）会计处理方法的选用是否遵循一贯性原则；

（4）注册会计师是否按照独立审计准则的要求，实施必要的审计程序，在审计过程中是否受到阻碍和限制；

（5）是否存在应调整而审计对象未予调整的重要事项。

以上内容的安排，应根据审计结论的不同而加以选择。在四种不同结论的简式审计报告中，除了无保留意见审计报告篇幅最短，其他三种审计报告则应在正文中对审计结论的事实依据作出必要的交代。

（三）审计报告的写作形式

审计报告的写法一般有四种形式。

1. 叙述式

叙述式是审计报告最基本、最常见的形式。根据实际需要，划分为几个部分，各部分可以分设小标题，形式灵活，容量丰富，内容具体，层次清晰，适用于问题较多或情况复杂的经济效益审计报告或财经法规审计报告。

2. 条文式

条文式审计报告是文章式审计报告的简化形式，是将被审计单位的基本情况、审计范围和审计过程中发现的问题、审计评价、审计结论以及处理意见和建议划分为若干条目，依次陈述，简明扼要，条理清楚。

3. 表格式

表格式审计报告适用于经常性、制度化的审计工作，即用审计机关设计的固定表格，由审计人员将审计情况逐项填入相关栏目，使用表格式审计报告可对被审计单位的基本情况、审计目的和要求、发现的问题和审计意见等，一目了然，方便快捷。适用于报送审计的审计报告。

4. 综合式

综合式审计报告即综合使用上述几种形式，在审计报告中既有文字表述，又陈列相关表格或统计图例加以分析说明。由于综合了上述各种形式的优点，应用灵活，综合式审计报告在详细审计报告中经常使用，如经济效益审计报告，财务收支审计报告等。

四、审计报告写作注意事项

（一）依法审计，实事求是

审计报告所反映的被审计单位的情况和问题必须真实、准确，证据完备，特别是有关经济活动的数字，更要精确无误。情况和问题的说明应该客观、真实，以便保证评价和意见的正确可靠。提出的审计结论和处理意见，必须以国家的财经法规和政策规定为依据，不能随意解释和发挥。审计报告中的材料和观点，应该合乎法规，有理有据，且不受外界因素的影响。

（二）观点明确，意见具体

审计报告作出的评价和处理意见，必须观点鲜明，建议也应该具体有力，以保证审计报告的评价、公正、监督的作用。

（三）内容完整，数据可靠

审计报告的写作应该全面、完整，概括审计工作的全部过程和问题，特别是与审计目标密切相连的主要问题，要如实说明，不能遗漏。数据必须精确、可靠，要经过认真核实，不能使用计划数据和估算数字。

（四）格式规范，文字简练

审计报告的写作格式必须规范，叙述要简练明确，结论要准确无误。审计报告以叙述和说明为基础，围绕事实阐发议论，行文必须简洁，表达必须直接，文字必须规范、简明、精炼。

【例文评析】

例文1

审 计 报 告

ABC（股份）有限（责任）公司董事长（全体股东）：

我们接受委托，审计了贵公司××××年12月31日的资产负债表及××××年度损益表和财务状况变动表。这些会计报表由贵公司负责，我们的责任是对这些会计报表发表审计意见。我们的审计是依据中国注册会计师独立审计准则进行的。在审计过程中，我们结合贵公司的实际情况，实施了包括抽查会计记录等我们认为必要的会计程序。

我们认为，上述会计报表符合《企业会计准则》和《××企业会计制度》的有关规定，在所有重大方面公允地反映了贵公司××××年12月31日的财务状况及××××年度经营成果和资金变动情况，会计处理方法的选用遵循了一贯性原则。

××会计师事务所（盖章）　　　　　　中国注册会计师：（签名，盖章）

（地址）　　　　　　　　　　　　　　××××年×月×日

（摘自《现代审计学原理》康钟琦主编，立信会计出版社）

【评析】

这是一篇无保留意见的简式审计报告。标题按简式审计报告的特点，直接点明文种。正文由基本情况和审计结论组成。基本情况介绍了审计依据、目的，审计对象、范围，审计方法。结论直接说明审计结果。

文章对事实交代清楚，行文规范，结构严密，观点明确。基本情况运用"我们接受委托"的惯用格式起笔，并使用"我们认为"的程式性用语，使文章自然过渡到结尾部分，并使用"符合"、"公允地反映了"、"遵循了"等一系列程式性用语，使观点表述周严，逻辑性强，主旨突出。

例文2

审 计 报 告

ABC（股份）有限（责任）公司董事会（全体股东）：

我们接受委托，审计了贵公司××××年12月31日的资产负债表及××××年度损益表和财务状况变动表。这些会计报表由贵公司负责，我们的责任是对这些会计报表发表审计意见。我们的审计是依据中国注册会计师独立审计准则进行的。在审计过程中，我们结合贵公司的实际情况，实施了包括抽查会计记录等我们认为必要的会计程序。

贵公司在国外据称有投资 500 万元，本年度投资收益为 60 万元，并已列入本会计年度的净收益中。但我们未能获得上述被投资会司业经审计的会计报表，受贵公司会计记录的限制，我们未能采用其他审计程序查明上述投资和投资收益是否属实。

我们认为，除上述情况有待确定外，上述会计报表符合《企业会计准则》和《××企业会计制度》的有关规定，在所有重大方面公允地反映了贵公司××××年 12 月 31 日的财务状况及××××年度的经营成果和资金变动情况，会计处理方法的选用遵循了一贯性原则。

　　××会计师事务所（盖章）　　　　中国注册会计师：（签名，盖章）
　　（地址）　　　　　　　　　　　　　　　　　×××年×月×日

（摘自《现代审计学原理》康钟琦主编，立信会计出版社）

【评析】

这是一篇有保留意见的简式审计报告。在格式上除具备了上述无保留审计报告的特点外，在行文上有自身的特点。一是对有保留意见的事实做了交代（第二自然段），为结论的推理做了必要的铺垫。二是结论部分措辞恳切、客观，对保留意见的事实基础做了必要的交代，使文章首尾照应，结构严谨，简洁凝练。

第五节　可行性研究（分析）报告

一、可行性研究（分析）报告及作用、特点

（一）可行性研究（分析）报告

可行性研究（分析）报告，又称可行性报告，或可行性分析报告，是一种适用于拟建项目最终决策研究的文书，即企业在调查研究的基础上，对某种建议建设或改造工程、某一科学实验、某项经济活动全面分析，论证项目可行性和有效性的书面报告。

可行性研究是项目投资决策前的一项重要内容，它的任务是根据国民经济长期规划和地区规划、行业规划的要求，对拟实施项目在技术、工程和经济上是否合理可行进行全面分析、论证、做多种方案的比较，最后提出评价，为编制和审批设计任务书提供可靠的依据。

按照国家计委颁发的《关于建设项目进行可行性研究的试行管理办法》规定，一切大中型项目在编制计划任务书之前，都必须进行可行性研究。另外，如从国外引进生产装置和成套设备，与国外合资经营，利用外资建设项目，承担国外工程建设任务等都要事先开展可行性研究，编写可行性研究（分析）报告。

因此，可行性研究（分析）报告是项目运作和申请建设资金的必需文书。

（二）作用

1. 为建设、科研实验或从国外引进成套设备，与国外合资经营等的决策和实施提供充分的科学依据

企业要进行项目立项的决策，必须以经济环境、行业走向等宏观和微观发展趋势为依据。另外，企业还可以根据自身情况对项目实施的必要和可能，实施后的经济和社会效益，实施的条件和措施，实施中可能发生的意外情况的处理等问题，作出科学的、具体的论证，从而为企业决策者提供决策依据。

2. 为有关主管部门提供决策依据

企业项目立项，只有进行可行性研究，向上级主管部门提交可行性分析报告，主管部门才能予以审批，下发企业审批设计任务书。另外，有的建设项目对环境有影响时，还需要为环境保护部门的审查提供依据。

3. 为经济管理部门对企业投资、对投资进行科学管理和有效监督提供重要依据

企业对某一项目进行投资，必须编写可行性研究（分析）报告，上报经济主管部门审批。因此，可行性研究报告是企业决策与经济管理部门之间的中介。银行和其他金融机构根据可行性研究报告的项目论证，根据项目实施后的经济效果、经济效益，为企业进行投资或贷款。主管银行根据企业可行性研究报告的分析论证，对企业申报引进技术、引进设备项目的申请给予批准。因此，可行性研究（分析）报告为经济主管部门的投资决策提供了充分的依据。而经济管理部门只有合理投资，才能促进国民经济的发展。

（三）特点

1. 真实性

真实性是可行性研究（分析）报告的基础。可行性论证是项目顺利实施的前提和重要保证。因此，必须坚持实事求是的原则，对立项的有利因素和可能存在的问题两个方面都要科学论证，数据指标必须经过认真深入的调查研究和严格的科学计算，以确保人力、物力和财力的合理、有效利用，避免损失和浪费。

2. 综合性

可行性研究（分析）报告是涉及自然科学、社会科学的多学科、多部门、多行业、多层次的综合性研究报告。要把拟建项目的工程、技术、经济、环境、政治和社会等因素联系起来，进行多指标综合评价。

从分析方法上说，可行性研究不仅需要注意动态分析和静态分析相结合，还要注意定量分析、价值量分析与实物量分析、阶段性经济效益分析与全过程经济效益分析、宏观效益分析与微观效益分析等方法的相互结合与综合研究。

二、可行性研究（分析）报告的分类

可行性研究（分析）报告，一般按如下标准划分：

（一）按内容划分

1. 政策可行性报告

政策可行性报告主要是对经济、技术的政策和措施的必要性、有效性和实施的可行性进行分析论证，为科学决策提供依据。

2. 建设项目可行性报告

建设项目可行性报告主要是指国家计委制定的《关于建设项目进行可行性研究的试行管理办法》规定的项目，以及利用外资、技术改造、技术引进和进口设备等项目的可行性报告。包括自营项目、合营项目和引进项目。

（二）按范围划分

1. 一般可行性报告

一般可行性报告主要是指规模较小、投资较少的小型项目的可行性报告。包括新建和扩建项目、常规性技术改造项目、某一方面经营管理改革和单项科学实验等。

2. 大中型项目可行性报告

大中型项目可行性报告主要是指规模大、投资多、涉及面广的可行性报告，包括新建和扩建项目、工程浩大的技术革新项目、全局性的经营管理改革和重大科学实验等。这类可行性报告的写作一般应分阶段编写。

（三）按性质划分

（1）肯定性的可行性报告。即肯定项目实施的必要性和可行性，多数可行性报告都属于此类。

（2）否定性的可行性报告。即否定项目实施的必要性和可行性。

（3）选择性的可行性报告。一般写出两篇以上的可行性报告，供决策者选择。

三、可行性研究（分析）报告的格式与写作

（一）格式

可行性研究（分析）报告通常是单项成册上报，它的格式一般由首页（封面）、目录、正文、附件四部分组成。

（二）写作

1. 首页

分行写明项目名称（标题），项目主办单位及参加研究和编写报告人员，项目的经济负责人、技术负责人和报告日期。

其中，标题的写法有两种：一是公文式，即由编写单位、项目名称和文种三个要素组成。有的也把项目承担者写进标题，文种名称也可以写做"可行性论证"，一般应使用全称，是可行性报告中使用最广泛的标题，如《××地毯厂关于出口地毯能力技术改造项目的可行性论证》。二是文章式，即对报告的内容加以概括，表现可行性研究报告的主要内容的标题形式，如《红外线收缩包装机可行性研究报告》。

2. 目录

可行性研究（分析）报告的内容较多，篇幅较长，特别是大中型可行性研究报告，多在万字以上。因此，第二页应编排目录。

3. 正文

正文一般由前言、论证和结论三部分组成。正文是报告的主体部分，要求以系统分析为主要方法，以经济效益分析为核心，围绕影响项目实施的各种因素，运用大量的数据资料对拟建项目的可行性进行论证。

（1）前言。前言也称概述、概论、总论、说明或总说明。相当于一般文书的开头，主要对项目立项的原因、目的、依据、范围、实施单位、承担者、报告人的简要情况，项目提出的背景（改扩建项目要说明企业现状概况），研究工作的依据和范围等作出介绍和说明。其中，对

项目承担者和报告人应说明职务、职称。如果项目是引进技术或合资项目，还应写明项目建议书的批准部门、时间和文号。有些篇幅过长的报告，把结论和建议也写在前言部分。

（2）论证。这是可行性研究（分析）报告的核心，包括技术论证和经济评价两方面内容。利用各种资料和数据，从以下几方面加以论证：①需求预测和扩建规模包括国内外需求情况，国内现有工厂生产能力的估计，销售预测，价值分析，产品的竞争能力，进入国际市场的前景，拟建项目的规模，产品方案和发展方向的经济比较和分析等。②资源、原材料、燃料及公用设施情况包括资源、原材料、燃料的来源、数量、价格及有关辅助设施情况。③建厂条件和厂址方案包括地理位置，自然生态，交通通讯和社会经济环境等。④设计方案包括项目的构成范围，技术来源和生产方法，主要技术工艺和设备选型方案的比较，引用技术、设备的来源，合作设想。扩建项目要说明对原有固定资产的利用情况等。⑤环境保护、劳动保护与安全防护即调查环境现状，预测项目对环境的影响，提出环境保护和"三废治理"的初步方案，劳动保护的技术、设备和措施。消防安全的技术、设备和设施等。⑥企业组织、劳动定员和人员培训即对主办项目单位的企业管理体制、机构设置、管理人员与生产人员的配备和培训计划等进行分析论证。⑦项目实施进度计划，即对项目实施的日程安排，包括工程设计，工程施工，设备购置和安装，试产和投产等进行技术经济论证。⑧投资估算和资金筹措即对项目投资的数额，资金的来源，筹集的方式及使用时间的安排等进行合理性和可靠性论证。⑨经济效益与社会效益，即对项目本身的投资收益率，投资回收期，收支平衡，敏感性以及项目可能产生的社会效益进行分析。

以上内容的安排，可以根据可行性报告的种类加以选择，根据项目的需要加以增减。

（3）结论。在论证部分完成了所有的可行性分析之后，对整个可行性研究提出综合分析评价，提出项目的总结或建议。

4. 附件

附件即有关部门的主要资料或证明文件。如有些篇幅过长、类别较多的统计资料，说明文字，技术论证过程，财务测算，设备清单，或者与正文可行性论证关系不直接的平面规划图、批文，可以作为附件放在正文的最后，用于说明正文，供上级机关审批时参考，也使正文中心突出，格式清晰，简明扼要。

四、可行性研究（分析）报告写作注意事项

（一）真实完整，数据可靠

可行性研究（分析）报告意义重大，编写报告应全面、可靠。项目建设往往涉及生产、流通、消费等许多方面，撰写时必须进行深入细致的调查研究，尽可能全面地收集和掌握材料，材料和数据应该真实、具体、可靠。

（二）科学分析，论证严密

可行性研究本身就是一门科学，必须以严谨的态度，运用科学的方法，经过严格的测算和认真的分析，客观地反映项目各方面的问题，论证项目的可行性，选择最佳方案。

（三）预测准确，建议合理

可行性研究（分析）报告必须坚持公正性原则，实事求是地研究论证，并对拟建项目的经济效益和社会效益，包括可能承担的风险，提出准确预测，并对项目可行性程度进行准确评价，提出合理化建议，供决策者参考。

（四）条理清晰，请言简明

可行性研究（分析）报告的写作有固定的格式，篇幅较长，涉及的问题比其他应用文多。因此，在写作时，必须条理清晰，语言简明。写作的重点应该是项目实施的必要性和可行性的说明与论证。一要围绕论证可行性这一中心来组织材料。二要根据项目特点，对各个问题的阐述分清主次，详略得当地加以论证。三要突出陈述性、论证性，把篇幅较长、技术性较强、关系不直接的材料与图表作为附件放在最后。四要注意语言的运用，说明问题要简明扼要，有理有力。

第六节　资产评估报告

一、资产评估报告及其作用、特点

（一）资产评估报告

资产评估报告是企业资产评估结果报告书的简称，是资产评估机构的一种文件，是根据有关部门的委托，按照法定标准和程序，运用科学方法对被评估企业特定时期的资产价值进行评定和估算，向委托单位报告资产评估工作结果的书面报告。

根据国务院 1991 年 11 月发布的《国有资产评估管理办法》的规定，国有资产占有单位，有下列情况之一的，必须进行资产评估：

（1）资产拍卖、转让；

（2）企业兼并、出售、联营、股份经营；

（3）与外国公司、企业和其他经济组织或者个人开办中外合资经营企业或者中外合作经营企业；

（4）企业清算；

（5）依照国家有关规定需要进行评估的其他情形。

同时还规定：当发生贸易抵押、担保、企业租赁及其他相关情形时，当事人认为需要，也可以进行资产评估。可见，资产评估报告在市场经济发展中，地位十分重要。

（二）作用

资产评估报告的作用主要有：

（1）被确认之后的资产评估报告是国有资产管理部门作出处理决定的依据；是被评估单位进行产权交易经济活动的依据；是考核资产评估工作质量，评价资产评估人员业绩的依据。

（2）资产评估报告是发改委、财政、银行、税务、工商、被评估单位的主管部门等了解资产价值状况的参考依据。

（三）特点

1. 科学性

资产评估反映企业资产的价值，所以资产评估报告中涉及的事实、数据必须真实、科学、准确。

2. 限定性

资产评估工作由专门的会计师事务所或资产评估事务所承担，因此资产评估报告的作者只能由会计师事务所或者资产评估事务所的有关人员担任。

3. 程式性

资产评估工作必须依照法定的标准和程序进行，不能随意更改。因此，资产评估报告的格式具有比较严格的程式性、规范性。

4. 依附性

资产评估报告的写作要在资产评估工作完成以后进行，而提交报告本身是评估程序的重要环节，是资产评估结果和意见的反映，对资产评估具有依附性。

从使用上看，资产评估报告对招股说明书、合同契约等文书也有依附性。在特定条件下，资产评估报告往往作为上述文书的附件被使用。

5. 证明性

资产评估报告是一种证明性文书，虽然常常作为招股说明书、契约合同的附件使用，但是，资产评估报告的作用不同于上述两种文书。招股说明书的目的是销售企业的股份，契约合同的作用是规范签约各方的权利和义务。而资产评估报告的作用在于为委托评估单位被评估资产所具有的实际价值提供证明。

二、资产评估报告的分类

（一）按评估对象的数量划分

（1）单项资产评估。即对企业的某一种类的资产的实际价值作出评估的报告。

（2）综合资产评估。即对企业两种以上或全部资产的实际价值作出评估的报告。

（二）按评估的对象的性质划分

（1）有形资产评估。即对企业的固定资产和流动资产的实际价值作出评估的报告。

（2）无形资产评估。即对由特定主体所占有，没有独立性的实体但又依托于实体，并且在较长时期内可对占有者的经营或经济运行持续发挥作用的生产资料及生产条件进行评估后写出的报告。包括专利权、商标权、版权、特许权、租赁权、商标、商誉等无形资产的评估。

（三）按评估对象的种类划分

（1）房地产评估。即对房产和地产的实际价值作出的评估。

（2）有价证券评估。包括债券评估和股票价值评估。

（3）资源性资产评估。即对特定主体所占有的自然资源的价值的评估，如矿藏资源、森林资源和水资源等。

三、资产评估报告的格式和写作

（一）格式

资产评估报告一般由首部、致送单位、正文、附件和尾部五部分组成。

（二）写作

1. 首部

首部包括标题、文号。

（1）标题。由评估机构名称、评估对象和文种组成。

（2）文号。与公文文号相同，包括评估机构及报告的代字、年号和顺序号。

2．致送单位

致送单位即委托单位或主送单位，指委托评估机构进行资产评估的单位，也是报告书的致送单位。

3．正文

（1）由前言、评估意见和结果三部分组成。①前言。前言的格式、写法比较规范，应说明评估的目的，被评估单位的名称，评估完成的基准日期，评估的范围，评估所依据的法律、法规名称以及会计核算的原则，资产占有者提出的评估申请获准立项情况，评估标的物的名称（分类）等。前言应简洁概括。②评估意见和结果。是资产评估报告的重点，主要说明对各种资产进行评估的意见和结果。

（2）由于对资产评估报告的格式还未做统一规定，有的报告把前言部分的评估依据、评估原则放在评估意见和结果部分来说明。①评估意见即评估说明。主要是对评估过程中重要事项的说明。②评估结果即对资产评估得出的结论。它是评估报告的重点。为了使表述清晰准确，对评估结果的说明常常采用分条分项的方法。例如，一、固定资产评估；二、流动资产评估；三、在建工程和无形资产及其他资产评估；四、对负债的评估说明；五、对所属企业及联营企业的评估等。关于评估意见和评估结果的先后顺序的安排，比较灵活，可以根据实际需要而定。

4．附件

附件接在正文之后，是对正文内容的佐证，应写明附件全称，并说明数量。附件一般包括：

（1）资产评估依据的有关文件；

（2）委托评估单位提供的会计报表和有关资料；

（3）资产清查的有关资料和调查鉴定；

（4）评估计算依据和有关资料；

（5）各类资产评估汇总表；

（6）各类资产评估明细表；

（7）资产评估会的资产增减状况说明等。

5．尾部

尾部包括评估机构名称、评估人员组成、评估日期等。评估机构和人员组成，应写明全称，加盖公章。评估机构负责人、评估项目负责人，注册会计师和其他评估人员均应签名并注明技术职称。评估日期即评估报告书的写作时间。

四、资产评估报告写作注意事项

（一）客观公正

在评估过程中，必须实事求是，真实、准确、公正地反映评估实际情况，对重点问题必须如实说明。

需要说明的问题主要包括

（1）评估过程的合法性。即评估原则、依据、法律法规根据；评估机构及人员的合法性。

（2）评估方法的科学性。评估方法主要有现行市价法，重置成本法，效益现值法，清算价值法等。应根据标的物的不同性质、用途和特点，选择合适的评估方法。

（3）影响资产增值的因素是否考虑周全。即对评估过程中影响资产价值的因素要准确反映，交代周详。

此外，在写作过程中引用的资料必须科学、可靠。

（二）逻辑严密

对结构的安排要合理，正文的写作必须根据逻辑顺序，合理布局。

资产评估报告的正文的篇幅一般不宜过长，确实需要说明的其他内容，可以作为附件处理。

（三）表述准确

资产评估报告的用语具有法律用语的一般特征，必须严密、规范，应该采用定义、限定等方法，对有关根据加以规范和限制，以便明确内涵，使表述准确规范。

【例文评析】

例文

对长江公司的资产评估报告

×××会计师事务所接受长江公司委托，对公司及所属单位的全部资产：厂房、装修、机器、设备以及流动资产和负债进行重估价值的评估工作，我事务所当即于××××年5月10日上报××省国有资产管理局，并开始进行准备工作，现将评估工作分述如下：

一、评估目的

为股份制改制工作的需要。

二、被评估范围

长江公司及所属××水下工程公司、××艺术工程公司、动力机械工程公司、制冷工程公司等15个公司、2个中心及××附属工厂、特种材料厂等4个工厂原有厂房、装修、机器设备、各种仪器以及全部资产和负债的重估价值。

三、基准日期

为配合股份制改制工作需要，评估基准日期为××××年6月30日到××年12月31日止，半年内有效。

四、评估方法

机器设备和大部分旧房屋，低值易耗品采用重置成本法。新房屋采用现行市价法。无形资产采用收益现值法。

固定资产重估价值计算表随附表中格式参见表15—2，各栏内容说明如下：

第1～5栏每项固定资产的序号、编号、名称、规格型号、数量。

第6栏始用年，系指这一项固定资产的开始使用年月，这是估算该项固定资产新旧程度的基准。

第7～8栏是资产账面原值与净值，这两栏数据，属被评估单位保密范围。

第9栏现行市场价格，根据估价时该项固定资产的市场价格，加上第10、11栏安装费、运输费即等于第12栏的重置完全成本。

第13栏折旧年限，因该公司为股份制改制后，先发行A股以后发行B股两种股票，故暂按合资企业所得税法有关规定：房屋折旧年限为20年，机器设备折旧年限为10年，电子设备、仪器设备及汽车运输设备等的折旧年限为5年。

第 14 栏残值以 10% 计算。

第 15 栏年折旧额，采用直线折旧法。

第 16 栏成新率，系指该项设备的新旧程度。

第 17 栏折合尚可使用年限，采用比例法，并考虑功能变化因素，使用环境及维护保养条件，适当调整评估。

第 18 栏应提折旧金额，按第 16、17 栏成新率折合尚可使用年限，与第 13 栏折旧年限的差额为已使用年限乘以第 15 栏的每年折旧额，得出第 18 栏的应提折旧额。

第 19 栏重估价值（净值）是第 12 栏重置完全成本减去第 18 栏的应提折旧金额后的余额，即为我们所要求评估的资产的重估净值。

五、评估依据

遵照 ×× 省财政局 × 财国资（××××）× 号文转发国家国有资产管理局国资工字〔1989〕第 3 号文件资产评估若干暂行规定，进行评估工作，并按照第七条（2）的重置成本法，对委托方原有机器设备、房屋等进行资产评估工作。

1. 机器设备评估

根据估价时（××××年×月）各项机械设备的市场价格加上安装运输费后作为重置完全成本。先估出设备的新旧程度，再按照折旧年限折合成尚可使用年限，减去重置成本计算的已使用年限的累计折旧额，并考虑资产功能变化及维护保养因素，评定重估价值。

市场价格根据 ××××年×月份，市场有关厂商供应单位的价格目录或当面询价，按同型号设备市场价为准。

2. 房产评估

（1）长江公司附属工厂分厂，占地 9000m²，内有三幢框架结构厂房，主要有金工、热处理、翻砂、锻造车间，总建筑面积 7048m²。分别为单层排架，二、三层框架均为钢筋砼现浇，因为与其他建筑同时施工，三幢厂房在财务账上无法分开，因此参照 ×× 区标准商品厂房的销售价格，采用现行市价法，结合三幢厂房的实际结构，按单价 1200 元/m² 计算。

（2）家具教具厂，共有建筑面积 2411.4m²，大部分加工工场为砖墙、型钢屋架、石棉瓦崖面和黏土瓦屋面，均系单层建筑。

（3）×× 附属工厂，有最早于 1958 年建造的老厂房及陆续兴建的新厂房，有些老厂房表面虽较陈旧，但结构尚属完好，仍可使用多年。办公大楼为三层砖混结构，按目前多层砖混房屋单价直接费 320 元/m²，考虑差率 2.6 系数，另加内部装修 88 元/m²，则现行单价为 320 元×2.6＋88 元＝92.0 元/m²。

（4）其余公司的房屋均为房管部门房屋，仅有使用权，原值费用均为装修费，分摊年限定为 5 年。

固定资产重估价计算表中，关于建筑物现行价格，根据 ×× 省 ×× 年定额，按规定进行调整后计算。

六、评估过程

本项目接受公司的委托，按照国有资产管理局〔1989〕第 3 号文件规定，进行委托方资产评估工作，首先编制机器设备、房屋等清单，再逐一核查市场价格，没有市场价格的，则与类似设备比较后，确定价格，继之委派高级专业工程师、高级会计师到现场清点，评估成新，将资料输入计算机存储测算，经过研究调整，考虑设备功能变化因素，最后得出评估结果。

七、评估结果

1. 固定资产。经过评估，房屋及设备重估总价值（净值）为 39 332 826 元（人民币），比账面净值 22 354 904 元增值 16 977 922 元，增值率为 75.95%。

2. 低值易耗品。在用低值易耗品的重置完全成本为 11 363 856 元。

经专业人员评估一般按 50% 成新度，但在××年新购的按 90% 到 100% 成新度，计算重估净值总金额为 5 800 738 元，平均成新率为 51%。

3. 无形资产。近年来公司有许多高新技术已转化为生产力，开发出多种高新技术产品，原公司改制为股份公司以后，其中原来已投入市场的高新技术产品均划归股份公司继续生产，并不断开发新的技术，更新换代，继续向市场供应节能、高效的新科技产品。

经分析研究，下列六大类产品与同类产品比较，有超出一般收益能力的经济效益：

（1）液力耦合器；

（2）青铜工艺品；

（3）新型医疗器械；

（4）新型复合材料；

（5）特种材料；

（6）密封电池。

根据未来 5 年比较保守的预测产销量，并参照各类高新技术产品的销量成本率，通过测算并与一般产品的销售成本率 80% 比较，超收益率为 4%～18% 不等，先计算出每年的超收益额（现金流入量），再按贴现率 12%，采用收益现值法折算成现值。

测算结果：上述六大类高新技术产品的超收益额，折合成现值为 14 260 500 元。作为××股份有限公司的无形资产估价值。

4. 坏账准备。对应收款账龄超过 2 年的按 80% 计算，其中 20% 作为坏账准备，比较稳妥。其中超 2 年账龄的应收款有 23 笔，应收账款金额为 1 230 853 元×（1－80%）＝ 246 170.60 元，因此评估价值中扣去 246 170.60 元。

综上所述，××公司的全部资产评估结果如下：

资产重估总额为　　　　　　77 052 877 元

账面资产净值　　　　　　　40 259 888 元

增值　　　　　　　　　　　36 92 989 元

增值率　　　　　　　　　　91.39%

八、评估小组负责人

×××高级会计师　　　　　评估资格证第 033 号

评估小组成员：

×××高级会计师　　　　　评估资格证第×××号

×××副总工程师（设备）评估资格证第×××号

×××高级工程师（建筑）评估资格证第×××号

特作评估报告如上，请予审定。

附件：（略）

会计师事务所（盖章）

××××年×月×日

（转引自《审计学》秦荣生　卢春泉编著）

第六章　信息宣传文书

第一节　经济消息

一、经济消息的定义、作用、特点

(一) 定义

经济消息是以简洁明了的文字，快速及时地对经济领域中新近发生的具有新闻价值的事实的报道。经济新闻有广义和狭义之分。广义的经济新闻包括经济消息、经济通讯、经济短评、经济社论等。狭义的经济新闻是指经济消息。

从报道内容来看，经济消息所报道的是包括经济活动、经济信息、经济政策、经济管理、经济现象、经济观念等经济领域中的情况与问题。

从报道的面来看，它包括工业、农业、商业、财政、金融、消费及国内外市场等各个方面。

(二) 作用

1. 传播经济信息

经济消息可以传播经济信息。经济消息通过电视、广播、报纸、网络、期刊等多种媒介平台，非常迅捷地进行传递，使受众在第一时间就能够了解到党和国家的各种经济方针、政策，各行各业的发展变化，各种经济现象的运动规律，市场供求信息等，以满足受众利用信息从事经济活动，进行经济决策的需要。

2. 监督经济行为

经济消息可以运用新闻媒体，对偏离和违背国家政策和社会正常运行规则的经济活动、经济现象实施监督。监视经济运行中的异常现象，提示人们谨防经济失控带来的负面效应；监督无视或违反市场行为规则的不良现象，维护市场经济正常运行秩序。

3. 普及产品知识，推广企业市场

经济消息可以具体系统地介绍新产品、新知识，使企业的新产品迅速地走向市场，在尽可能短的时间内让人们了解新产品，使用新产品，起到拓展企业市场的作用。

4. 引导人们树立科学合理的消费观念

新闻历来有一种导向作用，经济消息可以通过与百姓生活息息相关的新闻事实，借助生动活泼的传播方式，来实现对社会经济生活的指导作用。引导人们建立一种科学合理的消费观念，先进的经营方式，使人们的消费观念逐渐成熟起来。

(三) 特点

经济消息除了具备一般新闻的真实准确、迅速及时、短小精悍等特点外，还具备如下特点：

1. 鲜明的政策性

许多经济消息本身就是在传播着政府的各项经济政策,解读经济政策的具体含义,传递着各项政策对现实生活的影响与作用,其内容本身就带有很强的政策性。有些经济消息主要报道经济领域的发展趋势与动态,报道各行各业的经济活动、新人新事,也无处不渗透着政策精神。

2. 内容的专业性

经济消息报道的内容往往专业性极强。经济生活无处不在,涉及领域广阔,报道时会使用大量的专业术语,如成本核算、减亏、损益、储蓄金准备率、市盈率等。这就要求写作者掌握一些经济专业知识,准确使用经济专业术语,否则就无法真实准确地报道经济消息;不仅如此,经济消息的写作者还要学会将艰深晦涩的专业术语,深入浅出地表达出来,让广大受众能够看得明白读得懂,这样才能达到较好的传播效果。

3. 现实的指导性

市场经济是信息经济,瞬息万变,错综复杂。经济消息的指导性主要体现在,通过对政策的阐述解释和对经济活动、经济现象的分析评述来实现对群众经济活动的引导。高水平的经济消息善于从与群众生活密切相关的经济现象入手,以辩证科学的分析、通俗化的语言来透视现象,揭示本质,预测其发展趋向,帮助人们认清形势,明确方向,认识经济发展的障碍,引导人们的经济行为与国民经济的健康发展相协调,从而满足人们在经济工作和生活中的更高需求。

4. 实用的服务性

经济消息服务于经济工作,也影响着经济生活,与其他种类的新闻相比较,它的实用性是突出的。经济消息的实用性主要体现在信息的服务上。信息的服务,首先是对市场宏观与微观、表层与深层、现状与未来发展预测的全方位的服务;其次是及时反映群众的呼声和要求,向群众传播生活和消费知识,解惑释疑。

5. 准确的预见性

经济消息应预见出经济发展的动态与趋势,并要及时地把人们的思想、见解、意见反馈出来,做企业与消费者之间沟通的桥梁。

二、经济信息的分类

(一) 动态消息

动态消息是指迅速而准确地报道国内外刚刚发生或正在发生的经济活动和经济事件的消息。包括国内外有关国家的经济政策的调整变化,新产品、新技术的开发使用,国内外各部门的社会经济往来,国内经济建设和经济改革的新情况、新成绩、新问题等。

动态消息突出时效性,一般不展开,不解释,一事一报,篇幅短小,高度概括,一般采用客观报道的方法。

央行发 100 亿 1 年期央票 收益率升 20.2 基点

全景网 3 月 15 日讯 央行今日发行 100 亿元人民币一年期央票,中标收益率升 20.2 基点(BP)至 3.1992%,发行量也较上期大增 90 亿元至 100 亿元。

央行今日同时进行1100亿元的28天正回购操作，中标利率维持2.5%。（全景网/雷震）

（二）经验消息

经验消息又称典型消息，是指关于某一地区、某一部门、某一企业生产和流通以及社会经济生活中成功经验的报道。经验消息针对性强，侧重对具体经验的介绍，常常是在介绍经验、做法之后总结经验，揭示规律，以点带面，具有指导工作的作用，并且条理清晰，又注意思想上的启发。

（三）综合消息

综合消息是对经济领域同类事物或一事物的多侧面的总体性情况的归纳综合报道，主要用以反映经济领域的新动向、新成就、新问题。

（四）述评消息

述评消息是指在客观报道事实的同时还对事实加以评价，是一种夹叙夹议、介于消息与评论之间的边缘文体。有时又称"记者述评"或"新闻述评"。述评消息首先是新闻报道，既要概括出报道的事实，又要以国家的方针、政策、法规为依据对这一事实的出现作出分析，通过分析，探索事实的本质所在。它有鲜明的政治倾向，对读者观察和理解某些社会问题起导向作用。述评消息运用夹叙夹议的写作手法，叙述事实时非常简明扼要，评论则要有一定的深度与新鲜的观点。就实论虚，虚实结合。

三、经济消息的格式与写作

经济消息的格式包括标题、消息头、导语、主体、结尾五个部分。

（一）标题

俗话说"题好一半文"，好的标题在任何文体的文章中都十分重要，尤其是新闻中的标题，更是如此。它可以吸引受众由"无意注意"到"有意注意"，是读者的向导，引导受众继续关注经济新闻。因此，新颖、醒目的标题具有画龙点睛、引发受众阅读兴趣的作用。

标题有三种写作形式。

1. 主旨鲜明的单行标题

单行标题即只有一行的正题，它要求鲜明、醒目、简洁、生动，具有高度的概括力，能反映出经济消息的主题，如《河南孟州"瘦肉精"喂出"健美猪"》（央视新闻频道《每周质量报道》2011.3.15）、《日本车企陷停产危机　海啸引发出口全面受阻》（日本《每日经济新闻》2011.3.15）。

2. 相映成趣的双行标题

双行标题有引题和正题或正题和副题的两行标题。引题又叫肩题或眉题，在正题上面，起交代背景、烘托气氛或点明意义等作用；副题又叫辅题或子题，在正题的下面，起补充说明、扩大效果的作用。引题和正题或正题和副题互相补充，一虚一实，引人入胜。例如：

地震影响中日贸易（引题）

在华日企寻国内供货商（正题）

（《21世纪经济报道》2011.3.23）

多省下调 GDP 增速（正题）

"十二五"能源总量指标仍难定（副题）

（《21 世纪经济报道》2011.3.23）

3．内涵丰富的多行标题

多行标题就是由引题、正题和副题组成的多行标题，它适合用在内容较为重大和复杂的新闻中，给读者提供尽可能多的信息量，内涵丰富，又可以造成强大的宣传声势，起铺垫、渲染的作用。正题，即中间一行，是标题的核心，用来揭示主题或提示重要事实；正题上面是肩题（或称眉题），用来引出正题，说明事实，交代背景，烘托气氛；正题下面一行是副题，用来补充说明情况或说明正题来源或依据。例如：

哈市出台创业培育计划（引题）

年内扶持 2800 名创业小老板（正题）

培育对象为大中专毕业生及留学归国 务工返乡等人员（副题）

（《生活报》2011.3.23）

（二）消息头

"消息头"是消息最明显的外在标志。"消息头"一般由四个方面的内容组成：发布新闻的机构，发布新闻的地点，发布新闻的时间，发布新闻的记者，如"新华社北京 3 月 15 日电（记者朱玉）"。

（三）导语

导语是经济消息的第一自然段或第一句话，它紧接在消息头的后面，一般由最新鲜、最重要的新闻事实或依托新闻事实的精辟议论组成。

经济消息报道的基调、报道的框架、报道的主题都被导语牵着鼻子走。没有好的导语，报道会思路不清，会胡言乱语。

新闻大多是"倒金字塔"结构，导语位于倒金字塔的顶点，主要内容都集于此，西方所称的"5W"（时间 when、地点 where、事件 what、人物 who、因果 why）与我国所说的"六何"（何时、何地、何人、何事、何因、何果），都是由导语来表达的。经济消息虽与一般的新闻有所不同，但它的导语也必须是由经济消息中最新最主要的事实与问题组成的。因此，有人把它比做"新闻的橱窗"。

导语的主要作用是对新闻主要内容的概括、提示、预告和导读。具体地说就是披露新闻的实质内容；吸引读者，可以将人们的"无意注意"变为"有意注意"；建造新闻展开的逻辑顺序与结构关系。

导语常用的写作方式有以下五种。

1．叙述式导语

用叙述的方式，简明扼要地将经济消息中最重要、最新鲜的事实介绍出来的导语是叙述式导语。它的使用范围极为广泛，信息含量大，是最为常见的一种导语。

2．描写式导语

用简洁而形象的描写手法将新闻事实加以形象描绘，给读者以如临其境的感觉，引人入胜，可使新闻中所写的事件、背景、人物更具形象性，如"3 月的春城昆明，阳光明媚。密密藤蔓'封闭'的绿大地总部，却阴云笼罩。3 月 17 日，云南绿大地生物科技股份有限公司

（002200.SZ，下称"绿大地"）董事长何学葵被依法逮捕。"（《第一财经日报》2011.3.24）

3. 提问式导语

开头直接提出一个关系到新闻核心事实的问题，将读者的注意力瞬间集中起来，然后立即公布问题的答案，从而披露新闻的核心内容，如"长江究竟有多长？源头在哪里？经长江流域规划办公室组织勘测的结果表明：长江的源头不在巴颜喀拉山南麓，而是在唐古拉山脉主峰格拉丹冬雪山西南侧的沱沱河；长江全长不止 5800 千米，而是 6300 千米，比美国的密西西比河还要长，仅次于南美洲的亚马逊河和非洲的尼罗河。"

提问式导语需要掌握三个技术要点：一是所提问题一定要让读者发生普遍的兴趣；二是所提出的问题紧扣新闻主题；三是尽快提供让读者一目了然的问题解答。

当你设计的问题不能出人意料、不能引人注意、不能发人深省的时候，就不要用提问型导语。如"你是否想知道自己已经怀孕？"（受众中可能有一半的人为男性）；"一吨重的月饼你见过吗？你吃过吗？临近中秋节，在天津市家乐福超市南开店里，每天将近 5 万人能一睹这个大月饼的'风采'"（肯定一般人都没有见过、吃过这种月饼）。

4. 评论式导语

运用夹叙夹议的手法，以议为主，叙议结合，对新闻事实作出评价，并揭示出事实的本质，引起人们的思索与共鸣。这种导语有明显的思想倾向性，如"中投难以洗刷在金融危机之前高价投资黑石与大摩的耻辱，全球经济有任何风吹草动，都会让国人担心中投陷入巨亏"（中投与央企到底亏了多少钱？《每日经济新闻》2011.3.24）。在这个导语里，记者是非褒贬的态度是十分明确的。

5. 对比式导语

把新闻事实用对比的方式表达出来的导语是对比式导语。这种导语一正一反，观点深刻，是非分明，如"曾经的景象是农村学子考上大学就如同'鱼跃龙门'，而今却看到招工信息：招农民工一个月包吃包住 3000 元，而大学生不包吃包住却连月薪 2000 元的工作都难寻。问题出在哪？初中毕业或者未毕业刚出门打工的农民工是享受不到 3000 元待遇的，那是给熟练技术工人开的价；同样的道理，刚出校门的大学生由于缺乏技术能力，只能拿农民工的工资。技术能力决定一切，追根溯源根子却出在职业教育上"（blog.sohu.com）。

（四）主体

主体是经济新闻报道的正文，它是继导语之后对经济消息进行全面、详细报道的部分。那些在导语中没有详细说明和未能涉及的新闻要素，都要在新闻的主体部分被有机地组合起来，从而使报道更加完整、更加详尽、更加精确地描述新闻的全貌，说明新闻的意义。

1. 经济消息主体的任务

（1）具体说明导语中高度概括的新闻要素。
（2）深入解释导语中高度概括的新闻事实的深层意义。
（3）补充交代导语中未曾交代但是与新闻密切相关的事实要素。

2. 主体的结构方式

结构不仅是一种形式，而且蕴藏着能量。在有限的报道篇幅内，按照什么样的顺序和规则去放置各种新闻要素，去展示新闻的发展进程、去剖析新闻的深层意义，这一切都有赖于找到一种合理的主体结构。

（1）倒金字塔结构。这种结构的核心要求是用概括性导语描述出核心新闻事实，然后在新闻主体部分按照"重要性递减"的原则，先重后轻地依次展现出新闻的全貌。

（2）沙漏型结构。即按照新闻发生的时间进程展开新闻内容，它也被称为"纵向结构"。

它的特征是按照新闻事件的自然进程，以时间为主线，叙述出新闻事件的全貌。这种结构的开始部分与倒金字塔结构非常近似，也是要有一个描述出新闻核心内容的导语，然后按照时间的顺序，构造新闻主体，展开对新闻过程的叙述。

它的最突出的优点是能够非常清晰地向读者展开新闻事件发展变化的各个时段的状态和细节，便于读者对新闻事件有完整而详尽的了解。

（3）焦点展开结构。这种结构是把焦点集中在新闻事件中的一个情节、一个人物、一个场景、一个悬念之上，从这个开始吸引读者的焦点，过渡到对新闻核心内容的说明，进而展开对新闻要素的详细描述，展示新闻的全貌。报道的结尾，往往会选择意味深长的新闻事件的要素，或者是人物的话语，或者是一个事件的情节，或者是事件的变化趋向，以照应报道的导语，酿造出一种让人回味，让人感慨，让人思考的氛围。这种结构适合于内容较为复杂，篇幅较长的消息。

（4）板块组合结构。这是一种按照新闻的主题要素，将新闻内容分门别类划分为不同的板块，通过这些板块的巧妙组合，完成整体新闻报道的结构方式。这种结构也叫并列式结构。

（五）结尾

结尾是经济消息中的最后一段或最后一句话。用以阐明所述事实的意义，提出事件的发展趋向，加深读者对该消息的印象与理解，制造悬念以引起读者的关注。有的经济消息没有明显的结尾段落和语言，而是依附于主体之中，自然结束。

经济消息结尾的几种常用写法如下。

（1）小结式。就是在结尾处对经济消息所报道的事实做一总结，下一个结论，表明作者的思想倾向。它不是对导语、主体的简单重复，而是对经济消息主题的进一步深化与升华。

（2）展望式。就是用鼓励的语言，预示所报道事实的未来发展趋势，展望未来，提出希望。它具有鼓动性、感染性，能激发读者的进取精神。

（3）引语式。引用名人名言、诗词警句、民俗谚语或引用某一权威人士的话做结尾，以引起人们警醒、重视与深思。

（4）启发式。用富有启发性的设问，循循善诱的语言来结束全文，让读者得到启迪，有所收益。

（5）评论式。对经济消息所报道的事实进行客观准确的评论，表明作者的爱憎感情，宣扬正气，揭露社会上的不良风气，起正确的新闻导向作用。

经济消息的结尾要求不空洞、不重复、不拖沓。有话则长，无话则短，不做空泛的议论，不重复导语和主体中已讲述过的事实，不拖泥带水，画蛇添足。尽量体现经济消息短小精悍的特点。

（六）背景材料

新闻背景指的是新闻事件与新闻人物酝酿与生成、存在与发展的环境与条件，它反映着新闻事件与新闻人物与社会各个领域发生相互作用与影响的原因与过程。

新闻背景是新闻报道的有机组成部分，是补充、反衬或烘托新闻事实和新闻主题的重要材料。

新闻背景在新闻报道中实现着它的特殊功能：说明新闻事实发生的来龙去脉、前因后果；分析新闻的现象与本质、局部与全局等关系；说明新闻事件的意义；表现新闻事实的特性；表达记者对新闻事实持有的观点和倾向；注释某些专有名词、专用术语。

它没有固定的位置，可以穿插在经济消息的各个环节，多数背景材料写在主体部分，也有的穿插在导语和结尾部分。背景材料的写作要根据主题的需要来安排，只写那些能够突出主题、与事实紧密相关的背景材料，而且要尽量文字简洁，以一当十。

背景材料按功用分，有对比性材料、说明性材料、注释性材料；按内容分，有历史材料、地理材料、人物材料、事物材料、统计数字等。

本节只讲其中的三种。

（1）对比性材料。即通过对所报道的事实的今昔、正反、此与彼等材料的对比，来突出报道事实的特性、意义。

（2）说明性材料。即用叙述、说明等表达方式对影响事实产生、发展、变化的政治形势、经济环境、历史沿革、地理位置以及物质条件等进行介绍，以交代事件的前因后果，来龙去脉。

（3）注释性材料。即对所报道的人物出身、经历、性格、特点、产品性能、质量、使用方法、专业术语、技术名词等材料的说明。

四、经济消息的写作注意事项

（一）主题要新颖、突出、有价值

经济消息是新闻中的一种，其价值就在于有新鲜的思想见解，有报道价值。要去写那些经济领域的新人、新事、新情况、新问题、新思想、新见解，要反映生活中常见，而文章中不常见的事物，主题新颖有价值。

（二）选材要典型、真实

经济消息一定要精选材料，真实的材料才能有生命力，典型的材料才能有说服力。

（三）表达方式上要以叙述为主

经济消息要多用叙述语言，通过叙述把事实讲出来，把事实中有关的时间、地点、人物、事件、原因、结果概括地告诉读者。一般不要空发议论。当然有些述评性经济消息可以适当地使用议论等表达方式，以增加经济消息的生动性、深刻性，吸引读者。

（四）结构要规范

经济消息的语言应该灵活，而它的结构却是比较规范的。尤其是它的正文部分，一定要先写导语，把消息的重要内容概括出来，之后是主体，它对导语进行解释与深化，中间穿插必要的背景材料。

【例文评析】

例文1

重庆公租房建设 土地免费划拨

记者 徐旭忠

自去年以来，重庆市在全国率先大规模建设推进以公共租赁住房（以下简称"公租房")为主体的保障性住房建设。为解决建设资金短缺问题,重庆市积极搭建融资平台,通过无偿划拨土地、银行信贷、公积金贷款等方式,多渠道筹集建设资金,确保公租房建设顺利推进。

舍弃"土地财政"　免费划拨土地

重庆的保障性住房,以公租房为主体,涵盖了过去的廉租房和经济适用房。根据规划,从 2010 年开始的三年内,重庆市将建设公租房 4000 万平方米,解决 60 万户、200 多万中低收入群体的住房困难。2010 年,重庆市在主城区鸳鸯片区、大竹林片区、华岩片区、西永微电子园等地开工建设 1100 万平方米。同时,万州、涪陵等 6 个中心城市和长寿、璧山两个卫星城市开工 250 万平方米。从总体上看,2010 年重庆市共开工建设公租房 1300 万平方米。首次公租房摇号配租于今年 3 月 2 日举行,共有 22 317 件申请和 15 281 套公租房参与了摇号配租。此次配租的房源主要是位于北部新区鸳鸯片区的民心佳园和大竹林片区的康庄美地等 5 个公租房小区,共计 15 281 套,房屋配租面积在 40～80 平方米不等。据了解,2011 年重庆市计划再开工建设 1350 万平方米公租房。

舍弃"土地财政",划拨方式供地是重庆公租房建设过程中的一大特色。自 2002 年开始,重庆市成立了土地整治储备中心。2003 年又在其基础上成立重庆地产集团,由市政府注资,建立了政府主导型的土地储备供应机制。近年来,重庆通过工业结构调整、老厂搬迁、院校置换、旧城拆迁、征用农村集体土地等方法,已经储备了 10 多万亩土地。这些土地以主城区为中心向周边地区辐射,包括主城区、城市重点拓展区、后中心区等,涵盖了各等级地段。

记者了解到,由于公租房用地以划拨方式供应,减免土地出让金,客观上使得地方政府土地出让收益大大减少,却降低了公租房的投资成本。以最早开工建设的民心佳园为例,这个小区占地 504 亩,根据这个区的地理位置,目前土地的市场出让价格至少每亩 600 万元,那么土地出让金收入为 30 多亿元。而以划拨方式供应的价格为每亩 42.6 万元,总价为 2 亿多元。这样算下来,地方政府少收入土地出让金 28 亿多元。据了解,为推进公租房建设,重庆市政府仅在主城区就从储备土地中以划拨方式拿出 3 万亩土作为公租房建设用地。

以建设 1000 万平方米公租房为例,约需成本 500 亿元。由于公租房用地以划拨方式供应,加上免征城镇土地使用税、土地增值税,免征城市建设配套费等行政事业性收费和政府性基金,可减少一半资金投入,实际投资在 250 亿元左右。

构建国企融资平台　发挥"第三财政"功能

为了保障公租房建设资金,重庆市构建了以国有企业为主体的融资平台,重点依赖国有资本发挥"第三财政"的作用,为公租房提供强大的财力支撑。

重庆市国土资源和房屋管理局局长张定宇介绍,重庆的公租房始终姓"公",建设主体是市政府和各区县政府,产权由国有的集团公司和区县政府性投资公司持有,建设在财政性投入和各项优惠政策的基础上,国有集团等操作主体以国有资本托盘,确保了公租房的公共保障属性。重庆的公租房建设,先期试点由重庆市地产集团为建设主体,后来重庆市城投集团也加入到建设公租房的行列,投资建设主体拥有所建租赁房的完全产权,享有升值收益,但无房屋的定价权和转让权。

重庆市公共住房开发建设有限公司是重庆地产集团下属的子公司,主要负责当地公共住房的开发建设。该公司总经理助理黄建介绍,公司去年开工了民心佳苑、康庄美地、明安华府三个公租房项目,建筑面积 350 万平方米,总投资 104 亿元。目前已落实商业银行贷款50.8亿元，其中工商银行贷款15亿元，交通银行贷款19.8亿元，华夏银行贷款16亿元。同时公司也在积极争取其他商业金融机构贷款。"由于公租房贷款风险小，且有稳定的租金来源，所以商业银行的贷款利率下浮了10%。"黄建说。

重庆市国有资监督管理委员会主任崔坚表示，在过去一年中，重庆的国有企业在公租房建设中分别完成了土地准备、资金筹措、建设等任务，发挥了主力军作用，为公租房建设作出巨大贡献。据不完全统计，2010年，承担主城区公租房建设的重庆地产集团和重庆城投集团，仅通过商业银行贷款直接融资100亿元。

重庆市社会科学院财政金融研究所所长邓涛表示，重庆市让国有企业承担公租房建设，一方面充分发挥国有企业国资预算和融资能力，搭建了融资平台，确保公租房建设资金来源。另一方面，公租房的产权归国有企业所有，保证了公租房姓"公"的属性。

拓宽融资渠道　破解资金"瓶颈"

在通过国有企业融资平台积极争取商业金融机构贷款的同时，重庆市还探索通过争取住房公积金贷款用于公租房建设试点，开征房产税等举措，拓宽公租房建设资金来源，确保公租房建设顺利进行。

2010年8月初，重庆同北京、天津、青岛等28个城市一起被国家列为住房公积金支持保障性住房的试点城市。根据国家规定，这些城市可尝试利用住房公积金贷款建设经济适应住房、棚户区改造安置用房、公租房等保障性住房。

重庆市住房公积金管理中心主任严志华介绍，重庆市住房公积金贷款支持保障性住房建设，主要是用于公租房建设，贷款额度为30亿元，总建设规模为732万平方米。其中，重庆市地产集团贷款15亿元，所属项目是位于北部新区的鸳鸯组团、大竹林组团和位于九龙坡区的华岩组团三个公租房项目，建设规模354万平方米；重庆市城投集团15亿元，所属项目分别是位于北碚区蔡家组团、沙坪坝区西永组团和渝中区菜园组团三个公租房项目，建设规模378万平方米。目前，重庆市住房公积金管理中心已将13亿元贷款资金发放到位，剩余贷款也将尽快发放到位。

同时，房产税收入也将成为公租房建设资金来源。经国务院批准，重庆市已于1月28日正式启动房产税开征试点，对高端住房征收房产税。按照重庆市市长黄奇帆的说法，房产税收入将全部用于公租房建设和维护。据测算，2011年，重庆市房产税收入大约在2亿元左右。今后，随着税收范围的扩大，房产税收入将进一步增加，为公租房建设提供更多资金。

专家认为，重庆市将住房公积金贷款、房产税收入支持公租房建设，一定程度上弥补了政府在公租房建设方面的资金不足，可以加快公租房建设进程，有利于解决城市中低收入人群的住房问题，对促进住房保障体系的完善、构建"市场加保障"的住房"双轨制"供应体系具有积极意义。

（《经济参考报》2011年4月8日）

【评析】

这是一篇经验消息。报道了重庆市在贯彻中央调控房市政策中的具体经验与取得的效果。

标题采用单行标题："重庆公租房建设土地免费划拨"。该标题抓住报道的主题，将重庆的主要做法建设"公租房"和"土地免费划拨"提炼出来，简洁而醒目。

正文由导语、主体组成。

导语运用叙述式导语，简明扼要地将消息中最重要、最新鲜的事实——介绍出来。先是报道重庆做了什么，即"重庆市在全国率先大规模建设推进以公共租赁住房为主体的保障性住房建设。"接着就直接写出具体的做法。既是全文的概括，又建造了新闻主体展开的逻辑顺序与结构关系，令人一目了然。

主体部分紧紧围绕着导语展开。用板块组合式结构组织材料，从三个方面总结出重庆的经验。以小标题形式概括每段内容，段旨鲜明，又呼应了导语，不枝不蔓，重点突出。

结尾用评论式方法，引用专家的评论，对重庆的做法进行了总结与肯定。

本文在材料的使用上颇具特色。主体部分运用了大量的数据、事实，体现出经济消息的特色；多处都明确地交代了信息源，使得整个新闻报道显得真实、有说服力。

例文 2

"中国制造"难敲韩国市场门

记者 陈 怡 首尔报道

春季来临，韩国再掀旅游、购物的浪潮。近日，记者走访了韩国知名百货商店、大型连锁超市和购物商街，一探中国商品在韩国市场的情况。探访的结果是，"中国制造"在韩国并不普遍，大多集中在中、低档次的销售窗口。

目前，中国产品的设计能力远不及韩国，大多是跟在"韩流"后面走。如果"中国制造"不摆脱附加值低等现状、并建立自己的品牌，其在韩国只能生存于低端市场的冷淡局面仍将继续维持。

服装箱包在韩高档市场比率低

在高档商场中，记者选择了韩国百货业界销售业绩最好的乐天百货。记者发现，乐天百货所销售的商品中，中国商品为数并不多。即便是"中国制造"较多的是服装类，所占比例也不高。

以销售最为红火的女装为例，直接标明"中国制造"的商品比例不超过二成，其中冬款的羽绒服来自中国的比例最高。因中国服装缺乏自己的品牌和独特设计，因此大多"中国制造"的女装都是韩国品牌在中国代加工生产。

记者随意采访了几位正在挑选服装的顾客，她们均表示，对于服装这类商品，自己最关心的是款式，其次是面料成分。在质量和做工方面，她们认为能进入乐天销售的都不会差，而至于是哪里生产的，关系并不大。

在箱包销售部门，乐天引进的都是世界知名品牌或韩国国内高档品牌的箱包，中国生产的比例也较低。在韩国国内品牌中，记者只见到一个品牌的产品全部为"中国制造"。该柜台的销售人员告诉记者，众所周知，目前中国已经成为"世界工厂"，所以"中国制造"并不会对销售产生什么影响。而在世界顶级品牌中，只有在中国开设加工厂的品牌，如"Burberry"是"中国制造"。

小家电仅在超市占有一席之地

在大型连锁超市中，记者走访了三星集团旗下的 24 小时折扣卖场"Homeplus"。相比乐天百货而言，这里的中国商品多了不少。鼠标、耳机、键盘等电脑配件几乎都为"中国制造"，熨斗、吹风机、微波炉等小家电来自中国的比例也非常高，偶尔有韩国本国或东南亚国家生产的产品混杂其中。但在小家电中，电饭锅却是一个"另类"——不仅韩国品牌一统天下，甚至在许多陈列品上都摆有中文书写的"可用于中国市场"的牌子。原来，韩国产的高压石锅内胆多用途电饭锅，因其独特的功能以及中国国内缺乏同类产品而深得中国游客青睐，近年来有越来越多的中国游客将其作为"必买品"带回国内。

而在"Homeplus"销售的服饰、鞋袜类中，"中国制造"占到近一半。此外，五金配件、工具等方面，中国产品也为数不少。但电视机、冰箱、洗衣机等大型家电依然都为韩国产品，这是因为韩国本身就拥有如"三星"、"LG"等世界知名的家电品牌。

但令记者感到意外的是，在其他很多国家中国产品占有率极高的文具、家用塑料制品、床上用品等类别，在"Homeplus"这样的大型超市却少见"中国制造"的踪影，韩国货仍占据了绝对优势。在厨房类小用具中，日本产品以构思独特、设计巧妙赚得人气。

一些相关人士认为，韩国产业转型时间并不长，目前仍有部分中小企业在生产这类产品。许多小商品，如"乐扣乐扣"密封保鲜盒类等，是韩国厂家自主开发、拥有专利的产品，得到消费者的高度认可。

食品在韩国市场较少见

记者在走访中发现，无论在百货商场还是超市，只要是直接面对普通消费者的销售窗口，几乎见不到来自中国的食品。而只有在大型批发市场这样面向餐馆、食堂等经营业者的地方，才有一些产自中国的菌类、蒜苗、水产等农业产品。即使在批发市场，商家也非常讲究地标明自己的商品是"国产"还是"中国产"。究其原因，记者认为有以下几点：

一是韩国人对吃的东西非常讲究"本国原产"。韩国有一句话叫"身土不二"，意思是"韩国人只有吃韩国自己土地上生产的食物才能够健康"。这原是20世纪60年代为保护本国农业发展，由韩国农业经营团体提出的口号，经过几十年的灌输，目前已经成为绝大多数韩国人的信条。即使是在2010年10月份韩国因白菜供应短缺遭遇"泡菜危机"时，韩国临时加大了对中国白菜的进口量，但在一般民众中，中国白菜仍不是很受欢迎，大多是被餐馆、食堂等消化了。

二是中国食材在韩国形象不佳。韩国媒体还经常对中、韩两国原产食材进行"对比"，贬低中国食品，抬高韩国食品。例如，在"泡菜危机"时期，韩国某知名电视台就专门制作节目，比较中国产白菜和韩国产白菜在口感上的区别，得出韩国白菜更好的结论。

三是韩国为保护本国的农业，以配额制和高关税来限制外国农产品的进入，这也是食品类少有中国货的原因之一。

韩国强调自主品牌和个性化设计

在韩国知名的购物商区明洞，记者一路走访了地下商街、连锁运动品牌专卖店、大众型服装市场、化妆品连锁专卖店等。地下商街内贩卖的廉价箱包和鞋类，大多来自中国。运动品牌专卖店内的世界知名品牌运动鞋阿迪达斯、耐克、匡威等，除了"中国制造"外，还有"马来西亚制造"、"印尼制造"、"越南制造"等。化妆品、护肤品专卖店则是韩国产品一统天下。每家化妆品店铺都配备有中文和日文导购，顾客也以中日游客为多。而在明洞地区的大众型服装市场或露天地摊，记者随意接触到的几位摊主都说，自己销售的服装类产品都是"韩国制造"。

此外，据记者平日对首尔南大门、东大门等服装集中销售区域的了解，情况大多与明洞地区相似。一般来说，以中老年人为销售对象的服饰，中国生产较为多见，而以年轻人为目标的服装则绝大多数为韩国设计、生产。韩国在引领东亚服装潮流方面拥有自己的优势，形成了所谓"韩流"，这也吸引了很多中国商人专程到韩国来批发采购。尤其是首尔的东大门商圈，在很小的区域内聚集了面辅料销售、企划设计、生产加工、流通等各行业的厂商，能在最短的时间内、以最快的速度满足客户个性化的需求，已经成为韩国服装产业的一个"标兵"。

另外，韩国人拥有较强的民族自豪感，这也会影响到他们在购物时的选择——在性价比合适、质量不相上下的情况下，韩国人还是愿意选择自己本国的品牌和产品。

（《经济参考报》2011 年 3 月 1 日）

【评析】

这是一则综合性消息，是对中国商品在韩国市场的占有情况较为全面地报道。本文使用单行标题"'中国制造'难敲韩国市场门"将全文的报道重点突出出来，引起读者的阅读兴趣。

导语运用叙述式，突出了全文的中心，记述了记者在韩国探访市场的行动，并得出了"'中国制造'在韩国并不普遍，大多集中在中、低档次的销售窗口"的结论。导语的第二段直接概括说明了记者通过采访得出的结论，给读者一个总体印象。

主体主要采用板块组合结构，即采用并列式结构，分列小标题："服装箱包在韩高档市场比率低"，"小家电仅在超市占有一席之地"，"食品在韩国市场较少见"，从服装、小家电、食品等三个方面阐述，有事实，有分析，其中特别分析了食品在韩国市场少见的原因。结尾用小结式，提炼出主体三个问题产生的原因，有理有据，深刻而独到，令人信服。

全文语言平实，材料的使用详略有致，对问题的分析清晰透彻。

例文 3

政府与民争利最不能持久也最不能稳定

作者：王立彬

今年全国两会，土地财政成为众矢之的。在对此作出的种种"诊断"中，一个共识是：土地财政是基于现行财税体制下，地方政府财力不足导致的；一个共识较高的处方是：应以房地产税等取而代之。

这是集思广益地帮地方政府找钱花。但是，地方政府真的缺钱吗？

所谓地方政府缺钱，其实就是缺乏主导投资的财力杠杆。土地财政最主要的用途，就是大干快上招商引资。我国的地方政府，近 30 年来，已经无可争议地经济实体化了。所以国土资源部及国家土地督察机构近年查处的违法用地大案中，以地方政府正副首长为招商引资项目领导小组正副主任的，大有人在。翻开一些案例，无论以实物的地块，还是以配套资金形式表现，土地财政均成为"政府股"来源。

宗庆后代表说："高额地价收入，让地方政府花钱大手大脚，撂倒一批官员，养了一批懒汉……"地方政府作为有独立利益的经济实体，在很长时间的体制转型中，有效填补了计划经济与市场机制的空白，可以说具有历史贡献。然而随着市场经济不断深化，市场主体不断发育，地方政府职能的严重经济化，使其社会公共职能严重缺位。惯性之下，政府不可避免地利用信息和资源优势，直接干预市场竞争，造成市场信号严重失真，资源被低效率配置。

在国际金融危机爆发的 2008 年，美国 GDP 为 13.98 万亿美元，财政收入约为 2.66 万亿美元，GDP 税负比为 19%；我国 GDP 为 3.37 万亿美元，财政收入 8837 亿美元，GDP 税负比却高达 26%。既然国民承担如此的高税负，政府怎么可能缺钱呢？

在现代社会，政府手头拮据一些才是常态。如果政府太有钱，政府主导投资冲动就会过于强大。很多发达国家从中央到地方政府都没有太多钱，以致一些欧美中小城市市长想访华，路费都是一个问题。而急于招商引资的中国市长们会说："差旅费我们出！"在这些发达国家，由于"缺钱"，盲目的政府投资也难得一见。

全世界都知道中国的高储蓄。数据表明，政府储蓄和企业特别是国有企业储蓄过高，但居民家庭储蓄近年来变化不大。在发达国家，私人消费品一般由市场提供，公共消费品由政府提供。社会保障及福利等公共消费，成为发达国家政府的最主要支出，占GDP比重大都在30％左右。而我国这一比例，提出"拉动内需"口号的1998年是1.5％。现在也远不足10％。政府有的是钱，只是全副精力在于投资，在挤压私人消费品市场。

有些人说，解决土地财政困局，必须改变单纯依靠土地出让金的财政现状，应尽快开征物业税。这个意见令人心里打鼓。政府成为投资主体，已经是与民争利。凭借公权力攫取市场收益，就像公司获得公权力一样，从理性上违反自然法则。因为政府直接追求经济利益，必将导致政府直接参与经济事务，从而抑制民间经济行为主体，降低经济运行效益。这是价值判断，也是事实判断。

在讨论社会经济运行的《货殖列传》中，司马迁肯定了民间经济行为的正当性，并清晰地提出，在政府和民间经济关系上，"最下者"为与民争利。对这位史学大师而言，国家兴亡、人民福祉，比"道德血液"问题严峻得多。政府与民争利，最为低效率，最不能持久，也最不稳定。这才是讨论土地财政的真正出发点。

（《中国国土资源报》2011年3月15日）

【评析】

这是一篇经济述评，反映了近年来我国百姓最关心的问题——高房价问题。直接影响房价过高的原因之一就是目前国家各级政府执行的土地财政。

使用单行标题，直接说出报道的观点。一般新闻追求客观报道，不提倡作者说出自己的观点。但述评性新闻的特征就是用事实说话，观点鲜明。本篇报道标题就立场鲜明地指出："政府与民争利最不能持久也最不能稳定"。

本消息使用述评式导语，开头就指出"土地财政成为众矢之的"的现状，并直接指明了其产生的原因和解决的对策。运用夹叙夹议的手法，以议为主，叙议结合，对新闻事实作出评价，并揭示出事实的本质，引起人们的思索与共鸣。语言极为简洁，逻辑性强。

主体部分。先是使用一句设问，开启主体部分，之后使用大量的背景材料指明中国各地方政府的实际状况。其一是"土地财政均成为'政府股'来源"；其二是政府"利用信息和资源优势，直接干预市场竞争"，这也为论证政府在与民争利奠定了基础；其三使用对比性背景材料，与美国相比，对我国政府缺钱的现状提出疑问，发人深省；其四就论证了政府有钱之后产生的弊端；其五论证了弊端便是"挤压私人消费品市场"，便是"与民争利"。

结尾使用历史经典名著《史记·货殖列传》中的语言，"'最下者'为与民争利"做论据，进一步得出结论："政府与民争利，最为低效率，最不能持久，也最不稳定。"呼应标题。

全文层层剖析，因事立论，先叙后议，叙议有机结合，事实数据典型，有理有据，使用事实材料和背景材料，运用对比手法，逻辑严密，评论精当，切中利害，是一篇写得很好的经济述评文章。

第二节　商品说明

一、商品说明的定义、作用、特点

（一）定义

商品说明是用说明的表达方式向消费者介绍商品的成分构成、性能、使用方法及保管、保养、维修方法等的文字材料。它包括商品说明书、产品说明书、使用说明、设计说明、影视书刊的内容简介等。

产品说明书与商品说明书略有不同，产品说明书的制作单位是生产厂家，商品说明书的制作单位是商业部门，一般是在产品说明书的基础上拟制的，现在由于产品说明书与商品说明书在写作内容和宗旨上基本是一致的，因此许多商家并不另行制作说明书，而是直接使用产品说明书。

产品说明书包括产品使用说明书。目前有越写越长的趋势，很多都是厚厚的一本书。其写作以长为善的用意在于：

其一，可以规避风险、减少麻烦。消费者的维权意识已大大增强，时下一句流行话叫做"买的就是服务"。为了变被动为主动，树立良好的企业形象，越来越多的公司正像海尔集团提出的口号那样，尽力对用户做到"真诚到永远"，体现在产品使用说明书的写作上，就是要巨细不漏，把使用的获知权完全交出。这点很重要，企业的明智之处在于，使用者遇到的和可能忽视的问题几乎均被"说明书"囊括，他完全可以通过阅读自行解决和了解。如果因为使用者没有阅读或阅读疏漏导致使用不当，从而造成产品损坏或人身伤害，那么基于产品说明书有言在先，其明示作用便会为企业规避种种风险，减少不必要的麻烦。

其二，能够指导消费者物尽其用。写作产品使用说明书决不可高估消费者的阅读力和理解力，要让你的产品能真正完美地融入到他们的生活中去，必须做最有耐心的"老师"。没有哪个对产品陌生的消费者会埋怨产品使用说明书告诉得太多，所以要在"说明"中给他们的求知欲提供尽可能大的空间，从而做到人、物的最佳契合，满足人们驾驭物质生活的享乐感，同时彰显出被使用产品的优良品性。如果没有详尽的文字说明和较长的篇幅，这些都是难以实现的。

例如，格兰士光波/微波炉 WD900G 型《使用手册》中的"操作方法"一节，就分栏讲解了"调校时钟"、"按微波火力烹调"、"快速烹调"、"光波烹调"、"光波微波组合 1"、"光波微波组合 2"、"儿童保险锁"、"自动解冻"、"自动菜单的设置"等内容，每一栏都文图并茂，方法、步骤落到实处。表面上看这种说明过于繁文冗长，但对使用者来说，正由于此，它才具有了操作细节分明的参照性，因此可以起到事半功倍之效，省却了日后许多无谓的摸索。

其三，有助于满足消费者"物有所值"的心理。厚厚实实的一本说明书总会给消费者带来消费心理上的安全感，觉得自己的付出物有所值。厂商编织消费者的梦想，离不开长长的迷宫一般的说明书。

（二）作用

1．介绍说明商品，指导消费，方便大众

商品说明书的主要作用就是介绍和说明商品，对于新产品和科技含量高的产品来讲，商品说明书更是必不可少的。它直接告诉消费者如何使用，怎样保养以及产品的特性、构造、注意事项等。

2. 推销商品，扩大销售，激发用户购买欲望

商品说明书直接向消费者介绍商品的特性、功效以及它的使用方法等，激发消费者的购买欲望，起到了推销商品，扩大销售的广告作用。

（三）特点

1. 具有知识性与客观性的特点

商品说明书是为了向用户介绍商品的成分构成、性能、特点用途、使用方法、保修方法等内容的，因此具有知识性强的特点，在写作时不能用主观色彩浓厚的夸张语言来招揽用户，应该用冷静、客观的态度，科学、准确地介绍商品。

2. 具有条理性与图文并茂的特点

商品说明书具有严格的科学性，写作时要条理清晰，次序分明，要遵循事物的规律操作的顺序，由表及里地说明，有时还要配上图文加以解释与说明。因此，它具有条理性和图文并茂的特点。

3. 具有实用性与可操作性的特点

说明书的实用性很强，用户通过说明书了解商品的使用与操作方法，如空调机、洗衣机、电脑等家用电器，用户看说明书，就是要在说明书中学会使用和操作这些电器，因此说明书的写作要具有实用性和可操作性。

二、商品说明书与经济广告的异同

商品说明书是关于商品知识的文章，与经济广告类似，二者既有相同之处，又有区别。它们的相同之处是：都要说明商品的名称、产地和有关商品的知识；都有传递信息、促进销售的作用。其区别如下。

（一）目的不同

经济广告的主要目的是宣传商品，促进销售，因此主观色彩浓厚，追求鼓动性和感染力；商品说明书的主要目的在于介绍商品知识，需要客观、冷静的态度，讲究科学性、知识性、说明性。

（二）内容不同

经济广告介绍的重点是商品销售的接洽方式、地点、联系人等，而对商品的知识只做概括说明。并且广告一般强调突出一个宣传主题，不要求把产品的所有内容都介绍出来。商品说明书则主要介绍商品的性能、质量、特点、作用、使用方法、保养方法等知识，凡是用户需要了解的内容都要一一介绍出来，不能遗漏。

（三）表现手法不同

经济广告为增加艺术感染力，写作中常采用描写、抒情、幽默、对比等多种表现手法，以迎合消费者的心理需求；通过文字、画面、声音、影视形象等，诱发消费者的购买欲望。商品说明只需使用说明性的文字，以客观冷静的态度，从知识性、科学性、实用性等方面来帮助客户认识商品，指导消费。

三、商品说明书的分类

商品说明书的种类根据划分标准的不同，可有不同的分法。

（一）根据写法不同来分

1. 条文式

条文式就是按照商品构造的规律或操作顺序等用条文的形式来介绍说明商品的性能、构成、使用方法等，这样显得层次清楚，详细谨严，客观可信，一般日用生活品常用此法。

2. 表格式

被说明的商品需要说明的事项较多，用文字不易说清楚，可以采用表格式的写法。它可以避免浪费纸墨，又可以使读者一目了然，容易把握，如食物、药物的构成成分等。

3. 图文式

图文式就是画出要说明的事物的构图，再用文字加以指示和说明。对于构造较为复杂、又必须让用户了解它的各部件的功能及使用方法的产品，一般使用图文式的写法。如家用电器、大型仪器设备等。

4. 综合式

综合式就是将条文式、表格式和图文式结合使用的说明书，它适用于机器、仪表、电器等较为复杂的新产品。

（二）根据内容的不同来分

1. 产品说明书

产品说明书主要着眼于对产品的构成、特性、用途等产品本身情况的介绍。

2. 产品使用说明书

产品使用说明书主要着眼于产品各种功能的使用方法及注意事项的介绍。

3. 设计说明书

设计说明书主要是对设计所作的注释性说明，如设计的思路、步骤、主要内容等。

（三）根据传播方式的不同来分

1. 包装式

包装式是直接写在产品的外包装上说明书。其说明的文字比较简短，主要适用于一些常用的普及型产品，如食品袋上、药物的包装盒上等。这样与产品包装合而为一的说明书，既节省了费用，又美化了包装，而且还能起到广告宣传作用。

2. 内装式

内装式是采用附件的格式，将产品说明书专门印制，有的甚至装订成册，装在产品的包装内。这类适用于一些较复杂、较贵重、说明内容多的产品，如机器、仪表、电器等。

3. 张贴式

为让广大消费者尽快了解新产品的用途和使用方法，把产品的说明书印制成适于张贴的形式，张贴在出售产品的柜台处，它适用于新推出的产品。张贴式说明书具有广告的宣传作用。

四、商品说明的格式与写作

商品说明的格式包括：标题、正文、落款三个部分。

（一）标题

标题的写法主要有以下几种：商品的标准名称加文种，如《六经头痛片说明书》；有的在商品名称的前面或后面加上商品的型号，如《盖天力 150 说明书》；有的标题只写"说明书"、"使用说明"或只写商品的名称，如《双黄连口服液》。

（二）正文

详细介绍有关商品的事项：产地、原材料、用途、性能、科学原理、使用方法、注意事项、保养维修等。

由于说明书说明的事物千差万别，撰写说明书的目的也不尽相同，因此，说明书内容侧重点不同，下面列举出几大类产品说明书的写作。

（1）家用电器类。此类说明书一般较为复杂，采用内装式，常常图文并茂，有简单的示意图进行指示，介绍各种部件及功用；有时用条文的写法直接写在外包装上。主要内容有产品的构成、规格型号、构成部件的名称及功用、使用对象、使用方法、步骤、注意事项等。

（2）日用生活品类。有时采用内装式，有时用条文的写法直接写在外包装上。主要内容有产品的构成、规格型号、适用对象、使用方法、注意事项等。

（3）食品药物类。食品类多数采用包装式，药物类多用内装式，有时用条文式写法，有时用表格列出食品药物的构成成分、特点、作用、适用范围、使用方法、保存方法、有效期限、注意事项等。

（4）大型机器设备。常用图文并茂的方法，主要内容包括结构特征、技术特性、安装方法、使用方法、功能作用、维修保养、运输、储存、售后服务范围及方式、注意事项等。

（5）设计说明书。是指工程、机械、建筑、产品、装潢、广告等行业对整个设计项目全盘构想，统筹规划，并对工作图样进行解释和说明的技术性文件。简单的就写在设计图样上，复杂的就单独成文或装订成册。不同的设计所写内容也不同。大体上包括设计的思路、指导思想、设计方案及其论证、方案的技术特征、主要技术参数、时序安排、所需资金等许多内容。

（6）精神产品说明书。精神产品指影视戏剧、文学、学术、美术、音乐、雕塑等作品，其说明书主要是介绍这些作品的内容、特点、表现形式和艺术、文学价值，它的主要作用是帮助观众、听众、读者对作品有个大致了解。"内容提要"、"内容简介"、"故事梗概"、"剧情介绍"、"出版说明"等都属于这种说明书。

（三）落款

落款是附在正文后面的一些内容，如厂名、地址、电话、电传、电子邮箱、联系人等。另外，如是出口产品的商品说明还要在外包装上写明生产日期和外文对照。

五、商品说明的写作注意事项

（一）抓住重点，写出个性

商品种类繁多，性能各异。所以，写商品说明书必须根据商品的特性来确定说明的重点，写出个性来。例如，家用电器要着重说明其性能和使用方法，食品可以介绍其成分和食用方法，剧毒药等则要突出说明它的安全使用注意事项等。

（二）实事求是，科学实用

商品说明具有实用性和科学性的特点，因此在写作时要实事求是，所写内容不能太空泛，华而不实，而要把商品的有关知识科学地、具体地介绍出来，并且要讲究实用性，让用户看完说明书就能自己使用和操作。

（三）语言简洁，通俗易记

在文字表达上，商品说明书的语言要简洁明了，通俗易记。凡是用户应该了解的知识，就不能遗漏或省略，与商品知识无关的，用户不需要知道的，就不用写进说明书中。只有语言简洁，才能够使消费者一读就懂，只有通俗，才能易记。

例文

六经头痛片说明书

请仔细阅读说明书并按说明使用或在药师指导下购买和使用
【药品名称】
通用名称　六经头痛片
汉语拼音　Liujing Toutong Pian
【成　　份】白芷、辛夷、藁本、川芎、葛根、细辛、女贞子、茺蔚子、荆芥穗油。
【性　　状】本品为糖衣片，除去糖衣后显棕褐色；气芳香，味苦。
【功能主治】疏风活络，止痛利窍。用于全头痛、偏头痛及局部头痛。
【规　　格】每片重0.25克
【用法用量】口服，一次2～4片，一日3次。
【不良反应】尚不明确
【禁　　忌】尚不明确
【注意事项】
本药适用于感冒头痛，鼻炎引起的头痛、偏头痛、神经性头痛。
素有较严重慢性病史者，应在医师指导下服药。
孕妇慎用。
服药三天后症状无改善，或病情加重者，应向医生咨询。
对本品过敏者禁用，过敏体者慎用。
本品性状发生改变时禁止使用。
儿童必须在成人监护下使用。
请将本品放在儿童不能接触的地方。
如正在使用其他药品，使用本品前请咨询医师或药师。
【药物相互作用】如与其他药物同时使用可能会发生药物相互作用，详情请咨询医师或药师。
【贮　　藏】密封，置阴凉干燥处。
【包　　装】铝塑12片×3板
【有 效 期】36个月
【执行标准】WS3－B－3775－98
【批准文号】国药准字Z14020322

【说明书修订日期】2007 年 05 月 11 日
【生产企业】
　　企业名称：山西仁源堂药业有限公司
　　生产地址：山西省太原市仁源路 188 号
　　邮政编码：030043
　　电话号码：0351—4413658
　　营销总部：电话：010—67586247
　　　　　　　传真：010—67586246
如有问题可与生产企业联系

山西仁源堂药业有限公司

第三节　经 济 广 告

一、经济广告的定义、作用、特点

（一）定义

　　经济广告是通过各种媒介物（广播、电视、网络、报纸、期刊、橱窗、商标、路牌、汽车、体育场馆等）有计划、有目的地向公众提供商品、劳务和企业的信息，以影响并促使公众产生明显或潜在需求的一种宣传手段。又称商品广告或商业广告。

　　广告有狭义和广义之分，凡是运用某种媒介让公众知道某件事情或某种信息，从而达到某种宣传、教育、促销等作用的告知性文种都可以叫做广告，如公告、通告、海报、启事、声明、招聘、寻人、征婚、结婚、讣告等是广义的广告，狭义的广告指经济广告或商业广告。

（二）作用

1. 传播信息，开阔市场

　　当今世界处于高速发展的信息时代，传媒技术日新月异，通讯卫星技术使地球变成了小小的"地球村"，信息已经成为人类赖以生存的重要资源，人们需要信息的传播。在经济领域里，市场需求也千变万化，商品信息、产销情报、市场需求、行情变化、新技术新产品的出现等信息也需要及时地传播出去，而广告就起到了传播信息、扩大市场的作用。

2. 加速流通，促进交流作用

　　广告可以使人们很快地认识产品，从而缩短了产供销之间的时间，加速了流通领域的循环过程，并且广告可以把我们的最新产品和最新技术与工艺介绍给世界，也可以把世界的最新产品、技术与工艺引进来，从而起到促进交流的作用。

3. 指导消费作用

　　消费者是广告信息最重要的接受者，他们在很大程度上依靠广告获得信息。广告帮助消费者了解商品知识，开拓视野，指导人们正确选择并购买自己所需要的商品，并指导人们采用更先进、更适用的消费品，改变陈旧的消费观念，提高生活水准。

4. 塑造企业形象，树立产品品牌，提高企业竞争力

　　好的广告不仅可以推销产品，还可以塑造企业的形象，通过广告宣传企业的理念，展示企业的实力，人们可以在广告中看到企业的服务宗旨、管理水平、领导者的观念等一系列问题，

使人们了解企业的形象，产生一种信任感。广告更能将好的产品介绍给消费者，树立产品的品牌，提高企业的竞争力。

5. 丰富文化生活，美化环境

多种多样的媒体广告，传播着多种多样的经济信息，现代化的广告制作手段使得广告产生了多种作用，它丰富了人们的文化生活，美化了环境。人们在日常生活中，随时都可以看到漂亮的广告画面、听到动听的广告音乐和广告语，有些脍炙人口的广告语妇孺皆知，已经成为了生活中谈话的"包袱"与笑料。

(三) 特点

1. 具有特定的广告媒介

广告一定要有一个特定的载体，这个载体就是广告媒介。广告媒介很多，有报纸、期刊、电视、广播、网络、手机短信、路牌、橱窗、包装袋、印刷品、车体广告等，因此在制作广告时要认真选择广告媒体，以最经济的方法达到最好的宣传效果。

2. 具有明确的经济利益目的

经济广告是以宣传企业与产品为目的的经济活动，使消费者产生一种购买欲望或潜在的购买力，它具有明确的经济利益目的，就是为了推销产品，提供经济信息，提高企业的经济效益。

3. 具有鲜明的宣传主题

主题是向公众诉说的最主要的问题，是广告的灵魂，它决定了广告的创意、诉求、表现和实际效果。确定好广告的宣传主题是广告的成功所在。广告不可能将产品所有的优点、特长都一一写出来，这样就会主题不突出，吸引不了消费者的注意力，达不到宣传促销的作用。

4. 具有多姿多彩的表现形式

经济广告的传播媒体是多种多样的，各种媒体都有自己独特的表现手段，因此广告是丰富多彩的。它既可以用语言，又可以使用非语言的形式来表达，如画面、色彩、音响等。单纯就文字广告来说其表现形式又千变万化，它可以分为文学体裁的文字广告和非文学体裁的文字广告等，因此说广告具有多姿多彩的表现形式，充满了艺术魅力。

5. 是付费的信息传播活动

经济广告无论使用什么媒体，都是有偿的，这和其他的文体有着明显的差异。

二、经济广告的分类

经济广告种类繁多，根据划分标准的不同，可分如下几类：

(1) 按广告内容分。有消费广告、生产资料广告、贸易广告等。

(2) 按广告性质分。有商品广告、劳务广告、公关广告等。

(3) 按广告目的分。有开拓性广告（报道性）、劝导性广告（竞争性）、提醒性广告（备忘性）等。

(4) 按广告地区分。有世界性广告、全国性广告、地区性广告等。

(5) 按广告设置场所分。有户外、店铺、交通、体育场馆、展览馆、包装、邮寄广告等。

(6) 按广告媒体分。有报纸、期刊、广播、电视、互联网、手机短信、宣传单、橱窗、牌匾、灯光、音响广告等。

（7）按广告诉求方式分。有理性诉求广告（理由、说明）和感性诉求广告（暗示兴趣）。

（8）按广告表现手法分。有文字广告、商品物象广告和文字物象并用广告。

（9）文字广告按体裁分。有非文学体裁文字广告、文学体裁文字广告。

三、广告文案

广告文案有广义和狭义之分。广义的广告文案泛指传递广告信息的全部符号，包括语言、形象（画面或图像）和其他因素（音乐、音响等）。狭义的广告文案特指广告作品中的语言文字部分。

广告文案有着独特的文本特性：①具备完善的表现结构但不拘于结构的完整。②运用并借助各种表现手法达成广告目的。文案文本形成过程中的表现手法的创造、选择和运用，其目的只是为了借助表现达成有效传播，获得广告目的。③传达信息但更注重针对受众的说服和劝诱。广告文案必须在传达广告信息的活动中才能得以存在，广告文案的写作活动也只有在传达广告信息的过程中才能得以展开。并且，广告文案写作的根本任务是如何在传达的同时说服和劝诱目标受众。

四、经济广告文案（主要是文字广告）的格式与写作

经济广告文案的格式包括：标题、正文、广告标语（口号）、随文四个部分。

（一）标题

广告标题是整个广告文案乃至整个广告作品的总题目。广告标题往往将广告中最重要的、最吸引人的信息进行富于创意性的表现，以吸引受众对广告的注意力，是广告文稿的精华所在，消费者可以根据广告标题获得信息。

1．广告标题的作用

（1）在瞬间之内刺激消费者，激起其兴趣。

（2）从无目的阅读和收看的受众中分离出目标消费者。

（3）诱使被分离的目标消费者进一步关注正文。

（4）突出商品或服务的特点，直接诱发消费者产生行动。

2．广告标题的类型

（1）直接标题。就是用最简洁凝练的文字，开门见山地把广告的主题与销售重点传达给消费者，使消费者对广告的诉求重点一览无余。最简单的诉求标题就是企业或商品的名称，例如，"我的华联，我的家"（上海华联商厦广告）、"太太口服液"、"红豆衬衣"、"杉杉西服"等。有的直接诉求购买行为，用夸耀的方式直接赞扬产品，如"海鸥表，中国计时之宝"、"喝了娃哈哈，吃饭就是香"。这类标题手法简单，表达自如，易于掌握。多用于电视、路牌等媒体，并主要适用于人们已经较为熟悉的企业、品牌和产品。

（2）间接标题。不直接介绍产品，而是用间接的办法突出产品的特点和优点，给消费者以真诚的暗示和提醒。这种标题常使用多种手法来表现，如悬疑设问、暗示启发、风趣幽默的语言，巧用成语、谚语等，含蓄委婉地传递广告信息，使人能一边感受到它具有的哲理性、趣味性，一边接受和喜爱上你的广告。这种标题还多采用询问、祈使、感叹、劝诱的语气来写，例如，巧用成语："一毛不拔"（长命牌牙刷）；利用汉语的谐音："默默无蚊的奉献"（蚊香的广告）；暗示会意："把新鲜，拉出来"（冰箱广告）；运用祈使句式进行劝诱"请依赖我的记忆吧！"（标准牌笔记本）；运用设问悬疑引起消费者注意："您真的会洗衣服吗？"（上海日化柔软

剂广告）。

这种标题富有情趣，以引人注目、诱发兴趣为目的，若单从标题文字看，字面上有时并不容易一下子看明白，而要结合广告正文，以至画面等整体构思才能体会得到。比起直接性诉求标题来，它的构思空间、创作舞台要大得多，因此艺术氛围明显，能较持久地令人回味。不过，在写作中不能为了"艺术"而弄巧成拙。此外，标题传递信息的含蓄委婉、迂回曲折必须是有限的，能让受众一看不须费力思索就能理解、明白诉求重点所在。否则，就可能玩了形式，丢了主旨。

（3）复合标题。把直接标题与间接标题结合起来使用的标题，形式上一般表现为双行或多行标题，也称标题群。它有些类似于新闻的标题，有引题（又叫肩题、眉题，起交代背景、烘托气氛、引出正题的作用），正题（又叫母题、大标题，是概括说明广告中心思想或主要内容），副题（又叫子题、辅题，起补充说明作用），它们互相补充，相映成趣，给人留下深刻的印象。例如：

"上上下下的享受（引题）

三菱电梯"（正题）

"文曲星电子字典（正题）

小电脑的功能，计算器的价格"（副题）

"清除感冒黑白分明（引题）

白加黑感冒片（正题）

美息伪麻片"（副题）

3．标题创作的原则

（1）语言简洁凝练、突出诉求重点。让读者知道会给他带来的好处和利益，能满足读者的好奇心，能得到新的知识。

（2）手法新颖别致、富有个性。尤其是在系列商品广告中，要注意及时地变化运用新颖独特的表现手法，长久持续地吸引读者。

（3）要引人入胜、题文相符。广告标题要尽量富有形象感，让人如临其境，如闻其声，标题与正文内容吻合。

（4）观感舒服、易读易记。首先广告标题要运用简短的文字来表达，有人提出广告标题以不超过12个字为宜；其次必须注重运用声韵变化来使它好听又好记，如"喝孔府宴酒，做天下文章"等。

（二）正文

广告正文是指广告文案中处于主体地位的语言文字部分。它是广告作品中承接标题，对广告信息进行展开说明、对诉求对象进行深入说服的语言或文字内容。

广告的信息内容，主要是通过广告正文传递的，它起着介绍商品、树立形象和促进购买的作用。

1．正文的结构

一般包括开端、中心段和结尾三个部分。

（1）开端。紧接标题，对商品或劳务进行说明或解释。语言必须高度凝练，并与标题和中心段巧妙衔接。

（2）中心段。用各种表现手法、有力证据来表现、展示商品或劳务的优点、长处、特征，以及能够带给消费者的利益等。优秀的广告传递的信息较多，可却毫不紊乱，而是娓娓道来，把商品的优点、长处表现得一清二楚。

（3）结尾。以简短有力的文字或结论的方式，或拾遗补缺、或夸耀、或劝勉、或承诺以吸引读者的注意力，激发他们的购买欲望。有的广告没有结尾，主旨写完便自然结束。

2. 常见广告正文的类型

（1）陈述体。以记叙为主要表达方式而写成的广告正文。这种广告正文适用于新产品宣传和企业整体形象广告，其主要特点是"以事显理"。

（2）描写体。用语言文字把事物的形象表现出来。它的任务是把商品或劳务最突出、最优异、最能带给消费者利益的部分进行"特写"，使其变得生动。主要特点是"以形见物"。

（3）论说体。以论辩为主的广告正文表现形式。兼具说理性、逻辑性。说理性是指舍弃以情感人的诉求方式，以理性色彩见长，以理性的思考引发受众的思考和注意。逻辑性是指其富于条理，具有相当的逻辑体系，以严密的逻辑思辨性和语言的严谨取胜。

（4）证言体。以消费者的语言或文字进行广告信息表现的广告正文形式。特点是：以消费者自身形象出现，或站在消费者的第一人称位置，记载消费者对广告中产品的使用感受和评价，事实上为商品特点和商品的利益点作了消费的实践证明。它能让受众产生可亲、可信的感觉。

（5）说明体。以事实、数据打动消费者的一种诉求与写作方法。其主要特点是"以说告知"，适合于技术含量高的产品、比较复杂的劳务和批量买卖的生产资料类商品等。

（6）新闻体。即以新闻意识来写广告正文，这种广告正文抓住消费者的好奇心理，强调以简要的文字，借用迅速及时报道新闻事实的手法，宣传企业的产品，其特点是短小精练、时间性强、真实准确。

（7）相声体。用相声形式表现广告正文。相声形式本身便生动、幽默和谐趣，可将广告信息用形象化的手法进行表现，短小精悍，妙趣横生，令人难忘。

3. 正文撰写的总原则

（1）重点突出。广告正文是表现广告主题的部分。广告的标题只能起点明主题的作用，广告的随文只告诉顾客有关购买办法，而广告正文，以其较长的叙述来突出说明广告信息的个性。因此，广告正文的主要任务是表现广告主题，说服消费者购买。

广告主题是广告诉求的重点，要求每个广告最好只有一个主题，即突出说明商品主要的优点，或给予消费者的利益点。这是因为广告的版面或时间非常有限。主题越单一，商品特点就越突出，消费者就易读、易懂、易记。过去有些药品广告列出了十多种，甚至几十种药效，但没有突出该药主治什么病最有效，这反而使人感到夸张失实。一则成功的广告，应是旗帜鲜明，重点突出。

（2）简明易懂。广告正文的内容要尽量精简扼要，交代明白。广告正文的长短，并无具体规定，写作要求应是长而不拖沓，短而不晦涩。广告正文长短主要受商品价值、媒体使用、表现要求等三方面内容的制约。广告商品价值因素是指高档生活消费品，如电冰箱、电视机、录像机、组合音响等广告，可多写一些，生产资料广告宜写详细些，让购买者有详尽了解。广告媒体使用因素是指不同的广告媒体，有不同的时间与空间使用情况，如报纸、杂志、小册子、说明书、招贴等。广告可依据版面大小来决定广告文长短。而广播、电视、路牌、交通广告、橱窗等广告要写得扼要些，让人们在很短的时间内能听懂看明。广告表现要求因素是指广告创意创作的要求，有的广告要以知识性内容招人阅读，广告正文不免要写得长，也有的广告以情节性戏剧性故事来表现广告主题，广告正文也要写得长些，但有的广告正文以口号式表现，就会精简得多。

（3）生动有趣。广告的艺术性要求广告正文表达尽量做到生动、别致、贴切、形象，使广告有趣味性、人情味，消费者读了感到亲切，乐于欣赏，细细品味。因此，广告正文往往根据商品特点、广告表现策略、广告对象心理因素，采用叙事、说明、议论等表达方式，采用散文、诗歌、戏剧等多种多样的文学体裁，以增强广告的感染力和说服力。

（4）有号召力。广告的目的是通过告知、说服和动员，使消费者树立商品形象，促成购买行为。因此，广告必须有鼓动的力量。广告的号召力，关键在于广告的真实性，要有高质量的商品或劳务，良好的经营作风。

（三）广告标语（口号）

广告口号又叫中心语、标语。它与广告标题肩负着同样重要的使命。尤其是在短小精悍的广告中，口号往往处于核心的位置。不少优秀的广告口号可以流行几年乃至几十年，是创造品牌和扩大营销的有力武器。

1. 广告标题与广告口号的关系

广告标题与广告口号的相同点：在写作时都必须根据好的创意精心构思；在遣词造句上均要求简洁、精炼、干净利落、字字珠玑，还要朗朗上口、合辙押韵、有节奏；在表现形式上都要灵活多样、富于变化；显示强烈的现代感；在功能上都要服务于销售。

在有的广告中，广告标题和广告口号是合而为一的。

广告标题与广告口号的不同点主要体现在以下几个方面：

（1）标题主要是使消费者注意本则广告并引起阅读正文的兴趣。口号则主要致力于使消费者建立一种观念，这种观念是选购商品或劳务时的心理依据。

（2）标题和正文是首和身的关系，对正文有依附关系，所以可以是词或词组（词或词组可能构不成一个完整的意思，但正文能说明所有信息）；口号与正文有联系，但无依附关系，可单独使用，故必须是意义完整的一句话。

（3）标题的位置比较固定，不能游离于正文和插图之外；口号则不受此限制。

（4）标题一般只使用在一则文案中，口号却可使用于一个系列广告中，并且口号要反复使用效果才好。

2. 广告口号的类型

（1）颂扬型。用直接描述、正面说明的方式，使用夸耀的语气，显示商品的名优贵重之处，使消费者受到感染并采取购买行为。例如：

"麦氏咖啡：滴滴香浓"

"康师傅方便面，好吃看得见"

"雀巢咖啡，味道好极了"

（2）建议型。以关心的姿态，建议的口气，诱发消费者的购买激情。例如：

"百事可乐：新一代的选择"

"威力洗衣机，献给母亲的爱"（威力洗衣机广告口号）

"选择百惠才不会委屈自己"（"百惠"妇女卫生巾广告口号）

（3）风趣幽默型。作者以轻松的姿态，幽默、风趣、生动的语言强调商品或劳务的特征，使受众能感到余味悠长，产生丰富联想，从而留下良好的或深刻的印象。例如：

"不打不相识"（打字机广告）

"'闲'妻良母"（台湾洗衣机广告）

（4）比照型。站在理解对方的立场上，专谈商品对人们的有利之处，使消费者感到自己受到了尊重。例如：

"不买最贵的，只买最好的"

"有比脸面更重要的吗？"（吉林东方制药厂"痤疮平"广告）

（5）特写型。对商品的长处、优点全部或部分地加以聚焦，然后用夸张、比喻等手法予以放大，给人留下深刻印象。例如：

"一毛不拔"（牙刷广告）

"一夫当关"（鱼牌挂锁广告）

"远在天边，近在眼前。"（日本理光传真机广告）

（6）拟人式。运用拟人手法，使商品人格化。例如：

"鹿牌威士忌：自在，则无所不在"

"她将一缕温馨的柔情带到全世界"（新加坡航空公司广告）

"我们宝贵的血液，为什么让臭虫果腹？"（美国杀虫药水广告）

（7）包揽型。用比较走极端的姿态，负责一切的语气，来显示自己商品的气势、规模、档次、品位等，给人的感觉是实力非凡，优异不俗。适用于实力强大、产品品质出众的企业。一般企业不能或不宜使用。它可以使消费者以拥有这种产品为荣耀、为满足。例如：

"一把在手，风雨不愁"（上海制伞三厂广告）

"一旦拥有，别无所求"（飞亚达手表广告）

"如果谁能发现在路上抛锚的奔驰车，本公司愿奉送一万美元"（奔驰汽车广告口号）

3. 广告口号创作要求

（1）简短易记，口语风格。这是广告口号写作的最重要的规定性，一般在10字以内为佳。广告口号主要是要通过口头传播，来扩散广告主体的形象和观念的影响力，并成为消费大众的日常生活流行语。要合乎口头传播，就要简短易记，就要充分拥有口语的表现风格。

（2）合于音韵，文辞优美。尽量注意节奏明快，韵律和谐，使人们读起来朗朗上口，甚至带有玩文字游戏的味道。广告口号还可运用各种表现手法和修辞方式，在语言上反复推敲，精心锤炼，努力做到简洁而不粗陋，雅致而不做作，意丰而不啰唆，质朴而不苍白。这样才能引起消费者的共鸣，增强传播效果。

（3）突出个性，表现特征。广告口号出现在广告组合的每一种广告形式之中，是整个广告活动的核心，它鲜明地体现广告的定位和主题，是整个广告活动的灵魂所在。因此，一方面广告口号要尽量与其他企业、商品的广告口号区别开来，另一方面必须符合商品的个性，不能过于空洞浮泛，要准确地传达出企业的服务宗旨或商品的独特功能，显示其与众不同的魅力，使广告口号成为关于品牌意象的"特有语汇"，从而引起受众的关注和青睐。

（4）观念前瞻，鼓动性强。观念前瞻是为了使广告口号能适应长期运用的需要，在观念的表现和引导上不至于落伍，被消费大潮所淘汰。而一个观念前瞻的广告主体往往富含哲理，具有启迪性，能够引导、号召、动员、激励人们产生某种欲望和实现欲望的行动。因此，广告口号要能做到观念前瞻、鼓动性强，就能产生持久的影响力和强大的竞争力。

（5）把握受众，情感渗透。从某个角度而言，广告口号担负着建立企业等广告主体与目标受众、目标消费者之间的特殊关系的任务。这个特殊关系的建立，可以使一般的受众转化为广告主所期待的消费者，可以使一般的商品购买者转化为某一品牌的忠诚者。因此，为了建立两者之间的牢固关系，广告者就必须把握受众的生活习惯、心理特征和情感需求，使广告能够迎合受众，发挥情感渗透作用，让受众深切感受到企业为消费大众所作的努力以及对消费者的关切，从而形成某种内在的亲和力。

（6）适应媒体，长期运用。只有长期运用的广告口号，才能将广告主体的一贯风格、观念得到一致的传达。只有能适应每种媒介特征表现的广告口号，才能被全方位地运用在广告的每一个活动和每一个作品中。

（四）随文

广告随文又叫广告附文，它是写在正文之后，传递随附信息的语言文字。

其内容包括购买商品或获得服务的方法、权威机构证明标志、用于接受诉求对象反应的热线电话、网址、特别说明、品牌（企业）名称与标志。

【例文评析】

例文1

放心——沃尔沃汽车已来到中国

满载生机勃勃的荣誉，携带近70年的安全设计史，今天Volvo汽车已来到中国，以其珍惜生命便是财富，热爱生活、勇于挑战的豪气，准备驶进您的生活。这是一部令您放心的车，入乡随俗，特别针对中国道路行驶需要而制造。它不仅安全可靠、性能卓越，更巧妙地将安全性能与汽车动力完美结合，助您在人生路上，安心驰骋。Volvo汽车的外观大方，车厢内部更是宽敞典雅，令人备感安全舒适。无论在什么场合当中，它都备受瞩目。安稳轻松地为您增添风采。每一部驶入中国大地的Volvo汽车，都将享有瑞典Volvo汽车公司所建立的完善维修网络为您提供原厂零配件与高质量的售后服务。现在，尽可以放心了！

【评析】

这是一篇描写体广告。标题"放心——沃尔沃汽车已来到中国"，本身就运用拟人化手法，给人一种老朋友到来的亲切感，"放心"突出了沃尔沃主要特点。

正文开始用"生机勃勃"、"珍惜生命"、"热爱生活"等词汇进行描写，仿佛令人看见一个充满生命力的人向自己走来。第二层次突出了沃尔沃汽车的主要特点，也是本广告的主要诉求点：安全可靠。第三层次由里及外，主要写该车"外观大方"、"宽敞典雅"等外在气质。第四层强调了沃尔沃汽车的"维修网络"和"售后服务"，进一步突显主题——"放心"。

全文诉求重点突出，文字简洁，不枝不蔓，给人留下深刻印象。

例文 2

一幢洋房，一部传奇（正题）

集中外名流之精英，揽古今建筑之大成（副题）

从那一天起，上海成了"万国建筑博览"。

那些遗留下来的花园洋房，

记录了多少惊心动魄的传奇。

每幢洋房的主人，都曾叱咤一时，风光无限。

这些都是我们时常提起的上海旧梦。

新世纪就要到来。

"大上海国际花园"推出风格独特的高尚别墅群。

让新一代传奇人物入主其中，尽享风流。

中心广场占地 30 亩。

绿化公园居中，四周环行车道。

游泳池、网球场、儿童乐园、花园草坪、

园艺小品、出自名家之手的雕塑群分布其中。

首期外销别墅批文：沪字（93）商字发第 229 号

上海金田房地产发展有限公司

上海售楼处：延安西路 2200 号上海国际贸易中心 2618 号

售楼热线：2754888

我们建造房屋 房屋塑造我们（正题）

集中外名流之精英，揽古今建筑之大成（副题）

鸟雀归巢，牛羊入圈，是为了躲避风雨。

远古祖先搭建茅屋，日出而作，日落而息。

历史演变，人类进步，赋予居所新的含义。

丘吉尔这样说：

"我们建造房屋，房屋塑造我们。"

金田地产深谙此道。

巨资营造"大上海国际花园"，

今日成功人士的理想空间，

明日辉煌业绩的美好起点。

周界隔离及警戒系统，二十四小时门卫。

闭路电视监控，二十四小时巡逻队。

多层住宅入口防盗门及对讲电子锁系统。

隔音防火防盗双层钢板门。

每户设隐蔽防火保险柜。

为保护住户权益，

恕不介绍详细保安设备和内容。

首期外销别墅批文：沪字（93）商字发第 229 号

上海金田房地产发展有限公司

上海售楼处：延安西路 2200 号上海国际贸易中心 2618 号

售房热线：2754888

选自《广告创意故事》

【评析】

这是一组诗歌体的系列广告。第一组诗歌的正题"一幢洋房，一部传奇"本身就充满浪漫情调和神秘色彩，它极大地激起人们探寻传奇故事的好奇心。两组诗歌的副标题是相同的，它展示了"大上海国际花园"不同凡响的优越性。

两组诗歌的主体写作结构相同，方法也相同。分两部分，每组的第一自然段用优美的语言来宣扬广告的主题，第一组的第一部分告诉人们旧上海居住洋房的主人都曾"叱咤一时，风光无限"，现在你入主其中，也会变成"传奇人物"。第二组的第一部分告诉人们这是"成功人士的理想空间"，是"辉煌业绩的美好起点"，语言具有诱惑力。两组的第二自然段用平实的语言具体地介绍该房地产所处的地理位置、周边环境、内部设置等，来诱发消费者购买欲望。

由于是诗歌体广告，因而联想丰富，感情色彩极为浓厚。

第四节　招标书　投标书

一、招标书

（一）招标书的定义、作用、特点

1. 定义

招标书也叫招标通告、招标公告、招标启事、招标说明书等，是招标人在承包建设项目、购买大宗商品或合作经营某项业务之前，将有关项目及标准，条件与要求广泛告知于众，从而利用投标者之间的竞争达到优选买主或承包者目的的书面文件。

我国 1999 年 8 月 30 日第九届全国人民代表大会第十一次会议通过了《中华人民共和国招标投标法》（2000 年 1 月 1 日开始实施），使得此项工作开始有法可依。《中华人民共和国招标投标法》第 3 条规定："在中华人民共和国境内进行下列工程建设项目包括项目的勘察、设计、施工、监理以及与工程建设有关的重要设备、材料等的采购，必须进行招标。"

2. 作用

《中华人民共和国招标投标法》第 5 条规定："招标投标活动应当遵循公开、公平、公正和诚实信用的原则。"所以招标书的主要作用如下：

（1）能创造一个公开、公正、公平的竞争环境，规范市场行为并促进市场体系的发育与完善，以组织化、规范化的操作程序保证市场在价值规律作用下有效地调节供需关系，同时通过价格机制使市场核心功能发挥作用而达到资源配置，调节社会资源流向，淘汰落后的生产力。

（2）引入公平竞争机制，调动承办人挖掘潜力、降低成本、改善经营管理、提高生产效益的积极性。

（3）能为招标人发展贸易，完成工程建设，置办设备等提供多种实施方案，增加选择机会，从而取得多、快、好、省的经济效益。

（4）有利于廉政建设和有效地制止采购中的腐败行为。不正当的竞争、钱权交易、索贿受贿等非法和腐败行为以及地方保护主义，行业保护主义和不正当的行政干预都是违背市场经济原则的，不仅造成国有资产的严重流失和浪费，而且为改革开放和社会道德所不容。规范的招标投标行为可增加采购和工程建设的透明度，是防止腐败行为发生的有力措施。

3. 特点

（1）公开性。招标书是在一定范围内向公众发布的一种信息，除个别招标书是在内部发布，更多的是利用某种传播媒介向社会公开发布，让尽可能多的单位和个人知道招标项目的内容，因此具有公开性。

（2）具体性。为了帮助投标者详细、具体地了解投标项目的内容，招标书就要把招标的项目、要求、条件以及完成时间和招标时间等写得具体清晰，以使人们了解、准备。

（3）时间性。招标是有时间限制的，一个是招标的时间，一个是招标项目的完成时间，都必须明确写出来，所以时间限制严格。

（4）保密性。保密性一是指标的在公布之前不得泄密，否则对责任者要严肃处理，直至追究法律责任；二是指投标书在开标之前也要保密，在规定的开标时间之前不得启封。未密封、未盖印及过期的投标书无效。

（5）约束性。招标书是招标单位以法人的名义向投标单位提出的约言，招标文书一经发出就不能更改，如果违背约言就要承担法律责任，要赔偿由此给投标单位造成的损失。对于投标单位而言，要对投标书提出的条件和要求作出承诺，接受招标书的约束，投标书寄出后不能反悔或更改，如违背承诺将承担法律责任。

（二）招标书的分类

（1）按发布范围分，有国际招标书、国内招标书、系统或单位内部招标书。

（2）按招标目的分，有项目招标书、工程招标书、设计招标书、采购招标书等。

（3）按招标方式分，有公开招标、邀请招标。公开招标，是指招标人以招标公告的方式邀请不特定的法人或者其他组织投标。邀请招标，是指招标人以投标邀请书的方式邀请若干特定的法人或者其他组织投标。

（三）招标与投标的主要程序

（1）招标单位成立招标、评标组织。

（2）发布招标广告、启事或邀请书。

（3）欲投标者出示有关证件或材料，填写报名登记表，递交投标申请书。

（4）招标方对投标者进行资格审查。

（5）招标方宣布或通知资格审查合格者，送发招标书。

（6）招标方介绍招标企业情况或商品要求。

（7）投标方撰写投标书，把投标书密封送招标方。

（8）组织投标方公开演讲、答辩。

（9）招标方组织审标、议标、评标、定标。

（10）招标方向中标方发中标通知书。

（11）招标方向未中标者退投标书。

（12）招标单位与中标者签订经济合同。

（四）招标书的格式与写作

由于招标的项目众多，发布范围、招标目的、招标内容也各不相同，招标书可以有不同的名称（标题不同），招标书的写法也是多样的，但多数采用表格、条文相结合的方式。

招标书的格式一般包括标题、首项、正文、落款四个部分。

1. 标题

标题是招标书中心内容的概括，有下面三种写法。

（1）只写文种，如"招标启事"、"招标通告"、"招标公告"。

（2）招标单位名称＋文种，如"××公司招标启事"、"××集团招标通告"。

（3）招标单位名称＋招标内容＋文种，如"××市××工程招标通告"、"××期大学建筑图书馆招标书"。

2. 首项

首项一般包括：招投标编码、报名起始时间、报名地点、招标代理机构、联系电话、工程概况、工程名称、建设单位、工程地点、招标范围等。可以用表格形式填写。

3. 正文

正文在一般的招标书中也称做"招标说明"，由前言和主体构成。

（1）前言。概括说明招标单位基本情况、招标依据和招标目的。此处应当语言简明，提纲挈领，开宗明义，如"哈尔滨诚信建设工程招标投标代理有限公司受牡丹江市城市投资集团有限公司委托，对已由主管部门批准建设的新康居小区工程勘察及设计进行公开招标，择优选定承包人"。

（2）主体。招标书的核心部分，它说明招标的内容与具体要求及有关事项。主要写明招标的项目名称、项目地点、项目内容概述、对投标人资格要求、技术要求、拟签订合同的主要条款、投标方法、招标时限、招标地点、投标与开标日期，保证条件、费用支付办法等。

上述内容有的在首项中已经写明的，主体中可以省略。

4. 落款

（1）招标单位名称（加盖公章）。

（2）制定招标书的日期。

（3）招标单位的地址、电话、传真、电子邮件、邮编、联系人等。

（五）招标书的写作注意事项

（1）招标方案要切实可行。

（2）技术规格应准确无误。

（3）标准明确、表达准确。

二、投标书

（一）投标书的定义、作用、特点

1. 定义

投标书是对招标书的应答，是投标人按照招标书所提出的条件和要求，向招标单位提出自己的意向、价格条件、认可程度和其他方面的意见或设想所写的书面材料或填写的报表。投标人是响应招标、参加投标竞争的法人或者其他组织。

《中华人民共和国招标投标法》第 26 条规定："投标人应当具备承担招标项目的能力；国家有关规定对投标人资格条件或者招标文件对投标人资格条件有规定的，投标人应当具备规定的资格条件。"

2. 作用

(1) 投标书可以让招标单位了解投标人的投标条件，如投标单位的组织机构、经济实力、设计思路、技术力量、报价等，为中标提供条件。

(2) 投标书是招标人确定其中标与否的重要依据。

(3) 投标书是投标者战胜竞争对手的有力武器。

3. 特点

(1) 真实性。投标人对本单位基本情况的介绍要实事求是，不夸张、不虚报，投标方案具体可行。

(2) 竞争性。投标书的目的就是要中标，因此投标单位所提出的投标方案、报价等投标条件要具有竞争力。

(3) 针对性。投标书要针对招标单位所提出的招标条件来应答，抓住招标单位最感兴趣的，如报价、工期、质量等来回答问题，针对性很强。

(二) 投标书的分类

(1) 按使用对象分。有生产经营性投标书（工程投标书、承包投标书、产品供应投标书、劳务投标书）、技术投标书（科研课题投标书、重大关键项目投标书、技术引进或转让投标书）、生活投标书。

(2) 按内容分。有（项目）投标书、承包或租赁企业投标书。

(3) 按承包者的性质分。有个人投标书、集体投标书、企业投标书。

(三) 投标书的格式和写作

由于投标的项目众多，投标的条件各不相同，所以投标书的写法也是多样的，多数采用表格式，或是采用讲演稿的形式，提出项目实施方案、合同建议等。

投标书格式一般包括标题、称谓、正文、落款四部分。

1. 标题

标题是对投标中心内容的概括和提炼。其写法有

(1) 直接写文种，如"投标书"、"投标申请书"、"招标答辩书"等。

(2) 投标形式＋投标内容＋文种，如"租赁××商店投标书"、"承包××加工厂投标"等。

2. 称谓

称谓一般是写给评标机构或组成人员，要顶格写，如"××建筑工程公司"、"××评标委员会"、"××先生"等。

3. 正文

正文由前言和主体构成。

(1) 前言。也叫总题、导语，写明投标的依据和指导思想，说明投标的意愿，为引出主体

起铺垫作用。此部分的文字要求准确精练、概括简短、提纲挈领、开宗明义。

（2）主体。是投标书的重要部分，是鉴定投标方案是否可取，投标人是否中标的一个重要依据。在主体部分有数据、有分析、有目标、有论证、有措施、有见解。它主要包括以下几个方面：对现状进行分析，明确期限及投标形式，大胆拟定标的，周密提供依据，制订经营措施等，最后表明对招标者提出的要求、条件的认可程度，并作出必要的保证。

4．落款

在正文下面写明投标单位（或个人）的名称、法定代表人的姓名、地址、网址、电话和投标书制发日期等。

（四）投标书的写作注意事项

（1）态度要实事求是。

（2）内容要具体完整。

（3）分析论证要说理透彻。

【例文评析】

例文 1

哈尔滨北站南大街一期道路工程施工

招投标编码：	SG0102G11035
公告发布日期：	2011-03-21
报名开始时间：	2011-03-21 07：00：00
报名截止时间：	
报名地点	哈尔滨市道里区民安街 122 号
招标代理机构：	黑龙江驿煊广通招标有限公司
联系电话：	0451—53000288
联系人：	邹海航
工程概况：	
工程名称：	哈尔滨北站南大街一期道路工程施工
建设单位：	哈尔滨松北投资发展集团有限公司
招标方式：	公开招标
工程地点：	哈尔滨市松北区
招标范围：	施工总承包
公告说明：	

<h1 style="text-align:center">招标公告</h1>

招标项目编号：SG0102（G）11035

黑龙江驿煊广通招标有限公司受哈尔滨松北投资发展集团有限公司的委托，对已由哈尔滨市松北区发展改革局批准建设的哈尔滨北站南大街一期道路工程施工进行公开招标，择优选定承包人。

1. 本次招标工程项目的概况如下：

1.1 工程概况：本工程为哈尔滨松北投资发展集团有限公司拟建的哈尔滨北站南大街一期道路工程施工。

1.2 工程建设地点：哈尔滨市松北区。

1.3 资金来源：政府投资

1.4 招标范围：工程量清单及施工图纸上所有内容。

1.5 工程质量要求：合格。

1.6 联合体投标：不接受联合体投标

1.7 标段划分：一个标段

2. 投标申请人资质要求：

投标人须具备建设行政主管部门核发的市政公用工程施工总承包贰级及以上资质（含贰级）。

3. 凡具备承担招标工程项目的能力并具备规定的资格条件的施工企业，均可参加上述招标工程项目的投标。

4. 本工程对投标申请人的资格审查采用资格后审的方式，主要资格审查标准和内容详见招标文件。

5. 投标申请人可从哈尔滨建设工程交易中心（地址：哈尔滨市道里区民安街 122 号）报名大厅报名（电话：87350071），时间为 2011 年 3 月 21 日至 2011 年 3 月 25 日，每天上午 9：00～11：30，下午 14：00～16：00。

6. 凡来报名的投标施工企业须持企业法定代表人授权委托书、授权委托代理人身份证、营业执照副本、资质证书副本、安全生产许可证（有效期内）、二级及以上建造师证、针对本工程出具的"建筑工程不拖欠工程款证明"等上述资料的原件及复印件。

7. 非本省注册的投标人，应提供经黑龙江省建设行政主管部门出具的入省备案介绍信。

8. 投标人应同时在哈尔滨市建设工程交易中心网站 www. hrbjjzx. cn 进行网上报名

招 标 人：哈尔滨松北投资发展集团有限公司

招标机构：黑龙江驿煊广通招标有限公司

办公地址：哈尔滨市南岗区长江路 201 号

网 址：http：//www. hljzbw. com；http：//www. hrbjjzx. cn：8080/Bid ＿ Front/www. hljzbw. com/黑龙江招标网

联 系 人：周先生 邹女士

联系电话：0451－53000011 传真：0451－53000288

工程描述：

结构形式：

预计合同额（万元）：500

公告附件：

【评析】

这是一份招标书,是目前各级政府、企事业单位在项目招标或工程招标中常用的标准招标书。写作格式模式化、标准化。

标题一般只写做"招标公告",本篇简写成"哈尔滨北站南大街一期道路工程施工"。

首项内容全面详细,使用表格,清晰明了。

正文由前言与主体构成。前言以极精简的语言写出批准单位、建设项目内容。

主体部分用条款式写法将招标的项目名称与地址,项目的具体内容、要求、投标法,招标时限,对投标单位的要求和保证条件等一一列出。

最后落款写明招标单位、发布招标通告的机构和联系人及联系电话等。

这份招标书层次清楚,语言简洁,结构完整。

例文 2

×××公司投标书

××××铁路总公司:

研究了招标文件 IMLRCnICB9001 号,对集通铁路项目所需货物我们愿意投标,并授权下述签名人××,×××,代表我们提交下列文件正本一份,副本四份。

1. 投标报价表。
2. 货物清单。
3. 技术差异修订表。
4. 资格审查文件。
5. ×××银行开具的金额为××的投标保函。
6. 开标一览表。

签名人兹宣布同意下列各点:

1. 所附投标报价表所列拟供货物的投标总价为×××美元。
2. 投标人将根据招标文件的规定履行合同的责任和义务。
3. 投标人已详细审查了全部招标文件的内容,包括修改条款和所有供参阅的资料及附件。投标人放弃要求对招标文件作进一步解释的权利。
4. 本投标书自开标之日起 90 天内有效。
5. 如果在开标之后的投标有效期撤标,则投标保证金将被贵公司没收。
6. 我们理解你们并不限于接受最低价和你可以接受任何标书。

投标单位名称:中国沈阳×××公司
地址:中国沈阳××区××街××号
电话:024-×××××××
授权代表姓名:×××

(公章)
××××年×月×日

(转引自《对外贸易文书写作》)

【评析】

这是一份投标书。标题由投标单位名称和文种组成。称谓面对招标单位和评标组成员。正文的前言部分写出投标依据"研究了××文件",之后直接表态,言简意赅,又写出授权代表人名,显示出投标单位的严谨精神和投标文件的严肃性。

主体分两层内容:一层是投标书重要内容即各种报价表及其他文件;一层是明确表态,同意招标文件的各项内容并作出了保证。落款完整、详细。

这份投标书结构完整,语言周严,是一份较为优秀的投标书。

第七章　契据诉讼文书

第一节　条　据

一、条据及作用和种类

条据是便条与单据的总称。条指便条，据指单据，它们指人们在日常工作、学习和生活中，彼此间为某种事务或处理财务事项而写给对方的，有所说明或作为某种凭据的条子。

条据的作用比较单纯与明显，就是起说明和凭证的作用。其具体特点是简明扼要、条理清楚。

条据种类就其作用分为说明条据和凭证条据两大类。

二、说明条据

(一) 说明条据及种类

说明条据是日常生活中有事情要告诉别人，或者委托别人办什么事情，在不能直接面谈的情况下，就使用便条进行联系。

说明条据包括留言条、请假条、意见条、托事条等。

留言条是因事访问同事、同学、朋友、亲友等而未遇，就写一张留言条，把自己来访之事和所托之事告诉对方，或另约时间来访。例如：

留　言　条

×老师：

今晚七点我到您家，您不在。我想与您商量办"手抄报"一事，明晚七点我再来，请您在家等我。

您的学生：×××
××××年×月×日

请假条是因病因事不能正常上课、上班，而给老师或单位领导所写的条据。例如：

请　假　条

×老师：

因感冒发烧，今天不能去上课，特请假一天，望准假为盼。

附病假诊断书一张。

此致

敬礼

学生：××
××××年×月×日

意见条是对某件事或某个人有意见，而写给对方或对方领导的书面材料。

托事条是在无法见到对方，而又需对方帮助办某件事时所写的条据。

（二）说明条据的写作格式

说明条据的格式包括：称谓、正文、具名、日期。有的个别的说明条据需要写条据名称，如请假条等。

称谓在开头顶格写，写姓＋称呼或职位，如张老师、李经理，注意不要用小李或老刘等来称谓，这样既不礼貌，又容易误会。

正文另起一行空两格，要简明扼要，把事情说清楚。

具名在正文的后面，另起一行的右下方，要写全名，尽量不用小刘、老张式的称呼。

日期起码要写明月和日，不可用"即日"等字样。

（三）说明条据写作注意事项

要写得清楚明白，简明扼要，一般要写清四点，即写给谁的，是什么事情，是谁写的，是什么时候写的。

三、凭证条据

（一）凭证条据及种类

人们在工作和学习中，在领取、收到、借到别人或单位的东西及钱款时，给对方立下的字据。它起证据的作用。包括收条、领条、借条、欠条等。使用单位特制的、具有固定格式的条据时叫"据"，如收据、借据等。人们自己书写的条据叫"条"，如收条、借条等。

收　　条

今收到××大学应用文写作讲课费壹佰元整。

×××

××××年×月×日

借　　条

今借到体育教研室篮球两个，进行中文系篮球比赛，明天送还。

中文系学生会

经手人：××

××××年×月×日

（二）凭证条据的写作格式

凭证条据的格式包括条据名称、正文、具名、日期。

条据名称写在条据的上方中间，一般要写上"收条"、"借条"、"欠条"等字样，说明是什么性质的条据。

正文要写明所收、领、借、欠的物品的名称、规格、数量和款项的种类及数量，若是借条、欠条等还要写明归还的方式和时间。正文结束。另起一行空两格写上"此据"或"此致"等字样。

具名和日期写在正文后面右下方，具名要写全名，日期写年、月、日。

（三）凭证条据写作注意事项

（1）对所收、领、欠、借的物品、款项的名称、规格、数量等一定要写得明确、具体。数字、金额要用汉字大写，金额在"元"后加"整"字。

（2）要用钢笔或毛笔书写，字迹工整、清楚。

（3）条据写成后不要任意涂改，需要改动时，应在改动处加盖公章或私章，以示负责。如系代收代领，需要注明。

（4）凭证条据需要妥善保管，以备将来查对或销毁。

第二节　合　　同

一、合同及其作用、特点

（一）合同

根据《中华人民共和国合同法》（以下简称《合同法》）的规定，"合同是平等主体的自然人、法人、其他组织之间设立、变更、终止民事权利义务关系的协议"。（1999 年 3 月 15 日颁布《中华人民共和国合同法》第 2 条）

这个概念有以下两个要点：

（1）合同是平等的当事人之间的协议。协议的内容体现了债权债务关系，该债权债务关系在当事人之间进行变动、设立、变更、终止等。

（2）合同是适用于平等主体的公民、法人、其他组织的协议。在民事活动中，当事人的单位都是平等的，没有上下级之分，也没有领导与被领导之别，尤其应当防止行政干预。

自然人：是指因出生而获得生命的人类个体。不仅包括公民，还包括外国人、无国籍人。

法人：是经国家认可，有独立的财产或独立的预算，具有民事权利能力和行为能力，依法独立享受民事权利和承担民事义务的组织。

其他组织：即非法人的组织，如法人的分支机构、私人企业、非法人社会团体、个体工商户等。

（二）作用

（1）保护合同当事人的合法权益。合同当事人是参与经济活动的主体，通过自身的合法行为，取得合法权益，应受到法律的保护。法律被创制的目的之一就是为了保护合法权益和制裁违法的行为。合同当事人在平等、协商一致的基础上通过依法订立合同而取得的财产权、租赁权，享受一定的服务权、获得劳动报酬权等，均受到合同法的保护。

（2）维护社会经济秩序。

（3）促进当事人提高经济效益和社会效益。

（三）特点

（1）立约人必须是具有法律行为能力的人。未成年者、精神病患者、醉酒者和被剥夺政治权力的人，以及丧失语言思维能力的人是不能作为立约人的。代表经济组织团体签订合同的签约双方，必须具有法人资格。

（2）协商一致，等价有偿，平等互利。订立合同，当事人任何一方不得把自己的意志强加给对方，只有双方协商一致，合同才能成立。并且当事人双方的地位是平等的，要本着平等、自愿、公平、诚信的原则来订立合同，使当事人双方互利互惠。

（3）合乎国家的法令与法规。当事人订立、履行合同，应当遵守法律、行政法规，尊重社会公德。任何单位和个人不得利用合同进行违法活动，扰乱社会经济秩序，损害国家利益和社会的公共利益，牟取非法收入，如，贩卖人口、毒品、盗卖文物等，都是法律明令禁止的，如果以违法事情为内容而订立的合同，即为无效合同。

二、合同的分类

根据《中华人民共和国合同法》规定，合同的种类共有 15 种，即买卖合同，供用电、水、气、热力合同，赠与合同，借款合同，租赁合同，融资租赁合同，承揽合同，建设工程合同，运输合同，技术合同，保管合同，仓储合同，委托合同，行纪合同，居间合同。

（一）买卖合同

买卖合同是出卖人转移标的物的所有权于买受人，买受人支付价款的合同，即当事人将财产交给另一方当事人所有，另一方当事人接收财产，并按约定支付价款而达成的协议。其内容包括：当事人的名称或者姓名和住所；标的；数量；质量；价款；履行期限、地点和方式；包装方式；检验标准；检验方法；结算方式；合同使用的文字；违约责任；解决争议的方法等。

（二）供用电、水、气、热力合同

供用电、水、气、热力合同是供电人、供水人、供气人、供热力人，在一定期限内供给一定种类、品质和数量的电、水、气、热力于使用人，而使用人向供方支付费用的合同。其内容包括供电、供水、供气、供热力的方式、质量、时间、容量、地址、性质、计量方式、价格、费用的结算方式，以及设施的维护责任等条款。

（三）赠与合同

赠与合同是赠与人将自己的财产无偿给予受赠人，受赠人表示接受赠与的合同。

（四）借款合同

借款合同是借款人向贷款人借款，到期返还借款并支付利息的合同。借款合同的内容包括借款种类、币种、用途、数额、利率、期限和还款方式等条款。

（五）租赁合同

租赁合同是出租人将租赁物交付承租人使用、收益，承租人支付租金的合同。其内容包括租赁物的名称、数量、用途、租赁期限、租金及其支付期限和方式、租赁物维修等条款。租赁期限不得超过 20 年。超过 20 年的，超过部分无效。租赁期间届满，当事人可以续订租赁合同，但约定的租赁期限自续订之日起不得超过 20 年。

（六）融资租赁合同

融资租赁合同是出租人根据承租人对出卖人、租赁物的选择，向出卖人购买租赁物，提供给承租人使用，承租人支付租金的合同。其内容包括租赁物名称、数量、规格、技术性能、检验方法、租赁期限、租金构成及其支付期限和方式、币种、租赁期间届满租赁物的归属等条款。

（七）承揽合同

承揽合同是承揽人按照定做人的要求完成工作，交付工作成果，定作人给付报酬的合同。承揽包括加工、定作、修理、复制、测试、检验等工作。承揽合同的内容包括承揽的标的、数量、质量、报酬、承揽方式、材料的提供、履行期限、验收标准和方法等条款。

（八）建设工程合同

建设工程合同是承包人进行工程建设、发包人支付价款的合同。建设工程合同包括工程勘察、设计、施工合同。建设工程合同应当采用书面形式。

（九）运输合同

运输合同是承运人将旅客或者货物从起运地点运输到约定地点，旅客、托运人或者收货人支付票款或者运输费用的合同。包括客运和货运。其中货运合同托运人办理货物运输，应当向承运人准确表明收货人的名称或姓名或凭指示的收货人，货物的名称、性质、重量、数量，收货地点等有关货物运输的必要情况。

（十）技术合同

技术合同是当事人就技术开发、转让、咨询或者服务订立的确立相互之间权利和义务的合同。技术合同的内容一般包括以下条款：项目名称；标的的内容、范围和要求；履行的计划、进度、期限、地点、地域和方式；技术情报和资料的保密；风险责任的承担；技术成果的归属和收益的分成办法；验收标准和方法；价款、报酬或者使用费及其支付方式；违约金或者损失赔偿的计算方法；解决争议的方法；

（十一）保管合同

保管合同是保管人保管寄存人交付的保管物，并返还该物的合同。

（十二）仓储合同

仓储合同是保管人储存存货人交付的仓储物，存货人支付仓储费的合同。

（十三）委托合同

委托合同是委托人和受托人约定，由受托人处理委托人事务的合同。委托合同可以是有偿的，也可以是无偿的。法人之间的委托是有偿的，公民之间的委托多是无偿的。写作委托合同要注意做到明确委托的权限，明确费用与报酬，明确损失赔偿。

（十四）行纪合同

行纪合同是行纪人以自己的名义为委托人从事贸易活动，委托人支付报酬的合同。行纪合同又称信托合同。

（十五）居间合同

居间合同是居间人向委托人报告订立合同的机会或者提供订立合同的媒介服务，委托人支付报酬的合同。

三、合同的写作格式

合同的写作具有两种形式：一种是预制式，一种是书写式。

预制式就是根据单位经营的需要预先设计、印刷好了的合同文本，一般企业与商家的买卖合同，还有供用电、水、气、热力合同，运输合同，居间合同等常常是预制式的。

书写式就是合同双方的当事人在共同协商后拟订的书面合同。

合同的格式包括标题、首项、正文、落款。

（一）标题

合同的性质＋文种，如"建筑工程合同"，有的就简写为"合同"或"买卖合同"。

（二）首项

首项包括合同的编号、当事人双方的名称或姓名和住所、签订地点、签订日期。

合同的编号。为使合同示范文本体系规范化，合同规范文本实行了编号管理，其总编号为："GF－××－××××"。其中"GF"取自"国"字和"范"字的汉语拼音的第一个字母，含义为国家示范，中间的两个字符"××"标明该示范文本的发布年，后4个字符的前两个字符标明该示范文本的合同种类，其顺序是根据《中华人民共和国合同法》规定的合同种类顺序排列的，如买卖合同的编号是01，借款合同的编号是04，居间合同的编号是15，最后两个字符是该单位在该年度所签订合同的序号。例如，2011年该单位所签订的合同是第一份买卖合同，那么它的编号就是"GF－11－0101"。

当事人双方的名称或姓名和住所。在单位名称后面要注明"甲方"、"乙方"、"供方"、"需方"，也可以写成"买方"、"卖方"，不可以写成"你方"、"我方"。

签订地点。写明具体的签订地点。

签订时间。写清年、月、日。

（三）正文

合同正文的书写形式有三种。

（1）表格式。即订立合同的单位（主要指供方，一般适用于买卖合同、供用电、水、气、热力合同等）根据实际的需要把合同的内容设计在一份表格内，订立合同时只需按表格填写即可。

（2）条文式。是将合同的内容一条条地写下来，以文字说明或叙述为主。一般适用于赠与合同、租赁合同、融资租赁合同、承揽合同、技术合同、委托合同、行纪合同等。

（3）表格条文结合式。即在合同中既使用表格来注明数量、规格、单价等内容，又使用文字加以说明和补充。

条文式正文写作的内容一般要包括开头、主体、结尾。

1. 开头

开头主要写订立合同的依据与原因。这是合同合法性的重要表述，要表明订立合同的当事人双方是在平等互利、自愿协商的情况下达成一致协议的。

2. 主体

主体是双方共同议定的具体条款，也是合同应具备的主要条款。一般主要包括标的，数量，质量，价款或者报酬，履行的期限、地点和方式，违约责任，解决争议的方法等。但不同的合同其内容也有所不同。买卖合同除要写明主要条款，还要写明包装方式、检验标准、检验方法、结算方式等内容。供用电、水、气、热力合同要写明供电、供水、供气、供热力的方式、质量、时间、容量、地址、性质、计量方式、价格、费用的结算方式以及设施的维护责任等条款。借款合同要写明借款种类、币种、用途、数额、利率、期限和还款方式等条款。

（1）标的。也称标的物，是合同的内容，指合同当事人双方的权利义务所共同指向的对象。标的可以是物、行为或智力成果等。

物。是指经济合同当事人能够实际支配、具有一定价值的、可以满足人们生产或生活需要的物质财富。它包括自然物和人工制造的产品。

从法律的分类方面说，物包括：生产资料和消费资料，流通物和限制流通物，动产和不动产，特定物和种类物，可分物和不可分物，主物和从物，原物与孳息。同时，物还包括货币和有价证券。

产品名称应标明：牌号、商标、生产厂家、型号、规格、等级、花色、是否成套产品等。这些都应用书面形式在合同上写明，不能凭口头说定就行了。

行为。行为是指经济合同当事人有意识的、产生权利义务的活动。如当事人提供的劳务、服务等。同时也包括运输合同中的运力，仓储保管合同中的财产保管行为，建筑施工合同中的实物工程量。

智力成果。智力成果是指人类的脑力劳动成果，这是一种非物质的财富。主要有技术成果（包括专利技术等）、知识产权（著作权等）和品名商标等。

（2）数量。是标的的具体化。数量是用计量单位和数字来衡量标的的尺度，决定权利义务的大小，如产品数量多少，完成工作量多少。数量必须按照国家规定的法定计量单位计量。合同中的数量要写得具体、准确。例如，是毛重还是净重，是以件为计量单位，还是以只为计量单位，一定要写明计量单位。如果以"套"、"打"为计量单位的，还要写明一套、一打为几件。在买卖合同中，产品数量的计量方法，凡国家或主管部门有规定的，必须按规定执行；国家或主管部门没有规定的，由供需双方商定。

以行为为标的的合同，其数量表现是一定的劳动量或工作量，如工时、课时、实物工程量等。

以智力成果为标的的合同，可以是技术专利的件数、文稿的字数等。

（3）质量。由标的物的内在素质、外观形态、性能与使用价值综合组成，是标的的具体特征。按照我国《产品质量法》规定：产品要有质量检验合格证明；要有中文说明的产品名称、生产厂厂名和厂址，要标明规格、等级、所含主要成分的名称和含量；要标明生产日期，安全使用或失效日期；如是危险品，应用获救标志或中文警示说明。

以劳务为对象的标的，则要衡量其技术等级、实际水平、服务态度和实际效果。在以智力为标的的合同中，则要视其学术价值和技术水平及其实用性、可靠性和效益性。

总之，质量条款具体规定标的物的质量。签订和履行合同，应始终坚持以质论价的原则。

凡有国家标准的，一律按国家标准签约并履行；凡是没有国家标准的，要按行业标准签订和履行；凡既没有国家标准又没有行业标准的，要按经过批准的企事业标准签订和履行。为了确保标的物的质量，合同条款中还应规定产品的检验或检疫方法。

1993年2月22日，国家公布了《中华人民共和国产品质量法》，在订立合同时，要以产品质量法作为合同中质量条款的依据。

（4）价款和报酬。是取得标的（物）或接受劳务的一方，向提供方支付的代价。价款通常指买卖产品的货款、财产租赁的租金、借款的利息等。报酬通常指加工承揽费、仓储保管费、货物运输费等，二者都是用货币来表示的。价款和报酬的条款要符合国家价格管理法规和合同法中的规定。为实现价款和酬金的支付，合同条款中应具备有关银行结算和支付方法的条款。

另外此条写作要注意两点：一是注意写清货币的币种；二是要写清双方约定的是什么价格。

（5）履行期限、地点与方式。履行的期限是指当事人各方依照合同规定全面完成自己合同义务的时间。在买卖合同中，履行的期限指交付货物的时间；在运输、仓储、保管、承揽、建设工程合同中，履行的期限指的是从开始提供劳务或进行工作，到最后交付的整个时间。履行地点是指当事人依照合同规定完成自己的合同义务所处的场所，如建筑工程合同的履行地点就是建筑工程所在地。买卖合同的履行地点决定于约定的产品交货方式，可能是需方提货地点，也可能是供方代办托运的地点。履行方式是指当事人完成合同义务的方法，如在买卖合同中是一次交付，还是分批交付，是送货、提货，还是代办托运等。

（6）违约责任。是指当事人一方不履行合同义务或履行合同义务不符合约定的，应当承担继续履行、采取补救措施或者赔偿损失等违约责任。

违约责任条款一般分为两部分，一部分是在合同履行中可能出现的违约情况。另一部分是对发生了这种违约情况，责任方应承担什么责任。在拟写违约责任时，要将有关条款写具体清楚。

承担违约责任的方式主要有两种。一是违约金，一方违约，无论给对方造成的损失大小，都必须向对方支付违约金。二是赔偿金，如果违约一方给对方造成的损失超过约金的，应向对方进行赔偿，以补偿违约金不足的部分。支付违约金或赔偿金后，对方要求继续履行合同的，应继续履行。

（7）解决争议的方法。是指在合同中要写明当事人双方约定的解决争议的方法。或协商解决，或仲裁解决，或通过法院解决。

3．结尾

结尾指合同的正、副本的份数，合同的有效期限等。

（四）落款

落款包括合同双方的单位名称，法人代表姓名，签订合同的时间、地点、公章、电话号码、银行账号等。

四、订立和履行合同的原则

（一）平等的原则

《合同法》第3条规定："合同当事人的法律地位平等，依法不得将自己的意志强加给另一方。"在合同关系中，当事人双方在法律地位上是平等的。无论一方在行政关系中是否是另一方的上级机关、总公司等，在订立合同时，没有任何特权；双方都处于同等的合同缔约者的位置。

（二）自愿的原则

《合同法》第4条规定："当事人依法享有自愿订立合同的权利，任何单位和个人不得非法干预。"

自愿原则即当事人有是否订立、和谁订立合同的权利，任何人和单位均不得强迫对方与之订立合同。在不违反法律规定的情况下，当事人对合同内容、合同的履行等均应遵守自愿原则。

（三）公平原则

《合同法》第5条规定："当事人应遵循公平的原则确定各方的权利和义务。"

（四）诚实信用的原则

《合同法》第6条规定："当事人行使权利、履行义务应当遵守诚实信用的原则。"

五、合同写作注意事项

（一）合同的内容合法

根据《中华人民共和国合同法》的要求，签订合同必须符合以下三条基本原则：遵守国家的法律，符合国家政策和计划的要求；任何单位和个人不得利用合同进行非法活动，扰乱经济秩序，破坏国家计划，牟取非法收入；符合平等互利、协商一致、等价有偿的原则。有下列情形之一的合同无效：

（1）一方以欺诈、胁迫的手段订立合同，损害国家利益；

（2）恶意串通，损害国家、集体或者第三人利益；

（3）以合法形式掩盖非法目的；

（4）损害社会公共利益；

（5）违反法律、行政法规的强制性规定。

（二）项目条款完整

合同所必备的各个构成部分不能缺少，主要条款不能遗漏。有些合同在结尾必须写明附件名称、件数，以保持合同的完整性。

（三）协议的内容必须明确、具体

（四）表达简明准确，书写清晰

合同的写作采用说明方式，应做到周密严谨，言简意赅。要写得明确具体，条款清晰，概念准确，切忌议论、抒情、措辞不当、词不达意、一词多义、含糊不清。

（1）使用标准汉字（如与港台地区的合同用繁体字），表意准确，不使用模糊概念的语言，如"最近"、"基本上"、"可能"、"大概"、"上一年"等。

（2）要用打印机打印，如要手写也要用毛笔或钢笔，不能涂改。

（3）价款与酬金的数字要大写。

【例文评析】

例文

单项商品订货合同

编号：_____

订货方：北京_____科技有限公司（_____商城）

供货方：_____（简称供货商）

双方依据中国法律及有关法规，本着平等互利、诚实信用的原则，经友好协商签订本协议书。

第1条　总则

1.1　双方在具体交易中，应以本协议书为基础签订单项商品订货合同，订货合同应明确规定商品名称、种类、质量、规格、数量、单价、验收方法、支付方式及交货日期、地点、方法、违约责任等具体内容。

1.2　供货商须依据本协议书及双方认同的订货合同向_____商城提供商品，在约定的日期和地点交货。订货方保证按订货合同中规定的结算方式和期限支付货款。

1.3　在交易过程中，如商品价格、规格、包装、数量等事项发生变动，须经双方以书面形式一致确认后方为有效。

1.4　双方确认的订货合同一经签署，即作为本协议书的附件。

第 2 条　网上销售页面的设立

2.1　在本协议书有效期内，_____商城负责在网上商城下属的分类页面上，为供货商开设商品信息介绍页面，以展示商品，商品的文字介绍和图片由供货方负责提供。页面的制作由_____商城负责。

2.2　所有在网上销售的商品，其价格及折扣按双方签订的订货合同执行，供货商在此之后提供的新商品应与商城另行签订追加的订货合同。

2.3　双方商定，_____商城根据需要组织商品特价促销活动时，供货商应积极配合，双方共同确定促销品种、促销价格及促销时间。

2.4　如供货商单独提出为其商品做形象促销宣传的页面时，事先需征得_____商城同意并支付相应的费用。

第 3 条　销售商品的授权

3.1　供货商授权_____商城在本协议书有效期内销售由供货商生产或供货商从权利人处取得合法授权被许可代理销售的商品。

3.2　供货商在本协议书有效期内推出新产品时，_____商城享有优先销售权，并享受原折扣比例或低于原折扣比例的供应价。

第 4 条　商品质量保证

4.1　供货商应保证商品质量符合国家标准、行业标准；无国家标准、行业标准的，应不低于一般的通用标准；订货合同中明确约定了质量标准的，不得低于约定的质量标准。

4.2　订货合同应明确约定供货商对商品质量的保证条件和期限，同时，供货商应提交该商品的质量检验证明材料、质量合格证明及商标使用权证明。

4.3　供货商应对其提供的商品的质量负完全责任。由于商品质量不合格而给消费者、用户或其他人造成人身损害或财产损失，并由_____商城承担直接赔偿责任时，供货商应承担由此而使_____商城支出的一切费用或承担的损失。

第 5 条　商品的知识产权

5.1　保证与赔偿

5.1.1　供货商对其所提供商品的质量及其合法性负完全责任，并保证订货合同中对有关商品知识产权陈述的真实性。

5.1.2　供货商如违反 5.11 保证，致使_____商城被指控侵害第三方的人身权利、著作权、专利权、商标使用权、商业秘密而负民事责任时，供货商同意赔偿_____商城的一切损失，包括诉讼费、律师费、向第三方支付的赔偿费及其他相关费用。

5.1.3　供货商的本项义务不因本协议书及相关商品订货合同的终止而终止。

5.2　如商城因该商品质量问题或知识产权纠纷受到第三方指控，供货商必须积极协助_____商城进行诉讼，并提供必要的证明材料和相关证据，必要时应与_____商城一起参加诉讼或授权_____商城代其进行诉讼。并按本协议书 5.1.2 条款履行其义务。

否则应赔偿_____商城因此而遭受的损失，包括诉讼费、律师费、向第三方支付的赔偿费及其他相关费用。

5.3 商城保证不对供货商上述商品做任何侵权行为，不侵害供货商商品版权及商标权。在商品销售过程中，_____商城如发现版权及商标权被他人侵权，应及时通知供货商并提供相应帮助。

5.4 因供货商或供货商的供货方在生产、经销、宣传商品上违法、违约而被追究责任，供货商应承担因此而给_____商城造成的相应损失。

第6条 价格

6.1 供货商供给_____商城商品的价格应公平、合理，不得高于供货商向_____商城所在地的其他客户（与_____商城同类型的客户）提供的同类商品或类似商品的最低供货价。

6.2 商品供应价格通过双方协商确定，价格一经确定，任何一方均无权擅自更改，供货商若调整价格，须提前_____日以书面形式通知_____商城。

第7条 包装

供货商所供商品的外包装应符合中国法律、法规的有关规定，用中文标明产品名称、生产厂家与厂址、规格、等级、质量合格证明、主要成分的名称与含量、用途、使用说明、出厂日期、有效期限、警示标志及其他说明。

第8条 交货与验收

8.1 _____商城在订货合同签订后，应利用互联网或其他通讯形式通知供货商该订货合同商品的具体交货日期、地点、交货数量等细节。

8.2 每次进货之后的补货，_____商城可以在订货合同基础上，通过互联网或其他通信形式通知供货商具体交货日期、地点、交货数量等细节。

8.3 商品的交货地点为_____商城的商品库房或_____商城指定的其他地点。

8.4 每次交货时，供货商应同时提交该批商品_____商城指定的进货传票。_____商城验收合格并在_____商城指定的进货传票上签字并加盖收货章后，商品交接才算完成。

8.5 运送商品到指定的交货地点的所有风险和费用（包括但不限于运输货物的运费、保险费）由供货商承担。

8.6 _____商城在验收后认为商品不合格时，可拒绝接受产品。

第9条 所有权及风险转移

商品的所有权及丢失、损坏的风险在_____商城验收并完成收货手续后由供货商转移至_____商城，出现商品滞销以及商品距离保质期3个月，供货商应接受退货或换货。

第10条 货款支付

_____商城在结算日向供货商发出货款支付通知，并按照本协议的汇款地址支付。

第11条 商城违约责任

由于_____商城未按本协议书、订货合同履行其义务而给供货商造成的损失，_____商城应承担相应的违约金和赔偿金。

第12条 供货商违约责任

12.1 供货商交货的数量不足时，_____商城有权要求供货商限期补足，供货商同时承担延期供货的违约责任；

12.2　供货商所交付的商品或包装不符合本协议书、订货合同的约定，_____商城有权要求供货商更换或退货，因此而造成延迟供货的，供货方应承担相应的违约责任；

12.3　_____商城可以从未付货款中直接扣除供货商应向_____商城支付的违约金、赔偿金。

第13条　转让禁止

双方任何一方均不得将本协议书或订货合同中的全部或部分权利、义务转让给第三方。

第14条　解除合同

14.1　双方任何一方出现下列情况时，另一方不需要任何通告即可解除全部或部分订货合同；

14.1.1　双方中的一方破产、清算；

14.1.2　双方中的一方不能支付或停止支付；

14.2　解除订货合同的一方应书面通知另一方。供货方在通知后15日内将退货提走，同时_____商城结清货款。

第15条　保守商业机密

双方任何一方均不能泄露从本协议书及商品订货合同规定的交易活动中得到的对方的各种商业机密。

第16条　争议解决

由于本协议书中未规定的事宜或由于双方对本协议书个别条款的解释发生争议时，双方应以诚相待，协商解决，如双方经协商不能达成一致，任何一方有权向人民法院提起诉讼。

第17条　有效期限

本协议书有效期限为一年，协议期满前一个月，任何一方可以书面通知对方不再续约；如双方均未提出书面通知，则本协议将自动延续一年，以后亦同样处理。

第18条　生效

18.1　本协议书自双方签字盖章之日起生效；

18.2　本协议书一式两份，双方各执一份；

18.3　本协议书未尽事宜，经双方协商达成一致后，可另行签订补充协议。本协议书的附件及补充协议，均作为本协议书的有效组成部分，具有同等法律效力。

订货方：北京_____科技有限公司　　　供货方：_____

公章：_____　　　　　　　　身份证号码：_____

地址：_____　　　　　　　　地址：_____

代表人：_____　　　　　　　代表人：_____

电话：_____　　　　　　　　电话：_____

传真：_____　　　　　　　　传真：_____

E-mail：_____　　　　　　　E-mail：_____

邮编：_____　　　　　　　　邮编：_____

开户行：_____　　　　　　　开户行：_____

账号：_____　　　　　　　　账号：_____

_____年____月____日　　　　　　　_____年____月____日

【评析】

这是一份订货合同，从大的类别上属于买卖合同。该合同开头写明订立合同的法律依据："双方依据中国法律及有关法规，本着平等互利、诚实信用的原则，经友好协商签订本协议书。"这是合同的合法性表述。之后直接进入正文主体。

主体为条文式。共分 18 条进行写作，将合同的主要内容进行详细、具体、全面的表述。并且所有条项都对双方进行了具体而清楚的要求，如商品的质量、知识产权、价格、包装、履行方式、付款方式以及违约责任等。

不足之处是第 12 条中的违约责任，表达得还不够具体，如"商城未按本协议书、订货合同履行其义务而给供货商造成的损失，商城应承担相应的违约金和赔偿金"。

该合同结构完整，条款清晰，语言明确，是一篇很好的合同范文本。

第三节　民事起诉状

一、民事起诉状及其作用、特点

（一）民事起诉状

民事起诉状是民事案件中的原告，为维护自己的民事权益，就有关民事权利与义务的纠纷，向人民法院提起诉讼，要求依法处理而提交的法律文书。

《中华人民共和国民事诉讼法》（以下简称《民事诉讼法》）第 108 条明确规定了起诉的条件：①原告是与本案有直接利害关系的公民、法人和其他组织；②有明确的被告；③有具体的诉讼请求和事实、理由；④属于人民法院受理民事诉讼的范围和受诉人民法院管辖。

（二）作用

我国《民事诉讼法》第 2 条规定："确认民事权利义务关系，制裁民事违法行为，保护当事人的合法权益，教育公民自觉遵守法律，维护社会秩序、经济秩序，保障社会主义建设事业顺利进行。"具体有

（1）向人民法院提起诉讼。

（2）当国家、集体和个人的经济利益遭到侵犯时，能及时弥补经济损失，维护合法权益。

（3）可解决经济活动中交往各方间发生的争执和纠纷，维护正常的经济秩序。

（三）特点

（1）民事起诉状的原告人必须是与案件有直接利害关系的国家机关、企事业单位、社会团体和公民个人。与案件无直接利害关系的其他人不能成为经济案件的当事人，不能提起诉讼。

（2）民事起诉状是当事人为维护民事合法权益，就民事权利义务的争议向人民法院提起的书状，即指当事人因合同、继承、婚姻、侵权等发生争议，此时可以使用民事诉状。

（3）民事起诉状应由原告人向人民法院提起。原告人在送交人民法院民事诉状的同时，还应该按被告人数提出该诉状的副本。

（4）民事起诉状有规范化的写作格式。

二、民事起诉状的格式和写作

民事起诉状的格式包括首部、正文、尾部。

（一）首部

首部包括标题、当事人（包括代理人、代表人）基本情况等项。

（1）标题。写明案件性质和文书种类名称，如"经济纠纷起诉状"、"起诉状"或"民事起诉状"。

（2）当事人基本情况。包括原告、被告双方，先写原告的，后写被告的，有第三方参加诉讼的列在当事人之后写明基本情况。当事人是公民的，写明姓名、性别、年龄、民族、籍贯、职业、工作单位、住址、电话号码、邮政编码等。若当事人是法人，应当写明全称，所在单位、地址及法定代表人的姓名、职务等。如有代理人，也要把代理人的姓名和律师事务所名称写上。

（二）正文

正文是起诉状的主体部分，包括诉讼请求、事实与理由、证据和证据来源。

（1）诉讼请求。又称诉讼标的，主要写明请求人民法院依法解决的有关经济权益争议的具体问题，即诉讼标的，如请求履行合同、合同违约罚款、请求给付货款、请求赔偿经济损失、偿还债务等。如不是单一请求，可分条写。

（2）事实和理由。即诉讼的根据，是起诉状的核心部分。事实部分包括双方当事人有法律关系存在的事件以及事件发生的时间、地点、起因、事实经过、涉及人物、双方争执的焦点等，并且要提出证明的方法，即有哪些证人能证明什么事情，有什么材料能证明什么问题等。叙述事实要抓住重点，分清主次，要忠于事实，不夸张或缩小。理由部分是诉讼请求的根据。应写明被告所实施的行为或双方发生争议的权益的性质，已造成的后果及被告所应承担的责任。该部分要注意用事实和证据来论证权利与义务的关系，说明提出诉讼请求是合理的。最后还要写明原告诉讼请求所依据的法律条款，说明起诉是有法律依据的。

在写事实方面，对不同的事实，可采用以下几种不同的安排材料的方法。第一，以纠纷发生、发展的时间为序来写。第二，围绕案件的核心问题来写。第三，根据案件的实际内容，对照《民事诉讼法》中的有关条款逐项分条记叙。

（3）证据和证据来源。在记叙事实、阐明理由以后，应举出证据。向法院提供的证据，包括人证、物证、书证及一切证实材料。同时要交代证据的来源，证人的姓名、职业、住址等。证据是认定事实的基础，直接关系到诉讼请求的成立与诉讼的进程，是诉讼成败的关键，因此要求证据可靠，绝不能写虚假的证据。

举证时，如果提交法院的是书证或者物证，一般都应当提交原件，如用抄件或复印件，应注明"经查对，抄件与原件无异，正本在开庭时递交"等字样。有些书证或者物证，由于无法移动或者不便将原件带到法院，或有的时候需要提交的书证或者物证并不为举证人所持有，也可以提交影印件、照片。对于原件为他人所持有的书证、物证，或者要求证人证明案件事实的，应当一并在起诉时，向法院提出持有人、证人的姓名、住址和所能证明的事实。

（三）尾部

尾部主要包括：

（1）致送的人民法院名称。常用"为此，特向你院提起诉讼，请依法裁判"；"此致××人民法院"；"据上述理由，要求……请依法判决"。

（2）具状人签名盖章，注明具状的时间。如是单位，应写全称。

（3）附项。包括起诉状副本的份数，证据的名称、种类、数量以及证人的姓名、住址等。

三、民事起诉状的写作注意事项

（一）提出请求事项要具体、明确、有法律依据

请求事项是起诉状的要素之一，其主要内容是请求法院依法解决原告一方要求的有关权益争议的具体问题，如要求赔偿、履行合同、清偿债务等。因此，要表达明确、具体，不得笼统或含糊不清。涉及数量、金额时，数字必须准确无误。同时，请求事项必须从实际案情出发，依据法律条文，切不可提出无理要求。

（二）写事实与理由部分要实事求是，围绕中心有理有序

诉状所叙述的事实和理由，是法院判决的重要依据。在叙述时不要任意夸大于自己有利的情节、缩小于自己不利的情节，要按照事情发生、发展的本来面目加以叙述；并采用顺叙的手法，尽量不要采用倒叙、插叙等手法，以免叙述层次不清，给判决带来麻烦。叙述要详略得当，以双方争议的焦点为重点，其过程应概述。

（三）注意人称的一致性

在陈述事实与理由时，叙述的人称要前后一致，如用第三人称时就要称原告与被告，如用第一人称时就要用"我"（原告人或原告单位）和"××"（被告人的名字或被告单位的名称），不能一会儿用第一人称，一会儿用第三人称，造成叙述的混乱。

（四）证据要充分，引用法律要准确适当

（五）语言要做到准确、严谨、表达富有逻辑性

第四节　民事上诉状

一、民事上诉状及其作用、特点

（一）民事上诉状

民事上诉状是指民事诉讼当事人或其法定代理人不服人民法院第一审判决、裁定，依据法律程序，在法定的期限内，向上一级人民法院提起上诉，请求撤销、变更原审裁决，或者重新审理而提出的诉讼文书。

《民事诉讼法》第147条规定："当事人不服地方法院第一审判决的，有权在判决书送达之日起十五日内向上一级人民法院提起上诉。当事人不服地方人民法院第一审裁定的，有权在裁定书送达之日起十日内向上一级人民法院提起上诉。"

（二）作用

（1）保护被告人的合法权益，体现了在法律面前人人平等和民主的精神。

（2）可以加强上一级人民法院对下级人民法院的指导和监督，提高办案的质量。

（三）特点

（1）严格的时限性。上诉状是有时间限制的，上诉人必须在法院规定的有效时间内进行上诉，一般民事上诉的时间为当事人接到判决书的15天内（裁定书为10天），超过了规定时间则被认为服从一审判决。

（2）较强的针对性。上诉状是针对法院第一审判决和裁定而写的，因此要针对原判认定事

实的错误，原判理由不充足或适用法律的错误等进行上诉，因此它是对法院第一审判决而发表意见、看法、提出自己的请求。

（3）有比较固定的格式。

二、民事上诉状的格式与写作

民事上诉状的格式包括：首部、正文、尾部。

（一）首部

首部包括标题、当事人基本情况、案由。

（1）标题。案件性质与文书种类，如"民事上诉状"、"经济纠纷上诉状"。

（2）当事人基本情况。首先写民事上诉人的基本情况，再写明被上诉人的基本情况，并用括号注明他们各自在一审中所处的诉讼地位。当事人是公民的，写明姓名、性别、年龄、民族、籍贯、职业、工作单位和住址等。当事人如是企业事业单位、机关团体，则应写明单位名称、地址、法定代表人的姓名和职务。如当事人的法定代理人或委托代理人参加诉讼，则应写明代理人的姓名、性别、年龄、民族、籍贯、工作单位、职务和住址。

（3）案由。案由包括案件性质、诉讼标的、原审人民法院的名称，判决书名称、文书编号和不服原判的事由。具体写法是："上诉人因××一案，不服××人民法院于×年×月×日×字第×号判决，现提出上诉。上诉的请求和理由如下。"

（二）正文

正文包括上诉请求与上诉理由，是民事上诉状的核心部分。

（1）上诉请求。是民事上诉人请求二审人民法院所要解决的具体问题，上诉人要求达到的目的。应当针对原判的不当，简明具体地写出不服原判，请求第二审法院撤销、变更原审判决或裁定，或请求重新审判的具体内容。上诉请求的内容主要应指出：原判认定的事实不清、事实有出入和遗漏的地方；原判理由不充分，证据不充足或不真实；原判适用法律不当；原判诉讼程序不合法等。

（2）上诉理由。是民事上诉状最核心的部分。根据事实和法律，根据第一审判决、裁定的不当，予以辩驳。辩驳应针对下列情况提出：原判认定事实错误，提出纠正或者否定的事实和证据；原判适用法律不当，理由不充足，提出自己的理由和应当适用的法律根据；原判在诉讼程序上的错误，提出纠正的法律根据。

写完事实和理由，紧接着写："为此，特向你院上诉，请依法撤销（或变更）原裁判。"

（三）尾项

（1）致送的人民法院名称，如"此致××人民法院"。

（2）民事上诉人签名盖章，注明具状的时间。如是律师代写，则写明×××律师事务所××律师代书。

（3）附项。说明上诉状副本的份数，证据的种类、名称、数量、证人的身份情况等。具体写法是：

附：上诉状副本_____份。

物证_____件。

书证_____件。

三、民事上诉状的写作注事项

（一）针对原裁判的不当之处，有的放矢地反驳

（1）将原裁判和客观事实相对照，针对原审判在认定事实方面不实或不清、不准、不当的地方进行反驳，提出纠正或否定的依据和证据，陈述正确的事实，摆明其中的道理，提出上诉理由。

（2）将原裁判所引用的法律和应当适用的法律相对照，针对原裁判适用法律方面的错误，提出上诉理由。

（3）将原审诉讼程序与法律规定的诉讼程序相对照，针对原审裁判违反诉讼程序方面的错误，提出纠正的法律依据。

（二）提出一审遗漏的新的事实和证据

当事人在一审中应当提供的某些重要事实，由于疏忽而没有提供，而此事实又是足以影响判决的，在上诉状中就应提出新的事实和证据，阐明理由，便于二审法院审理作出正确处理。

第五节　民事申诉状

一、民事申诉状及其作用

（一）民事申诉状

民事申诉状，又称申诉书，再审申请书，是指民事案件的当事人及其法人代表，认为已经产生法律效力的判决、裁定有错误，向原审人民法院或上一级人民法院提出申诉，请求复查纠正或重新审理的法律文书。

《民事诉讼法》第 179 条规定："当事人的申请符合下列情形之一的，人民法院应当再审：①有新的证据，足以推翻原判决、裁定的；②原判决、裁定认定事实的重要证据不足的；③原判决、裁定适用法律确有错误的；④人民法院违反法定程序，可能影响案件正确判决、裁定的；⑤审判人员在审理该案件时有贪污受贿、徇私舞弊、枉法裁定行为的。"

（二）作用

民事申诉状的作用是法律赋予当事人、法定代理人、被害人的一项诉讼权利和民主权利，其目的是维护当事人、被害人的合法权益。

二、申诉状与上诉状的区别

申诉状的特点与上诉状基本相同，但二者也有区别，其主要区别如下：

（1）主体不同。申诉状中有权提出申诉的人的范围较广，包括当事人及其法定代理人、被害人及其家属和其他公民。而上诉状只限于当事人及其法定代理人，被告人的辩护人和近亲须经被告人同意，才能提出上诉，范围比较狭窄。

（2）客体不同。申诉案件的复查，涉及面很广。它不仅包括已经发生法律效力的第一审判决和裁定，而且还包括第二审终结的判决和裁定，正在执行和已经执行完毕的判决和裁定，也在申诉的范围之内。而上诉状则不然，它只限于尚没有发生法律效力的第一审判决和裁定。

（3）时限不同。申诉不受时间的限制，只要是判决、裁定已经发生法律效力之后，什么时间申诉都可以，而上诉只准在规定的，在未发生法律效力之前上诉才有效。

（4）条件有所不同。申诉的提起是有条件的，它的条件是裁定、判决已经发生效力和裁

定、判决有错误。只有符合这两个条件才准许申诉，而且要几个人民法院或人民检察院审查，认为有理由者可以受理，无理由者可以不受理。而上诉则是无条件的，只要依法享受上诉权的人，在上诉期内提起上诉，不论其理由正确与否，都应受理。

（5）审理程序不同。申诉，如原为第一审案件，依照第一审程序进行审判，所作的判决，可以上诉；如为第二审案件，或是上级法院提审的案件，依照第二审程序进行审判，所作的裁判，都是终审的裁判。而上诉案件的裁判都是终审的裁判。

（6）处理不同。上诉，第二审法院对被告人提出上诉，受"上诉不加刑"原则的限制，而申诉不受该原则的限制。

三、申诉状的格式与写作

申诉状的格式包括首部、正文、尾部。

（一）首部

首部包括标题、申诉人及被申诉人的基本情况、案由。

（1）标题。居中写明"民事申诉状"、"经济纠纷申诉状"。

（2）当事人基本情况。民事纠纷案件的当事人除自诉案件分申诉人与被申诉人外，公诉案件只有申诉人。其基本情况要写明姓名、性别、年龄、民族、籍贯、职业、地址等。当事人如是企业事业单位、机关团体，则应写明其名称、所在地和法定代表人的姓名和职务。如当事人的法定代理人或委托代理人参加诉讼，则应写明代理人的姓名、性别、年龄、民族、籍贯、工作单位、职务和住址。

（3）案由。即案件的由来，应写明案件名称、申诉缘由和请求。具体写法是"申诉人因××一案，不服××人民法院（年度）×字第×号民事判决（裁定），现提出申诉，申诉理由和请求如下"。

（二）正文

正文包括申诉理由和申诉请求。

（1）申诉理由。主要是就原判认定的事实、证据、定罪量刑、适用法律、诉讼程序等方面的不当，提出纠正或否定的事实、证据和法律根据。

（2）申诉请求。明确具体地写明撤销、变更原裁判或者重新审判的请求。

（三）尾部

（1）致送人民法院名称，如"此致××人民法院"。

（2）申诉人签名盖章，注明具状时间。

（3）附项。说明一、二审判决副本份数，申诉状副本的份数，证据的种类、名称、数量、证人的身份情况等。

四、申诉状的写作注意事项

申诉状是针对已经发生法律效力的判决或裁定认为有错误而提出的，要使申诉状递交后能发生审判监督程序，在写作时，应考虑以下几个方面：

（1）如果原裁判不是依据全面事实裁判的，申诉状应对案情事实，原来的处理经过及最后处理结果进行归纳叙述，使受理的法院对整个案情有全面的了解。然后阐明不服之点，针对原处理决定的不当之处，具体说明。

（2）如果认为原处理决定是认定事实有错误，应列举事实证据加以澄清。原处理决定认定事实属实，应承认其恰当而不应反驳，这是一种实事求是的态度。

（3）申诉人应将与请求目的相符的人证、物证、书证等在申诉状里明确列示。具体加以说明，以有利于受理机关正确地查明案件的真实情况和正确地认定案件性质，如能提供帮助说明申诉事实的新的证据，将更有说服力。

（4）申诉状可采用证明和反驳的写法。所谓证明法，即以正确的事实证明申诉有据，以正确的逻辑推理证明申诉有理；所谓反驳法，即抓住原裁判中的关键性错误，建立反驳的论点，用确凿的事实和证据，充分地加以辩驳。

第六节 答 辩 状

一、答辩状及其作用、特点

答辩状就是在诉讼活动中，诉讼中的被告、被上诉人、被申诉人根据起诉状、上诉状、申诉状的内容，针对原告人、上诉人、申诉人诉讼请求的主张作出肯定或否定的答复，并对其提出的事实和理由进行辩驳的书面材料。经济方面的案件就叫经济纠纷答辩状。

答辩状不仅是被告人和被上诉人维护合法权益的文书，而且也是人民法院公正审理案件的依据。

答辩状有很强的针对性和论辩性。它是针对原告人提出的诉状或上诉人提出的上诉状而写的，是对诉状或上诉状中告状事实和理由而阐发自己意见的文书。它必须运用确凿的事实、充分的论据和有关的法律条文，通过论证和反驳，去驳倒对方的观点和论据，证明自己观点的正确。

二、答辩状的格式与写作

答辩状的格式包括：首部、正文、尾部、附件。

（一）首部

首部包括标题（"民事答辩状"）；答辩方当事人情况，即姓名或单位名称等（与起诉状同）；答辩理由"因××一案，特提出答辩如下"。

（二）正文

正文要求写明答辩意见及其理由，在针对性的辩解同时，阐明自己对案件的主张和理由。主要内容可以包括：揭示对方当事人法律行为的错误之处，对方诉状中陈述的事实和根据的证据中的不实之处；提出相反的事实和证据，说明自己的法律行为的合法性，列举有关法律规定，论证自己主张的正确性，以便请求法院给予司法支持。在国内经济纠纷中，还要注意受理法院是否有管辖权，如果发现法院确实没有管辖权，应当及时在答辩状中明确提出管辖异议，以免耽误时机，铸成大错。

（三）尾部

尾部应写明致送机关，如"此致××人民法院"。右下方写明答辩人的姓名，注明年、月、日。如是律师代书，可注明××律师事务所××律师代书。

三、答辩状的写作注意事项

（1）第一审答辩状是对起诉状的答辩，所以它的内容必须有明确的针对性，即只涉及原告人提出的诉讼材料，针对起诉所提出的事实和理由，进行答复和辩解。特别要抓住起诉中那些与事实不符、证据不足、缺乏法律依据等内容进行反驳。在辩驳中阐明自己的观点，申述自己的理由，提出确凿的事实根据和明确的法律依据，以便法院审理时，辨别原告人的指控、诉讼请求是否有事实和法律依据，从而作出正确的裁决。

（2）第二审答辩状有它的特殊之处，即上诉人不服一审判决，而被上诉人往往尽力维护一审判决。所以，写这种答辩状应该注意两点：首先，上诉人的上诉状与第一审诉状比较，提出了什么新的事实和理由。这些事实和理由，有没有充分的根据。针对这些事实和理由，有理有据地进行答辩，说明对方的诉讼请求不能成立。写答辩状，一定要遵循实事求是的原则，不空发议论，不强词夺理。其次，既然第一审裁决对自己一方有利，那么，在第二审的答辩中，就应该对裁决给予充分的肯定，证明它是公正的裁决，请求第二审人民法院维持原审裁决，特别是上诉状没有提出新的证据和理由，仅仅是重复原审的事实和理由时，更应该强调原判决的正确性，并尽可能地补充必要的证据和理由，以便第二审人民法院作进一步的审核。

【例文评析】

例文 1

起 诉 状

原告名称　北京太阳锅炉厂

所在地址　北京市海淀区甲 1 号（邮政编码 100088）

法定代表人　刘佳成职务厂长（电话 2107766）

企业性质　全民所有制

经营范围和方式　压力锅炉制造安装，批发兼零售

开户银行　中国工商银行北京分行海淀办事处大钟寺分理处账号 0477194

被告名称　北京市顺义县大英锅炉水电安装队

所在地址　北京市顺义县高丽营镇 110 号（邮政编码 101116）

法定代表人　王成富职务队长（电话 4978899）

诉 讼 请 求

1. 给付货款 81 015 元。

2. 支付违约金 17 073.62 元

事实及理由

1990 年 6 月 26 日，我厂与被告北京市顺义县大英锅炉水电安装队签订了一份锅炉购销合同。合同规定，被告向我厂订购 SZW240-7-95-70 型号锅炉一台及附属配件，价款总计 96 015 元，款到发货。同年 8 月 16 日，被告将所订锅炉主体及附属配件全部提走，但未付款。经催要，被告于 1991 年 5 月 26 日将一张顺义县五中的 15 000 元转账支票交给我厂，尚欠的 81 015 元，被告以锅炉是顺义县五中委托代购、顺义县五中尚未付款为由拒不偿还。被告作为购货方，在我方按时提供锅炉后应履行合同规定的付款义务，其拒绝付款的行为是违约行为。《经济合同法》第 32 条规定："由于当事人一方的过错，造成经济合同不能履行或者不能完全履行，由有过错的一方承担违约责任"。《工矿产品购销合同条例》第 36 条第 4 项规定："逾期付款的，应按照

中国人民银行有关逾期付款的规定向供方偿付逾期付款的违约金。"据此，被告除应支付尚欠的货款 81 015 元外，还应向我厂支付逾期付款违约金 17 073.62 元。请人民法院依法作出判决。

证据和证据来源，证人姓名和住址：

（1）北京市太阳锅炉厂产品订货合同 1 份。

（2）大英锅炉水电安装队还款计划 1 份。

（3）北京市太阳锅炉厂产品发货清单 2 份。

此致

北京市海淀区人民法院

附：本诉状副本壹份

起诉人　北京市太阳锅炉厂（盖章）

××××年×月×日

（转引自《公务文书写作教程》）

【评析】

这是一篇民事经济纠纷起诉状。

首部列写了标题和当事人基本情况。由于是企业单位起诉企业单位，所以原告和被告均写单位名称，同时将原告、被告的所在地址、法定代表人及职务写出。正文的诉讼请求有两条，所以分条写。事实及理由部分按时间顺序叙述，说明了民事经济纠纷产生的原因、经过，指出被告"拒绝付款的行为是违法行为"。之后写出原告诉讼请求所依据的法律条款，说明起诉是有法律依据的。最后用"据此"一词结束事实与理由的叙述，引出具体诉讼请求。

证据和证据来源部分共三条，分条写出。结尾写作格式标准。

全文语言简洁明了，结构清晰，叙述事实言简意赅，有理有据，不失为一篇优秀的诉讼文书。

例文 2

上　诉　状

【案情简介】 A 县××银行某信用社向个体户于某贷款 220 万元，扶助他在本县办商贸公司。两年以后，由于国家收紧银根，控制放贷，A 县××银行某信用社遂向于某收贷。某信用社发现于某搞不法经营，就警告他迅速还贷，否则就采取强制措施。此时，A 县工商局查封了于某的公司，准备对该公司进行整顿。

与 A 县相邻的 B 县比较贫困。B 县领导听说 A 县有个"大能人"于某愿意到 B 县搞经营，于是县政府、县人大与县政协集体商议后，同意请于某来本县办公司，并且 B 县××银行还向于某贷款 220 万元，希望于某能为发展 B 县的商品经济起带动作用。于某把 B 县××银行的贷款 220 万元转到 A 县××银行某信用社还贷，同时继续搞不法经营。B 县发现于某搞不法经营，立即向于某收贷，但于某无力偿还贷款，被 B 县人民检察院以经济犯罪逮捕。

B县××银行向×地区中级人民法院起诉A县××银行某信用社，诉称A县××银行某信用社与于某恶意串通，骗取了B县××银行贷款。一审法院判决认为，A县××银行某信用社采取胁迫手段让于某还贷，致使于某采用诈骗方法去筹集款项，而且该信用社明知于某用来还贷的220万元是从B县骗取的，但仍然收贷，使B县的贷款无法收回。因此判决A县××银行信用社将已收贷的220万元全部返还B县××银行。

A县××银行某信用社不服一审法院判决，遂向省高级人民法院上诉。

上 诉 状

上诉人：××省A县××银行某信用社
地　　址：A县××街××号
法定代表人：×××主任
被上诉人：××省B县××银行
地　　址：B县××街××号
法定代表人：×××行长

上诉人因B县××银行所诉返还贷款一案，不服××地区中级人民法院×年×月×日×字第×号经济纠纷判决，现提出上诉。

上 诉 请 求

1. 要求撤销一审法院判决，重新查清事实，保护我方的合法权益。
2. 要求判令被上诉人承担相应的经济责任。

上 诉 理 由

1. 一审法院判决确认，我方（上诉人）采取胁迫手段清贷，致使个体户于某不得不到B县骗取贷款（见附件1）。我方认为，银行有权对逾期贷款进行催要，必要时可以采取强制措施收贷。如果银行对于拖欠贷款的借贷者催收得紧了些，就被认为是"胁迫"，那么银行就无法如期收贷，银行合法的收贷权利就得不到保障。况且，我方催收贷款与于某到B县骗取贷款没有因果关系。我方既没有明示也没有暗示于某到B县××银行去骗取贷款。所以，我方认为一审法院在这方面认定事实不清，证据不充分，要求二审法院进行重新认定。

2. 我方在放贷时，没有义务查问借贷者还贷的款项是如何筹措来的。借债还钱，天经地义。只要借贷者如数归还贷款，我方就理应如数收贷。这是××银行信贷规章制度所承认的（见附件2）。

3. 个体户于某在我县搞不法经营被查封，我方正紧追着他收贷时，B县却把于某视为经营管理的"大能人"加以聘用，既不去了解于某的资信程度，不要求借贷方提供担保人，又不去监督于某在B县所办公司的经营，就盲目放贷，因此B县××银行是有过错的，应当承担一定的经济责任。一审判决责令我方全数归还B县××银行贷款220万元，是不符合法律规定的。

为此，特向你院上诉，请求依法撤销原判决，以实现上诉请求。

此致
××省高级人民法院
附：本上诉状副本壹份

附件：1. 一审判决书
2.《××银行关于信贷的几项规定》

上诉人 A 县××银行某信用社（盖章）
××××年×月×日

（转引自《公务文书写作教程》）

【评析】

这是一份关于民事经济纠纷的民事上诉状。由于是企业之间的经济纠纷，所以首项分别写了上诉人和被上诉人的单位名称、法人代表与地址，法人代表的职务没有单列，而简写为"××主任"、"×××行长"。此处应标出谁是原审的原告与被告，以便法院清楚其关系。案由部分用简洁准确的语言表达了上诉人是因什么案件，不服哪个法院在什么时候以什么文号所做的判决，并明确提出上诉。正文由两部分内容组成，一是上诉请求有两条，分条写出，概括而明确。二是上诉理由共三条，前两条写得很好，有针对性地指出了原审法院认定事实不清，证据不充分的错误，明确阐发自己的观点，尤其是抓住了法院认为"我方"是"采取胁迫手段清贷"的关键问题，从两方面辩解"我方"并非"胁迫"，原审法院认定事实不清，问题抓得准，道理说得明白。第三条语言表述不周严，在指出了 B 县由于工作疏忽，盲目放贷是 B 县自己的过错时，却讲"应当承担一定的经济责任"。"一定的"说明是部分的，而不是全部，那么另一部分的责任该谁负呢？这就给人一种"我们负一定的经济责任"的感觉，这就承认了自己一方有责任，有责任就可能是主观的故意。此处模糊语言的使用有欠妥当。结尾写明致送机关，附项说明上诉状副本的份数和附件（证据的名称）。这份上诉书结构标准、完整，表述简洁清楚。

例文 3

申 诉 状

申诉人：××省 A 县××银行信用社
地址：A 县××街××号
法定代表人：×××主任

申诉人 A 县××银行某信用社因与 B 县××银行贷款纠纷一案，现对××省高级人民法院×年×月×日×字第×号经济纠纷判决不服，现提出申诉。

请 求 事 项

请求重新审理 A 县××银行某信用社与 B 县××银行贷款纠纷案，纠正××省高级人民法院×年×月×日×字第×号经济纠纷判决。

申 诉 理 由

1. 你院终审判决认为，我方不是与借贷人于某串通，骗取 B 县银行的贷款，也不是明知个体户于某拿 B 县××银行的贷款来抵贷，因而在收贷时并没有过错。但事后知道此还贷之款系 B 县××银行的贷款，就应该退还 B 县××银行，而保留向个体户于某追收贷款的权利。我方认为。既然收贷时没有过错，应该保护我方合法的收贷行为，保护我方的合法权益。

2.B县××银行在向个体户于某放贷时，没有进行资信调查，也没有令其提供贷款担保单位，就将大笔款项借贷给他，事后又不监督其用贷，有很大过错。依照法律规定，有过错的一方对造成的经济损失也应承担一定的经济责任。而终审法院令我方全数归还B县××银行贷款，没有体现B县××银行因过错而负经济责任的法律要求，这样，使得早一步积极清贷，控制不法分子于某行为的我方反而大受损失，在国家已经收紧银根的时候仍毫无顾忌地向不法分子于某贷款的B县××银行，反而不承担丝毫经济损失，违反了有过错则有责任的基本法律原则。

根据上述理由，请求再审此案，重新作出公正合法的裁判。

此致

××省高级人民法院

申诉人 A 县××银行某信用社（盖章）

××××年×月×日

（转引自《公务文书写作教程》）

【评析】

这是一份对已产生法律效力的判决不服而写的请求重新审理的申诉状。由于是请求重审的书状，首项只写了申诉人的名称地址和法定代表人的姓名职务，而没有写被申诉人。案由用概括的语言写清了申诉人因什么案件，对哪个法院的判决不服，提出申诉。正文的申诉请求非常明确。就是请求重新审理此案。

申诉理由共两点，第一点指出法院判决认订的事实与判决结果之间的矛盾，即一方面判定我方"在收贷时并没有过错"，一方面又判决我方将此款还给B县银行；第二点指出B县银行在放贷一事上有过错，应负一定经济责任，而不应将全部责任由申诉人承担。但此条在表述时，语言不周严，只指出"依照法律规定"应如何，而没有指出依照的是哪个法律的第几条第几款，应明确指出，才有根有据。

此申诉状据理力争，语言清楚，但却没有提供新的证据，恐申诉无望。

例文4

答　辩　状

答辩人名称　北京市顺义县大英锅炉水电安装队

所在地址　北京市顺义县高丽营镇 110 号（邮编 101116）

法定代表人　王成富　职务队长　（电话 4978899）

企业性质　集体所有制

工商登记核准号　京顺乡企照字 897 号

经营范围和方式　压力锅炉及水电安装、维修

开户银行　中国农业银行北京分行顺义支行高丽营营业所账号 014478

因北京太阳锅炉厂诉北京顺义县大英锅炉水电安装队锅炉购销合同纠纷一案，提出答辩如下：

1. 我队不是原告所提锅炉购销合同的一方，而是该合同一方顺义县五中的委托代理人。我队与原告于 1990 年 6 月 26 日签订的联合协议明确规定："我队负责向用户推荐锅炉厂产品或受用户委托订购锅炉厂产品。"我队就是根据这条协议代顺义县五中与原告签订了这份锅炉购销合同的。我队队长王成富之所以在该合同上签字盖章，是为了表明我队愿帮助原告推销产品，而不是作为合同另一方签字盖章。

2. 我队与原告无经济往来，原告所述"被告将所订锅炉主体及附属配件全部提走"、"被告于 1991 年 5 月 26 日将一张顺义县五中的 15 000 元的转账支票交给我厂"与事实不符。事实是：锅炉是顺义县五中用部队的汽车和该校的汽车到原告处提走的，转账支票是原告直接到顺义县五中由该校王校长亲手交给原告的。这些事实同时也表明，签订合同的是原告与顺义县五中，我队不是锅炉购销的一方当事人。

既然我队不是合同甲、乙方，原告即不应把我队作为被告，更说不上承担违约责任。请人民法院依法驳回原告的诉讼请求。

此致
北京市海淀区人民法院

附：本答辩状副本壹份

附件：1. 北京市顺义县锅炉安装许可证

　　　2. 联合协议

答辩人　北京市顺义县大英锅炉水电安装队（盖章）

××××年×月×日

（转引自《公务文书写作教程》）

【评析】

这是一份一审诉状的答辩状，属被动制文，因此其最大的特点是针对性特强，它只针对起诉状中自己一方有异议的问题进行解释与答辩。首项只写答辩人的自然状况，其内容写得十分详细周全。正文先用一句简洁的语言说明写这份答辩的原因与依据，并用"提出答辩如下"过渡到正文的主体部分。答辩内容共两条，第一条说明"我队不是购销合同的一方，而是该合同一方的委托代理人"。但此条答辩所提供的事实与证据都苍白无力，法院只根据证据来判决，事实上是顺义县大英锅炉水电安装队与起诉人签的合同。第二条答辩所提供的事实对自己较为有利，但也无法由此确定他就不是合同的当事人一方。

此答辩状结构完整，条理清楚，但答辩的内容不足以说明自己无责任。

例文 5

答 辩 状

答辩人：××省 B 县××银行

地址：××省 B 县××街×号

法定代表人：××××行长

委托代表人：××××市×律师事务所律师

为××省 A 县××银行某信用社因不服××地区中级人民法院×年×月×日×字第×号经济纠纷判决提出上诉，我方就其上诉理由答辩如下：

1. 上诉人 A 县××银行信用社在收贷时，明知借贷人于某在短时间内不可能合法取得 220 万元用来还贷，但上诉人仍然收贷，这种做法实际上默认了借贷人以不法手段筹措还贷的行为。上诉人明知道借贷人一时无力还贷，仍胁迫借贷人迅速还贷，从而诱发了借贷人诈骗的动机。因此，对于我方被骗的贷款，上诉人负有不可推卸的责任。根据《民法通则》第五十八条规定，以胁迫手段使对方在违背真实意思的情况下所为的，恶意串通，损坏国家、集体或者第三人利益的行为，属于无效的民事行为。所以，一审法院判决 A 县××银行某信用社全数返还贷款是符合法律规定的。

2. 我方向个体户于某贷款是为了让他办公司，搞合法经营，但他却把这部分钱用来还贷，违反了贷款专款专用的原则。因此，个体户于某的还贷行为属于无效的民事行为，A 县银行某信用社的收贷行为也是无效的民事行为，他们之间的收还贷行为不受法律保护。

3. 个体户于某在 A 县办公司时，其不法经营行为已触犯了刑法，早该绳之以法。但 A 县××银行×信用社为了收回贷款，不到法院控告个体户于某，害怕他一进监狱，就无力还贷，因此放纵了罪犯，为他到我县进行诈骗行为提供了机会，使不法分子得以继续进行买空卖空的诈骗行为，给我方造成了巨大损失。

我们认为一审法院的判决是公正的，上诉人的上诉理由是没有法律根据的，恳请二审人民法院公正审理，维持原判。

此致

××省高级人民法院

附：本答辩状副本壹份

答辩人：B 县××银行（盖章）

××××年×月×日

（转引自《公务文书写作教材》）

【评析】

这是一份二审答辩状，是申请人不服已生效的法院判决，请求重新审理后为二审所做的答辩。首项只写答辩人的情况，内容详细清楚。正文的案由部分写明了答辩的原因，表述清晰。

主体部分针对申诉人的申诉理由有的放矢地答辩，其主旨是说明原审判决是正确的，从三个方面对申诉理由进行反驳与分析，条清理晰，要言不烦，最后概括要求二审人民法院维持原判。

此份答辩状针对性强，主旨突出，语言准确精练，是一篇较优秀的答辩状。

第八章 涉外经济文书

第一节 外贸商情调研报告

一、外贸商情调研报告及其特点

(一) 外贸商情调研报告

外贸商情调研报告是进出口贸易部门和国际商业人员运用科学的方法，有目的、有计划地对有关国家或地区的市场行情、商品进出口买卖渠道、价格涨落、客户资信、竞争结构、发展趋势等进行广泛、深入的调查研究，系统分析后写成的书面材料。它是研究世界经济贸易、市场现状和变化的重要手段。外贸商情调研可以为领导机关和有关部门分析研究国际商业形势、进出口贸易决策和未来商贸的预测等提供可靠的依据。在当今的国际市场上，翔实可靠、科学有据、及时准确的商情调研报告是占领和开拓市场，迅速发展对外经济贸易的重要环节。因此，撰写好商情调研报告成为国际商业的基本业务之一，也是商业人员的基本素质的体现。

(二) 特点

1. 纪实性

外贸商情调研报告的目的主要是了解各个国家和地区的有关情况，为决策者提供可靠的依据，因而商情调研报告必须真实地反映情况。实事求是则是商情调研报告必须遵循的原则。

2. 评析性

评析性是对调查所得的各种事实、数据和各种对象进行去粗取精、去伪存真、由此及彼、由表及里的科学分析，作出简明扼要的评估性结论。商情调研报告的写作既要如实地反映客观情况，又要准确地评析客观现象。

3. 时效性

外贸商情调研的目的要明确，态度要鲜明，反映情况的调研报告要准确、迅速。在对外经贸活动中，具体的工作任务都有一定的时间要求，信息和决策之后的经济情报，就会失去其应有的价值和作用。所以商情调研报告的写作必须讲究时效性，要做到迅速、及时。

二、外贸商情调研报告的分类

国际商业活动是频繁、复杂和多变的，其内容是多方面的。商情调研报告基本上可分为以下五类：

(一) 国别 (地区) 调研报告

调研对象是某一个国家或地区的买卖情况。其目的是调查研究该国 (地区) 市场、商品、价值等方面的情况，以便与该国 (地区) 建立和发展贸易关系，开拓新的市场，推销和进口商品。内容有该国 (地区) 的政治、政策、党派活动、对外关系以及对我国的态度和发展两国间外贸的意愿等。必要时还应了解有关自然条件、资源、人口、风俗习惯、宗教和法律等。

（二）客户调研报告

客户调研报告是通过对国外客户的调研，了解其政治、经济背景、资产状况、经营范围、活动能力和资信（"资"即资金，包括注册资本、流通资金等。"信"即信誉）情况等写成的书面材料。其目的在于进一步发展贸易关系，进口或推销商品。

（三）市场调研报告

市场调研报告是通过对国际市场的情况进行综合调查研究后写成的书面材料。其内容主要是调研市场供求关系，商品需求量，价格波动情况，竞争情况以及新产品、新技术、新能源和交通运输情况等。其目的是分析和预测我国进出口商品在国际市场上的销路和竞争能力等。

（四）商品调研报告

商品调研报告是针对专项商品的供求状况而进行的调研，调研的内容包括该商品自身的状况，如品种、质量、规格、制成材料、包装、售后服务、支付款条件和制作工艺等。在调查研究该商品各种情况的基础上，反映其历史发展趋势、供求关系、消费者需求、进出口情况等。目的是为本国商品打入国际市场，提高竞争力提供依据。

（五）价格调研报告

价格调研报告主要目的在于通过调查了解国际市场商品价格的现状，影响价格的种种因素并对价格变化的原因、趋势进行分析研究，找出变化的规律，以利于制订出口商品的价格方案和营销策略。商品价格是有关部门决策其进出口的重要因素，通过对国际市场商品价格的调查研究，找出价格波动的客观规律性因素，为预测未来价格变化的趋势提供可靠的依据。

三、搜集材料的途径

外贸商情调研报告需要大量的材料，包括有关的信息、数据、情况等，这是写好商情调研报告的基础和关键。由于世界经济贸易和国际市场的错综复杂、变化无穷，商情调研报告搜集材料必须找到适当的途径。

（一）通过我国驻外机构搜集资料

通过我国驻各国大使馆、领事馆的商务处，系统地搜集各驻在国内有关政治、经济、对外贸易、社会情况及该国的商品市场、金融货币等情况；通过我国外贸公司驻外业务机构，中国银行及其在各国的分支机构，搜集各国最新的经济情况，商品市场情况，有关客户、厂商的情况等。

（二）通过我国各种对外管理机构搜集资料

通过我国各种外贸机构，市场研究机构及各外贸公司，系统搜集各有关资料，包括国际商品市场的最新动态，国外厂商的资本数目，经营管理能力，资信情况等。

（三）通过我国各高等院校搜集资料

通过我国外贸高等院校、高等院校中的外贸科研机构，从有关专业书籍、已发表的情报资料及科研论文中搜集有关资料。

（四）通过有关新闻媒介搜集资料

国内外各种有权威的报纸、杂志、书刊发布的有关经济、外贸资料、世界各大通讯社、电视网播发的经济贸易电讯、新闻、综述和国内外有影响的企业家，经济及国际组织机构中有关权威人士的演讲、发表的文章等，都可以供我们广泛搜集有关商情的资料。

（五）通过直接调查采访搜集资料

通过与外商洽谈交易、往来函电；通过各种展览会、交易会，直接调查获取有关信息、资料、数据；通过派代表团、访问团、推销出国，直接对国外市场进行调查，获取第一手资料；还可以通过对国外来访的友好团体、友好人士、学者等，进行直接采访，获得所需资料。

四、外贸商情调研报告的格式与写作

外贸商情调研报告的一般格式包括标题和正文两部分。

（一）标题

外贸商情调研报告的标题有单行标题和双行标题两种形式。其中单行标题可写成公文式标题形式，也可以写成一般文章标题形式。可概括出调查研究的内容，如《日本当前经济消费动向》、《美国冷冻食品的消费情况》；也可直接揭示出观点或提出问题，如《充分发挥劳动力资源丰富的有利条件，积极扩大劳务出口》、《中国货为什么在法国打不开销路？》。双行标题既揭示调查研究的主要内容，又揭示观点或提出问题，往往采用正、副标题，如《明春汇价继续下跌，但不会失控——造成美元疲软的原因有四》。

标题的写作力求准确、精炼、简洁、新颖醒目，与一般报告的标题有所不同。商情调研报告的标题通常无须把"调研报告"四个字标出来。

（二）正文

正文是外贸商情调研报告的主体部分，也是调研成果的集中反映，一般包括前言、主体和结尾三部分。

1. 前言

前言亦称开头、引言、导语。主要是对调查研究的目的、时间、地点、对象、范围、调研的宗旨、意义等作概括介绍。这部分在语言运用上力求简明扼要，为主体部分的展开创造条件。有的商情调研不写前言，而是开门见山地进行情况介绍，陈述调研的主要内容，揭示调研的主要观点，这种写法一般适用于调研内容简短、单一的调研报告。

2. 主体

主体是正文的核心部分，是外贸商情调研的主干，一般包括情况介绍、预测和建议三个部分。

（1）情况介绍。这部分是对调查得来的情况、结果加以介绍，以充实、典型、确凿的材料阐述事物的发展变化过程并揭示其规律。阐述的方法是多种多样的，可以用文字叙述，也可以用数字、图表表示，无论采用什么方法，都要把情况介绍准确、具体、详尽，从而为预测和建议打下基础。

（2）预测部分。这部分内容是通过对资料的分析研究，预测今后情况的变化趋势。预测应具有很严格的真实性和科学性，因为预测得科学与否，将直接关系到决策部门作出的决策、采取的措施是否得当。因此，这部分的表述一定要概念准确，分析透辟，论证周严，条理清楚。一般说来，预测准确，除搜集到的情况必须真实、准确外，与写作人员所具有的业务知识、经验、市场学知识及判断、分析能力有密切的关系。

（3）建议部分。这部分内容是在对调查来的情况作出了正确判断后，具体切实地提出与预测相应的决策建议，供领导参考。这是外贸商情调研报告的最终目的。这部分在写作上应做到表达明确、具体、条理化，对策措施切实可行，讲究经济效益，所提出的建议要有科学依据。

3. 结尾

结尾是全文的收束部分，起归纳总结，呼应前言的作用。可以总结全文，深化主题；指出问题，以期改进；展望前景，提出建议；重申观点，以引起有关部门注意和重视。如无必要，这部分也可不写。

五、外贸商情调研报告的写作注意事项

撰写外贸商情调研报告是一项政治性、业务性很强的工作，通常要求撰写人员做到以下几点：

（一）必须以党和国家的外交、外贸政策为指导

撰写商情调研报告要以党和国家的对外经贸方针政策为依据，以对外法规为准绳。不仅要精通本国政策，而且要熟悉国际法以及对方国家的有关法律。只有站在政策和法律的高度，才能洞悉国际市场的风云变幻，敏锐地发现问题。

（二）必须及时获取丰富、具体、准确的资料

商情调研报告是建立在大量真实可靠的材料基础之上的，资料是写作商情调研的基础。材料的来源在于深入细致的调查研究。搜集材料的目的要明确，材料要有历史性、现实性、新颖性和可靠性。若资料不丰富、不具体、不准确，就难以说明真实情况，难以得出正确的结论和准确的预测。

（三）必须对搜集的材料作科学、系统的分析和研究，真实客观地反映市场情况

国际市场的商情变化都不是孤立的，它与国际政坛的变化、世界经济的发展趋势、国际金融市场的波动都有密切的关系。因此，写作外贸商情调研时，既不要被表面现象迷惑，又不要凭主观臆测，而要对材料进行科学、系统的分析研究，抓住本质，从千变万化、充满矛盾的情况中理出头绪，作出合乎客观实际的预测。

（四）翻译外文资料必须准确无误，译文要恰当使用国际贸易、经济写作专用术语和词汇

【例文评析】

例文

美国连锁商业调研报告

发展连锁经济是我国改革流通体制和实现流通现代化的一项重要举措。2007 年 8～9 月，我们赴美进行了一个月的连锁商业培训和考察。美国作为最发达的国家，其连锁经营的发展现状、主要原因、未来趋势以及在美国经济中的重要作用等，对我国推动连锁经营的发展具有参考价值。

一、美国连锁经营发展的概况

（一）美国连锁商业的迅速发展及其原因

连锁经营方式首创于美国，到现在已有 130 多年的历史。从 1859 年在纽约出现世界

上第一家连锁店到第二次世界大战前，连锁商业处于萌芽与成长阶段。这是传统连锁时代。其主要特征是统一商店、商标名称，但在管理制度上统一性较小。在这一时期美国的连锁商业发展并不快，1918年时全美连锁公司仅有645家，营业额10亿美元，占全社会销售额的比重不到4％。20世纪50年代以后，伴随着美国经济的繁荣发展，连锁商业也进入了调整发展阶段。到20世纪80年代，美国连锁商业从内容到形式日益完善，进入现代连锁商业时代。连锁作为一种非常成熟的经营方式被广泛应用于商业零售、餐饮、旅店等许多服务行业。据美国商务部统计，全美19个较大的行业都已连锁化。2005年美国零售业销售额23000亿美元，占GDP的32％，零售业销售额的50％是连锁商业创造的。

连锁商业在美国得以迅速发展的主要原因是：第二次世界大战后美国经济繁荣，市场供应与需求扩大，对连锁商业的发展提出客观要求。战后美国人口大量增加，城市规模迅速扩大，居民收入和消费水平大幅度提高，国内制造业提供的商品更加丰富，这一切都有力地刺激了连锁商业的发展壮大。②交通运输业特别是高速公路网的迅速发展，为货畅其流创造了便利条件。美国的高速公路贯通全国，现在总长已达7万千米，占世界高速公路的2/3，使商品在全国范围内的配送非常及时便捷。③现代科技的发展和计算机的普及，为连锁经济提供了现代化管理手段。70年代后新技术革命的成果在流通业广泛应用，目前美国90％的连锁已基本实现了计算机网络化管理，普遍采用了商品条形码、电子扫描、电子出纳设备等先进技术，通讯设施、商品检查、配送中心等都是世界一流水平。这就为连锁经营的高效管理提供了有力的技术支持。④连锁企业的规模优势和组织化程度提高，增强了企业抗风险能力。据统计，美国5年内开业的商业企业倒闭率为50％，而连锁企业的倒闭率只有5％。⑤形成了一大批高素质的管理人才，以及现代经营管理科学的发展运用，为连锁企业更好地参与市场竞争，提供了智力支持。

（二）美国连锁商业的主要经营形态

连锁经营的基本含义是：经营同类商品、使用统一商号的若干企业，在同一总部的管理下，按统一经营方针进行共同的经营活动，以共享规模效益。一般来说，连锁企业至少要由10个以上分店组成，必须做到统一采购配送商品，统一经营，采购同销售相分离。从组织管理角度分，美国有以下三种连锁形式：

1. 正规连锁（又称直营连锁、公司连锁）。有两个特点：一是所有权统一，全部成员归属同一所有者。二是高度统一管理总部掌握着全公司的经营管理权和人事权，统一负责采购、计划、配送和广告等，所属各分店实行标准化管理。在美国正规连锁所占比重很大，零售业主要采取这种连锁方式。如著名的沃尔玛公司和科斯科仓储式商店即属于这种类型。

2. 特许连锁（又叫合同连锁、契约连锁、加盟连锁）。其特点，一是以特许权的转让为核心，特许权批发商把注册商标和经营模式卖给特许权经营商。总部为转让方，加盟店为受让方。二是所有分散在加盟店，经营权集中在总部。总部提供技术专利和商号信息，加盟店按总部统一指令经营。美国目前有40％的零售企业采取特许连锁的形式，餐饮业、旅店业等也广泛采用，如麦当劳、肯德基快餐店和柯达胶卷总印店，即为典型。特许权批发商约3000家，特许权经营商约60万家，年销售额8000亿美元，提供800万个就业机会，2003年以来特许连锁销售额年均增长10％以上。

3. 自由连锁（又叫自愿连锁、共同连锁）。其特点，一是所有权、经营权、财务核算都是独立的。二是在协商自愿条件下共同合作，统一进货，分散销售，成员店的灵活性强，自主性大。通常由一家较大的批发商作为龙头企业，众多的零售商参与，形成一个半松散的连锁集团。我们在洛杉矶考察的全证国际超市集团公司就属这类形式。这个公司是一家合作制的批发公司，成员多为零售商。公司成立已75年，2006年销售额达30亿美元，自由连锁在便利店中比较普遍。

美国习惯于从比较直观且便于统计的角度分类。零售业连锁中主要有以下几种经营型态：

超级市场。主要经营杂货和食品两大类商品，以品种齐全、价格低廉、自我服务为特色，每个店平均面积为3.5万~4万平方英尺。超级市场已全部实行连锁经营。

折扣商店。主要经营食品以外的一般性商品，有的店也经营少量食品。商品大众化，大多削价出售，适合工薪阶层购买。每个店平均面积9万平方英尺，比超级市场大一两倍。最大的是沃尔玛公司，其次是凯马特公司。1998~2005年，折扣店销售额占零售业销售额的比重由35%上升到47%。

仓储式商店（又称平价俱乐部）。这种形式是近十年来连锁商业的后起之秀，经营范围包括了食品和非食品类商品。其特色是实行会员制，设施简单，以库为店，内部不装修；实行少品种大批量销售；商品价格低，同样商品的价格比普通商店要低20%~50%。平价俱乐部的目标顾客是小企业主。但由于商品售价比超级市场和折扣商品更低，因此也吸引了不少个人会员。美国人日常消费最多的大宗商品中，相当大的比重来自平价商店。比较著名的店有科斯科公司，其次是山姆公司。

超级购物中心。这是80年代后期在美国零售商业中出现的最新的连锁类型。其特点是许多连锁店集中在一个商城内，规模大，品种全。一般每个购物中心的面积达15万~17万平方英尺，商品品种达十几万个。有的购物中心面向高收入者。

便利店。经营日常用品和食品，每个店100~200平方英尺，20世纪80年代遭到冷落，90年代东山再起。预计今后5年便利店销售额的实际增长幅度将超过一般的超级市场。此外还有专卖店、无店铺售货（如通过互联网进行销售）等经营形态，其中网上销售发展势头看好。

（三）连锁店基本运作方式及其管理

（略）

（四）连锁企业的发展趋势

（略）

二、连锁经营的优势和在美国经济中的积极作用

（略）

三、几点启示和建议

（略）

【评析】

这是一篇市场调研报告。国际市场贸易形势风云变幻，商品门类多种多样，价格因素错综复杂，给此类文章的写作带来较大难度。但由于作者选准了角度，确立了主旨，紧紧扣住了市场调研的核心问题——商品供求和价格变动趋势，以简驭繁，化难为易，条理清晰，分析中肯。

标题采用一般文章题目形式，点明了调研的地点、对象，内容集中，针对性极强。

前言部分提要式地说明了调研的时间、地点、对象、主要内容，提出了面临的主要问题及

调研其连锁经济对推动我国连锁经营发展的重要意义及价值。要言不烦，起点高，为主体部分的展开创造条件。

正文部分从结构上分为三大块：一是美国连锁经营发展的概况；二是连锁经营的优势和在美国经济中的积极作用；三是启示和建议。作者首先对美国连锁商业的各方面情况进行了调查，以完整、充实、确凿的材料详细说明了美国连锁商业市场消费者的消费习惯、规模、发展原因、主要经营形态、基本运作方式及其管理、连锁企业的发展趋势，进而说明连锁经营的优势和在美国经济中的积极作用，最后提出具体、切实的启示和建议。因为是在具体分析调研的基础上提出来的，因此针对性强，也是切实可行的。文章自然收束，引人深思。

总之，本文结构单纯，组材合理，详略有致，重点突出，依据事实，注重分析，行文虽简约，却不流于空泛。

第二节　立项文书

立项文书是申请立项的单位按照我国引进外资建设和经营项目的审批程序要求，向上级主管部门提出的建设项目的意见和研究方案的报请性文书，是对外经济合作的专用文书。它的特点是用叙述的方式，适当点睛评论，严密论证，确定引进的技术是先进的、适用的、可靠的，适合我国国情的，符合国家经济技术政策和能源等政策的。

立项文书的主要目的是对项目进行可行性研究，涉及各个领域、各个学科诸多因素，内容具有综合性。要求撰写者要掌握科学的论证方法，进行严密论证，在建设项目投资决策前对项目各有关情况进行调研分析，并提出方案，在进行技术、市场、经济分析和比较的基础上选择出最佳经济效果的方案。立项文书主要包括项目意向书、项目建议书和可行性研究报告。

一、项目意向书

（一）项目意向书的含义及其作用

项目意向书是在经济技术合作中，当事人双方对某个项目有共同的意愿和趋向的文书。它多是当事人就某个项目进行探讨性洽谈后，双方都有合作的兴趣，并且要求进一步洽谈的情况下签订的。意向书的内容比较广泛，往往不涉及具体细节，它只是合营双方的一个初步协议，是经济合作的初级阶段的文书，它不是法律文件，对签字的各方不具有法律约束力。

意向书的作用主要表现在两个方面：一是作为双方进行下一步实质性谈判的基础和客观的、基本的依据；二是项目意向书经双方签字之后，根据双方的情况，当事人应以此作为开办中外合资企业的申请，向上级主管部门上报初步确立的合营项目和继续开展工作的方式、意图，供上级思考、平衡。意向书批准后，就可以开展进一步工作，如谈判、签订协议或合同等。

（二）项目意向书的特点

1. 目标的导向性

意向书是合资双方为了表示某项合作的意愿而签订的，为下一步磋商奠定了良好的基础。因此，它只是一种导向性的文件，合作目标只求总体轮廓清楚，不求描述具体，合作意向只求大体方向一致，不求具体进程和步骤明确。

2. 条款的原则性

意向书的各项条款必须是就一些重大问题作出原则的确定，不求一些具体问题分项列款，这样才能求同存异，取得较为满意的结果，为下一步研讨留有回旋余地。

3. 行文的灵活性

意向书的行文措词必须是灵活的、原则的，既可在意向书的条款文字中洋溢着一种友好气氛，又不拘泥死板。

(三) 项目意向书的格式与写作

意向书的写作格式一般分为标题和正文两部分。

1. 标题

项目意向书的标题类似公文标题的写法，即提出意向书的国家、部门或单位名称，事由和文种"意向书"三字构成，如《中国××公司和×国××公司合资建立×发电厂的意向书》；有时可以只写事由，即由项目名称和文种两部分构成，如《关于合作经营白天鹅大酒店的意向书》等。

2. 正文

正文是意向书所要实现的总体目标的具体化，一般以分项排列条款的形式来表述。正文由前言、主体和结尾三部分组成。

(1) 前言（导语）。前言通常要求说明签订意向书的单位，明确该意向书的指导思想和政策依据，规定本意向书合作项目及需要实现的总体目标。

(2) 主体。这一部分是意向书的写作重点，一般是写明当事人双方经初步商谈后双方认可的事项，多采用条文式。项目意向书的内容包括以下几个方面：①投资总额及双方出资的数额。投资数额一般可统一用甲方所在国的货币单位，或统一用外币单位，也可既用本国货币单位，又折算成外币单位，还可写明双方出资占投资总额的比例；②合资企业的名称及地址。名称及地址应写全称，如设分厂或另设销售部，技术服务部等，地址也应写明。如未选定具体地点，则可写明大致范围；③主要产品的名称、销售方向。产品如以外销为主，应写明外销比例及由何方负责外销；④双方承担的责任。即双方根据自己的有利条件和所长，在合作过程中各应做些什么或负责什么；⑤合作期限；⑥产品价格及原材料的来源；⑦资源调研及市场考察等。

(3) 结尾。尾部是签署部分，署上双方单位名称、双方单位代表签名、签订时间、抄印份数及报送单位等。

(四) 项目意向书的写作注意事项

(1) 不要表示我方对关键问题的要求。

项目意向书仅仅是表明双方对某个项目的意愿和趋向，而不是对该项目的完全确认，加之相互之间的资信情况的了解也有待于继续深化，因此在编写项目意向书时，我方对项目中的关键问题，如加工装配中我方可以接受的加工费最低单价，中外合资经营中我方利润分配的比例和对方投资回收方式等不宜写入项目意向书中，以便在下一步洽谈中灵活机动，进退自如，取得主动。

(2) 不要列入超越本企业经营范围的合作条款，内容不要同我国现行政策和法规相抵触。

(3) 不要写入属于上级或其他部门才能解决的问题。

(4) 思考周密，用词准确。在项目意向书签订时，双方对该项目的具体设想还未及作充分研究，谈不上对该项目的可行性论证，也未获主管部门批准，因此双方对项目的具体打算，尤其关系到双方权益的问题，不必做实质性的承诺，只要简单明了地叙述各方就这一项目达成的一致意见即可。

二、项目建议书

（一）项目建议书的含义及其作用

项目建议书是在引进国际技术，利用外国政府贷款和外来投资兴办中外合资经营企业中，由项目的主办单位或主管部门，就立项部门（一般是省市对外经济贸易委员会）上报的建议性方案文书。其目的是要求上级主管部门批准立项。它是兴办利用外资企业的第一步，主要是从宏观上论述项目设立的必要性和可能性，对建议利用外资项目的国内外市场、生产（营业）规模、建设条件、生产条件、技术水平、资金来源、经济效益和外汇平衡等情况作出初步的估算和建议。

项目建议书的作用表现为：其一，是立项批报的依据。把投资的项目纳入计划轨道，有助于减少项目选择的盲目性；其二，作为下一阶段可行性研究的依据，实际上它是对需要进行可行性研究的项目的建议，所以，项目建议书只有经过批准才能有效；其三，批准后的项目建议书又是进一步同外商进行开展洽谈工作的依据。

（二）项目建议书的格式与写作

项目建议书通常由标题和正文两部分构成。

1. 标题

项目建议书的标题一般包括三个方面内容，一是合资单位名称，二是合资经营项目，三是文种，如《上海××厂和香港××公司合资生产××（产品名称）项目建议书》；《广东××公司和新加坡××公司合资生产××（产品名称）项目建议书》。如果下文已有合资单位名称，为使标题简短，合资单位名称可省略，如《中外合资经营××（企业名称）项目建议书》。为了方便阅读和审批，项目建议书有些特殊的格式，如首页在标题下面，先对中方单位的基本情况作一介绍，包括项目名称、合营单位、主办单位地址、主办单位电话、主办单位项目负责人及职务、行业归口主管单位名称、填报日期等内容。以上几项占一页。第二页是目录，把项目建议书的各项内容列明，也占一页。作用是使人对项目建议书的主要内容先作一个总的了解。项目建议书的正文从第三页开始，这部分多采用分条列项的方式来写明。

2. 正文

编写项目建议书的目的是为了争取上级主管部门批准立项。因此，正文的中心应围绕项目设立的必要性和可能性来写。为了增强说服力，必须注重事实，运用确凿可靠的事实材料和统计数字来说明问题。

项目建议书通常由国务院各部、各省市、自治区和全国性专业公司及企事业单位编制，通常用的有外商投资项目建议书和利用外国政府贷款项目建议书。

外商投资项目建议书的主要内容。①中方合营单位。包括中方合营单位名称、生产经营概况、法定地址、法定代表姓名、职务、主管单位名称；②合营目的。要着重写明出口创汇、引进技术等必要性和可能性；③合营对象。包括外商名称、注册国家、法定地址、代表姓名、职务、国籍；④合营范围和规模。要着重说明项目设立的必要性，产品的国内外需求和生产情况及产品的销售地区；⑤投资估算。指合营项目需投入的固定资金和流动资金总和；⑥投资方式和资金来源。包括合营各方投资的比例和资金构成的比例；⑦生产技术和主要设备。主要说明技术和设备的先进性、适用性和可靠性，以及重要技术经济指标；⑧主要原材料、水、电、气、运输等需要量和来源；⑨人员的数量、构成和来源；⑩经济效益。着重说明外汇收支的安排。

利用外国政府贷款项目建议书的内容。两国政府间由于各种贷款的目的、程序、招标采购和建设方式差距甚大，贷款种类也不相同，所以项目建议书内容的深广度各不相同，但基本框架大体相同。包括：①项目名称（包括企业名称、项目主办单位和负责人）；②企业现状。包括企业法定地址、建筑物和各种设施、设备、固定资金总额、职工人数、技术力量、生产状况、主要产品、生产规模、企业发展简史等；③申请贷款理由；④项目内容包括生产和经营规模、主要生产流程、项目组成各种情况；⑤主要原材料，如能源、动力、运输等情况；⑥产品销售的方向；⑦项目资金的估计、来源和偿还，包括投资总额、国外贷款渠道、贷款条件、国内配套资金来源、资金偿还方式和能力及偿还支付货币形式、偿还能力的估算等；⑧初步的技术分析，包括投资纯收入率、创汇率、投资回收期等；⑨项目实施计划的进度安排，包括可行性研究、设计、贷款协议谈判签约、设备的招标采购、施工、安装、试运转和总进度的时间等。

（三）项目建议书的写作注意事项

1. 内容完整，不可缺漏

项目建议书是送审的综合性文书，因此内容一定要完整，要力求将审批者所要了解的情况都写进去。如果项目建议书所提供的情况不全面，就有可能导致决策失误，造成不可挽回的经济损失。

2. 叙述事实客观，陈述理由充分

编制项目建议书的基本要求是真实客观，要不折不扣地反映事实，不受感情因素的影响，不掺杂主观的因素。介绍合资双方单位要客观、不夸饰、不溢美、实事求是。项目建议书是立项报批的依据，主管部门将据此审查批复，因此它所陈述的理由一定要充分，具有说服力，否则，就很难得到主管部门的批准。

3. 语言准确，文字简洁

项目建议书要写得真实客观，就要求语言准确。地点、时间、单位名称等要交代清楚，资料数据要准确无误，并力求文字简明扼要，不用浮夸的空话、套话，用简朴的文字，直述其事的方法把有关事项表述清楚。

三、可行性研究报告

（一）可行性研究报告及其作用

可行性研究报告就是针对中外合资企业或其他事业单位在正式组建前，由投资各方或咨询单位对项目进行技术论证及经济效益评估，为选出一个技术上先进，经济上合理的最优方案，供上级主管部门决策而写成的书面报告。

在确定与外商签订正式合同之前，对项目进行全面的可行性研究和论证是一种科学的工作方法，撰写可行性研究报告就成为确定项目业务的重要组成部分。可行性研究报告可以作为上级计划部门和经济管理部门进行审查、鉴别、选择和决策的依据；可以作为建设项目列入计划的依据；可以作为编制实施计划，设计实施方案的依据；可作为编制扩大初步设计计划或施工

设计方案的依据；可作为进行建设前期准备工作的依据。

（二）可行性研究报告的形成程序

一份可行性研究报告的形成，大体经过以下几个程序：其一，组织研究和撰写的班子，通常采取由主管部门下达计划，或有关部门、建设单位向设计或咨询单位进行委托的方式，签订必要的合同，组成包括经济、市场分析、工程技术、财务会计各方专家和人员的班子，必要时还可请外国专家参加，在汇总项目建议书的基础上开始项目的可行性研究工作；其二，进行调查、分析、研究，提出各种方案，如技术方案、工艺和生产流程方案、原材料方案等；其三，对各种方案进行分析、比较、汇总，提出总体方案；其四，对总体方案进行多方论证和验证，最后选定最佳方案，写出结论性的可行性意见和建议，供业务主管部门决策，报各级部门批准。

（三）可行性研究报告的格式及写作

可行性研究报告的结构一般由标题、正文、附件和落款四个部分组成。

1. 标题

标题可采用公文标题的写法，由单位名称、事由和文种构成，如《××厂与×国××公司合作生产××（产品）的可行性研究报告》；也可以只由事由和文种构成，如《关于合资经营广州××实业有限公司的可行性研究报告》。无论采用哪种形式，标题中的文书名称要齐全，省略"研究"二字或省去"报告"二字都是不正确的。

2. 正文

（1）前言。是正文的第一部分，有的用"总说明"作为本部分的小标题。规模较大，工程较为复杂的可行性研究报告则用"总论"作为本部分的小标题。前言部分一般是交代可行性研究工作的主要技术负责人和经济负责人名单、项目的名称、性质与申报理由，项目建议书的审批情况，可行性研究的概况、结论等。前言部分要求简单明了，直截了当，篇幅不宜过长。

（2）主体。主体部分一般分条分项来写，中心要紧扣"可行性"来论述，即项目设立的"可行性"、"效益性"等方面进行论述，注意运用确凿材料，精确的统计数字来说明问题，主要包括以下内容：第一，中方合资者的基本情况。包括现有职工人数、资金及设备情况、生产及销售情况。第二，外方合资者的基本情况。包括国别、厂商名称、地址、注册资金、主要产品及销售情况、公司及性质，前一年的负债额、资产额和经营额。第三，市场分析。包括国内市场情况分析及预测、国外市场情况分析及预测、产品的销售市场及内外销售比例、销售价格及方式等。第四，原材料的供应。包括主要原材料的规格、质量、数量要求、原材料的供应渠道、原材料是用国产还是进口、其他材料及其供应来源，如包装材料、动力及燃料等的需求。第五，生产及工艺。包括生产规划、产品品名、年产量、工艺选定和理由。第六，技术及设备。包括技术引进的内容和方式以及支付方式、引进设备的情况、国产设备的情况。第七，厂址选择。包括地址、面积、水、电供应、交通情况、土建工程规模。第八，生产组织和劳动定员。包括组织机构、人员配备、工资标准、人员培训计划。第九，项目资金的概算及资金的来源。包括总投资估算、注册资金、各方投资比例及出资方式、投资实施步骤、各阶段的出资额及主要目标、资金的筹措。第十，外汇平衡。包括进口原材料、支付外籍人员的工资、外国资本回收的概算、通过产品外销而得到外汇收入额的预算、外汇是否平衡，不平衡情况下如何解决所需外汇来源，其理由与依据。第十一，财务与经济分析。包括生产成本的估算，销售收益估算、各项经济指标的分析、投资回收期、不确定性分析。最后要写明基本建设项目实施计划和进度要求。

（3）结尾。当项目可行性研究完成了所有系统的分析之后，应对整个可行性研究提出综合分析评价，提出优缺点，作出结论并提出建议。

3. 附件

可行性研究报告除正文之外，还有众多的附件及附表应一一附上，不可缺漏。主要包括与有关部门签订的关于资金、场地、生产协作、基础设施配套、环境保护等问题的协议文件、或上述有关业务主管部门的签署意见、外商的有关证明文件、经济分析、财务分析的各类图表等。

4. 落款

落款写上合作各方的单位名称、法定代表人签字及签署日期。

（四）可行性研究报告常用的分析方法

可行性研究报告是一种严谨的经济论证文，要实事求是地论证项目的必要性和可行性，要求用科学的分析方法来拟写。具体说就是要用风险分析法、动态分析法和定量与定性相结合的分析法。

1. 风险分析法

风险分析法也称敏感分析，就是随时都要考虑到有可能出现的风险，并对之加以分析的方法。分析问题时不能只看到有利因素的一面，而忽视了不利因素和风险的一面。掌握这种方法充分估计和考虑到各种实际存在和可能出现的不利因素，可以使我们避免许多损失。

2. 动态分析法

动态分析法是指在事物的运动中把握事物的分析方法。既要看到此时此地的情况，又要看到彼时彼地的情况；既要看到事物静态的量，又要看到事物动态的量。在选择厂址，投入资金时，尤其需使用动态分析法。否则，自然环境的变化、物价指数上涨，就可能使企业停顿甚至瘫痪，掌握这种分析方法，可以避免犯主观主义的错误。

3. 定性与定量相结合的分析法

定性与定量相结合的分析法要求看问题要全面，既要看到事物量的变化，又要看到事物质的飞跃。定性和定量分析各有长短，要对事物做准确分析，必须将两种分析方法结合起来。定性分析重在对事物质的方面进行全面、历史的纵深考察，深入性好，便于抓住事物本质，但对事物抽象描述较多，缺少量化描述，影响结论的可信性；定量分析重在表现事物数量特征和关系，可减少主观成分，而且用准确数量说明问题，结论较有说服力，但定量分析不够深入。因此，把定性与定量分析结合起来，在做定量分析之前，先做定性分析，然后再通过定量分析，即事物量的表现来进一步加深对事物质的了解。在选择确定合资项目时，我们尤其需要这种宏观与微观相结合的分析方法。

以上三种分析方法要求我们在拟写可行性研究报告时要用冷静客观的文字介绍合资项目的优劣，全面地衡量合资项目的经济效益，用长远的眼光来判定该合资项目可行与否。

（五）可行性研究报告的写作注意事项

1. 必须要有实事求是的态度

写作可行性研究报告必须要有实事求是的态度，注意科学性、真实性和准确性。它是从技术、经济、法律等方面论证项目的可行性，应从实际情况出发，既要看到需要，又要看到是否可能；既要看现在，又要看未来；既要看现状，又要看历史；既要看国内，又要看国外，切不可急功近利，只强调开拓精神，忽视科学态度。应注意材料的真实可靠，不能弄虚作假，所列数据必须准确无误。

2. 行文条理清晰，文字简明准确

由于可行性研究报告篇幅较长，所以在编制时必须注意行文的条理，一般是按上文所列应写内容分条或分章编制，可行性研究报告是以叙述和说明为主要表达方式，语言朴实，忌用形容词和抒情笔调，忌用深奥生僻的文字，以免造成理解上的困难。

例文

中外合资经营企业项目建议书

一、项目名称：合资生产（经营）××××产品项目

项目主办单位：（企业名称）××××××

单位负责人：（厂长或经理）

二、兴办合资经营企业的理由

从国内外技术上、产品质量上的差距，从利用外资、产品出口、培养人才、增加收益等方面，说明兴办中外合资经营企业的必要性和重要性。

三、中方合营者的情况

介绍中方合营者的基本情况和兴办中外合资经营企业的有利条件，包括企业性质（国营或集体）、人员情况、技术力量、领导班子、固定资产、设备、场地、原有产品产量、产值、利润、产品出口等情况。

四、外国合营者的情况

外国合营者公司名称、国别、资本、业务范围、规模、产品声誉、销售情况等。

五、合资经营主要内容

（一）生产（经营）范围和规模

（二）合营年

（三）合资经营企业的地址、占地面积、建筑面积（新建、扩建、改造）

（四）合资经营企业的职工总数和构成（工人、技术人员、管理人员）

（五）投资总额、注册资本和各方出资比例

（六）投资方式和资金来源

中方以土地使用权、建筑物、房屋、机器设备等作价的估算，现金投资（外汇、人民币）和来源（自筹、贷款、租赁）；外国合营者以现金、机器设备、工业产权（专利权和商标权）或专有技术等作为出资，对其作价、估价方法和估算金额。

（七）产品技术性能及销售方向

合资经营企业的产品拟达到的技术水平，在国内外具有竞争能力，产品内外销比例的

估计。

（八）生产（经营）条件

合资经营企业所需主要原材料、燃料、动力、交通运输及协作配套方面的近期和今后要求及已具备的条件。

（九）初步的技术、经济效益分析

产品的性能和价格（内外销）、成本、收益估算。生产手段、生产效率提高程度。能源和原材料的节约效果。中外双方经济收益匡算：合营期间各方利润、项目投资利润率、投资回收年限的估算等。社会经济效益分析：合营期间的税收、劳动就业人数、技术水平的提高等。

六、项目实施计划

何时进行技术交流、出国考察、编写可行性研究报告、组织洽谈、签约、施工、试车和投产等。如属一次规划、分期实施项目，应列出分期工程的时间安排。

附件：

（一）邀请外国合营者来华技术交流计划。

（二）出国考察计划。

（三）可行性研究工作计划，包括负责可行性研究的人员安排；如须聘请外国专家指导或委托咨询的，要附计划。

注：报批项目建议书时，附件要齐全。

第三节 外贸谈判文书

一、外贸谈判文书及其特点

（一）外贸谈判文书

谈判是进行外事活动的重要环节。谈判的内容是多方面的，有一般政治、业务会谈，也有解决重要问题的谈判，有时是签订条约、合同的必经阶段。它是参与谈判的双方或多方为了调解或解决重大的国际问题，或进行国际经科贸合作，以便达到各自的目的，就某项涉及各自利益的标的物在一起进行争论或洽商，通过不断调整各自提出的条件，最后达成一项双方或多方都满意的协议。在此谈判过程中形成和使用的文书称为谈判文书。它是交易双方走向签订合同过程中的一种必要的准备。

（二）特点

谈判文书产生于谈判实践，服务于谈判始终，在谈判过程中起着重要作用，其主要特点是以下几个方面。

1. 商洽性

无论何种内容的谈判，其目的都是为了取得对自己一方有利的成果，都是为了取得一致意见才坐到一个谈判桌上的。首先在这类文书中要有诚意的商谈精神，同时谈判文书是提前为谈判准备好的材料，其内容受谈判的制约，而且谈判双方对项目的指数都具有一定的弹性，充分认识谈判文书的商洽性，发挥谈判的艺术是取得谈判成功的重要因素。

2. 斗争性

在谈判中除了友谊商洽的一面之外，也有斗争性的一面，双方是一种拼智慧、拼意志的较量，对于重要的原则分歧总要做到知己知彼，要体现谈判的策略，争取正义和对自己有利的方面，必要时要进行有理有节的斗争，所以撰写谈判文书要有适度的斗争精神。

3. 指向性

谈判的既定目标，对谈判者来说至关重要。要达到什么目标，为了达到这一目标采取什么对策，对策如何组织实施，如何安排，这些都体现了指向性。谈判文书就是围绕既定目标制定具体的切实可行的措施，并以此为依据签订合同。

4. 备忘性

谈判文书的内容既然是整个谈判的指导思想，同时它又在谈判实践中产生，伴随于谈判的始终，成为整个谈判的精神、过程、成果的载体，成为谈判历史可靠、完整的记录。

二、外贸谈判文书的分类

根据在谈判中所处的不同环境及各自用功，常用的谈判文书文种主要有谈判资料、谈判计划、谈判方案、谈判备忘录、谈判纪要、谈判总结等。

三、谈判文书的内容和写作

（一）谈判资料

谈判资料是为谈判准备的参考性材料，如两国边界谈判，要准备边界的历史渊源、边民的现实生活情况和对方的基本观点等资料；国际贸易谈判，要准备商品的市场情况、各地就此商品的生产情况等。要想使谈判获得成功，就需要通过各种渠道，进行深入细致的调查研究，获取大量可靠的资料，使谈判的主要文件建立在真实可靠的证据上。可以说没有可信的资料，很难写出好的谈判方案，也很难取得谈判的成功。

1. 谈判资料的内容

谈判的资料范围很广，凡是可以直接或间接为谈判服务的材料均可视为谈判资料。做为谈判者不仅应对自己的方针政策、经济技术力量、市场销售情况有清晰了解，还应对对方情况了如指掌。除主观因素外，如对方领导层及谈判人员立场、观点、性格特点、工作能力、经验等，还应了解影响谈判的客观环境因素。英国谈判专家 P.D.V. 马什在其所著《合同谈判手册》中把与谈判有关的环境因素概括为以下几点：政治状况、宗教信仰、法律制度、商业做法、社会习俗、财政金融状况、基础设施与后勤供应系统、气候因素。应尽可能多地搜集这些材料，可增加我们在谈判桌上的底数，便于采取相应对策，争取谈判的主动权。

2. 资料搜集的途径

（1）从国内的有关单位或部门收集资料，如对外经济贸易部、中国对外经济贸易促进委员会及其各地分支机构、中国银行的咨询机构及有关咨询公司，与该谈判对手国有过业务往来的国内企业和单位。

（2）从驻外机构及与本单位有联系的当地单位收集资料，如我国驻当地的使馆、领事馆、商务代办处、中国银行及国内其他金融机构在当地的分支机构、本企业或本行业集团在当地开设的营业机构、本公司代理人、当地的商会组织等。

（3）本企业直接派员到对方国家进行考察收集资料。

3. 谈判资料的写作

谈判资料的写作没有固定格式，可根据需要、资料的不同内容，采取不同的形式，如叙述式、条文式、表格式等。书写时要清晰、有条理，语言简明扼要，便于记忆及谈判时使用。

（二）谈判计划

谈判计划是谈判之前，经过谈判双方共同协商，由主办单位对谈判的进程和设想作出周密安排，使整个工作有秩序、有计划地进行。谈判计划包括以下几个方面内容：

1. 确定谈判的主题和目标

谈判主题即参加谈判的目的，必须简单明确，一般用一句话来加以概括表述；谈判目标可分为三级，第一级目标是最低目标，如果不能满足这个目标要求，则宁可使谈判破裂中止；第二级是可以接受的目标，如果说第一级目标是点，那么第二级就是一区间或范围；第三级是最高目标，如果要求超过这个目标，往往冒谈判破裂的危险。

2. 确定谈判的地点

在选择谈判地点时通常要考虑即将展开的谈判中力量的对比，可选择地点的多少和特色，双方的关系、费用等，根据地点的不同，可分为主场谈判、客场谈判与中立地谈判。

3. 确定谈判的议程

判断议程即议事日程，包括两个方面内容：一是谈判议题，即双方就哪些问题进行讨论；二是时间安排，即议题先后次序与讨论的时间日期。

4. 确定谈判的基本策略

谈判策略就是要选择能够达到和实现本方谈判目标的基本途径和方法。基本策略确定的第一步是确定对方在本谈判中的目标是什么，对方可作出的让步，实现其目标的有利因素和不利因素是什么；第二步确定己方将会遇到哪些方面的阻碍，对方会提出何种交换条件；第三步确定对策，是否接受对方的交换条件，在多大程度上接受，如不接受，如何清除障碍；第四步己方在谈判中对对方可能提出的问题和要求有所准备。

谈判计划要突出重点，简明扼要，富于弹性，只在计划中规定原则，不要过于细致具体，有利于谈判人员在谈判时根据实际需要进行调整，而不被其束缚（谈判计划的写作可参考事务文书"计划"的写作）。

（三）谈判方案

1. 谈判方案的内容

谈判方案是谈判的主体文件，它是谈判本身具体细节的安排。一般情况下，谈判方案的撰写难度较大，它要在大量的资料和现实周密调查研究的基础上，认真思考后制订谈判的具体细节。

谈判方案是谈判的底盘，在谈判之前，一般向对方保密。它是一方参加谈判人员的主导思想和协调步调的行为准则。任何规模的谈判，关键是制订好谈判方案。一个好的谈判方案是取得谈判成功的重要保证。谈判方案的内容主要有谈判主题、谈判目标、谈判程序、地点、谈判方式和参加谈判的人员等。

2. 谈判方案的格式

谈判方案的格式一般由标题、正文和落款三部分构成。

（1）标题。即方案的名称。要写明方案的性质，使人一看就知道是解决什么问题的方案。标题内容要一目了然。应包括制订方案的单位名称、方案的内容或对方单位名称和文种，如

《××集团公司关于日本松下彩管生产线的谈判方案》。有时制订方案的单位名称略去，只有方案内容和文种，如《关于××汽车索赔谈判方案》、《关于对虾出口经营方案》。

（2）正文。①开头简要说明谈判内容。②具体条款，包括的内容：谈判主题，也可以说是谈判目的，它是整个谈判所围绕的中心，为具体谈判确定了方向，因此在整个谈判过程中必须明确。谈判目标，它会成为最终签订合同的主要内容，是谈判的重点，必须事先商定。谈判目标应该富有弹性，它的确定要依据可靠的谈判资料。谈判程序，这是决定谈判效率高低的重要环节。贸易大小不同，谈判繁简不同，程序也各不相同。谈判进度，也就是日程安排，原则上可根据双方的时间充裕程度，选择谈判人员身体、精力的最佳时间进行谈判。谈判人员，视谈判规模的大小，确定谈判人员的数目。比较复杂的谈判，谈判人员 3～5 人为宜。一名主谈，应是谈判小组意志、力量和素质的代表，再有一名应是精通业务的专家里手。还要有精通外贸及法律的人员，思维敏捷、善于表达的助手、翻译等。谈判地点，地点的选择要注意到谈判环境，气氛不受干扰，通信方便，节省开支，节约时间等诸因素。

（3）落款。制订者及制订日期写在正文右下方。

3. 谈判方案的写作要求

（1）体现政策性和策略性，要以党和国家的有关政策和上级领导的指示精神为依据。

（2）从实际出发，有的放矢。谈判方案的制订要建立在平等互利的基础上，做事要有利于己，不损于人，要有长期合作的打算。

（3）要注意原则性，如经济贸易合作谈判时，对于违反政策的问题要寸步不让。

（4）逻辑清楚，主次分明，简明扼要。

（5）注重说理性，证据充分。

（四）谈判备忘录

1. 谈判备忘录的内容

谈判备忘录是由主持谈判的一方，根据双方谈判的详细记录，就取得一致性的意见和必要的各自观点写成谈判结果的一种文书。谈判备忘录是谈判过程中的一种重要文书，其内容包括谈判主题、目标、程序、进度、地点、双方人员和结果（一般是暂时的）等。谈判的方式一般由谈判的内容决定。例如，政治谈判，多先就程序性问题谈，以后才进入实质性内容的谈判；经济技术合作谈判，先谈可行性的意见，再谈合同条文；国际贸易谈判，先谈产品大纲、技术条件、供货的主要条件，再谈价格。所以撰写谈判备忘录时要注意谈判方法的记录。

2. 谈判备忘录的格式及写作

谈判备忘录的格式与一般会议记录格式大致相同，一般都采用摘要记录。由标题、正文和签署三部分组成。

（1）标题。它不同于外交中作为函件的备忘录，可以无头无尾，只标"备忘录"，它要求标题完整，如《中国××公司与日本××公司关于××合作的谈判备忘录》或《关于××合作的备忘录》。

（2）正文。包括以下几个方面的内容：①谈判地点。②双方单位及参加谈判人员。③谈判时间。④谈判内容。它是备忘录的主要内容，一般采用摘要记录的方法，尽可能完整地记下洽谈的问题和洽谈的结果，如货物的品质、规格、价格、条件。

（3）签署。在每一份备忘录后，正文右下角写上双方单位名称，并写明时间。

3. 谈判备忘录的写作要求

(1) 忠实于谈判内容，不可随意增加或篡改，符合谈判实况。

(2) 记录内容须详细、完整。

(3) 语言须简明、平实、准确。

(4) 要尽量得到双方的签署，否则将被认为谈判没有结果。

(五) 谈判纪要

1. 谈判纪要的内容

谈判纪要是就外贸进出口业务与外商进行洽谈后，根据会谈记录整理形成的书面文件。其主要内容是把经济贸易会谈中双方就采取何种贸易方式、进出口交易的某些条件和做法达成一致意见后，提出双方协定事项，同时也要将会谈中悬而未决或遗留问题反映出来。谈判纪要一方面可以作为与会代表向领导汇报的材料，另一方面也可作为以后签订合同或协议的一种依据。一经双方签字后，对双方都有一定的约束力，但不具备合同的法律效力。

2. 谈判纪要的格式及写作

(1) 标题。明确写出会谈的专项内容，常在"会谈纪要"前冠以某项会谈的名称，或冠以会谈参加单位的名称，如《关于筹建丝绸时装公司的会谈纪要》，《与××公司××代表团的会谈纪要》。标题右下方写上会谈日期，也可以写在正文末尾。

(2) 正文。①开头部分是会谈情况的概述，写明会谈双方单位的全称（为行文方便，可在全称后注明"甲方"、"乙方"）、会谈时间、地点、人数、姓名及会谈主要事项等。有的谈判纪要还要在开头交代一下背景材料，如会谈参与者的概况。然后常用一句"现将会谈达成的一致意见纪要如下"，从而过渡到主体部分。②主体部分。分条陈述会谈讨论及协商的具体事项，也就是将会谈内容分列为若干条项，分条列项记述。如是一笔交易，便将这笔交易的有关品种、规格、数量、价格、付款方式等分条记述，写清双方的权利和义务、会谈讨论了哪些主要问题，取得了哪些共识，得出了哪些结果。因会谈纪要只是初步洽谈的结果，对悬而未决或来不及详谈的内容应写上一条"对未尽事宜，另行协商"、"具体执行办法另派业务代表再行磋商"等字样。③落款写上双方单位的全称并盖章。如标题下面未写日期，则应写上具体的年、月、日。

3. 谈判纪要的写作要求

(1) 忠实于会谈记录。谈判纪要是依照会谈记录加以整理而形成的一种文件，因而整理者应忠实于谈判记录，准确地加以表述。纪要中涉及的具体外贸业务的原则、事项、步骤等，是要双方共同遵守执行的，因此绝不能随意更改，整理者也不能用会前会后听到双方个别交换的意见代替会谈实况。

(2) 条理清楚，内容完整。国际商务谈判纪要，不同于一般的会议纪要，不必按照发言人顺序、内容来整理，只需按照会谈协定的交易要点，如品种、数量、价格、付款方式等分条整理。

(3) 语言简洁，词意明确。谈判纪要要求写出洽谈的要点，语言必须简明；纪要对双方有一定的约束力，词意必须明确，避免使用可能产生歧义的词语。

(六) 谈判总结

谈判总结是在一场较大的外事谈判结束之后，为了总结经验教训，提高谈判艺术，改进工作，对本次谈判活动情况作全面、系统总结的文件。

根据外事活动的实践，并非每场谈判都做总结，需总结的一般都是较大的或长时间的谈判，或特殊性较强的，或领导要求必做总结的。谈判总结的格式基本类同于一般工做总结。其内容主要是总结谈判情况、经验教训、我方战略、所取得的成果、谈判对手的战略和策略以及谈判计划、方案等准备工作情况和组织工作情况（具体写作要求请参看行政事务文书"总结"的写法）。

【例文评析】

例文1

关于引进 K 公司矿用汽车的谈判方案

一、5 年前我公司曾经经手 K 公司的矿用汽车，经试用性能良好。为适应我矿山技术改造的需要，打算通过谈判再次引进 K 公司矿用汽车及有关部件的生产技术。K 公司代表于 4 月 3 日应邀来京洽谈。

二、具体内容

（一）谈判主题

以适当价格谈成 29 台矿用汽车，及有关部件生产的技术引进。

（二）目标设定

1. 技术要求

（1）矿用汽车车架运行 15 000h（小时）不准开裂；

（2）在气温为 40 摄氏度条件下，矿用汽车发动机停止运转 8h 以上，在接入 220V 电源后，发动机能在 30min 内启动；

（3）矿用汽车的出动率在 85% 以上。

2. 试用期考核指标

（1）一台矿用汽车试用 10 个月（包括一个严寒的冬天）；

（2）出动率达 85% 以上；

（3）车辆运行 3750h，行程 31 250km；

（4）车辆运行达 312 500m^3。

3. 技术转让内容和技术转让深度

（1）利用购买 29 台车为筹码，K 公司无偿（不作价）地转让车架、厢斗、举升缸、转向缸、总装调试等技术；

（2）技术文件包括：图纸、工艺卡片、技术标准、零件目录手册、专用工具、专用工装、维修手册等。

4. 价格

（1）19××年购买 W 公司矿用汽车，每台 FOB 单价为 23 万美元；5 年后的今天如果仍能以每台 23 万美元成交，那么定为价格下限。

（2）5 年时间按国际市场价格浮动 10% 计算，今年成交的可能性价格为 25 万美元，此价格为上限。小组成员在心理上要做好充分准备，争取价格下限成交，不急于求成；与此同时，在非常困难的情况下，也要坚持不能超过上限达成协议。

（三）谈判程序

第一阶段：就车架、厢斗、举升缸、转向缸、总装调试等技术附件展开洽谈。

第二阶段：商订合同条文。

第三阶段：价格洽谈。

（四）日程安排（进度）

4月5日上午9：00～12：00，下午3：00～6：00为第一阶段；4月6日上午9：00～12：00为第二阶段；4月6日上午7：00～9：00为第三阶段。

（五）谈判地点

第一、二阶段的谈判安排在公司12楼洽谈室。

第三阶段的谈判安排在××饭店二楼咖啡厅。

（六）谈判小组分工（略）

1. 中国××公司××分公司

2. ×国×××股份有限公司

【评析】

谈判方案最主要的内容是谈判目标的制订。这则谈判方案的第二部分则是谈判的目标，即谈判的内容。目标制订的要求是具体、明确，这则方案的目标符合这一要求。围绕目标这一中心，谈判方案必须涉及两个重要内容：一是市场分析及客户分析，这是制订方案的依据，为谈判方案的第一部分内容。这则方案的有关情况介绍详细，分析有据。二是为实现目标的具体做法。这则方案所提做法是可行的。谈判方案只是谈判前制订者的主观设想的产物，不可能把影响谈判过程的各种随机因素都包括在内，但在制订方案时，我们应尽可能预测我们将会遇到的问题及我方应采取的对策。

总体来看，这是一则较规范的谈判方案，内容齐全、格式完备。而且这则方案有具体的谈判程序及日程安排，非常清晰明了，这样也便于随时检查，修改。

例文2

外贸谈判备忘录

×××股份有限公司（以下简称甲方）和×××公司（以下简称乙方）的代表，于×年×月在甲方公司本部就技术引进一事进行了初步协商，双方交换了意见，达到了了解，形成了以下初步意向：

一、×××产品技术转让问题

合资双方共同努力会加快技术引进速度。先期可进行技术引进谈判，若谈判成功，双方先签订合同，编写可行性研究报告。

二、乙方的合作意向

1. ×年×月，乙方组织了一批考察团对中国生产企业进行了考查之后，经董事会决定，只选择甲方谈技术转让或合资。

2. ×××公司董事会认为，主要以技术转让为主，基本上不与国内客车厂谈合资，即使合资，也只是象征性地投入非常少的资金。

三、甲方公司技术引进的意向

1. 甲方董事会已决定和外国公司进行技术合作。乙方是首先考虑的合作对象。并且认为若双方不尽快进行谈判，则会失去许多国内外的市场，因此甲方希望尽快在合作上有所进展。

2. 甲方谈了和有关公司谈判的进度情况。并承诺保留和乙方谈判的优先权。

四、甲方与乙方公司合作方式

1. 双方认为以引进技术的合作，则能生产国际性的最有竞争力的产品。这种国际间资源组合是产品成本降低的最有效途径。

2. 双方均不赞成 50％＋50％ 股份的合作方式。

3. 认为开始合作时，最好以贸易方式进行。

4. 技术引进的主要产品为：（略）

五、这次洽谈，虽未能解决主要的问题，但双方都表达了合作的愿望。期望在今后的两个月内再进行接触，以便进一步商洽合作事宜，具体时间待双方磋商后再定。

中国×××股份有限公司　　　　　　　　　××国际股份有限公司
代表×××（签字）　　　　　　　　　　　代表×××（签字）

　　　　　　　　　　　　　　　　　　　　××××年×月×日

【评析】

经双方初步协商，谈判者摘要记录谈判的要点，把双方讨论的问题和协议都记录下来，便形成谈判备忘录。

该备忘录的标题是事由，即项目名称和文种"备忘录"构成，简洁明确；前言部分说明双方代表的情况、洽谈的时间、地点、洽谈的项目及目的等，要言不烦，十分精炼。"双方交换了意见，达到了了解，形成了以下初步意向"一句过渡到主体部分；主体部分采用分条列项的方式，摘要记录谈判要点，归纳为四个方面，即产品技术转让问题、乙方的合作意向、甲方公司技术引进的意向、甲方与乙方公司合作方式等，有些方面双方协商意向趋向一致，而有些方面双方意见产生分歧，这些具体内容在文中都明确地体现出来，表明备忘录应忠实于谈判内容，符合谈判实况的要求。

该备忘录结构完整，层次清晰，记录内容实事求是，语言平实、简明，可以作为今后双方交易或合作的依据，或者作为进一步洽谈时的参考。

第九章　科研学术论文

第一节　实 验 报 告

一、实验报告及其特点

（一）实验报告

实验报告是在实验的基础上，对实验的过程和实验结果进行记录，经整理后所形成的文字材料。

实验是在特定的环境下，检验某种理论或假说，对前人的实验进行修正、补充和发展。它在人类的科学研究、产品的研制和教学工作中发挥着重要的作用。实验报告正是通过对实验过程和结果的有序说明，揭示实验对象的本质和规律。

（二）特点

1. 客观性与真实性相结合

实验是实验报告形成的基础，是撰写实验报告的前提。实验人员必须按照一定的目的和要求设计或模拟实验，借助实验器材和装置进行实验活动。同时，在实验过程中，实验人员亲自动手操作，仔细观察，并对实验过程和实验结果做如实的记录。在此基础上进行计算、分析、整理，撰写出实验报告。因此，实验报告得出的结论客观真实，不带偏见，没有虚假成分。

2. 创新性和重复性并存

实验报告应用领域很广泛，在科研和教学中都有十分重要的作用。对于科学领域来说，可用新的实验去验证已有的成果，也可以对前人的实验进行修正、补充或发展，这种实验多为创造性的，而据此撰写的实验报告，也就具有创新性的特点。相对于教学部门来讲，实验又是相关专业的学生在校学习期间，教师训练、检查学生动手能力的一种手段。学生通过实验，亲自验证化学、物理、生物等学科中的定律或结论，有利于学生更好地掌握基本概念、原理，有利于培养学生观察、思考和动手操作的能力，是考核学生学习成绩的重要依据。

二、实验报告的写作

实验报告写作的基础是实验，只有做好实验，才能获得数据，把握情况，得出结论，最终形成文字材料。因此，实验报告的撰写就应做好以下几个阶段的工作：

（一）准备阶段

1. 理论准备

对于实验者来说，无论是进行创新的科研实验，还是进行重复性的教学实验，相关的理论指导都是必不可少的。理论源于实践又指导实验。因此，从实验题目的确定，实验过程的安排，实验方法的选择，实验中出现问题的分析，到实验结果的得出都需有相关的理论来支撑。这就要求实验人员有一定的理论功底，相当的知识储备。理论准备越充分，越有利于实验高质高效地完成。因此，实验人员在实验前，应阅读有关书籍，查找相关资料，扎实地做好这一环节的工作，为实验的下一步工作奠定基础。

2. 方案准备

在良好的理论准备基础上，实验人员明确了实验目的，确定了实验题目后，还要进行方案准备。有些科研实验，创新性很强，实验难度就会很大，实验过程会比较复杂。即使是重复性的教学实验，对学生来说也会有一定的困难。因此，在实验前应对所要进行的实验有一个初步的安排或拟定一个方案，明确实验的过程、方法及应对可能出现的意外情况的措施，就是一种十分必要的准备。

3. 器材准备

为保证实验顺利进行，还要对实验所需的仪器、材料进行准备。对实验所需材料的性质、作用要了解；对所需测试的仪器、仪表和元器件要进行核准；对所使用的仪器要熟悉，掌握其使用方法等。使实验所需仪器、材料的性能、技术指标符合实验的要求，从而保证实验的顺利完成。

（二）实验阶段

1. 仔细观测

实验开始后，观察和测量就是获得数据的途径。观察是通过人的感觉器官来实现的，这就要求观察者熟悉所做实验的过程。测量是通过科学仪器来记载实验数据，这又要求实验人员熟悉设备，并能熟练操作。

2. 如实记录

在实验中，实验人员应根据实验目的和原理，对实验的过程，实验中测出的数据，实验结果做如实的记录。做到观测细致，记录详实，力求项目数据精确，无遗漏。常用的实验方法有定性实验、定量实验、结构分析实验和析因实验等。

（三）分析阶段

这是在前期工作的基础上，对所获得的实验数据、实验过程进行分析或计算，从而得出结论。在分析阶段，可根据不同实验项目采取相应的分析方法，如对研究对象的各种因素、性质与数量之间的关系做精确的分析来判断事物性质，或将实验所得数据经过处理，以数学建模方式进行分析等。

（四）撰写阶段

实验报告主要由标题、署名、摘要、正文、致谢、参考文献等项目组成。

1. 标题

标题应简要、醒目，明确反映出实验研究的内容，如《验证牛顿第二定律》。

2. 署名

集体完成的实验，在撰写实验报告时，一般参加实验的人员都应署名。署名顺序可按作用、贡献的大小排列；个人完成的实验，在实验报告中署个人姓名。同时，应明确注明作者所在单位的名称，以便读者与作者联系。

3. 摘要

摘要是对实验报告的中心内容所做的简要说明，其作用是帮助读者在较短的时间内，迅速了解实验报告的要点。摘要应力求准确、清晰、简洁。

4．正文

（1）前言。这是实验报告的开头部分，可简要说明实验的对象、目的及意义、理论分析和依据、要达到的目标等。

（2）主体。这是实验报告的核心部分。实验过程、实验的具体内容及实验结果都在这部分进行具体的说明。需说明的内容有以下几方面：

实验原理。实验原理即交代实验所依据的基本原理，实验装置的设计原理等。这一部分要写得准确、充分，做到既有理论根据，又有客观依据，有理有据。

实验目的。简明扼要地说明此项实验的目的，这一实验对某一课题或在现实中的实际意义和作用。

实验设备和器材。将实验所用的设备器材的名称、型号、规格及数量做一说明。

实验装置。将根据实验目的和原理设计的实验装置的构造加以说明，装置中的各个部件按空间顺序一一表述。

实验步骤与方法。将实验操作的程序，实验使用的方法按时间顺序一一说明，详略程度以供他人可据此重复这一实验为准。为表述清晰有条理，可按序分条说明。

实验结果。将实验过程和结果如实记录下来并明确地加以说明，包括实验的时间、环境、条件、现象、数据等。实验报告中所列数据必须是经过验查的，与原始记录相一致的。数据要有误差分析与统计分析。

讨论。这是作者在对实验结果进行分析、研究之后得出的结论或推论，是作者对实验结果的认识与理解。这是对实验中的成功经验，失败的教训，仍存在的问题的一个总结，是把感性认识升华到理性认识的过程。

因实验方法的不同，在实验报告中，正文的各项内容的表述也有差别。在采用定性实验的基础上撰写的实验报告，正文对实验原理、目的、方法要进行充分阐述，以证明实验报告所得出的定性结论的可靠性，并对实验装置、使用的测量仪器及其准确度也要做较详细的介绍，而数据及结论则可以简化；在定量实验基础上撰写的实验报告，在正文中就要格外强调数据，注意数据的精确性，对实验原理的分析相对要求低些；在析因实验基础上撰写的实验报告的正文，则将表述的重点放在对实验过程的说明上，侧重对实验过程中出现的各种原因的分析，从而证明实验报告得出的结论的正确性。

因此，在实验报告正文的写作中，在依照上述所叙次序进行逐项说明的同时，还应根据实验报告的具体内容，实际情况来决定各项目的详略，使正文条理清晰，表述得当。

5．致谢

向在实验过程中，给予提供重要指导和帮助的同志致以书面感谢，以示对他人劳动的尊重。

6．参考文献

在实验报告中引用别人的结论、数据、公式等，在实验报告文后一一注明出处。

以上所述这些内容，教学实验报告可根据实况酌情省略。

三、实验报告写作注意事项

（一）重视实验、打好基础

撰写实验报告必须以实验为基础，实验的质量直接关系到实验报告的效用，因此，撰写者必须充分准备，认真实验，仔细观察实验过程，准确记录实验相关数据、资料，为实验报告的撰写打好基础。

（二）注重说明、准确表达

实验报告的写作主要是对实验过程和实验结果的说明，使读者了解实验的进行情况，并在必要时重复这一实验。因此，在表达上主要使用"说明"表达方式，侧重对实验本身的反映，无须报告撰写者做过多的议论，进行理论上的论证与分析。

（三）切实了解、规范语言

实验报告语言必须准确，才能真实地反映实验的实际情况。准确的语言表达源于撰写者对实验相关专业知识的准确把握，对实验各阶段情况的准确了解。只有在这一基础上，才能用科学、规范的语言，准确地表达出实验报告的内容。

第二节　开题报告

一、开题报告及其作用、特点

（一）开题报告

开题报告是科研人员在课题选定之后，进入该课题的具体研究之前，向科研主管部门报送的关于所研究的课题的重要性、可行性和主要内容的书面报告。这是就所要进行研究的课题向科研主管部门报送的第一份报告，因此又叫开题申请书。

（二）作用

1. 阐述课题意义，获得有效支持

开题报告不仅要向有关科研主管部门说明课题的主要内容，还要就课题的意义进行阐述，强调其重要性和可行性，预期成果和提供成果的形式，从而保证该课题获得科研主管部门的认同，对研究计划的实施给予支持和指导。

2. 提供实施设想，便于督促检查

在开题报告中，科研人员要把自己的研究课题的准备情况、要采取的措施、步骤以及拟达到的目标等简明扼要地加以表述，这就为科研主管部门检查督促课题的研究情况、进展状态提供了依据。

（三）特点

1. 内容的创造性

开题报告所研究的课题必须有科学性，虽然这只是研究课题实施的一种计划，但所选课题必须是有价值的、富有创造性的。

2. 表述的明确性

开题报告的课题是尚未实施的科研项目，但在开题报告中仍需对其可能获得的价值及可行性做明确的表述,将开题报告作为课题研究的施工"蓝图",这也是开题报告得以获得科研主管部门支持的一个重要条件。因此,说开题报告对"预想"的表述应是十分明确的。

二、开题报告的格式及写作

开题报告一般由标题、正文、结尾三部分组成。

(一) 标题

开题报告的标题由课题名称和文种组成,如《关于稀土在易切削钢中的应用及作用机理研究课题的开题报告》、《关于柑橘冻害及其防御技术研究课题的开题报告》。

(二) 正文

开题报告的正文一般包括以下一些内容:

(1) 课题研究的目的和意义;

(2) 国内外与该课题有关的研究现状和水平;

(3) 研究的主要内容;

(4) 研究的方法、步骤、进度;

(5) 预期成果和提供成果的形式(专著、论文);

(6) 实现本课题的目标所具备的条件(过去的研究成果,已有的主要设备,现有的研究技术力量);

(7) 研究经费预算(要列细目,以便审核);

(8) 保证措施。

当然,由于课题性质不同,规格不同,开题报告正文的写法也不尽相同。但是必须做到通过正文的撰写,对课题研究的目的和意义、研究的主要内容、准备情况及达到的预期目标作出明确的说明。

(三) 结尾 (落款)

开题报告的结尾由报送单位(加盖公章)、课题负责人签名和报送日期三部分组成。在报告正文的右下方予以标注。

三、开题报告写作注意事项

(一) 选题重价值

开题报告能否得到科研主管部门的认同,关键在于所选课题的价值。在撰写开题报告前一定要准确了解所选课题的相关研究成果,把握该领域研究最新动向,确保所选课题的价值。

(二) 考虑要周全

在报送开题报告时,还应在注重选题价值的基础上,正确估价自身具备完成课题的主客观条件。课题研究技术力量是否足以保证完成课题的人员需求,现有设备及其他条件情况如何。考虑充分,才能把开题报告写得充分而切实可行,以便使审批机关在确认开题报告后,给予相应的支持与指导。

(三) 表达宜确定

开题报告的写作目的是为保证某一课题的实施。这样在表达上就应体现出确定的态度,使审批部门深信此项研究势在必行,切忌模棱两可,含糊其辞。

第三节　经济论文

一、经济论文及其作用

（一）经济论文

经济论文是学术论文的一种，它是就经济学科的理论和实践问题进行研究并提出独创性见解的一种文章样式。

（二）作用

1. 经济论文是进行经济活动的有机组成部分，是进行经济研究的必要手段

经济论文的写作与探讨经济问题，研究经济现象同步，贯穿于整个经济研究活动的全过程，是进行经济研究的必要手段。

2. 经济论文是总结经济研究成果，进行学术交流，发展经济理论，以指导经济建设实践的重要工具

作为经济研究信息的载体，经济论文是奉献经济科研成果并实现其学术价值的重要工具。运用这一工具，经济科研的最新成果才能被及时、广泛地运用，从而产生社会效益和经济效益。在进行经济体制改革，建设有中国特色的社会主义市场经济的伟大实践中，更需要理论的创造和规律的探索，以此推动我国的经济建设。

3. 经济论文是考核业务的重要依据，是开发智力，培养人才的有效途径

经济论文的写作实质上是人们形成对经济现象及其规律正确认识的创造性智能活动。论文写作是一种综合性的实践训练，有助于开发智能结构，锻炼人们的逻辑思维能力，对经济专业人员的考核，也以论文作为一个重要的标准。

二、经济论文的特点

经济论文具有一般经济类文章的共性，即必须符合客观经济规律的要求，正确表述经济活动的一般和特殊规律；必须与党和国家的方针、政策、法规相一致；必须能指导经济工作实践，具有实际的经济效益；语言文字必须力求简洁明了。

经济论文还具有同其他科技论文不一样的个性特点。

（一）学术性

学术性也就是科学性，指在论文中所体现的专门、系统的学问具有建立在深厚实践基础之上的理论体系。这是确立经济论文学术地位的重要条件，是经济论文的基本特征。学术性首先表现在其写作目的与建设、发展经济学科或这一学科的某一方面的紧密联系上。它描述了经济活动研究中某一新的发现，新的创造，对经济学科的发展具有理论上或实践上的价值；其次表现为理论的思考，对新的发现和创新有深入的理性分析，揭示其理论上的价值，能对经验事实作理性的升华，运用已有的理论知识通过严密的逻辑推导，求得规律性的认识，丰富原有的理论体系乃至建立新的理论体系。

（二）独创性

独创性是经济论文区别于其他经济类文章的根本特征，也是衡量其学术价值的基本尺度。所谓创造性，就是论文中要对已有结论提出新的见解，展开有理有据的论证，自成一家之言或

一得之见，从而具备了资料借鉴和应用的学术价值。独创并非抛开前人成果，而是在吸收和强化已有学术基础上的创新。吸收人类知识宝库中的营养，这是继承前人成果为"原料"，制造出新产品来丰富新宝藏，这是发展。创造性是经济论文的生命，当然创造性只在有无，不在大小，只要有独特的发现，新颖的创见，则不论宏观、微观，都是独创性的体现，都可以写成经济论文。

三、经济论文的分类

经济论文从不同角度可分为若干种类，按写作目的可分为经济学术论文和经济学位论文。经济学术论文是指研究人员总结科研成果，发表在报刊上或提交给有关部门的一种论文；经济学位论文指各类毕业生或同等学力人员为申请授予相应学位而写作的论文。经济学位论文分为学士、硕士、博士三级。

按研究对象分，可分为宏观经济论文和微观经济论文。凡是论述国民经济中属于宏观经济的范畴的普遍性和整体性经济问题的论文，称为宏观经济论文，如有关实行有计划商品经济的论述和有关按劳分配某些规律性问题的论述等。宏观经济论文总是试图用一定的经济模式去阐释经济现象和经济问题；凡是论述国民经济中属于微观经济学范畴和局部性经济问题的论文，称为微观经济论文，如关于国民经济各部门中工交财贸内部的结构问题。微观经济论文是对经济活动具体方式、方法的分析和研究。

按写作方法分，可分为战略对策型和理论探索型。战略对策型经济论文，指就全国、区域性或省、市、县的经济发展进行综合的战略研究探讨和预测，或者就某部门某行业的发展，进行专项的战略研究的探讨；理论探索型经济论文指对经济理论和实践进行规律性的研究。

按立论的方式分，可分为立论文和驳论文。立论文就是从正面阐述、论证自己的观点和主张，直接立论；驳论文则是通过反驳别人的论点来树立自己的观点，是由"破"而"立"的间接立论。两者并非截然分开，而往往是相辅相成，立中有破，破中有立。

四、经济论文的格式及写作

经济论文的写作，一般经过以下步骤：选题、准备、写作。

（一）选题

1. 选题的原则

选题就是在对客观问题和资料的研究基础上，选择并确定学术研究的方向和目标，这是学术研究的第一步，也是十分重要的一步。课题选得好与差，恰当与否直接关系着科研的成败与成果的大小。选题的基本原则有两方面：

（1）客观性原则。在客观上有科学价值和现实意义。凡是能正确反映一定历史时期经济发展的规律，为社会主义现代化建设服务的课题，无论是直接的，还是间接的，都具有科学价值。具体来说，可从以下几个方面考虑：①经济生活中亟待解决的问题。选题要选择那些现实性强，关系社会经济建设、人民生活的重大问题，如建立社会主义市场经济体制、培育市场体系等问题，工资、物价、住房改革的问题都是党和人民群众最为关心的有关国计民生的重大问题。②前人尚未探讨的课题。经济科学的发展总是呈现不平衡状态，特别在基本原理的研究方面，由于不同时期各有侧重，总存在一些空白和短缺，常会影响经济的发展。如果选题能填补这个空白，就会加快社会主义经济的发展，不断提高人民群众的生活水平。③纠正通说与补充前说。由于历史条件的限制和其他一些原因，一般流行的观点和前人已取得的研究成果，也会存在着错误和不足，就可以通过纠正和补充，使人们重新获得正确认识。这种研究是富有科学价值的，也是学术研究中一条易于出新意的途径。④有学术价值的题目。有一些题目看起来似乎远离现实，但都有较高的学术价值，即对文化建设有意义。研究它就是继承和发展我们的民族文化，对这类题目也应注意。

（2）主观性原则。经济论文的选题，在首先考虑选择有科学价值和现实意义的同时，还必须考虑自身的主观条件。关于主观条件，着重考虑以下几个方面：①选择自己有浓厚兴趣的题目。一方面对所选课题有浓厚兴趣，可以激发积极探索的热情，产生要掌握它的强烈欲望，从而专心致志，甚至废寝忘食地研究；另一方面兴趣来源于实践，对所选课题有兴趣，说明我们已对它有所了解，我们最感兴趣的课题，往往是我们了解最多的课题。因此选择有浓厚兴趣的课题，不仅会带来探讨的热情，而且对其有一定的了解和准备，也较易完成。②能够充分发挥自己的业务专长。从自己的主观能力出发，扬己之长，避己之短，充分发挥自己的优点，这样能有利于课题的研究和论证，获得优秀的成果。③占有丰富的资料。资料是进行研究的必备条件，是科学研究和论文写作的基础。只有选择自己能占有丰富资料的题目，才有利于科研工作的开展，才有可能得出正确结论，写出高质量的论文。④题目难易适中、大小适中。要根据自己的专业基础、理论水平、研究能力和占有材料的多寡而定，以经过努力可以完成为宜。

2. 选题的方法

（1）寻找问题，发现矛盾的方法。这是在经济活动中、经济理论中、经济活动与理论的发展趋势中去发现问题和矛盾的方法。要从新事实与旧理论的矛盾中，从不同观点和流派的争鸣中，从别人失败的教训中，从前人不足缺陷和疏漏中选择自己研究的课题。

（2）多维探索与一维选择结合的方法。"横看成岭侧成峰，远近高低各不同"，视野的多维性要求研究者进行多维的探索；具体的研究者由于其特殊的经历、素质和专业等因素，在一定时期内又往往只能选定一个研究方向，所以选择又是一维的。在选题过程中，两者应该结合起来，既不因为缺乏多维探索而使一维选择失去宽广深厚的基础，也不因为不做一维选择而使多维探索成为空谈，而是视野广阔，调查入微，能敏锐地发现新事实，提出新问题，使选题既新颖又切实可行。

（3）想象、联想、直觉选择的方法。直觉是经验事实通向概念或假设的桥梁，研究课题大都是通过直觉选择出来的代表创造成果的概念或初步假设。凭借直觉从许多可能方案中选择出最佳可能的方案作为深入研究的课题，已成为许多理论工作者广泛采用的方法。

经济论文写作要学会选小题，从小处入手，小题大做。而对一个较大的课题可以做多角度、多侧面、内外正反、古今中外、历史、现实、未来等这样的分解研讨，然后加以选择限定。一般可从四个角度限制缩小：①把问题限定在某一侧面；②把论题限定在某一时间范围内；③从某一特定学科来看这一问题；④把上述三个因素合并讨论。

（二）准备

论题选定以后，就要围绕论题搜集材料，整理材料，这是科研和论文写作的基础工作。

1. 搜集资料

资料是写作的基础，写好经济论文，只有占有充分的、扎实的材料，才能为论证提供有力论据，才能在比较和鉴别中开阔思路，顺利地进入写作过程。经济资料的种类繁多，但归纳起来可分为三类：直接从实践经验中获得的资料，从文献记载中查获的资料，发展性资料。直接从实践经验中获得的资料，是经济工作者在自己从事经济工作的实践中，亲身体察、感受，获得第一手材料，它源于人们的实践活动；文献记载中获得资料，是从书籍、报纸、杂志、专著等各种文献资料中查阅获得的，它源于前人的实践活动，属第二手资料；发展性资料，是人们运用上述两种资料进行分析研究，独立思考后升华出来的新资料，源于人们逻辑思维的推理之中。

2. 整理材料

整理材料就是消化、理解材料的过程。要求在整理中分析，在分析中整理。随着材料的整理，经济活动的规律也逐渐显露出来，论点也逐渐明朗。

资料的分类常见有以下两种：

（1）是长期积累资料的分类，叫体系分类法。

（2）是研究某个课题或论文搜集资料的分类，叫组合分类法。其中组合分类法是围绕研究课题、论文构思的分类，须自己设计创造，进行独特的排列组合。它有两种情况：①是在阅读选材过程中，对于研究的课题会逐步形成一个观点系统的理论框架，当搜集材料达到一定数量时，就可根据已形成的理论框架，设定出若干个分类项目，对已有的资料进行分类。随着资料的不断丰富、构思的逐渐成熟，又会对原有的分类项目有所突破，或并、或增、或减，不断进行调整，到材料搜集大体完成，组合分类的项目才定下来。如此边搜集、边组合，是一种不断调整完善的分类法。②是在阅读文献选取资料的过程中，根本不考虑如何分类，等到所需资料全到手后再分类。这是完全从资料出发的分类，在对资料的归纳、分析中，不断思考，不断进行新的排列组合。

经济论文要达到目的，关键是必须掌握正确的分析、研究方法，克服孤立的、静止的、片面的形而上学的思维方法。一般来说，基本的科研方法有以下几种：哲学的思维方法，运用客观世界和人类思维的一般规律，即哲学的一些基本范畴，如现象和本质、一般和个别、必然和偶然、原因和结果、内容和形式来观察、理解、分析客观事物；逻辑的和历史的方法。逻辑的方法就是运用形式逻辑和辩证思维的一般思维规律去观察事物发生和发展的过程，发现和把握事物的内在联系。历史的方法，即是具体反映事物发展自然进程的方法，展现事物真实面貌和探求影响，决定事物发展变化因素的方法。上述两种方法在科学研究中常常是结合在一起使用的，科学研究的一般方法，包括观察、模拟、假设、数学方法、系统方法等。信息论、控制论、系统论、协同论、突变论等都属于系统方法，目前已广泛应用于自然科学和社会科学的研究方面，也是经济科学研究的一种重要方法。

3. 主题的确立

确立主题是写作论文十分重要的一步，因为论点是文章统帅，确立的论点务求正确、鲜明。论点正确是指论点要能揭示客观事物的本质和发展规律，要能经得住实践的检验。论点鲜明是指作者所持的看法或主张旗帜鲜明，赞成什么，反对什么，肯定什么，否定什么，态度明朗，毫不含糊。正确、鲜明的论点的形成要依靠以下几个条件：

（1）要有较高的思想认识水平。思想认识水平是作者的世界观、认识论、思想方法及逻辑思维能力等诸方面的综合体现。作者的思想认识水平越高，论点的内涵也会越深，思想性也就越强。

（2）要认真研究材料。观点来源于材料，搜集得来的材料，经过整理之后，要认真研究，这是正确、鲜明论点形成的必要条件。

（3）学会提炼论点的方法。一个正确、鲜明论点的形成，往往不是经过一次性思考就能奏效的，常常需要对命题和材料的反复思考才能形成。大致分两步进行：第一步，多角度立论，是相对同一命题、同一材料，从不同角度提出若干论点；第二步，筛选最佳论点。是指对所有从不同角度提出的论点，经过一番去次存主、去陈存新，将最佳论点挑选出来，作为文章论证的对象。

4. 拟定写作提纲

写作提纲是作者整理思路，并使思路定型化的凭借。它具有帮助思考，指导写作的作用。编写写作提纲是论文起草前准备工作中不可缺少的一项，而且其他几项工作结果也应在写作提纲中得到落实和反映。

一份完整、正规的写作提纲应由标题、观点句和内容纲要等几个项目构成。

（1）标题。标题又称题目，是经济论文内容的高度概括。成功的论文，大都具备特点鲜明、引人注目的标题，它能提挈全文的内容要点。

（2）观点句。也叫论点句或主题句，就是概括文章基本观点的语句。在提纲中写出文章的中心论点，有利于观点的进一步明确，并能有效地防止写跑题。

（3）内容纲要。就是把全文内容分门别类地分成几部分，先按引论、本论、结论分成三大块，要详细地加以划分。先列出大的项目（即大的部分，大的层次论点），再在每一大的项目中列出它包含的中项目……每个项目不管大小，都要用一句话概括出它所包含的内容。各个项目列出之后，还要进一步考虑它在全文中特别是在表现主旨或基本观点中的作用和地位。根据它们的作用、地位和彼此之间的关系，再按先后次序，妥善安排它们的位置，既要防止毫无秩序，也要防止轻重倒置，主次不分。

（三）写作

一篇完整、规范的经济论文通常由以下项目构成：

1. 标题

标题是以最恰当、最简明的语词反映论文中最重要的特定内容，如《关于社会主义须兼容商品经济的理论分析》、《价格转移是我国引进外资的一个隐忧》等。题名所用每一个词语还必须考虑到有助于选定关键词和编制题录、索引等二次文献可以提供检索的特定实用信息。题名中应避免使用不常见的缩略词，首字母缩写字、字符、代号和公式等。论文用作国际交流应有外文（一般用英文）题名，外文题名不宜超过10个实词。

2. 作者署名

作者姓名应写在标题之下的中间或稍偏右位置，署名和标题之间要空出一行，两个字的姓名，中间要空一格。署名是版权所有和文责自负的体现，只有直接参加了研究工作，并能对论文内容负责的人，才有权利也有必要在论文上署名，如果成果由多人合作完成，则应按贡献大小排列名次。

3. 摘要

摘要是关于论文内容的不加注释和评论的简短陈述。摘要应具有独立性和自含性，即不阅读论文的全文，读者就可以获得必要的信息。摘要应该是一篇完整的短文，有数据、有结论，可以独立使用，可以引用。摘要的内容应包含与论文等量的主要信息，可供读者确定有无必要阅读全文，也可供文摘等二次文献采用。摘要一般应说明研究工作的目的，实验方法，结果和最终结论等。除了实在无变通的办法外，摘要中不应使用图、表、化学结构式，非公知公用的符号和术语。学术论文一般均应有摘要，但在学术刊物上发表的论文则常因篇幅的限制而省略摘要。为了国际交流，还应有外文（一般用英文）摘要。中文摘要一般在 200～300 字，外文摘要不宜超过 250 个实词。学术论文的摘要一般置于题名和作者之后，正文之前。

4. 关键词

关键词是为了文献标引工作，从论文中选取出来以表示全文主要内容、信息款目的单词或术语。每篇论文可选取 3～8 个词作为关键词，以显著的字符另起一行，排在摘要的左下方。关键词应尽可能选用《汉语主题词表》等词表提供的规范词。用于国际交流的学术论文，也应标注与中文对应的英文关键词。

5. 目次页、插图和附表清单（必要时）

长篇论文可以有目次页，短文无需目次页。论文中如图表较多，可以分别列出清单置于目次页之后。

目次页由论文的篇、章、条、附录、题录等的序号、名称和页码组成。图表的清单应有序号、图（表）题和页码。

6. 正文

经济论文的正文通常包括序论、本论和结论三部分。

（1）序论。又称前言、引言、引论等，这是一篇论文的开头部分。这一部分所写内容通常包括提出问题，指明选题的背景、缘由、意义，明确观点，研究方法或论证方法的说明，研究范围的划定等。

（2）本论。本论是论文的主体部分，对问题展开分析，对观点加以证明，全面、详尽、集中地表述研究成果。

本论部分的篇幅长，容量大，一般不会只由一个层次或一个段落构成。不同的层次和段落之间发生着密切的结构关系，按照层次或段落之间的结构关系的不同，可以把本论部分的结构形式分为并列式、递进式和混合式三种。

并列式结构又称横式结构，是指各个小的论点相提并论，各个层次平行排列，分别从不同的角度、不同侧面对问题加以论述，使文章内容呈现出一种齐头并进的格局。

递进式结构又称纵式结构，或直线式结构，是指由浅入深，一层深于一层的表述内容的结构方式。各层次内容步步深入，后一个层次内容是对前一个层次内容的发展，后一个论点是对前一个论点的深化。

所谓混合式结构，是把并列式同递进式混合在一起使用的结构形式。与其内容的复杂性相适应，经济论文的结构形式极少是单一的。为使本论部分更有条理性，人们常在这一部分的各个层次之间加上一些外在标志，这些用以区分层次的主要有序码、小标题、序码和小标题相结合及空行等几种。

（3）结论。结论是一篇论文的收束部分。经济论文的结论部分大致包括以下几项内容：

提出论证结果。在这一部分，作者可对全篇文章所论证的问题及论证内容做一归纳，提出自己对问题的总体性看法，总结性意见，指明进一步研究的方向。在论文的结论部分，作者有时不仅概括论证结果，而且还指出在该项课题研究中所存在的不足，提出还有哪些方面问题值得人们继续探讨，以为他人的科研选题提供线索。

此外，根据实际情况，还可以在这一部分写入其他内容。例如，如果研究成果具有较高的实用价值，作者还应写明对研究成果的推广与应用的期望，或就此提出具体的建议。如果研究成果带有一定的突破性，或者意义及影响不易为读者所了解，则有必要在结论部分对研究成果的意义及其可能产生的影响作实事求是的说明和估测。

序论、本论、结论三个部分前后相续、紧密衔接，是论文常见的结构程序。但也有的文章开篇就直接进入对问题的论证，结篇点题，揭示论旨，即只有本论、结论，而没有一个相对独立的序论部分；也有的论文在序论中便概括全文的内容要点，出示论证结果，或在本论部分边论述边总结，并不专门以结论的形式收束全文，即文章只有序论、本论，而没有一个单独的结论部分。在论文的撰写过程中，采用哪种结构程序，要视写作的需要而定。

7．致谢

在学术论文尤其是学位论文的写作中总会得到导师或其他人员的指教和帮助，也会引用别人的研究成果，致谢就是对指导教师和有关人员表示谢意，这既是对别人的劳动的尊重，也是一种谦虚、严谨的治学精神的体现。可以在正文之后对下列方面致谢：国家科学基金、资助研究工作的奖学金基金、合同单位、资助或支持的企业、组织或个人；协助完成研究工作和提供便利条件的组织或个人；在研究工作中提出建议和提供帮助的人；给予转载和引用权的资料、图片、文献、研究思想和设想的所有者；其他应感谢的组织或个人。

8．参考文献

按国家标准 GB7714-1987 规定执行。凡论文中直接引用的各种参考文献，均应开列。或按顺序编码制组织，或按"编者－出版年"制组织。目前通常采用顺序编码制。著录格式包括三个要求：著者、题目和出版事项。出版事项专著依次为出版地、出版社、出版年，连续出版物（报刊）依次为出版物名称，出版日期和期数、起止页码。

9．附录

附录作为论文主体的补充项目，并不是必需的。

下列内容可以作为附录编于论文之后，也可以另编成册。

（1）为了整篇论文材料的完整，但编入正文又有损于编排的条理性和逻辑性，这类材料包括比正文更为详尽的信息、研究方法和技术更深入的叙述，建议可以阅读的参考文献题录，对了解正文内容有所帮助的补充信息等；

（2）由于篇幅过长或取材于复制品而不便于编入正文的材料；

（3）不便于编入正文的珍贵资料；

（4）对一般读者并非必须阅读，但对本专业同行有参考价值的资料；

（5）某些重要的原始数据、数学推导、计算程序、框图、注释、统计表、计算机打印输出件等。

附录应与正文连续编排页码，每一附录均需另页起，其序号用大写正体拉丁字母编标。

五、经济论文的撰写步骤

（一）撰写初稿

经济论文初稿的撰写有两种方法：一气呵成和分部分写。一气呵成的写法是按照写作提纲，不论从绪论写起，还是从本论入手，都不能中断或停顿，一直到初稿完成后再仔细推敲、加工修改。分部分写适用于长篇论文，按预设的部分层次，一部分一部分地分头来写。每写一部分前，集中思考该部分的内容安排，然后动笔。这一部分初稿完成后从头修改，初步定稿抄清。如此一部分一部分地把全篇分部分都写完，再合起来通读，作统稿工作，稍加润饰即可完成。

（二）文稿修改

经济论文写作时间长，内容广、材料多、研究深，要在严密、完整、科学的逻辑构成中表述一个易理解、有说服力的独到见解，是很不容易的，初稿往往不成熟，错误、疏漏、不当之处在所难免，因此反复推敲修改十分必要。修改最后做冷处理，将初稿放置一定时间，跳开原来的思路，以便从新的角度思考审察。修改前，再重读有关的备用资料，有利于对研究课题作进一步深入的思考。如果能请导师或其他人过目，听取各方面的意见就更有助于修改提高。

修改要从整体着眼，大处入手，按照先整体、后局部，先思想、后材料，先内容、后形式，先篇章、后语句的顺序进行。不要一开始就拘泥于一词、一句、一个标点的改动，而应通读全文，从整体出发，审察文稿的观点系统，即各部分的从属论点与全文的基本论点，以及并列论点之间的关系是否安排妥当，是否需前后调整，需合并或分开，需删除或增补。接着分部分作内容的修改，看材料是否充实、精当，不妥的则换，遗落的要补，重复多余的就删，同时检查论证的条理，解决各部分逻辑严密性上的问题，包括部分与部分、段与段之间的衔接过渡。最后检查语言表达和格式及一些技术处理上的问题，进行逐词逐句、逐项逐款的推敲落实。实际操作时，最好能边读边改、边抄边改，修改往往反复多次，直到满意为止。

（三）誊清文稿

文稿作最后检查定稿后，需用稿纸誊清。图、表要用黑墨水绘在白纸上，贴到行文中，如向报刊投稿，最好在行文和图表上编上相应序码，与原稿一并投寄。誊清后尽量少涂抹，要保持文面的美观。

六、经济论文的技术处理

（一）文献资料的引用

引用有直接引用和间接引用两种。前者是引用原文，头尾加上引号；后者指意引，转述大意不加引号。意引多用于拟引用的原文较长，经概括压缩，既节省篇幅，又使行文流畅自然。引文尽量少些，要用得少而得当。长篇累牍地罗列旁人观点会削弱文章的主体性，也会使人读而生厌，效果不好。引用不可断章取义，为我所用；不能前后矛盾，牵强附会，引文必须核对原文，准确无误。对任何引文必须表明自己赞同或反对的态度；是文献的观点，还是自己的见解必须分清。未公开的资料，不得引用，引文必须注明出处。

（二）加注

注释有说明资料出处和解释内容两类。解释内容的注释主要是解说行文中的难点和有关的专业术语。加注的方法有四种：

（1）夹注即段中注。写在正文中注释项目的后边，用括号标明。用于须注释的项目不多的文章，夹注过多，有碍阅读。

（2）脚注。即页中附注。写在页的下端左侧，用一短横线与正文隔开。脚注便于阅读，多被采用。

（3）章节附注。注于一章、一节之后。

（4）尾注。用于全文或全书末尾。尾注和章、节附注应注意少用，否则不便于翻阅。

除夹注外，其他三种注释都要在需注释的行文句末的上角加上注码，用方括号或圆括号标出；注释很少，也用"×"做标记。解释内容的注释要写得简明、扼要、精当。

（三）数字的运用

论文中运用数字，要求规范，符合国家技术监督局 1995 年发布的《关于出版物上数字用法的规定》。该标准规定了出版物在涉及数字时使用汉字和阿拉伯数字的体例，也适用于各级新闻报刊、普及性读物和专业性社会人文科学出版物、自然科学和工程技术出版物等。可参见书后的附录 C。

（四）计量单位的使用

国务院 1984 年发布了《关于在我国统一实行法定计量单位的命令》，自 1986 年起，所有的公开报刊、图书、公文、宣传出版物等都要按规定使用，如长度为米，重量为克，面积为平方米，容量为升等。

（五）图表的制作和使用

图表直观简明，一目了然，能清楚地表达用大量文字也难以表达清楚的内容，提高信息传递的效率。经济论文常用的图表有三类：线图（用于表达两个或两个以上可变因素之间关系的变化）、点图（用于表达两个因素之间的相互关系）、圆图（用于说明局部各因素的比重）。经济论文的图表是为了比较形象和直观地说明某个问题，因而是示意性的，它要求规范、清晰、整洁，并注意图表的布局和比例。

【例文评析】

例文

对市场经济条件下征信体系建设的思考

白宝明　张爱武（中国人民银行陇县支行，陕西陇县 721200）

摘要：本文论述了市场经济条件下征信体系建设的必要性和征信体系建设中存在的突出问题，提出了征信体系建设应适应市场经济发展要求，要建立健全征信制度机制、共享机制、奖惩机制、协调机制、宣传机制，以此促进我国征信业的健康发展。

关键词：市场经济；征信体系

中图分类号：F830.1 文献标识码：B 文章编号：1674-0017-2010（10）-0062-02

收稿日期：2010-8

作者简介：白宝明（1969.11～），男，陕西陇县人，本科学历，经济师，现供职人民银行陇县支行。

张爱武（1971.4～），女，江苏铜山人，本科学历，会计师，现供职人民银行陇县支行。

一、新阶段征信体系建设的必要性

（一）加快推进社会信用征信体系建设，是完善社会主义市场经济体制的基础条件。信用是市场经济的生命，是市场竞争的基石和准则，发展社会主义市场经济离不开社会信用征信体系的有力支撑。市场化程度越高，市场规模越大，加快信用征信体系建设的需求就越迫切。只有全社会确立了信用观念，建立了完备的信用信息数据库，才有可能建立起规范公正的市场经济秩序，降低市场交易成本，提高市场运行效率，充分发挥市场配置资

源的基础性作用。

（二）加快推进社会信用征信体系建设，是提高区域综合竞争力的有效途径。市场经济条件下，信用环境是最基本的投资和发展环境，它决定社会生产的有序程度和经营效率。因此，我们要提高区域的发展竞争力，必须牢固树立"信用立市"、"诚信为本"和"信用也是一种竞争力"的观念，真正把社会信用征信体系建设作为提高区域发展竞争力的切入点和生命线来抓。越是要加快发展，就越是要重视和加强信用环境建设，通过营造使人感到舒心和安全的信用环境，构建和谐的经济生态环境，增强对外吸引力，提高区域综合竞争力。

（三）加快推进社会信用征信体系建设，是维护区域金融稳定的重要保证。社会信用征信体系是一个国家和地区金融稳定的重要保证，商业银行是经营信用和风险的机构，但由于缺乏企业和个人征信制度体系，造成信息严重不对称，各商业银行对企业和个人的信用状况几乎无法了解，因而建立企业和个人信用征信制度不仅是维护区域金融稳定的重要保证，而且对维护国家金融稳定都具有非常重要的意义。

（四）加快推进社会信用征信体系建设，是建设文明城市的现实要求。在新阶段，良好的社会信用环境，本身就是创建文明城市的应有之义，我们不仅要将信用作为一种公民道德指数来提倡，而且要将信用制度化，成为具有普遍约束力和社会公信力的公民行为准则。要强化信用意识，提高道德素质，扎扎实实把社会信用征用体系建设抓紧抓好，以建设完备的社会信用征信体系为重点，以培育社会信用征信市场为突破口，形成诚实守信的社会风尚。

二、新阶段征信体系建设中存在的问题

（一）征信体系的法律建设滞后。目前，我国征信方面的相关立法则相对滞后，尚未有一部完整规范征信市场行为方面的法律或法规。从而制约了社会信用数据开发的进程，使得在开放信用数据等方面无法可依。

缺少法律法规为征信活动提供直接的依据，使征信机构在信息采集、信息披露方面无法可依，特别是在基层金融机构，经常遇到政府部门、其他金融机构、企业等要求提供各种信息咨询，但由于没有适当的法律依据，使得对信息的提供和披露范围很难操作，数据的过分保密也影响了公众对征信的认识程度。

（二）征信体系的资源共享困难。根据我国现行的政府管理体制，由于各行业部门之间的信息和数据都被屏蔽，既不流动也不公开，大量有价值的信息被闲置，信息资源浪费严重。在现有的征信机构中，只有金融机构之间联结为网络，建立了企业和个人征信系统，但和其他征信机构没有可联网操作的法律、法规，各自自成一体，相互独立，难以真正做到信息资源共享。

（三）征信体系的监管体制不健全。我国包括资信评估公司、信用担保公司、信用咨询公司等社会信用中介机构的属性不明，也没有相应的管理办法和规定来明确其职能，造成各类信用中介机构性质不清、归属不明，进而导致多头监管与无人监管的状况并存，监管体制建设与西方国家相比尚有很大的差距。

（四）征信体系的失信惩戒力度小。现在社会上之所以有很多失信行为，一个重要原因是失信者没有受到及时、严厉的惩罚，失信的道德、法律和经济成本太低，而严格失信惩戒就可以一方面使市场失信行为大大减少，另一方面使社会征信体系的作用得到充分发挥，促进征信业的快速发展。

三、对策及建议

（一）适应市场经济发展要求，制定完善的征信制度机制。尽快制订的征信法规主要有两类，一类是有关征信业管理的法规，另一类是有关信息披露的法规。借鉴、引进国外征信体系建设的成功做法，加快征信法制建设，完善有关征信的规章制度，尽快出台适用于我国的征信管理条例，改变目前社会信用体系法律基础薄弱的状况，使征信业的发展有法可依。

（二）适应市场经济发展要求，建立健全的征信共享机制。征信信息的共享就是要求信用信息在一定范围内查询信用状况，向社会公众披露，实现信息共享。应尽快规范信用信息的征集方式和范围，明确信用信息资料的分析、整理和使用的权利义务以及信息失真承担的责任，要积极沟通协调各单位按照统一的数据规范和要求向征信系统报送数据，健全信用数据档案，完善行业信用记录，健全信息披露制度，要以规章制度的形式规范征信信息数据的取得和使用程序，明确数据的开放程度，在严格执行保护商业秘密和个人隐私前提下，对于通过正规的方式和渠道获得的信息，应按照共享的范围和主体分类开放，增强社会信用的透明度，促进信息交流和征信资源共享。

（三）适应市场经济发展要求，建立全面的征信奖惩机制。人民银行、银监部门要制定有关征信奖惩机制设的法律法规和规章制度，各级、各有关部门要逐级建立考核制度，加大责任落实力度，加大对违约行为的责任追究和惩戒力度，对各种破坏信用关系的行为进行公开曝光，使失信者无立足之地，对失信企业的高级管理人员和直接责任人员的违法行为，坚决追究法律责任，通过依法处理失信行为，使失信者付出代价、名誉扫地、甚至受到法律的制裁，给守信者予以结算业务各方面的优惠，得到实惠和好处，努力培养社会公众"守信光荣"的思想意识。

（四）适应市场经济发展要求，树立系统的征信协调机制。征信体系建设是一个涉及面广的社会系统工程，要建立一个以个人信用为基础、企业信用为核心、政府信用为保障的包括观念、制度、机构在内的征信体系建设。在征信体系建设过程中，由政府牵头，金融推动，各有关部门从全社会信用征信体系建设的大局出发，明确各自的工作职责和要求，在宣传教育、法规制定、执法检查、信用信息的征集开放、信用信息的共建共享等方面，一定要相互协调、联手行动、加强沟通、密切配合，形成一个以当地政府为领导，以金融部门为主体，以党政有关部门和司法部门为支撑，社会各方面共同建设征信体系的局面。

（五）适应市场经济发展要求，营造浓厚的征信宣传机制。信用征信体系建设不仅需要政府的大力推动，更需要全社会的支持和参与，要通过广泛的宣传、充分的发动、深入的教育，引导和组织广大群众参与到信用征信体系建设中来。

参考文献

崔建华，《社会主义市场经济》，经济科学出版社，2004年。

项俊波等，《金融基础概论》，中国金融出版社，2006年。

丁邦明，《对农行发放农民信用贷款的思考》，《西部金融》，2009年第2期。

孙晓燕，《关于我国征信体系建设的困惑与思考》，《集团经济研究》，2006年第09期。

赵复元，《市场经济条件下信用体系建设》，《经济研究参考》，2002年第15期。

【评析】

这是一篇现实性很强的经济论文，它所研究的是市场经济条件下征信体系建设的问题，是经济建设中迫切需要解决的问题。

　　标题点出了文章研究的对象、内容，而没有说明怎样看待这个问题，但因其涉及当前大家普遍关心的焦点，又特别点明了是一种"思考"，就很能引起读者的注意。

　　序论中提纲挈领地提出了新阶段征信体系建设的必要性。立意高远，语言简练，同时自然导引出本论内容。

　　本论中阐述了新阶段征信体系建设中存在的问题。从并列层次上提出征信体系建设中存在的四个方面的问题，即征信体系的法律建设滞后、征信体系的资源共享困难、征信体系的监管体制不健全、征信体系的失信惩戒力度小。针对这些问题又并举出五个方面的解决办法，即完善征信制度机制、建立健全的征信共享机制、建立全面的征信奖惩机制、树立系统的征信协调机制、营造浓厚的征信宣传机制。两大部分之间看似独立，实际它们之间有着紧密的内在联系。后面的对策正是在对前面具体矛盾进行现实分析的基础上提出来的。只有以现实情况为基础，才能保证对策的行之有效。全文没有单独的结论部分。

　　本篇论文的最大特点是全用事实说明，而不做抽象的论辩，每个难点、对策都是在具体情况之上加以论述、分析的。本文的论证方法以例证法为主，这是由内容决定的。全文层次清晰，内容完整，语言简明、准确。

附　　录

附录 A　2012 年党政机关公文处理工作条例

中办发〔2012〕14 号

第一章　总　　则

第一条　为了适应中国共产党机关和国家行政机关（以下简称党政机关）工作需要，推进党政机关公文处理工作科学化、制度化、规范化，制定本条例。

第二条　本条例适用于各级党政机关公文处理工作。

第三条　党政机关公文是党政机关实施领导、履行职能、处理公务的具有特定效力和规范体式的文书，是传达贯彻党和国家方针政策，公布法规和规章，指导、布置和商洽工作，请示和答复问题，报告、通报和交流情况等的重要工具。

第四条　公文处理工作是指公文拟制、办理、管理等一系列相互关联、衔接有序的工作。

第五条　公文处理工作应当坚持实事求是、准确规范、精简高效、安全保密的原则。

第六条　各级党政机关应当高度重视公文处理工作，加强组织领导，强化队伍建设，设立文秘部门或者由专人负责公文处理工作。

第七条　各级党政机关办公厅（室）主管本机关的公文处理工作，并对下级机关的公文处理工作进行业务指导和督促检查。

第二章　公文种类

第八条　公文种类主要有：

（一）决议。适用于会议讨论通过的重大决策事项。

（二）决定。适用于对重要事项作出决策和部署、奖惩有关单位和人员、变更或者撤销下级机关不适当的决定事项。

（三）命令（令）。适用于公布行政法规和规章、宣布施行重大强制性措施、批准授予和晋升衔级、嘉奖有关单位和人员。

（四）公报。适用于公布重要决定或者重大事项。

（五）公告。适用于向国内外宣布重要事项或者法定事项。

（六）通告。适用于在一定范围内公布应当遵守或者周知的事项。

（七）意见。适用于对重要问题提出见解和处理办法。

（八）通知。适用于发布、传达要求下级机关执行和有关单位周知或者执行的事项，批转、转发公文。

（九）通报。适用于表彰先进、批评错误、传达重要精神和告知重要情况。

（十）报告。适用于向上级机关汇报工作、反映情况，回复上级机关的询问。

（十一）请示。适用于向上级机关请求指示、批准。

（十二）批复。适用于答复下级机关请示事项。

（十三）议案。适用于各级人民政府按照法律程序向同级人民代表大会或者人民代表大会常务委员会提请审议事项。

（十四）函。适用于不相隶属机关之间商洽工作、询问和答复问题、请求批准和答复审批事项。

（十五）纪要。适用于记载会议主要情况和议定事项。

第三章　公 文 格 式

第九条　公文一般由份号、密级和保密期限、紧急程度、发文机关标志、发文字号、签发人、标题、主送机关、正文、附件说明、发文机关署名、成文日期、印章、附注、附件、抄送机关、印发机关和印发日期、页码等组成。

（一）份号。公文印制份数的顺序号。涉密公文应当标注份号。

（二）密级和保密期限。公文的秘密等级和保密的期限。涉密公文应当根据涉密程度分别标注"绝密""机密""秘密"和保密期限。

（三）紧急程度。公文送达和办理的时限要求。根据紧急程度，紧急公文应当分别标注"特急""加急"，电报应当分别标注"特提""特急""加急""平急"。

（四）发文机关标志。由发文机关全称或者规范化简称加"文件"二字组成，也可以使用发文机关全称或者规范化简称。联合行文时，发文机关标志可以并用联合发文机关名称，也可以单独用主办机关名称。

（五）发文字号。由发文机关代字、年份、发文顺序号组成。联合行文时，使用主办机关的发文字号。

（六）签发人。上行文应当标注签发人姓名。

（七）标题。由发文机关名称、事由和文种组成。

（八）主送机关。公文的主要受理机关，应当使用机关全称、规范化简称或者同类型机关统称。

（九）正文。公文的主体，用来表述公文的内容。

（十）附件说明。公文附件的顺序号和名称。

（十一）发文机关署名。署发文机关全称或者规范化简称。

（十二）成文日期。署会议通过或者发文机关负责人签发的日期。联合行文时，署最后签发机关负责人签发的日期。

（十三）印章。公文中有发文机关署名的，应当加盖发文机关印章，并与署名机关相符。有特定发文机关标志的普发性公文和电报可以不加盖印章。

（十四）附注。公文印发传达范围等需要说明的事项。

（十五）附件。公文正文的说明、补充或者参考资料。

（十六）抄送机关。除主送机关外需要执行或者知晓公文内容的其他机关，应当使用机关全称、规范化简称或者同类型机关统称。

（十七）印发机关和印发日期。公文的送印机关和送印日期。

第十条　公文的版式按照《党政机关公文格式》国家标准执行。

第十一条　公文使用的汉字、数字、外文字符、计量单位和标点符号等，按照有关国家标准和规定执行。民族自治地方的公文，可以并用汉字和当地通用的少数民族文字。

第十二条　公文用纸幅面采用国际标准 A4 型。特殊形式的公文用纸幅面，根据实际需要确定。

第四章　行 文 规 则

第十三条　行文应当确有必要，讲求实效，注重针对性和可操作性。

第十四条　行文关系根据隶属关系和职权范围确定。一般不得越级行文，特殊情况需要越级行文的，应当同时抄送被越过的机关。

第十五条　向上级机关行文，应当遵循以下规则：

（一）原则上主送一个上级机关，根据需要同时抄送相关上级机关和同级机关，不抄送下级机关。

（二）党委、政府的部门向上级主管部门请示、报告重大事项，应当经本级党委、政府同意或者授权；属于部门职权范围内的事项应当直接报送上级主管部门。

（三）下级机关的请示事项，如需以本机关名义向上级机关请示，应当提出倾向性意见后上报，不得原文转报上级机关。

（四）请示应当一文一事。不得在报告等非请示性公文中夹带请示事项。

（五）除上级机关负责人直接交办事项外，不得以本机关名义向上级机关负责人报送公文，不得以本机关负责人名义向上级机关报送公文。

（六）受双重领导的机关向一个上级机关行文，必要时抄送另一个上级机关。

第十六条　向下级机关行文，应当遵循以下规则：

（一）主送受理机关，根据需要抄送相关机关。重要行文应当同时抄送发文机关的直接上级机关。

（二）党委、政府的办公厅（室）根据本级党委、政府授权，可以向下级党委、政府行文，其他部门和单位不得向下级党委、政府发布指令性公文或者在公文中向下级党委、政府提出指令性要求。需经政府审批的具体事项，经政府同意后可以由政府职能部门行文，文中须注明已经政府同意。

（三）党委、政府的部门在各自职权范围内可以向下级党委、政府的相关部门行文。

（四）涉及多个部门职权范围内的事务，部门之间未协商一致的，不得向下行文；擅自行文的，上级机关应当责令其纠正或者撤销。

（五）上级机关向受双重领导的下级机关行文，必要时抄送该下级机关的另一个上级机关。

第十七条　同级党政机关、党政机关与其他同级机关必要时可以联合行文。属于党委、政府各自职权范围内的工作，不得联合行文。党委、政府的部门依据职权可以相互行文。部门内设机构除办公厅（室）外不得对外正式行文。

第五章　公 文 拟 制

第十八条　公文拟制包括公文的起草、审核、签发等程序。

第十九条　公文起草应当做到：

（一）符合国家法律法规和党的路线方针政策，完整准确体现发文机关意图，并同现行有关公文相衔接。

（二）一切从实际出发，分析问题实事求是，所提政策措施和办法切实可行。

（三）内容简洁，主题突出，观点鲜明，结构严谨，表述准确，文字精炼。

（四）文种正确，格式规范。

（五）深入调查研究，充分进行论证，广泛听取意见。

（六）公文涉及其他地区或者部门职权范围内的事项，起草单位必须征求相关地区或者部门意见，力求达成一致。

（七）机关负责人应当主持、指导重要公文起草工作。

第二十条　公文文稿签发前，应当由发文机关办公厅（室）进行审核。审核的重点是：

（一）行文理由是否充分，行文依据是否准确。

（二）内容是否符合国家法律法规和党的路线方针政策；是否完整准确体现发文机关意图；是否同现行有关公文相衔接；所提政策措施和办法是否切实可行。

（三）涉及有关地区或者部门职权范围内的事项是否经过充分协商并达成一致意见。

（四）文种是否正确，格式是否规范；人名、地名、时间、数字、段落顺序、引文等是否准确；文字、数字、计量单位和标点符号等用法是否规范。

（五）其他内容是否符合公文起草的有关要求。

需要发文机关审议的重要公文文稿，审议前由发文机关办公厅（室）进行初核。

第二十一条　经审核不宜发文的公文文稿，应当退回起草单位并说明理由；符合发文条件但内容需作进一步研究和修改的，由起草单位修改后重新报送。

第二十二条　公文应当经本机关负责人审批签发。重要公文和上行文由机关主要负责人签发。党委、政府的办公厅（室）根据党委、政府授权制发的公文，由受权机关主要负责人签发或者按照有关规定签发。签发人签发公文，应当签署意见、姓名和完整日期；圈阅或者签名的，视为同意。联合发文由所有联署机关的负责人会签。

第六章　公文办理

第二十三条　公文办理包括收文办理、发文办理和整理归档。

第二十四条　收文办理主要程序是：

（一）签收。对收到的公文应当逐件清点，核对无误后签字或者盖章，并注明签收时间。

（二）登记。对公文的主要信息和办理情况应当详细记载。

（三）初审。对收到的公文应当进行初审。初审的重点是：是否应当由本机关办理，是否符合行文规则，文种、格式是否符合要求，涉及其他地区或者部门职权范围内的事项是否已经协商、会签，是否符合公文起草的其他要求。经初审不符合规定的公文，应当及时退回来文单位并说明理由。

（四）承办。阅知性公文应当根据公文内容、要求和工作需要确定范围后分送。批办性公文应当提出拟办意见报本机关负责人批示或者转有关部门办理；需要两个以上部门办理的，应当明确主办部门。紧急公文应当明确办理时限。承办部门对交办的公文应当及时办理，有明确办理时限要求的应当在规定时限内办理完毕。

（五）传阅。根据领导批示和工作需要将公文及时送传阅对象阅知或者批示。办理公文传阅应当随时掌握公文去向，不得漏传、误传、延误。

（六）催办。及时了解掌握公文的办理进展情况，督促承办部门按期办结。紧急公文或者重要公文应当由专人负责催办。

（七）答复。公文的办理结果应当及时答复来文单位，并根据需要告知相关单位。

第二十五条 发文办理主要程序是：

（一）复核。已经发文机关负责人签批的公文，印发前应当对公文的审批手续、内容、文种、格式等进行复核；需作实质性修改的，应当报原签批人复审。

（二）登记。对复核后的公文，应当确定发文字号、分送范围和印制份数并详细记载。

（三）印制。公文印制必须确保质量和时效。涉密公文应当在符合保密要求的场所印制。

（四）核发。公文印制完毕，应当对公文的文字、格式和印刷质量进行检查后分发。

第二十六条 涉密公文应当通过机要交通、邮政机要通信、城市机要文件交换站或者收发件机关机要收发人员进行传递，通过密码电报或者符合国家保密规定的计算机信息系统进行传输。

第二十七条 需要归档的公文及有关材料，应当根据有关档案法律法规以及机关档案管理规定，及时收集齐全、整理归档。两个以上机关联合办理的公文，原件由主办机关归档，相关机关保存复制件。机关负责人兼任其他机关职务的，在履行所兼职务过程中形成的公文，由其兼职机关归档。

第七章　公文管理

第二十八条 各级党政机关应当建立健全本机关公文管理制度，确保管理严格规范，充分发挥公文效用。

第二十九条 党政机关公文由文秘部门或者专人统一管理。设立党委（党组）的县级以上单位应当建立机要保密室和机要阅文室，并按照有关保密规定配备工作人员和必要的安全保密设施设备。

第三十条 公文确定密级前，应当按照拟定的密级先行采取保密措施。确定密级后，应当按照所定密级严格管理。绝密级公文应当由专人管理。公文的密级需要变更或者解除的，由原确定密级的机关或者其上级机关决定。

第三十一条 公文的印发传达范围应当按照发文机关的要求执行；需要变更的，应当经发文机关批准。涉密公文公开发布前应当履行解密程序。公开发布的时间、形式和渠道，由发文机关确定。经批准公开发布的公文，同发文机关正式印发的公文具有同等效力。

第三十二条 复制、汇编机密级、秘密级公文，应当符合有关规定并经本机关负责人批准。绝密级公文一般不得复制、汇编，确有工作需要的，应当经发文机关或者其上级机关批准。复制、汇编的公文视同原件管理。复制件应当加盖复制机关戳记。翻印件应当注明翻印的机关名称、日期。汇编本的密级按照编入公文的最高密级标注。汇编，确有工作需要的，应当经发文机关或者其上级机关批准。复制、汇编的公文视同原件管理。

复制件应当加盖复制机关戳记。翻印件应当注明翻印的机关名称、日期。汇编本的密级按照编入公文的最高密级标注。

第三十三条 公文的撤销和废止，由发文机关、上级机关或者权力机关根据职权范围和有关法律法规决定。公文被撤销的，视为自始无效；公文被废止的，视为自废止之日起失效。

第三十四条　涉密公文应当按照发文机关的要求和有关规定进行清退或者销毁。

第三十五条　不具备归档和保存价值的公文，经批准后可以销毁。销毁涉密公文必须严格按照有关规定履行审批登记手续，确保不丢失、不漏销。个人不得私自销毁、留存涉密公文。

第三十六条　机关合并时，全部公文应当随之合并管理；机关撤销时，需要归档的公文经整理后按照有关规定移交档案管理部门。

工作人员离岗离职时，所在机关应当督促其将暂存、借用的公文按照有关规定移交、清退。

第三十七条　新设立的机关应当向本级党委、政府的办公厅（室）提出发文立户申请。经审查符合条件的，列为发文单位，机关合并或者撤销时，相应进行调整。

第八章　附　　则

第三十八条　党政机关公文含电子公文。电子公文处理工作的具体办法另行制定。

第三十九条　法规、规章方面的公文，依照有关规定处理。外事方面的公文，依照外事主管部门的有关规定处理。

第四十条　其他机关和单位的公文处理工作，可以参照本条例执行。

第四十一条　本条例由中共中央办公厅、国务院办公厅负责解释。

第四十二条　本条例自 2012 年 7 月 1 日起施行。1996 年 5 月 3 日中共中央办公厅发布的《中国共产党机关公文处理条例》和 2000 年 8 月 24 日国务院发布的《国家行政机关公文处理办法》停止执行。

附录 B　党政机关公文格式

中华人民共和国国家标准 GB/T　9704-2012

1. 范围

本标准规定了党政机关公文通用的纸张要求、排版和印制装订要求、公文格式各要素的编排规则，并给出了公文的式样。

本标准适用于各级党政机关制发的公文。其他机关和单位的公文可以参照执行。

使用少数民族文字印制的公文，其用纸、幅面尺寸及版面、印制等要求按照本标准执行，其余可以参照本标准并按照有关规定执行。

2. 规范性引用文件

下列文件对于本标准的应用是必不可少的。凡是注日期的引用文件，仅所注日期的版本适用于本标准。凡是不注日期的引用文件，其最新版本（包括所有的修改单）适用于本标准。

GB/T 148　印刷、书写和绘图纸幅面尺寸

GB 3100　国际单位制及其应用

GB 3101　有关量、单位和符号的一般原则

GB 3102（所有部分）　量和单位

GB/T 15834　标点符号用法

GB/T 15835　出版物上数字用法

3. 术语和定义

下列术语和定义适用于本标准。

3.1　字 word

标示公文中横向距离的长度单位。在本标准中，一字指一个汉字宽度的距离。

3.2　行 line

标示公文中纵向距离的长度单位。在本标准中，一行指一个汉字的高度加 3 号汉字高度的 7/8 的距离。

4. 公文用纸主要技术指标

公文用纸一般使用纸张定量为 $60g/m^2 \sim 80g/m^2$ 的胶版印刷纸或复印纸。纸张白度80％～90％，横向耐折度≥15 次，不透明度≥85％，pH 值为 7.5～9.5。

5. 公文用纸幅面尺寸及版面要求

5.1　幅面尺寸

公文用纸采用 GB/T 148 中规定的 A4 型纸，其成品幅面尺寸为：210mm×297mm。

5.2　版面

5.2.1　页边与版心尺寸

公文用纸天头（上白边）为 37mm±1mm，公文用纸订口（左白边）为 28mm±1mm，版心尺寸为 156mm×225mm。

5.2.2　字体和字号

如无特殊说明，公文格式各要素一般用 3 号仿宋体字。特定情况可以作适当调整。

5.2.3　行数和字数

一般每面排 22 行，每行排 28 个字，并撑满版心。特定情况可以作适当调整。

5.2.4　文字的颜色

如无特殊说明，公文中文字的颜色均为黑色。

6. 印制装订要求

6.1　制版要求

版面干净无底灰，字迹清楚无断划，尺寸标准，版心不斜，误差不超过 1mm。

6.2　印刷要求

双面印刷；页码套正，两面误差不超过 2mm。黑色油墨应当达到色谱所标 BL100％，红色油墨应当达到色谱所标 Y80％、M80％。印品着墨实、均匀；字面不花、不白、无断划。

6.3　装订要求

公文应当左侧装订，不掉页，两页页码之间误差不超过 4mm，裁切后的成品尺寸允许误差±2mm，四角成 90°，无毛茬或缺损。

骑马订或平订的公文应当：

a）订位为两钉外订眼距版面上下边缘各 70mm 处，允许误差±4mm；

b）无坏钉、漏钉、重钉，钉脚平伏牢固；

c）骑马订钉锯均订在折缝线上，平订钉锯与书脊间的距离为 3mm～5mm。

包本装订公文的封皮（封面、书脊、封底）与书芯应吻合、包紧、包平、不脱落。

7. 公文格式各要素编排规则

7.1　公文格式各要素的划分

本标准将版心内的公文格式各要素划分为版头、主体、版记三部分。公文首页红色分隔线以上的部分称为版头；公文首页红色分隔线（不含）以下、公文末页首条分隔线（不含）以上的部分称为主体；公文末页首条分隔线以下、末条分隔线以上的部分称为版记。

页码位于版心外。

7.2　版头

7.2.1　份号

如需标注份号，一般用 6 位 3 号阿拉伯数字，顶格编排在版心左上角第一行。

7.2.2　密级和保密期限

如需标注密级和保密期限，一般用 3 号黑体字，顶格编排在版心左上角第二行；保密期限中的数字用阿拉伯数字标注。

7.2.3　紧急程度

如需标注紧急程度，一般用 3 号黑体字，顶格编排在版心左上角；如需同时标注份号、密级和保密期限、紧急程度，按照份号、密级和保密期限、紧急程度的顺序自上而下分行排列。

7.2.4　发文机关标志

由发文机关全称或者规范化简称加"文件"二字组成，也可以使用发文机关全称或者规范化简称。

发文机关标志居中排布，上边缘至版心上边缘为 35mm，推荐使用小标宋体字，颜色为红色，以醒目、美观、庄重为原则。

联合行文时，如需同时标注联署发文机关名称，一般应当将主办机关名称排列在前；如有"文件"二字，应当置于发文机关名称右侧，以联署发文机关名称为准上下居中排布。

7.2.5　发文字号

编排在发文机关标志下空二行位置，居中排布。年份、发文顺序号用阿拉伯数字标注；年份应标全称，用六角括号"〔〕"括入；发文顺序号不加"第"字，不编虚位（即 1 不编为 01），在阿拉伯数字后加"号"字。

上行文的发文字号居左空一字编排，与最后一个签发人姓名处在同一行。

7.2.6　签发人

由"签发人"三字加全角冒号和签发人姓名组成，居右空一字，编排在发文机关标志下空二行位置。"签发人"三字用 3 号仿宋体字，签发人姓名用 3 号楷体字。

如有多个签发人，签发人姓名按照发文机关的排列顺序从左到右、自上而下依次均匀编排，一般每行排两个姓名，回行时与上一行第一个签发人姓名对齐。

7.2.7　版头中的分隔线

发文字号之下 4mm 处居中印一条与版心等宽的红色分隔线。

7.3　主体

7.3.1　标题

一般用 2 号小标宋体字，编排于红色分隔线下空二行位置，分一行或多行居中排布；回行时，要做到词意完整，排列对称，长短适宜，间距恰当，标题排列应当使用梯形或菱形。

7.3.2　主送机关

编排于标题下空一行位置，居左顶格，回行时仍顶格，最后一个机关名称后标全角冒号。如主送机关名称过多导致公文首页不能显示正文时，应当将主送机关名称移至版记，标注方法见 7.4.2。

7.3.3 正文

公文首页必须显示正文。一般用3号仿宋体字，编排于主送机关名称下一行，每个自然段左空二字，回行顶格。文中结构层次序数依次可以用"一、""（一）""1.""（1）"标注；一般第一层用黑体字、第二层用楷体字、第三层和第四层用仿宋体字标注。

7.3.4 附件说明

如有附件，在正文下空一行左空二字编排"附件"二字，后标全角冒号和附件名称。如有多个附件，使用阿拉伯数字标注附件顺序号（如"附件：1. XXXXX"）；附件名称后不加标点符号。附件名称较长需回行时，应当与上一行附件名称的首字对齐。

7.3.5 发文机关署名、成文日期和印章

7.3.5.1 加盖印章的公文

成文日期一般右空四字编排，印章用红色，不得出现空白印章。

单一机关行文时，一般在成文日期之上、以成文日期为准居中编排发文机关署名，印章端正、居中下压发文机关署名和成文日期，使发文机关署名和成文日期居印章中心偏下位置，印章顶端应当上距正文（或附件说明）一行之内。

联合行文时，一般将各发文机关署名按照发文机关顺序整齐排列在相应位置，并将印章一一对应、端正、居中下压发文机关署名，最后一个印章端正、居中下压发文机关署名和成文日期，印章之间排列整齐、互不相交或相切，每排印章两端不得超出版心，首排印章顶端应当上距正文（或附件说明）一行之内。

7.3.5.2 不加盖印章的公文

单一机关行文时，在正文（或附件说明）下空一行右空二字编排发文机关署名，在发文机关署名下一行编排成文日期，首字比发文机关署名首字右移二字，如成文日期长于发文机关署名，应当使成文日期右空二字编排，并相应增加发文机关署名右空字数。

联合行文时，应当先编排主办机关署名，其余发文机关署名依次向下编排。

7.3.5.3 加盖签发人签名章的公文

单一机关制发的公文加盖签发人签名章时，在正文（或附件说明）下空二行右空四字加盖签发人签名章，签名章左空二字标注签发人职务，以签名章为准上下居中排布。在签发人签名章下空一行右空四字编排成文日期。

联合行文时，应当先编排主办机关签发人职务、签名章，其余机关签发人职务、签名章依次向下编排，与主办机关签发人职务、签名章上下对齐；每行只编排一个机关的签发人职务、签名章；签发人职务应当标注全称。

签名章一般用红色。

7.3.5.4 成文日期中的数字

用阿拉伯数字将年、月、日标全，年份应标全称，月、日不编虚位（即1不编为01）。

7.3.5.5 特殊情况说明

当公文排版后所剩空白处不能容下印章或签发人签名章、成文日期时，可以采取调整行距、字距的措施解决。

7.3.6 附注

如有附注，居左空二字加圆括号编排在成文日期下一行。

7.3.7　附件

附件应当另面编排，并在版记之前，与公文正文一起装订。"附件"二字及附件顺序号用3号黑体字顶格编排在版心左上角第一行。附件标题居中编排在版心第三行。附件顺序号和附件标题应当与附件说明的表述一致。附件格式要求同正文。

如附件与正文不能一起装订，应当在附件左上角第一行顶格编排公文的发文字号并在其后标注"附件"二字及附件顺序号。

7.4　版记

7.4.1　版记中的分隔线

版记中的分隔线与版心等宽，首条分隔线和末条分隔线用粗线（推荐高度为 0.35mm），中间的分隔线用细线（推荐高度为 0.25mm）。首条分隔线位于版记中第一个要素之上，末条分隔线与公文最后一面的版心下边缘重合。

7.4.2　抄送机关

如有抄送机关，一般用4号仿宋体字，在印发机关和印发日期之上一行、左右各空一字编排。"抄送"二字后加全角冒号和抄送机关名称，回行时与冒号后的首字对齐，最后一个抄送机关名称后标句号。

如需把主送机关移至版记，除将"抄送"二字改为"主送"外，编排方法同抄送机关。既有主送机关又有抄送机关时，应当将主送机关置于抄送机关之上一行，之间不加分隔线。

7.4.3　印发机关和印发日期

印发机关和印发日期一般用4号仿宋体字，编排在末条分隔线之上，印发机关左空一字，印发日期右空一字，用阿拉伯数字将年、月、日标全，年份应标全称，月、日不编虚位（即1不编为01），后加"印发"二字。

版记中如有其他要素，应当将其与印发机关和印发日期用一条细分隔线隔开。

7.5　页码

一般用4号半角宋体阿拉伯数字，编排在公文版心下边缘之下，数字左右各放一条一字线；一字线上距版心下边缘 7mm。单页码居右空一字，双页码居左空一字。公文的版记页前有空白页的，空白页和版记页均不编排页码。公文的附件与正文一起装订时，页码应当连续编排。

8. 公文中的横排表格

A4 纸型的表格横排时，页码位置与公文其他页码保持一致，单页码表头在订口一边，双页码表头在切口一边。

9. 公文中计量单位、标点符号和数字的用法

公文中计量单位的用法应当符合 GB 3100、GB 3101 和 GB 3102（所有部分），标点符号的用法应当符合 GB/T 15834，数字用法应当符合 GB/T 15835。

10. 公文的特定格式

10.1　信函格式

发文机关标志使用发文机关全称或者规范化简称，居中排布，上边缘至上页边为 30mm，推荐使用红色小标宋体字。联合行文时，使用主办机关标志。

发文机关标志下 4mm 处印一条红色双线（上粗下细），距下页边 20mm 处印一条红色双线（上细下粗），线长均为 170mm，居中排布。

如需标注份号、密级和保密期限、紧急程度，应当顶格居版心左边缘编排在第一条红色双线下，按照份号、密级和保密期限、紧急程度的顺序自上而下分行排列，第一个要素与该线的距离为 3 号汉字高度的 7/8。

发文字号顶格居版心右边缘编排在第一条红色双线下，与该线的距离为 3 号汉字高度的 7/8。

标题居中编排，与其上最后一个要素相距二行。

第二条红色双线上一行如有文字，与该线的距离为 3 号汉字高度的 7/8。

首页不显示页码。

版记不加印发机关和印发日期、分隔线，位于公文最后一面版心内最下方。

10.2　命令（令）格式

发文机关标志由发文机关全称加"命令"或"令"字组成，居中排布，上边缘至版心上边缘为 20mm，推荐使用红色小标宋体字。

发文机关标志下空二行居中编排令号，令号下空二行编排正文。

签发人职务、签名章和成文日期的编排见 7.3.5.3。

10.3.　纪要格式

纪要标志由"×××××纪要"组成，居中排布，上边缘至版心上边缘为 35mm，推荐使用红色小标宋体字。

标注出席人员名单，一般用 3 号黑体字，在正文或附件说明下空一行左空二字编排"出席"二字，后标全角冒号，冒号后用 3 号仿宋体字标注出席人单位、姓名，回行时与冒号后的首字对齐。

标注请假和列席人员名单，除依次另起一行并将"出席"二字改为"请假"或"列席"外，编排方法同出席人员名单。

纪要格式可以根据实际制定。

附录 C　出版物上数字用法的规定

[中华人民共和国国家标准（GB/T15835-1995）]

1. 范围

本标准规定了出版物在涉及数字（表示时间、长度、质量、面积、容积等量值和数字代码）时使用汉字和阿拉伯数字的体例。

本标准适用于各级新闻报刊、普及性读物和专业性社会人文科学出版物。

自然科学和工程技术出版物亦应使用本标准，并可制定专业性细则。

本标准不适用于文学书刊和重排古籍。

2. 引用标准

下列标准所包含的条文，通过在本标准中引用而构成为本标准的条文。本标准出版时，所示版本均为有效。所有标准都会被修订，使用本标准的各方应探讨使用下列标准最新版本的可能性。

GB/T7408-94　数据元和交换格式信息交换　日期和时间表示法

GB 3100-93　国际单位制及其应用

GB 3101-93　有关量、单位和符号的一般原则

GB 7719-87　科学技术报告、学位论文和学术论文的编写格式

GB 8170-87　数值修约规则

3. 定义

本标准采用下列定义。

物理量 physical quantity

用于定量地描述物理现象的量，即科学技术领域里使用的表示长度、质量、时间、电流、热力学温度、物质的量和发光强度的量。使用的单位应是法定计量单位。

非物理量 non-physical quantity

日常生活中使用的量，使用的是一般量词。如 30 元、45 天、67 根等。

4. 一般原则

4.1　使用阿拉伯数字或是汉字数字，有的情形选择是唯一而确定的。

4.1.1　统计表中的数值，如正负整数、小数、百分比、分数、比例等，必须使用阿拉伯数字。

示例：48　302　−125.03　34.05％　63％～68％　1/4　2/5　1：500

4.1.2　定型的词、词组、成语、惯用语、缩略语或具有修辞色彩的词语作为语素的数字，必须使用汉字。

示例：一律　一方面　十滴水　二倍体　三叶虫　星期五　四氧化三铁　一〇五九（农药内吸磷）八国联军　二〇九师　二万五千里长征　四书五经　五四运动　九三学社　十月十七日同盟　路易十六　十月革命　"八五"计划　五省一市　五局三胜制　二八年华　二十挂零　零点方案　零岁教育　白发三千丈　不管三七二十一　相差十万八千里　第一书记　第二轻工业局　一机部三所　第三季度　第四方面军　十三届四中全会

4.2　使用阿拉伯数字或是汉字数字，有的情形，如年月日、物理量、非物理量、代码、代号中的数字，目前体例尚不统一。对这种情形，要求凡是可以使用阿拉伯数字而且又很得体的地方，特别是当所表示的数目比较精确时，均应使用阿拉伯数字。遇特殊情形，或者为避免歧解，可以灵活变通，但全篇体例应相对统一。

5. 时间（世纪、年代、年、月、日、时刻）

5.1　要求使用阿拉伯数字的情况

5.1.1　公历世纪、年代、年、月、日

示例：公元前 8 世纪　20 世纪 80 年代　公元前 440 年　公元 7 年　1994 年 10 月 1 日

5.1.1.1　年份一般不用简写。如：1990 年不应简作"九〇年"或"90 年"。

5.1.1.2　引文著录、行文注释、表格、索引、年表等，年月日的标记可按 GB/T17408-94 的 5.2.1.1 中的扩展格式。如：1994 年 9 月 30 日和 1994 年 10 月 1 日可分别写作 1994-09-30 和 1994-10-01，仍读作 1994 年 9 月 30 日、1994 年 10 月 1 日。年月日之间使用半字线"-"。当月和日是个位数时，在十位上加"0"。

5.1.2　时、分、秒

示例：4 时　15 时 40 分（下午 3 点 40 分）　14 时 12 分 36 秒

注：必要时，可按 CB/T7408-94 的 5.3.1.1 中的扩展格式。该格式采用每日 24 小时计时制，时、分、秒的分隔符为冒号"："。

示例：04：00（4时）15：40（15时40分）14：12：36（14时12分36秒）

5.2　要求使用汉字的情况

5.2.1　中国干支纪年和夏历月日

示例：丙寅年十月十五日　腊月二十三日　正月初五　八月十五中秋节

5.2.2　中国清代和清代以前的历史纪年、各民族的非公历纪年

这类纪年不应与公历月日混用，并应用阿拉伯数字括注公历。

示例：秦文公四十四年（公元前722年）　太平天国庚申十年九月二十四日（清咸丰十年九月二十日，公元1860年11月2日）　藏历阳木龙年八月二十六日（1964年10月1日）日本庆应三年（1867年）

5.2.3　含有月日简称表示事件、节日和其他意义的词组如果涉及一月、十一月、十二月，应用间隔号"·"将表示月和日的数字隔开，并外加引号，避免歧义。涉及其他月份时，不用间隔号，是否使用引号，视事件的知名度而定。

示例1："一·二八"事变（1月28日）　"一二·九"运动（12月9日）　"一·一七"批示（1月17日）　"一一·一〇"案件（11月10日）

示例2：五四运动　五卅运动　七七事变　五一国际劳动节"五二〇"声明"九一三"事件

6. 物理量

物理量量值必须用阿拉伯数字，并正确使用法定计量单位。小学和初中教科书、非专业科技书刊的计量单位可使用中文符号。

示例：8739.80km（8739.80千米）　600g（600克）　100～150kg（100～150千克）　12.5m²（12.5平方米）　外形尺寸是400mm×200mm×300mm（400毫米×200毫米×300毫米）34～39℃（34～39摄氏度）　0.59A（0.59安〔培〕）

7. 非物理量

7.1　一般情况下应使用阿拉伯数字。

示例：21.35　45.6万元　270美元　290亿英镑48岁　11个月　1480人 4.6万册　600幅　550名

7.2　整数一至十，如果不是出现在具有统计意义的一组数字中，可以用汉字，但要照顾到上下文，求得局部体例上的一致。

示例1：一个人　三本书　四种产品　六条意见　读了十遍　五个百分点

示例2：截至1984年9月，我国高等学校有新闻系6个，新闻专业7个，新闻班1个，新闻教育专职教员274人，在校学生1561人。

8　多位整数与小数

8.1　阿拉伯数字书写的多位整数和小数的分节

8.1.1　专业性科技出版物的分节法：从小数点起，向左和向右每三位数字一组，组间空四分之一个汉字（二分之一个阿拉伯数字）的位置。

示例：2 748 456　3.141 592 65

8.1.2　非专业性科技出版物如排版留四分空有困难，可仍采用传统的以千分撇","分节的办法。小数部分不分节。四位以内的整数也可不分节。

示例：1,748,456 3.14159265 8703

8.2　阿拉伯数字书写的纯小数必须写出小数点前定位的"0"。小数点是齐底线的黑圆点"."。

示例：0.46 不得写成 .46 和 0·46

8.3　尾数有多个"0"的整数数值的写法

8.3.1　专业性科技出版物根据 GB 8170-87 关于数值修约的规则处理。

8.3.2　非科技出版物中的数值一般可以"万"、"亿"作单位。

示例：三亿四千五百万可写成 345 000 000，也可写成 34 500 万或 3.45 亿，但一般不得写作 3 亿 4 千 5 百万。

8.4　数值巨大的精确数字，为了便于定位读数或移行，作为特例可以同时使用"亿、万"作单位。

示例：我们 1982 年人口普查人数 10 亿 817 万 288 人；1990 年人口普查 11 亿 3368 万 2501 人。

8.5　一个用阿拉伯数字书写的数值应避免断开移行。

8.6　阿拉伯数字书写的数值在表示数值的范围时，使用浪纹式连接号"～"。

示例：150～200 千米　-36～8℃ 2 500 元～3 000 元

9.　概数和约数

9.1　相邻的两个数字并列连用表示概数，必须使用汉字，连用的两个数字之间不得用顿号"、"隔开。

示例：二三米　一两个小时　三五天　三四个月　十三四吨　一二十个　四十五六岁　七八十种二三百架次　一千七八百元　五六万套

9.2　带有"几"字的数字表示约数，必须使用汉字。

示例：几千年　十几天　一百几十次　几十万分之一

9.3　用"多""余""左右""上下""约"等表示的约数一般用汉字。如果文中出现一组具有统计和比较意义的数字，其中既有明确数字，也有用"多""余"等表示的约数时，为保持局部体例上的一致，其约数也可以使用阿拉伯数字。

示例 1：这个协会举行全国性评奖十余次，获奖作品有一千多件。协会吸收了约三千名会员，其中三分之二是有成就的中青年。另外，在三十个省、自治区、直辖市还设有分会。

示例 2：该省从机动财力中拿出 1 900 万元，调拨钢材 3 000 吨、水泥 2 万多吨、柴油 1 400 吨，用于农田水利建设。

10.　代号、代码和序号

部队番号、文件编号、证件号码和其他序号，用阿拉伯数字。序数词即使是多位数也不能分节。

示例：84062 部队　国家标准 GB 2312-80　国办发 [1987] 9 号文件　总 3147 号　国内统一刊号 CN 11-1399　21/22 次特别快车　HP-3000 型电子计算机 85 号汽油 维生素 B_{12}

11.　引文标注

引文标注中版次、卷次、页码，除古籍应与所据版本一致外，一般均使用阿拉伯数字。

示例 1：列宁：《新生的中国》，见《列宁全集》，中文 2 版，第 22 卷，208 页，北京，人民出版社，1990.

示例 2：刘少奇：《论共产党员的修养》，修订 2 版，76 页，北京，人民出版社，1962。

示例 3：李四光：《地壳构造与地壳运动》，载《中国科学》，1973（4），400～429 页。

示例 4：许慎：《说文解字》，影印陈昌治本，126 页，北京，中华书局，1963 年。

示例 5：许慎：《说文解字》，四部丛刊本，卷六上，九页。

12. 横排标题中的数字

横排标题涉及数字时，可以根据版面的实际需要和可能作出恰当的处理。

13. 竖排文章中的数字

提倡横排。如文中多处涉及物理量，更应横排。竖排文字中涉及的数字除必须保留的阿拉伯数字处，应一律用汉字。必须保留的阿拉伯数字、外文字母和符号均按顺时针方向转 90 度。

示例一：
雪花牌 BCD
188 型家用电冰
箱容量是一百八十
升，功率为一百
二十五瓦，市场售
价两千零五十元，
返修率仅为百分之
零点一五。

示例二：
海军 J12 号打捞
救生船在太平洋上
航行了十三天，
于一九九〇年八月
六日零时三十分返
回基地。

14. 字体。

出版物中的阿拉伯数字，一般应使用正体二分字身，即占半个汉字位置。

附录 D　标点符号用法

[中华人民共和国标准（GB/T15834-1995）]

1. 范围

本标准规定了标点符号的名称、形式和用法。本标准对汉语书写规范有重要的辅助作用。本标准适用于汉语书面语。外语界和科技界也于参考使用。

2. 定义

采用下列定义。

句子　sentence

前后都有停顿，并带有一定的句调，表示相对完整意义的语言单位。（有无主谓宾也可。如，唉！这就是独词句，一个词加上句调，表示相对完整意义的语言单位。）

陈述句 declarative sentence

用来说明事实的句子。

祈使句 imperative sentence

用来要求听话人做某件事情的句子。

疑问句 interrogative sentence

用来提出问题的句子。

感叹句 exclamatory sentence

用来抒发某种强烈感情的句子。

复句、分句 complexsentence, clause

意思上有密切联系的小句子组织在一起构成一个大句子。这样的大句子叫复句，复句中的每个小句子叫分句。

词语　expression

词和短语（词组）。

词，即最小的能独立运用的语言单位。

短语，即由两个或两个以上的词按一定的语法规则组成的表达一定意义的语言单位，也叫词组。

3. 基本规则

3.1　标点符号是辅助文字记录语言的符号，是书面语的有机组成部分，用来表示停顿、语气以及词语的性质和作用。

3.2　常用的标点符号有 16 种，分点号和标号两大类。

点号的作用在于点断，主要表示说话时的停顿和语气。点号又分为句末点号和句内点号。句末点号用在句末，有句号、问号、叹号 3 种，表示句末的停顿，同时表示句子的语气。句内点号用在句内，有逗号、顿号、分号、冒号 4 种，表示句内的各种不同性质的停顿。

标号的作用在于标明，主要标明语句的性质和作用。常用标号有 9 种，即：引号、括号、破折号、省略号、着重号、连接号、间隔号、书名号和专名号。

4. 用法说明

4.1　句号

4.1.1　句号的形式为"。"。句号还有一种形式，即一个小圆点"."，一般在科技文献中使用。

4.1.2　陈述句末尾的停顿，用句号。例如：

a）北京是中华人民共和国的首都。

b）虚心使人进步，骄傲使人落后。

c）亚洲地域广阔，跨寒、温、热三带，又因各地地形和距离海洋远近不同，气候复杂多样。

4.1.3　语气舒缓的祈使句末尾，也用句号。例如：

请您稍等一下。

4.2　问号

4.2.1　问号的形式为"?"。

疑问句末尾的停顿，用问号。例如：

a）你见过金丝猴吗?

b）他叫什么名字?

c）去好呢，还是不去好?

4.2.2　反问句的末尾，也用问号。例如：

a）难道你还不了解我吗?

b）你怎么能这么说呢?

4.3　叹号

4.3.1　叹号的形式为"!"。

4.3.2　感叹句末尾的停顿，用叹号。例如：

a）为祖国的繁荣昌盛而奋斗!

b）我多么想看看他老人家呀!

4.3.3　语气强烈的祈使句末尾，也用叹号。例如：

a）你给我出去！

b）停止射击！

4.3.4　语气强烈的反问句末尾，也用叹号。例如：

我哪里比得上他呀！

4.4　逗号

4.4.1　逗号的形式为"，"。

4.4.2　句子内部主语与谓语之间如需停顿，用逗号。例如：

我们看得见的星星，绝大多数是恒星。

4.4.3　句子内部动词与宾语之间如需停顿，用逗号。例如：

应该看到，科学需要一个人贡献出毕生的精力。

4.4.4　句子内部状语后边如需停顿，用逗号。例如：

对于这个城市，他并不陌生。

4.4.5　复句内各分句之间的停顿，除了有时要用分号外，都要用逗号。

例如：据说苏州园林有一百多处，我到过的不过十多处。

4.5　顿号

4.5.1　顿号的形式为"、"。

4.5.2　句子内部并列词语之间的停顿，用顿号。例如：

a）亚马逊河、尼罗河、密西西比河和长江是世界四大河流。

b）正方形是四边相等、四角均为直角的四边形。

4.6　分号

4.6.1　分号的形式为"；"。

4.6.2　复句内部并列分句之间的停顿，用分号。例如：

a）语言，人们用来抒情达意；文字，人们用来记言记事。

b）在长江上游，瞿塘峡像一道闸门，峡口险阻；巫峡像一条迂回曲折的画廊，每一曲，每一折，都像一幅绝好的风景画，神奇而秀美；西陵峡水势险恶，处处是急流，处处是险滩。

4.6.3　非并列关系（如转折关系、因果关系等）的多重复句，第一层的前后两部分之间，也用分号。例如：

我国年满十八周岁的公民，不分民族、种族、性别、职业、家庭出身、宗教信仰、教育程度、财产状况、居住期限、都有选举权和被选举权；但是依照法律被剥夺政治权利的人除外。

4.6.4　分行列举的各项之间，也可用分号。例如：

中华人民共和国的行政区域划分如下：

（一）全国分为省、自治区、直辖市；

（二）省、自治区分为自治州、县、自治县、市；

（三）县、自治县分为乡、民族乡、镇。

4.7　冒号

4.7.1　冒号的形式为"："。

4.7.2　用在称呼语后边，表示提起下文。例如：

同志们，朋友们：现在开会了。……

4.7.3　用在"说、想、是、证明、宣布、指出、透露、例如、如下"等词语后边，表示提起下文。例如：

他十分惊讶地说："啊，原来是你"！

4.7.4　用在总括性话语的后边，表示引起下文的分说。例如：

北京紫禁城有四座城门：午门、神武门、东华门和西华门。

4.7.5　用在需要解释的词语后边，表示引出解释或说明。例如：

外文图书展销会

日期：10 月 20 日至 11 月 10 日

时间：上午 8 时至下午 4 时

地点：北京朝阳区工体东路 16 号

主办单位：中国图书进出口总公司

4.7.6　总括性话语的前边，也可以用冒号，以总结上文。例如：

张华考上了北京大学，在化学系学习；李萍进了中等技术学校，读机械制造专业；我在百货公司当售货员：我们都有光明的前途。

4.8　引号

4.8.1　引号的形式为双引号""""和单引号"''"。

4.8.2　行文中直接引用的话，用引号标示。例如：

a）爱因斯坦说："想象力比知识更重要，因为知识是有限的，而想象力概括着世界上的一切，推动着进步，并且是知识进化的源泉。"

b）"满招损，谦受益"这句格言，流传到今天至少有两千年了。

c）现代画家徐悲鸿笔下的马，正如有的评论家所说的那样，"神形兼备，充满生机"。

4.8.3　需要着重论述的对象，用引号标示。例如：

古人对于写文章有个基本要求，叫做"有物有序"。"有物"就是要有内容，"有序"就是要有条理。

4.8.4　具有特殊含意的词语，也用引号标示。例如：

a）从山脚向上望，只见火把排成许多"之"字形，一直连到天上，跟星光接起来，分不出是火把还是星星。

b）这样的"聪明人"还是少一点好。

4.8.5　引号里面还要用引号时，外面一层用双引号，里面一层用单引号。例如：

他站起来问："老师，'有条不紊'的'紊'是什么意思？"

4.9　括号

4.9.1　括号常用的形式是圆括号"（）"。此外还有方括号"〔〕"、六角括号"〔〕"和方头括号"【】"。

4.9.2　行文中注释性的文字，用括号标明。注释句子里某些词语的括注紧贴在被注释词语之后；注释整个句子的，括注放在句末标点之后。例如：

a）中国猿人（全名为"中国猿人北京种"，或简称"北京人"）在我国的发现，是对古人类学的一个重大贡献。

b）写研究性文章跟文学创作不同，不能摊开稿纸搞"即兴"。（其实文学创作也要有素养才能有"即兴"。）

4.10　破折号

4.10.1　破折号的形式为"——"。

4.10.2　行文中解释说明的语句，用破折号标明。例如：

a）迈进金黄色的大门，穿过宽阔的风门厅和衣帽厅，就到了大会堂建筑的枢纽部分——中央大厅。

b）为了全国人民——当然也包括自己在内——的幸福，我们每一个人都要兢兢业业，努力工作。

4.10.3　话题突然转变，用破折号标明。例如：

"今天好热啊！——你什么时候去上海？"张强对刚刚进门的小王说。

4.10.4　声音延长，象声词后用破折号。例如：

"呜——"火车开动了。

4.10.5　事项列举分项，各项之前用破折号。例如：

根据研究对象的不同，环境物理学分为以下五个分支学科：

——环境声学；

——环境光学；

——环境热学；

——环境电磁学；

——环境空气动力学。

4.11　省略号

4.11.1　省略号的形式为"……"，六个小圆点，占两个字的位置。如果是整段文章或诗行的省略，可以使用十二个小圆点来表示。

4.11.2　引文的省略，用省略号标明。例如：

她轻轻地哼起了《摇篮曲》："月儿明，风儿静，树叶儿遮窗棂啊……"

4.11.3　列举的省略，用省略号标明。例如：

在广州的花市上，牡丹、吊钟、水仙、梅花、菊花、山茶、墨兰……春秋冬三季的鲜花都挤到一起啦！

4.11.4　说话断断续续，可以用省略号标示。例如：

"我……对不起……大家，我……没有……完成……任务。"

4.12　着重号

4.12.1　着重号的形式为"．"。

4.12.2　要求读者特别注意的字、词、句，用着重号标明。例如：

事业是干出来的，不是吹出来的。

4.13　连接号

4.13.1　连接号的形式为"－"，占一个字的位置。连接号还有另外三种形式，即长横"——"（占两个字的位置）、半字线"－"（占半个字的位置）和浪纹"～"（占一个字的位置）。

4.13.2　两个相关的名词构成一个意义单位，中间用连接号。例如：

a）我国秦岭—淮河以北地区属于温带季风气候区，夏季高温多雨，冬季寒冷干燥。

b）复方氯化钠注射液，也称任-洛二氏溶液（Ringer-Locke solution），用于医疗和哺乳动物生理学实验。

4.13.3　相关的时间、地点或数目之间连接号，表示起止。例如：

　　a）鲁迅（1881—1936）中国现代伟大的文学家、思想家和革命家。原名周树人，字豫才，浙江绍兴人。

　　b）"北京—广州"直达快车。

　　c）梨园乡种植的巨风葡萄今年已经进入了丰产期，亩产 1000～1500 公斤。

　　4.13.4　相关的字母、阿拉伯数字等之间，用连接号，表示产品型号。例如：

　　在太平洋地区，除了已建成投入使用的 HAW—4 和 TPC—3 海底光缆之外，又有 TPC—4 海底光缆投入运营。

　　4.13.5　几个相关的项目表示递进式发展，中间用连接号。例如：

　　人类的发展可以分为古猿—猿人—古人—新人这四个阶段。

　　4.14　间隔号

　　4.14.1　间隔号的形式为"·"。

　　4.14.2　外国人和某些少数民族人名内各部分的分界，用间隔号标示。例如：

列奥纳多·达·芬奇

爱新觉罗·努尔哈赤

　　4.14.3　书名与篇（章、卷）名之间的分界，用间隔号标示。例如：

《中国大百科全书·物理学》

《三国志·蜀志·诸葛亮传》

　　4.15　书名号

　　4.15.1　书名号的形式为双书名号"《》"和单书名号"〈　〉"。

　　4.15.2　歌曲名、书名、篇名、报纸名、刊物名等，用书名号标示。例如：

a）《红楼梦》的作者是曹雪芹。

b）你读过鲁迅的《孔乙己》吗？

c）他的文章在《人民日报》上发表了。

d）桌上放着一本《中国语文》。

e）广播里响起了《义勇军进行曲》。

　　4.15.3　书名号里边还要用书名号时，外面一层用双书名号，里边一层用单书名号。例如：

《〈中国工人〉发刊词》发表于 1940 年 2 月 7 日。

　　注意：书名号于书名号之间不需要任何标点符号。例如：

《家》《春》《秋》是巴金的激流三部曲。

　　4.16　专名号

　　4.16.1　专名号的形式为"_____"。

　　4.16.2　人名、地名、朝代名等专名下面，用专名号标示。

　　例如：司马相如者，汉蜀郡成都人也，字长卿。

　　4.16.3　专名号只用在古籍或某些文史著作里面。为了跟专名号配合，这类著作里的书名号可以用浪线"＿＿＿＿"。例如：

屈原放逐，乃赋离骚，左丘失明，厥有国语。

　　5. 标点符号的位置

　　5.1　句号、问号、叹号、逗号、顿号、分号和冒号一般占一个字的位置，居左偏下，不出现在一行之首。

5.2 引号、括号、书名号的前一半不出现在一行之末，后一半不出现在一行之首。

5.3 破折号和省略号都占两个字的位置，中间不能断开。连接号和间隔号一般占一个字的位置。这四种符号上下居中。

5.4 着重号、专名号和浪线式书名号标在字的下边，可以随字移行。

6. 直行文稿和横行文稿使用标点符号的不同

6.1 句号、问号、叹号、逗号、顿号、分号和冒号放在字下偏右。

6.2 破折号、省略号、连接号和间隔号放在字下居中。

6.3 引号改用双引号"『』"和单引号"「」"，而且应该先使用单引号，再使用双引号。

6.4 着重号标在字的右侧，专名号和浪线式书名号标的字的左侧。

附录 E 校对符号及其用法

（中华人民共和国专业标准）

本标准规定的符号及用法，适用于出版印刷业中文（包括各少数民族文字）各类校的校对工作

编号	符号形态	符号作用	符号在文中和页边用法示例	说明
			一、字符的改动	
1		改正	增高出版物质量 提	
2		删除	提高出版物 物质 质量	
3		增补	要搞好校工作 对	增补的字符较多，圈起来有困难时，可用线画清增补的范围
4		换损污字	坏字和模糊的字 要 调换	
5		改正上下角	$16=4^2$ H_2SO_4 尼古拉·费欣 $0.25+0.25=0.5$ 举例 $2\times3=6$ $X\cdot Y=12$	
			二、字符方向位置的移动	
6		转正	字符颠重要转正	
7		对调	认真经验总结。 认真经结总验。	
8		转移	校对工作，提高出版物 质量要重视	
9		接排	要重视校对工作 提高出版物质量。	
10		另起段	完在任务。 明年……	

编号	符号形态	符号作用	符号在文中和页边用法示例			说明
11	⎍ 或 ⎍ ↑ ↓	上下移	序号 | 名称 | 数量 01 | 显微镜 | 2 ↓			字符上移到缺口左右水平线处 字符上移到箭头所指的短线处
12	⊢→ ⊣ 或 ⌐ ⌐	左右移	⊢— 要重视校对工作，提高出版物质量。 3 4　5 6　5 欢呼　歌　唱			字符左移到箭头所指的短线处 字符左移到缺口上下垂直线处 符号画得太小时，要在页边重标
13	‖	排齐	校对工作非常重要‖ 必须提高印刷质‖ 量，缩短印刷周期‖			
14	⌐⌐	排阶梯形	RH₂			
15	↑	正图				符号横线表示水平位置，竖线表示垂直位置，箭头表示上方
			三、字符间空距的改动			
16	∨ ＞	加大空距	∨校对程序∨ 校对胶印读物、影印书刊的注意事项：			表示适当加大空距 横式文字画在字头和行头之间
17	∧ ＜	减小空距	二、校对程∧序∧ 校对胶印读物、影印 ＜　　＞ 书刊的注意事项：			表示适当减少空距 模式文字画在字头和行头之间
18	⊬ ⊬ ⊬ ⊬	空 1 字距 空 $\frac{1}{2}$ 字距 空 $\frac{1}{3}$ 字距 空 $\frac{1}{4}$ 字距	⊬ 第一章校对的职责 ⊬			多个空距相同的，可用引线连出，只标示一个符号
19	Y	分开	Good⌄morning　Y			用于外文
			四、其他			
20	△	保留	认真搞好校对工作			除在原删除的字符下画△外，并在原删除符号上画两竖线

编号	符号形态	符号作用	符号在文中和页边用法示例	说明
21	◯ =	代替	机器由许多⑤件组成，有的⑤件是铸出来的…… ◯ = 零	同页内，要改正许多相同的字符，用此代号，要在页边注明：◯ = 零
22	∘∘∘	说明	改黑体 第一章（校对的职责）	说明或指令性文字不要圈起来，在某字下画图，表示不作为改正的文字

使用要求：

1. 校样中的校对引线不可交叉。初、二、三校样中的校对引线，要从行间画出。

2. 校样上改正的字符要书写清楚。校改外文，要用印刷体。

3. 校对校样，应根据校次分别采用红、纯蓝、绿三种不同色笔（墨水笔和圆珠笔）书写校对符号。

4. 作者改动校样所用笔的颜色，要与校样上已使用的颜色有所区别，但不可用铅笔。